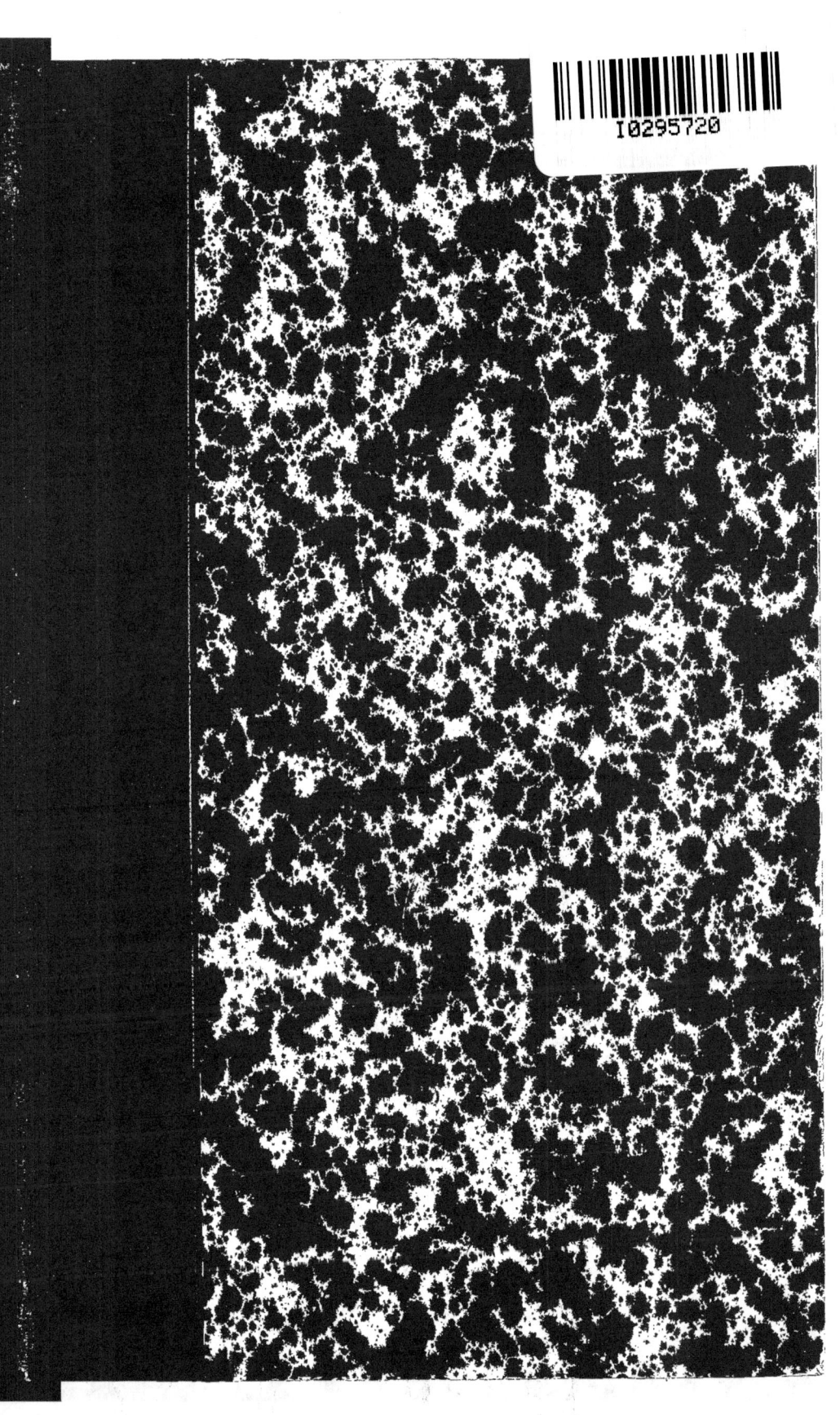

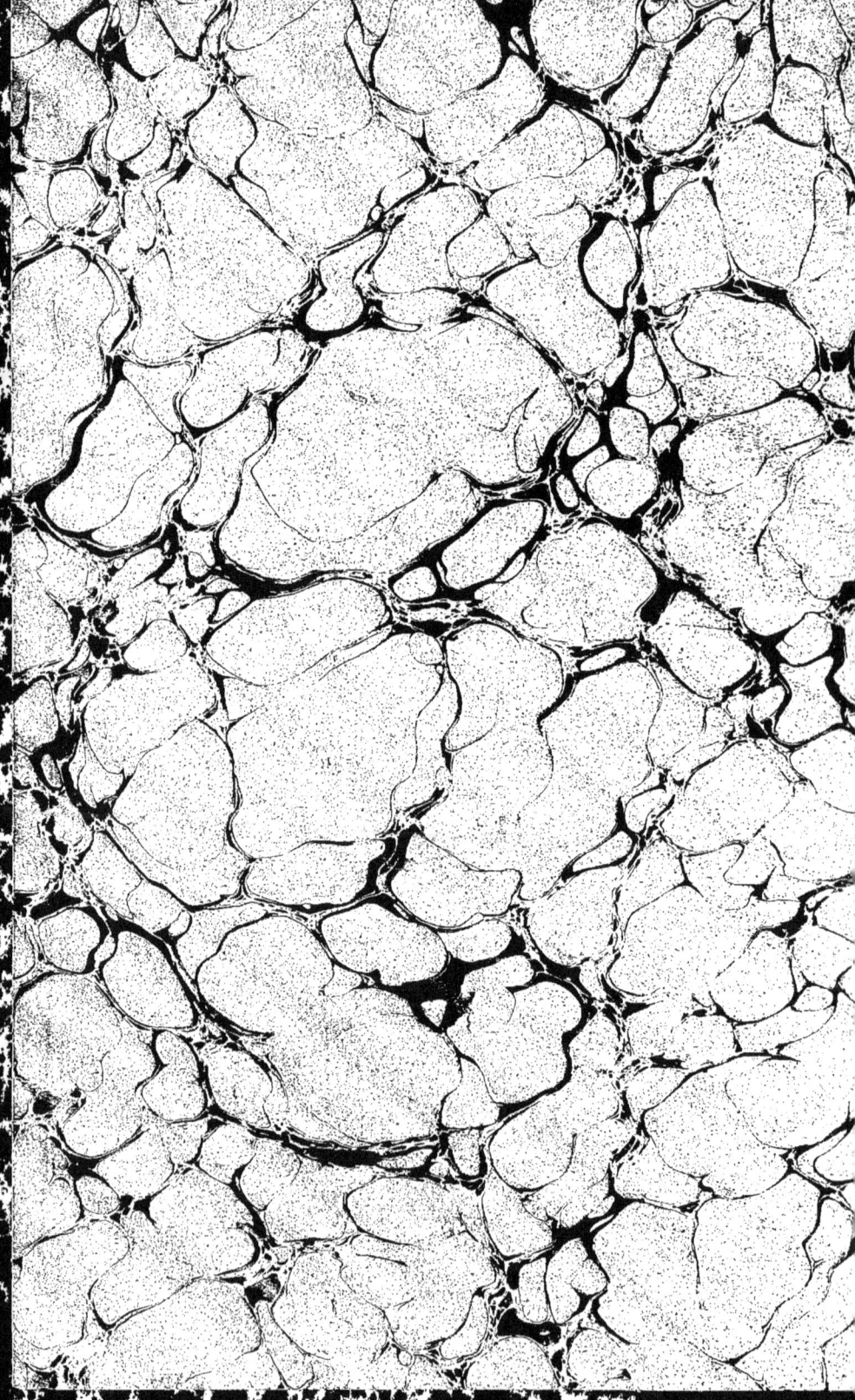

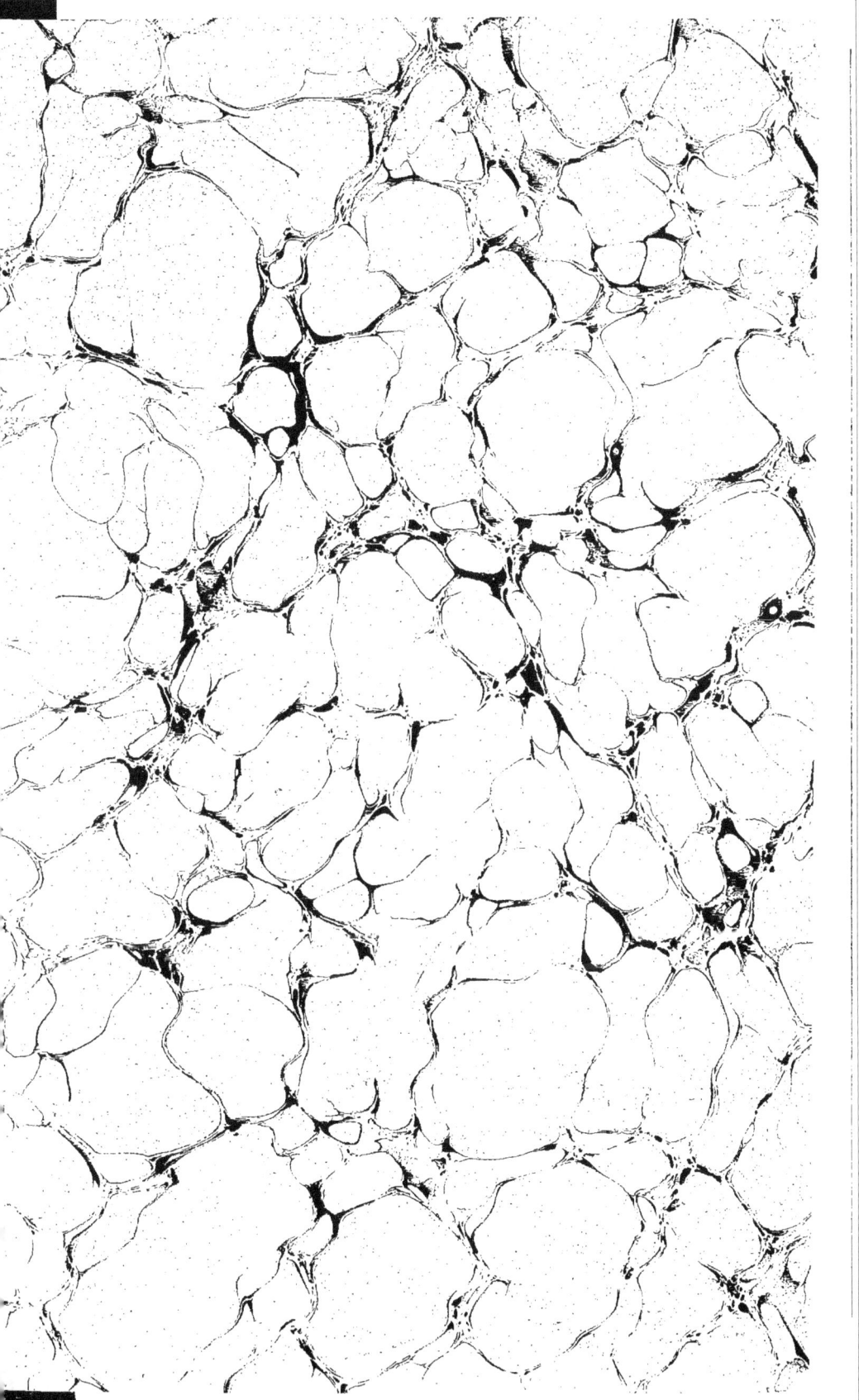

MÉMOIRES
DU
CARDINAL DE RICHELIEU

PUBLIÉS

D'APRÈS LES MANUSCRITS ORIGINAUX

POUR LA SOCIÉTÉ DE L'HISTOIRE DE FRANCE

(Série antérieure à 1789)

AVEC LE CONCOURS DE

L'INSTITUT DE FRANCE — ACADÉMIE FRANÇAISE

(FONDATIONS DEBROUSSE ET GAS)

TOME DIXIÈME

(1629)

A PARIS

LIBRAIRIE ANCIENNE HONORÉ CHAMPION

LIBRAIRE DE LA SOCIÉTÉ DE L'HISTOIRE DE FRANCE

5, QUAI MALAQUAIS

—

MDCCCCXXXI

Prix :
40 francs

Exercice 1931
2ᵉ volume
(Voir au verso.)

MÉMOIRES
DU
CARDINAL DE RICHELIEU

MÉMOIRES

DU

CARDINAL DE RICHELIEU

PUBLIÉS

D'APRÈS LES MANUSCRITS ORIGINAUX

POUR LA SOCIÉTÉ DE L'HISTOIRE DE FRANCE

(Série antérieure à 1789)

AVEC LE CONCOURS DE

L'INSTITUT DE FRANCE — ACADÉMIE FRANÇAISE

(FONDATIONS DEBROUSSE ET GAS)

TOME DIXIÈME

(1629)

A PARIS
LIBRAIRIE ANCIENNE HONORÉ CHAMPION
LIBRAIRE DE LA SOCIÉTÉ DE L'HISTOIRE DE FRANCE
5, QUAI MALAQUAIS

MÉMOIRES

DU

CARDINAL DE RICHELIEU

TOME DIXIÈME

(1629)

PUBLIÉ SOUS LA DIRECTION DE

M. LACOUR-GAYET, MEMBRE DE L'INSTITUT

PAR

ROBERT LAVOLLÉE

MDCCCCXXXI

EXTRAIT DU RÈGLEMENT.

Art. 14. — Le Conseil désigne les ouvrages à publier, et choisit les personnes les plus capables d'en préparer et d'en suivre la publication.

Il nomme, pour chaque ouvrage à publier, un Commissaire responsable, chargé d'en surveiller l'exécution.

Le nom de l'éditeur sera placé en tête de chaque volume.

Aucun volume ne pourra paraître sous le nom de la Société sans l'autorisation du Conseil, et s'il n'est accompagné d'une déclaration du Commissaire responsable, portant que le travail lui a paru mériter d'être publié.

Le Directeur de la publication soussigné déclare que le tome X des Mémoires du Cardinal de Richelieu, *préparé par* M. Robert Lavollée, *lui a paru digne d'être publié par la* Société de l'Histoire de France.

Fait à Paris, le 15 avril 1932.

Signé : G. LACOUR-GAYET.

Certifié :

Le Secrétaire de la Société de l'Histoire de France,

H. COURTEAULT.

MÉMOIRES
DU
CARDINAL DE RICHELIEU

ANNÉE 1629 (suite).

Pendant[1] le siège de la Rochelle, Monsieur, par plu-

1. Le début du présent volume est dans le manuscrit A (Aff. étr., mém. et doc., France 61) au folio 377 (page 551 de la pagination du temps des *Mémoires*). Avec lui commence le 32ᵉ cahier de l'année 1629; sur la feuille de garde de ce cahier (fol. 376) sont écrites, outre le sommaire habituel de Charpentier, les phrases suivantes dues à la plume de Sancy : tout d'abord, au milieu de la page : « Cahier de Mʳ [Monsieur] Iʳ »; au-dessus : « Mʳ le Cˡ [Cardinal], ayant f[ini] en Languedoc, revient trouver le R[oi]. Après avoir dit qu'il revient, sans encore l'avoir conduit jusqu'à la cour, nous dirons : mais, voyons ce que, durant toutes ces choses passées en Italie et Languedoc, Mʳ [Monsieur] est devenu et ce qu'il a fait, etc. »; au-dessous de « Cahier de Mʳ Iʳ », Sancy a écrit : « Quand le fait de Mʳ s[era] achevé, lors nous viendrons reprendre le C[ardinal] q[ui] est parti de Languedoc, et dirons qu'il arriva à Fontainebleau un tel jour. » Ce plan de rédaction a été suivi; nous lisons, en effet, sur le manuscrit A : « Cependant, il faut voir, avant que passer outre, où étoit la personne de Monsieur durant cette grande expédition. » Cette phrase termine le précédent volume de notre édition, le tome IX; celle qui est en tête du présent volume (« Pendant le siège de la Rochelle », etc.) lui fait suite immédiatement dans le manuscrit A. —

sieurs fois, avoit fait instance au Roi de lui permettre de secourir M. de Mantoue; le Roi lui avoit toujours répondu que l'entreprise de la Rochelle ne lui permettoit pas de penser à aucune autre; et, en effet, ceux qui étoient auprès de lui ne le portoient, au jugement de S. M., à lui faire cette proposition que parce qu'ils jugeoient qu'on ne pouvoit la lui accorder. La Rochelle étant prise, Monsieur continua à solliciter l'emploi de ce secours, au cas que le Roi voulût l'entreprendre.

Le Roi en faisoit grande difficulté, par l'ordinaire

Les pages qui suivent ont pour source un document intitulé par Richelieu lui-même : « Relation de l'affaire de Monsieur touchant le dessein de son mariage avec la princesse Marie. » Il est conservé aux Affaires étrangères, France 794, fol. 178. Cet important document de 56 pages porte en tête le mot « Employé », écrit par Charpentier, et la première page est paginée 661 ; c'est le numéro de pagination du temps des *Mémoires*. Cette « Relation » est l'œuvre de Richelieu qui y parle en grande partie à la première personne. On y remarque des corrections et remaniements de la main du Cardinal et quelques lignes, dans le corps même du texte, sont écrites par lui. Le document a été écrit par Ceberet en grande partie, mais quelques pages sont de la main de Charpentier et peut-être de celle du troisième frère des Cherré. Les sources de cette « Relation » sont les relations de Bérulle, des 12 et 15 mars 1629, et celle du sieur d'Ormoy. Celle-ci est en copie (de la main de Ceberet) aux Affaires étrangères, France 793, fol. 134-138, et Richelieu a écrit lui-même sur une feuille détachée qui la précède immédiatement (fol. 133) : « Relation de ce qui s'est passé sur le sujet de la détention de Mme de Longueville, donnée par Ormoy, envoyé au Roi par Monseigneur »; à la suite de ces lignes, une main de secrétaire, probablement celle de Le Masle, a écrit : « Employé », et Sancy a mis au-dessus : « pour le cahier de Monsieur 2^d »; la relation figure, en effet, dans le « second cahier de Monsieur » (ainsi intitulé par Sancy), qui est devenu le 33e cahier du manuscrit A (fol. 389).

jalousie que les souverains ont souvent de ceux qui, par droit de nature, regardent leur succession.

Le Cardinal fit ce qu'il lui fut possible[1] pour vaincre, à l'avantage du service du Roi, les obstacles que son esprit produisoit en cette affaire. Il lui représenta qu'en France les frères des rois avoient souvent eu, non les premiers gouvernements, mais les plus grands emplois ; qu'il n'en pouvoit arriver inconvénient, mettant[2] auprès de sa personne des gens sages pour lui servir de conseil en la conduite de l'armée.

Le Roi, se surmontant soi-même en cette occasion, se laissa aller à ses raisons[3] et lui accorda l'emploi qu'il désiroit, s'il n'y alloit point[4], et, au cas qu'il y allât, sa lieutenance générale.

Cette grâce conditionnée donna lieu à ceux qui étoient près de Monsieur de lui conseiller fort imprudemment[5]

---

1. Première rédaction du manuscrit A, fol 377 : « Je fis ce qu'il me fut possible » ; c'est aussi la leçon de la source (Aff. étr., France 794, fol. 178) ; les corrections sont de la main de Charpentier. La suite du récit a été corrigée de même jusqu'au feuillet 383 du manuscrit A (ici p. 13), le style indirect ayant été repris avec la phrase : « Le cardinal de Bérulle en écrivit au Cardinal... »

2. Première leçon de la source (France 794, fol. 178 v°) : « lui donnant » ; la correction a été faite sur ce document par Charpentier.

3. Première rédaction de la source (France 794, fol. 178 v°) : « Le Roi, surmontant les oppositions que sa jalousie fournissoit, se laissa aller à mes raisons... » Charpentier a corrigé ainsi : « Le Roi, se surmontant soi-même en cette occasion, se laissa aller à mes raisons. »

4. C'est-à-dire : si le Roi n'allait pas lui-même au secours du duc de Mantoue.

5. Les mots « à mon avis » figuraient ici dans le document servant de source (France 794, fol. 178 v°).

de faire expliquer S. M., pour savoir s'il vouloit en personne aller à Casal, d'autant qu'en ce cas Monsieur, n'y ayant point de gloire particulière à acquérir, ne désiroit point faire ce voyage. Monsieur fit l'honneur au Cardinal de venir[1] expressément à Chaillot, où il étoit, pour lui faire cette proposition et l'obliger[2] déterminément à lui rendre réponse dans deux jours. Il représenta[3] sur ce sujet fort librement à Monsieur ce qu'il estimoit du bien de son service, lui représentant que le vrai lieu où il devoit être pour son bien et pour son honneur étoit auprès de la personne du Roi, qui le tenoit pour son fils. Il lui dit, en outre, qu'il voyoit bien qu'il lui donnoit une mauvaise commission et qu'il[4] connoissoit bien qu'on l'avoit porté à ce faire, pensant que la nature de la proposition l'obligeât[5] à lui rendre une mauvaise réponse, mais qu'il obéiroit à ses commandements et tâcheroit à le servir et le contenter tout ensemble.

Le lendemain, il[6] fit entendre au Roi ce qui s'étoit passé et le jugement qu'il faisoit du conseil de Monsieur, son frère. S. M. estima d'abord qu'il falloit dire à Monsieur qu'il vouloit aller en personne à Casal, afin qu'il se déportât de ce voyage. Il[7] le supplia d'en user

1. Première rédaction du manuscrit A, fol. 377 v° : « Monsieur me fit l'honneur de venir expressément à Chaillot... »; les corrections sont de Charpentier; des remarques analogues pourraient être faites pour les pages suivantes.

2. Et obliger le Cardinal.

3. Première leçon de la source : « Je dis sur ce sujet... »; seconde leçon : « Je représentai sur ce sujet. »

4. Le Cardinal.

5. Obligeât Richelieu.

6. Richelieu.

7. Le Cardinal.

autrement, lui représentant que son service ne permettoit pas qu'il allât en personne à Casal; que, n'ayant point d'enfants, il ne devoit jamais s'embarquer si avant en un pays étranger; qu'au reste, le bien de ses affaires requéroit qu'il donnât contentement à Monsieur, son frère, auquel il devoit, à son avis, répondre que son intention étoit d'aller jusque dans les États de M. de Savoie pour l'humilier puissamment et s'acquérir une porte en Italie; mais que, étant là, il lui lairroit faire le secours de Casal avec vingt mille hommes et deux mille chevaux.

Après plusieurs difficultés, tous ceux qui avoient l'honneur d'être du Conseil du Roi étant de même avis, S. M. s'y résolut.

Deux jours après, Monsieur, venant au Conseil, tira le Cardinal à part pour lui demander sa réponse. Il[1] lui dit que le Roi la lui vouloit faire lui-même et qu'il la lui feroit bonne. Il lui répondit qu'il ne la désiroit pas de la bouche du Roi, de peur de contester avec lui. Il[2] lui dit, en riant, qu'il n'auroit pas lieu de contestation et pouvoit seulement se préparer à un remercîment.

Il[3] n'eut pas plus tôt achevé ces paroles qu'il demanda, par civilité, permission au Roi de faire un tour chez la Reine sa femme avant que le Conseil se tînt, et sortit en même temps. S. M. fut étonnée que M. le maréchal de Schönberg, entrant peu après, lui dit qu'il avoit trouvé en son carrosse Monsieur sur le pont du Louvre, qui sortoit. Elle jugea incontinent qu'il s'en

1. Richelieu.
2. Le Cardinal.
3. Richelieu.

étoit allé de peur de recevoir sa réponse et qu'ainsi il poursuivoit ce qu'il ne désiroit pas obtenir.

Cette opinion, qui se trouva véritable par après, porta le Roi à accorder plus gaîment ce qu'on lui avoit conseillé pour son service. Après avoir attendu Monsieur plus de deux heures, S. M. envoya M. de Montbazon le chercher partout; enfin, ne le trouvant point, elle commanda à M. le maréchal de Schönberg de l'aller chercher et trouver en quelque lieu qu'il fût, pour lui accorder ce qu'il avoit désiré, comme il est dit ci-dessus.

Le maréchal, ne le pouvant trouver, dit à Puylaurens et au Coigneux ce dont il étoit chargé, afin qu'ils le rapportassent le soir à Monsieur.

Le lendemain Monsieur vint au Conseil assez mélancolique et cependant remercia le Roi de bonne grâce, témoignant, après s'être un peu échauffé en discours, lui savoir grand gré de l'emploi qu'il lui donnoit auprès de lui, mais qu'il n'avoit point d'argent pour faire son équipage. Chacun se regardoit sur ce discours et n'osoit dire ses pensées, tant parce que le Roi n'aimoit pas beaucoup à donner que parce que c'étoit un pas bien glissant de parler franchement en ce qui concernoit Monsieur. Enfin, Monsieur s'étant levé pour contenter son inquiétude naturelle qui ne lui permettoit pas d'être longtemps en un lieu, le Cardinal dit hardiment au Roi qu'il croyoit qu'il ne devoit pas le refuser et qu'il seroit quitte à bon marché s'il tenoit l'esprit de Monsieur satisfait avec de l'argent; que, pour cet effet, il pensoit qu'il lui dût donner 50,000 écus; tout le Conseil disant le même, le Roi appela Monsieur et lui accorda cette somme. Il remercia S. M.

avec témoignage de grand ressentiment et s'en alla extrêmement content.

Deux jours après, le Roi, étant allé à Versailles selon sa coutume, y fut extrêmement mélancolique; enfin, après y avoir été trois ou quatre jours, revenant à Paris, il passa à Chaillot où étoit le Cardinal et lui dit qu'il lui faisoit cet honneur pour se décharger de sa mélancolie; qu'il avoit pensé que, si Monsieur alloit à Casal, on lui donneroit tout l'honneur de ce secours; que lui cependant demeureroit au bagage; qu'il se représentoit l'entrée de Monsieur dans Casal, où les acclamations publiques le publieroient libérateur de l'Italie, bien qu'en effet la gloire n'en fût due qu'à lui; qu'il avoit été deux nuits sans dormir en cette considération; qu'absolument il falloit trouver remède à son déplaisir, autrement qu'il tomberoit en une grande maladie.

Il[1] lui représenta que les grands princes avoient fait leurs plus grandes actions par leurs lieutenants; que c'étoit une prérogative, de la grandeur la plus élevée, de faire, par autrui, ce que les moindres ne pouvoient que par eux-mêmes; que la plupart des conquêtes d'Espagne avoient été exécutées par vice-rois, et que, comme le médecin avoit plus de part à la guérison d'un malade que l'apothicaire ou le chirurgien, celui qui formoit un grand dessein et ordonnoit les moyens méritoit plus de gloire que celui qui l'exécutoit. Il ajouta que les frères des rois avoient toujours eu de grands emplois en France.

Mais il connut, par expérience, que la passion sur-

---

1. Le Cardinal.

monte toutes sortes de raisons et que la jalousie est une maladie que le temps guérit plutôt que les remèdes, qui aigrissent souvent le mal si on ne les applique délicatement.

Lors il commença à dire à S. M. qu'il la supplioit de se mettre l'esprit à repos sur l'assurance qu'il devoit prendre que cette affaire s'ajusteroit au point qu'il la désireroit et que, comme seul il méritoit la gloire du bon succès qu'acquerroit son voyage, il en auroit seul l'apparence.

Il ne faut pas oublier[1] de remarquer en passant combien il est dangereux de lutter avec les souverains, entrer en proposition avec eux et emporter l'avantage à leur préjudice, en quelque sujet que ce puisse être. Car il est vrai que cette grande jalousie du Roi fut émue par une chasse où les chiens de Monsieur chassèrent mieux que ceux du Roi et parurent si excellents que, après que la meute de S. M. eut un jour failli un cerf dans la forêt de Saint-Germain, les autres y en prirent un le lendemain, nonobstant tout l'art qu'on put honnêtement apporter pour le faire faillir, ce qui se pratique d'ordinaire entre chasseurs.

Le Roi, dont la bonté étoit telle que ses déplaisirs étoient à demi guéris quand ils étoient découverts, particulièrement quand il en faisoit sa plainte à des personnes confidentes qui entroient en ses peines et les recevoient sans ouverte contradiction, s'en alla fort soulagé de l'assurance que le Cardinal lui donna qu'on

---

1. Première rédaction du manuscrit A (fol. 380 v°), avant les corrections effectuées par Sancy : « Je ne veux pas oublier de remarquer... »; c'est la leçon de la source (France 794, fol. 181 v°).

trouveroit quelque expédient qui le contenteroit absolument.

Trois jours ne passèrent pas que son mal se guérit de soi-même, S. M. ayant clairement reconnu que Monsieur n'avoit point d'envie de faire le voyage qu'il avoit demandé. Plus S. M. avoit-elle cette connoissance, plus pressoit-elle Monsieur de hâter son partement, lui représentant que le secours de Casal ne pouvoit souffrir retardement et que, pour cet effet, il partiroit dans deux jours lui-même : ce qui fut ponctuellement.

Comme le Conseil de Monsieur vit que c'étoit tout de bon que le Roi entreprenoit ce grand voyage, ils commencèrent à chercher toutes sortes de moyens imaginables pour rompre celui de Monsieur ; ils tâchèrent de le feindre mécontent et, n'en pouvant trouver aucun sujet apparent, vu qu'on lui avoit accordé tout ce qu'ils avoient demandé, le Coigneux et son compagnon[1] sondèrent ouvertement s'il y avoit moyen de faire que Monsieur demeurât à Paris, sous prétexte que peut-être seroit-on contraint de mettre une armée en Champagne pour s'opposer aux desseins que les étrangers pouvoient avoir de retirer le Roi de l'Italie par quelque diversion. Mais le Roi ni la Reine sa mère, qui en furent avertis, ne désirèrent pas ce changement, de peur que, à l'éloignement de S. M., Monsieur ne pensât à entreprendre quelque chose en son mariage qui pût déplaire à ceux à qui il devoit toute obéissance.

1. Puylaurens. — La source (France 794, fol. 182 v°) porte : « Enfin, l'Aréopage et son compagnon... » La correction a été faite sur le manuscrit A, fol. 381 v°, par Charpentier. « L'Aréopage » est le nom de convention donné à Le Coigneux dans le langage secret du cabinet de Richelieu.

Le Roi partit précisément le 15ᵉ de janvier[1], tirant parole expresse de Monsieur qu'il le suivroit dans quatre jours et qu'il seroit plus tôt que lui à la frontière ou, au moins, le joindroit à Valence ou à Grenoble. Cependant il ne partit pas trois semaines après, chacun reconnoissant bien qu'il différoit autant qu'il lui étoit possible à commencer un voyage qu'il n'avoit pas grande envie de parachever. Enfin il part en poste, mais si lente qu'il demeuroit ès beaux lieux de séjour un et deux jours, comme s'il eût attendu que le temps eût produit quelque occasion de rompre le dessein où il s'étoit embarqué. Pendant son voyage, il envoya deux fois au Roi savoir de ses nouvelles, avec grands compliments[2].

Le Roi lui répondit toujours avec grande bonté et civilité tout ensemble, l'avertissant du temps auquel il seroit à la frontière afin qu'il s'y rendît. Lors même que S. M. fut prête à partir de Grenoble, elle lui dépêcha un gentilhomme pour l'en avertir et le convier de se hâter, afin qu'il ne se fît rien sans lui.

La réponse qu'il fit à S. M. lui fit croire plus que jamais qu'il n'en avoit pas grande envie, en ce qu'il lui manda que, bien que son train ne fût encore tout arrivé, il ne lairroit pas de partir de Trévoux, l'une de ses maisons, où il étoit il y avoit cinq ou six jours, pour s'en venir le plus diligemment qu'il pourroit. Il partit

---

1. La source porte (fol. 183) : « le 18ᵉ de janvier »; la correction a été faite sur le manuscrit A, fol. 381 v°.

2. Gaston d'Orléans écrivit le 13 février, de Moulins, et, le 22, de Villefranche, au Roi, lui mandant qu'il avait été obligé de s'arrêter deux jours dans ces villes à cause du retard de son équipage; ces lettres sont aux Affaires étrangères, France 247, fol. 227 et 231.

en effet et vint jusques à trois lieues de Grenoble; mais il retourna tout court, sur l'avis qu'on lui donna que M. de Mantoue envoyoit quérir la princesse Marie, sa fille; et le Roi ne fut pas plus tôt à Oulx, lieu distant de trois lieues des dernières limites de la France, qu'un gentilhomme arriva de sa part avec une lettre, par laquelle il manda à S. M.[1] que le partement de ladite princesse Marie, par l'ordre de son père, lui causoit un déplaisir si sensible que, ne pouvant pour lors divertir ailleurs ses pensées, il s'étoit résolu d'aller en une de ses maisons, où il attendroit le commandement de S. M.

Le Cardinal étoit allé à Chaumont[2] pour préparer le passage de l'armée de S. M., qui lui fit l'honneur de lui envoyer cette nouvelle et récrivit à Monsieur[3] qu'il

1. La fin du paragraphe est empruntée à une lettre de Monsieur, datée de Crémieu le 27 février, lettre qui avait été transcrite intégralement sur le ms. A, fol. 382 v°, à la suite de ces mots : « ... un gentilhomme arriva de sa part avec la lettre suivante... »; les modifications apportées à la première leçon du manuscrit A l'ont été par Sancy. Cette première leçon du manuscrit A était conforme à celle de la source (France 794, fol. 184), qui contenait également le texte de la lettre du duc d'Orléans.

2. Chiomonte, en Piémont.

3. Première rédaction du manuscrit A, fol. 383, et de la source (fol. 184 v°), avant les corrections effectuées sur le manuscrit A par Charpentier : « J'étois allé à Chaumont pour préparer le passage de l'armée de S. M. qui me fit l'honneur de m'y envoyer cette nouvelle. Le Roi fut fort content de la lettre de Monsieur parce qu'elle marquoit aussi clairement son respect et son obéissance envers le Roi que le déplaisir qu'il avoit du sujet pour lequel il l'écrivoit. En cette considération il lui fit la réponse suivante, pleine de témoignages d'affection... »; le texte de la lettre du Roi, donné par la source (fol. 185) et par le manuscrit A, n'a été que partiellement uti-

ne devoit pas, à son avis, être fâché du contentement et de la consolation que M. de Mantoue recherchoit en ses enfants, les approchant de sa personne; que, bien que l'une des plus grandes satisfactions que S. M. pût avoir fût de le voir auprès de sa personne, il remettoit à sa liberté de passer quelque temps chez lui ou de se rendre près de S. M., lui conseillant toutefois, par l'amitié qu'il lui portoit, de poursuivre son premier dessein, qui étoit de concourir avec lui à la délivrance de Casal.

Peu de jours après, la Reine, mère du Roi, envoya à S. M. la copie des lettres que Monsieur lui avoit écrites sur ce sujet et sa réponse, qui satisfirent encore l'esprit de S. M. et lui firent croire que Monsieur ne pensoit point à faire aucune chose qui pût déplaire à LL. MM.[1].

Mais bientôt après, le Roi reçut des nouvelles contraires, car, Monsieur étant arrivé à Montargis, Bellegarde et le Coigneux l'y allèrent trouver; ils y furent envoyés de la Reine ou y allèrent de leur mouvement et s'y firent convier par la Reine, qui croyoit qu'ils y

---

lisé ici (après corrections de Sancy) pour la rédaction de la fin du présent paragraphe.

1. Le texte des *Mémoires* se sépare ici de celui de la source, qui est, on le sait, la « Relation de l'affaire de Monsieur touchant le dessein de son mariage avec la princesse Marie » (France 794, fol. 185 v°). La première rédaction du manuscrit A était conforme au texte de la source; par la suite, le récit a été modifié par l'adjonction de trois feuillets qui portent actuellement les numéros 384 à 386 du foliotage du manuscrit A, le feuillet 386 étant resté en blanc presque entièrement; ces feuillets complémentaires nous mènent ici jusqu'à la page 16, au paragraphe commençant par : « S. M. fut bien étonnée quand elle reçut avis de toutes ces choses par la Reine sa mère. Il approuva et loua grandement ce que la Reine sa mère avoit fait... »

allassent sincèrement pour y servir le Roi selon son intention.

Le cardinal de Bérulle en écrivit au Cardinal, le 4ᵉ mars, et l'assura que l'un et l'autre avoient envie de bien faire, ne considérant pas qu'ils étoient gens intéressés et qui ne cherchoient que de s'avantager dans les brouilleries. Ils s'étoient auparavant laissé entendre qu'ils ramèneroient l'esprit de Monsieur pourvu qu'ils y trouvassent leur compte.

Le 31ᵉ janvier, le cardinal de la Valette l'avoit mandé au Cardinal, lui donnant avis qu'il leur feroit accomplir l'affaire du mariage de Monsieur, si la Reine donnoit parole que, après l'affaire faite, le Coigneux auroit une charge de président au mortier, et Puylaurens recevroit du Roi de l'argent pour acheter la charge de premier gentilhomme de la chambre de Monsieur qu'avoit M. de Bellegarde, qui, peu après la mort du baron d'Huxelles[1], demanda la citadelle de Châlons, et, ne la pouvant obtenir, fit faire grande instance par les députés de la province de la faire démolir, pour demeurer tout-puissant en son gouvernement.

Néanmoins, le bon cardinal de Bérulle assuroit de leur sincérité et disoit qu'ils alloient exprès trouver Monsieur pour lui faire passer le mécontentement qu'il avoit du départ de la princesse Marie, qui étoit rappelée du duc de Mantoue, son père, et lui en faire perdre le souvenir dans le divertissement de la chasse et des plaisirs.

Mᵐᵉ de Longueville[2] cependant promettoit de jour à

1. Mai 1629.
2. Catherine de Gonzague, duchesse douairière de Longueville, sœur de Charles de Gonzague-Clèves, duc de Nevers et de Mantoue.

autre le partement de sa nièce, mais le différoit néanmoins et trouvoit toujours quelque excuse pour allonger le temps. Le sieur de Bellegarde, le Coigneux et Puylaurens faisoient de leur côté auprès de Monsieur des effets tout contraires à ce qu'ils avoient promis, et, lui ayant fait prendre une résolution arrêtée de l'épouser sans permission de S. M.[1], ils dépêchèrent lors le sieur de Sufferte[2] à la Reine mère et lui mandèrent que tant s'en falloit qu'ils eussent pu rien gagner sur

1. Première rédaction du manuscrit A, fol. 385 : « ... sans permission de S. M., qui fut tout étonnée de recevoir, le 20° mars, de la Reine sa mère, la dépêche suivante... » ; venait ensuite le texte de cette lettre (fol. 385 r° et v°), que donne également la « Relation... » (France 794, fol. 185 v°-186 v°), d'après une copie (France 793, fol. 144), au dos de laquelle Charpentier a écrit : « Copie de la lettre de la Reine au Roi sur la détention de la princesse Marie. Employé. » Le feuillet 386 du manuscrit A est resté en blanc presque en totalité ; les feuillets 387 r° et v° et le feuillet 390 reproduisaient également le texte de cette même lettre, le feuillet 388 étant resté en blanc et le feuillet 389 portant le sommaire du 33ᵉ cahier, écrit par Charpentier. La dernière leçon du manuscrit A (qui est aussi celle du manuscrit B) a été écrite en marge du feuillet 385 r°. Elle se présente sous la forme d'une rédaction partielle, plusieurs phrases étant demeurées interrompues et complétées par des renvois à d'autres pages du manuscrit A, où le copiste du manuscrit B devait trouver la suite du récit ; ces renvois, au nombre de trois, se rapportent respectivement aux pages 596 (fol. 400 v°), 597 (fol. 401 r°) et 575 (fol. 390 r°) du manuscrit A. Notez qu'avant d'adopter cette dernière leçon, il y en avait eu une autre, écrite par Sancy à la marge de droite du feuillet 385 r°.

2. François Joumart, seigneur de Sufferte, baron de Saint-Père-du-Mont en Nivernais, fut écuyer de la Grande Écurie du Roi et écuyer de la duchesse d'Orléans ; mort vers 1656. Il était fils de François de Joumart et d'Isabeau de la Tour.

l'esprit de leur maître, qu'au contraire ils lui donnoient avis qu'il étoit résolu d'aller[1] le même jour, qui étoit un samedi, coucher à Fontainebleau, de là à Coulommiers, pour y chercher la princesse Marie, qui devoit partir le dimanche pour aller à Montmirail où ils se devoient trouver ensemble, pour l'épouser le mardi suivant.

Cet avis étonna la Reine, venant de cette part, et d'autant plus qu'il sembloit presque qu'il étoit plutôt donné pour servir d'excuse et de décharge à ceux qui l'envoyoient que pour donner moyen à S. M. d'y pouvoir remédier, vu qu'il n'y avoit que la nuit du samedi au dimanche pour y pourvoir. La Reine néanmoins, voyant qu'il n'y avoit d'autre remède à ce mal que de s'assurer de la personne de la princesse Marie et de celle de Mme de Longueville, se résolut de les envoyer quérir en diligence à Coulommiers et les faire amener au Louvre. Elle donna cette commission au sieur de Cahusac[2] et lui commanda de se retirer avec respect s'il rencontroit Monsieur.

Au même temps[3] elle envoya Marillac[4] à Fontainebleau pour le détourner de son dessein; il lui avoua franchement la résolution qu'il avoit prise d'épouser[5]

---

1. La fin du paragraphe et le paragraphe suivant se trouvent au feuillet 400 v° du manuscrit A (cf. la note 1, p. 14).

2. Première leçon du manuscrit A, fol. 400 v° : « Elle donna cette commission au sieur de Cahusac, qui arrivoit du Pont-de-l'Arche, et lui commanda... »

3. Les quelques mots qui suivent, jusqu'à « d'épouser la princesse Marie... », sont en marge du feuillet 385 r° du manuscrit A (voyez la note 1 de la page 14).

4. Le maréchal de Marillac.

5. La fin de ce paragraphe est écrite aux recto et verso du

la princesse Marie, le mardi suivant, à Montmirail, y ajoutant seulement une circonstance, que MM. de Bellegarde et le Coigneux n'avoient pas mandée par Sufferte, qui est que, par respect, il eût envoyé demander congé de l'épouser à la Reine sa mère et que, si elle ne lui eût accordé, il n'eût pas laissé de passer outre.

Cependant la Reine, qui pensoit loger la princesse Marie dans le Louvre, où elle lui avoit fait accommoder la chambre de Mme de Combalet et tenir le souper prêt, ayant reçu coup sur coup quatre ou cinq avis que, si elle la logeoit dans le Louvre, elle y recevroit l'affront tout entier et que Monsieur, arrivant à Paris, pourroit entrer dans ledit Louvre à telle heure qu'il voudroit, changea d'avis et l'envoya avec Mme de Longueville au Bois-de-Vincennes, non au donjon[1] comme prisonnières, mais au département où loge le Roi quand il y va[2].

S. M. fut bien étonnée quand elle reçut avis de toutes ces choses par la Reine sa mère. Il approuva et loua[3]

---

feuillet 401 ; on revient ensuite au feuillet 385 r° du manuscrit A, à la marge (cf. la note 1 à la page 14).

1. Nous donnons la leçon du manuscrit A ; celle du manuscrit B, après correction erronée de Charpentier, était : « ... au donjon, non comme prisonnières, mais au département où loge le Roi quand il y va » (fol. 139).

2. Ce paragraphe a été écrit en marge du manuscrit A, fol. 385 r°. Il est tiré d'une lettre du 12 mars, du maréchal d'Effiat à Richelieu, corrigée en vue de son entrée dans les *Mémoires* (Aff. étr., France 793, fol. 106). Voyez aussi une dépêche de Bérulle, du 15 mars, dont plusieurs passages sont à peu près identiques au texte de ce paragraphe et à celui du paragraphe précédent (Aff. étr., France 788, fol. 120).

3. Le début de cette phrase a été écrit par Sancy, en marge, au bas du feuillet 385 r° du manuscrit A, et la fin de la phrase

grandement ce que la Reine sa mère avoit fait, et, bien qu'il se sentît offensé du dessein de Monsieur, il se résolut de supporter cette action comme les pères font d'ordinaire les dérèglements de leurs enfants. Il en écrivit à la Reine sa mère en ces termes[1], et dépêcha le comte de Nogent à Monsieur, lui mandant qu'il avoit trouvé un peu étrange que, au lieu de continuer[2] le voyage pour l'accompagner en l'occasion présente, il fût retourné vers Paris, non seulement sans sa permission, mais sans lui en avoir donné avis; qu'il étoit encore plus étonné qu'il eût fait ce voyage en dessein d'entreprendre une chose si contraire à ce qu'il devoit attendre de lui, puisqu'il savoit bien ses sentiments et ceux de la Reine sa mère, et qu'il lui avoit plusieurs

est au feuillet 399. — Les rédacteurs des *Mémoires* ont à nouveau utilisé ici la « Relation de l'affaire de Monsieur... » (France 794, fol. 187). Trois paragraphes (fol. 186 v° et 187 r°) en ont été barrés, que l'on retrouve au feuillet 196 v°, et dont le premier commence ainsi : « Trois mois après que les mauvaises couches de Madame l'eurent ôtée de ce monde... » Notez, au feuillet 187 de la relation, ces mots de Richelieu, destinés à fixer l'ordre à suivre pour la rédaction des *Mémoires* : « le sieur de Nojan (*sic*) »; conformément à l'indication donnée par le Cardinal, il est question, un peu plus loin, de la mission du comte de Nogent.

1. Ces trois mots auraient dû être biffés, puisque les rédacteurs des *Mémoires* ont négligé d'indiquer ici quels étaient les termes de la lettre du Roi à sa mère; le texte en est donné dans le manuscrit A, fol. 390 r° et v°, où il est barré, et dans la source (Aff. étr., France 794, fol. 187 v° et 188 r°).

2. Le début de cette phrase a été écrit en marge du manuscrit A, fol. 390, par Sancy; la fin du paragraphe est tirée de la lettre que le Roi avait envoyée à son frère par Nogent, lettre dont le texte intégral est donné par le manuscrit A (fol. 390 v°-391 v°) et par la source (France 794, fol. 188 r° et v°).

fois témoigné que pour rien du monde il n'y contreviendroit ; qu'il ressentoit sa faute comme un père celle de ses enfants, à qui il désiroit autant la remettre qu'ils le devoient souhaiter eux-mêmes ; qu'il se promettoit qu'il ne penseroit jamais à ce qui s'étoit passé qu'avec déplaisir de lui avoir déplu, comme aussi il l'assuroit qu'il en vouloit perdre la mémoire.

Le seul avis que le Cardinal put donner[1] au cardinal de Bérulle, qui étoit auprès de la Reine, fut qu'on ne pouvoit contenter Monsieur en la substance de l'affaire qui se passoit, puisque le Roi et la Reine ne vouloient et ne pouvoient en aucune façon, jamais, par raison, consentir le mariage dont il étoit question, vu ce qui s'étoit passé ; son esprit ne pouvoit donc être ramené que par l'adresse et la bonne chère de la Reine et par l'assurance qu'elle lui donneroit que le Roi et elle ne penseroient jamais à ce qui s'étoit passé ; qu'il ajouteroit[2] aisément foi aux paroles de la Reine en ce sujet, la lumière naturelle ne permettant pas à un fils de douter de la foi de sa mère lorsqu'il s'agissoit de la sûreté de sa personne, beaucoup moins à Monsieur de ne connaître pas l'affection et la sincérité d'une si sage et vertueuse mère comme la Reine ; qu'ôter la peur à ceux qui étoient auprès de lui étoit un point principal ; continuer à leur promettre l'effet des intérêts que M. de Bellegarde avoit stipulés pour eux par le cardinal de

---

1. Ce paragraphe est emprunté à la « Relation de l'affaire de Monsieur... » (France 794, fol. 189).

2. Cette phrase venait après la suivante dans la source ; l'interversion à faire a été indiquée par Richelieu lui-même, à l'aide de signes graphiques et des mots « oster la peur », servant de renvoi, écrits par lui (France 794, fol. 189 v°).

la Valette, en étoit un autre, qui étoit de grand poids en cette occasion.

Comme le sieur de Nogent étoit prêt à partir, il arriva un gentihomme nommé Ormoy[1], qui porta au Roi une lettre de la part de Monsieur[2], par laquelle Mon-

1. Probablement Antoine de Garges, seigneur d'Ormoy (cant. de Crépy-en-Valois), fils de Pierre de Garges et de Philippe de Pellevé ; il avait été page de Gaston d'Orléans et s'était distingué au siège de la Rochelle comme lieutenant au régiment d'Estissac ; marié en 1647 à Madeleine Sacquespée.

2. Les rédacteurs des *Mémoires* se sont inspirés, pour la rédaction de ce paragraphe, de la « Relation de l'affaire de Monsieur... » (France 794, fol. 190 v°) ; la source portait : « Comme le sieur de Nogent était prêt à partir, arriva un gentilhomme que Monsieur envoyoit au Roi, qui lui apporta la dépêche suivante... » ; suivait le texte de cette dépêche, datée d'Orléans, le 16 mars (fol. 189 v°-190 v°). La première rédaction du manuscrit A (fol. 392-393) était conforme au texte de la source ; la leçon que nous donnons est celle qui a été adoptée après corrections de Sancy, portées en marge du feuillet 392 r° du manuscrit A. Cette lettre de Monsieur au Roi était suivie dans le manuscrit A d'un mémoire d'Ormoy (fol. 393-396 v°), dont le texte ne figure pas dans la « Relation de Monsieur... », quoiqu'on s'en soit inspiré pour la rédiger, et qui a été barré dans le manuscrit A, sauf un passage (fol. 396 v°) qui a servi à la rédaction de la fin du présent paragraphe. La relation d'Ormoy faisait mention de la mission de Marillac auprès de Monsieur, indiquée ci-dessus p. 15 et 16. Marillac était chargé de faire part au duc d'Orléans des « sentiments » de sa mère sur les derniers événements qui avaient marqué l'affaire de la princesse Marie et il remit au prince une lettre de sa mère, dont le texte n'est pas donné dans la relation d'Ormoy, qui la résume seulement. Cette lettre, ainsi qu'une autre de la Reine mère à Monsieur, du 12 mars, et la réponse de Monsieur, de même date, sont conservées en copie aux Affaires étrangères (France 793, fol. 100 et 101) ; au dos des feuillets où sont copiées ces lettres, Charpentier a écrit : « Copies de lettres de la Reine à Monsieur et les réponses. Je crois qu'il faut insérer ces

sieur demandoit à S. M. la liberté de la princesse Marie et de Mme de Longueville sa tante, promettant de ne rien entreprendre sur le sujet de son mariage que par la permission de S. M., et se plaignoit du procédé de la Reine sa mère en cette occasion, qui avoit envoyé plusieurs carrosses avec cent ou six-vingts chevaux de toutes sortes de conditions, conduits par Cahusac, pour la mener dedans le Bois-de-Vincennes, ce qui étoit une procédure sans exemple à une personne de sa condition et de son sexe, quand sa considération n'y eût été mêlée, dont sa personne pouvoit courre grande fortune s'il se fût trouvé à la rencontre de cette troupe, comme il se pouvoit faire s'il eût continué ce voyage.

Le Roi[1] ayant retenu ce gentilhomme trois jours,

---

lettres dans votre relation. » Sancy a ajouté : « Pour le cahier 2 de Monsieur » ; dans le manuscrit A, ce second « cahier de Monsieur » est le 33e cahier de 1629, comme le prouve la mention suivante portée par Sancy sur la feuille de garde de ce cahier : « de M[onsieu]r 2^d » (ms. A, fol. 389). Mais, finalement, il n'est même pas fait allusion à ces lettres dans les *Mémoires*. Quant à la « relation », dont parle Charpentier, dans laquelle ces lettres auraient dû être insérées, il est possible que ce soit la « Relation de ce qui s'est passé sur le sujet de la détention de la princesse Marie et de Mme de Longueville et sur le prompt retour de Monsieur, étant déjà avancé à Crémieu, sur la fin de février ou au commencement de mars 1629 », relation écrite de la main de Bouthillier, qui en est peut-être l'auteur, et conservée aux Affaires étrangères (France 793, fol. 128-132). Les sources de cette relation sont, ainsi qu'il est indiqué dans la relation même, les relations de Bérulle des 12 et 15 mars; peut-être celle d'Ormoy y a-t-elle aussi été utilisée.

1. Les *Mémoires* ont suivi, au début de ce paragraphe, la « Relation de l'affaire de Monsieur... », fol. 190 v°. Le manus-

pour donner lieu au sieur de Nogent d'arriver devant lui, y fit réponse qu'il le prioit de se déporter tout-à-fait de la prétention qu'on croyoit qu'il avoit de se marier contre sa volonté; qu'il attendoit cela de lui et l'en prioit avec affection, comme aussi de prendre un soin particulier de réparer, comme il y étoit obligé, le mécontentement que la Reine sa mère devoit avoir reçu de son procédé; quant à la princesse Marie, tant s'en falloit qu'il désirât qu'elle fût longtemps au lieu où elle étoit, qu'il n'avoit autre dessein que de la faire bientôt conduire entre les mains de M. de Mantoue son père, étant bien raisonnable que, après avoir fait ce qu'il avoit fait pour lui faire restituer ses États, qu'on lui retenoit sans justice, il lui fît mener sa fille sûrement, ainsi qu'il le désiroit[1].

crit A (fol. 397) donnait, comme la « Relation » (fol. 190 v°-191 v°), le texte de la réponse du Roi à son frère; finalement Sancy a corrigé de telle sorte le manuscrit A que seuls des passages de cette lettre du Roi ont été utilisés pour la rédaction de la fin du présent paragraphe. On trouvera la minute de la lettre, rédigée et corrigée de sa main par Richelieu, aux Affaires étrangères, France 793, fol. 126.

1. Deux pages et demie de la « Relation de l'affaire de Monsieur... » ont été rayées ici (fol. 191 v°-192); les voici : « Je ne veux et ne dois pas, à mon avis, oublier de remarquer quelques particularités qu'on apprit sur ce sujet par le voyage de ce gentilhomme [Ormoy], avec lequel un homme envoyé exprès apporta une grande lettre de M. de Bellegarde au cardinal de la Valette, qui portoit pour justification de son procédé que c'étoit lui et le Coigneux qui avoient en grand secret donné avis à la Reine de ce dessein que Monsieur avoit d'aller à Coulommiers voir la princesse Marie et l'épouser ensuite, mais qu'au même temps ils supplioient la Reine d'envoyer vers Monsieur pour le prier de ne le faire pas et qu'ils s'emploieroient à obtenir cela de lui. Il confessoit par cette lettre que tout ce

Mais, pour bien entendre toute cette affaire, il la

que dessus étoit concerté avec Monsieur, ce dont, à la vérité, ils n'avertirent pas la Reine, parce que Monsieur leur avoit défendu expressément de faire connoître qu'il eût envie d'être détourné d'épouser cette princesse, son dessein étant de donner l'alarme si chaude à la Reine sa mère qu'elle fût obligée d'y remédier, envoyant vers lui pour le prier de ne le faire pas.

« Cette lettre portoit plusieurs plaintes de ce que, sur leur avis, on avoit arrêté la princesse Marie, comme si la Reine eût pu deviner leurs pensées et recevoir leur art et leurs ruses pour ingénues vérités. Elle portoit encore que Monsieur, ayant su que le sieur de Cahusac alloit avec quelques gens pour s'opposer à son dessein, avoit, à leur grand regret, dit à Marillac que, puisque la Reine sa mère envoyoit des assassins contre lui en une rencontre où il pouvoit être tué, qu'il ne mettroit jamais le pied où elle seroit, qu'il n'y pouvoit plus avoir de sûreté pour lui, puisque celle qui lui en devoit servir étoit celle dont il se devoit le plus défier; qu'il étoit témoin de l'obéissance qu'il lui avoit rendue en l'affaire qui lui étoit la plus sensible; qu'elle avoit fait mettre la princesse en prison, après la lettre qu'elle lui avoit écrite, par laquelle elle lui mandoit qu'elle l'avoit envoyée quérir pour la mettre auprès d'elle; qu'il ne pouvoit plus prendre d'assurance en elle.

« Elle portoit ensuite que Monsieur étoit enfin pour se porter à toutes extrémités, si les choses ne s'accommodoient, qu'il déclareroit le cardinal de Richelieu son ennemi, parce que, à sa prière, il n'avoit pas voulu s'employer à faire sortir de prison le Grand Prieur, qu'il savoit bien être innocent; que Monsieur ne lui avoit pas voulu écrire de ses affaires et lui avoit défendu de le faire lui-même, ce dont il étoit bien fâché; qu'il prévoyoit que, si l'on ne radoucissoit son esprit, il sortiroit du royaume, particulièrement s'il voyoit être hors de moyen d'être réconcilié.

« Voilà la substance des avis secrets de M. de Bellegarde et ses propres termes. Le lecteur jugera la louange que mérite un tel procédé qui avertit et blâme en secret d'un côté ce qu'il conseille de l'autre.

« Ensuite, il faut voir la relation que le cardinal de Bérulle, homme ingénu et véritable, envoya au Roi, par le commande-

faut prendre de plus haut et remonter à son origine[1].

Trois mois après[2] que les mauvaises couches de Ma-

ment de la Reine, de toute cette affaire. » — On verra plus loin que ce passage a servi à un récit, plus développé et bien différent, des mêmes événements. — Des extraits assez peu fidèles de la relation du cardinal de Bérulle, à laquelle fait allusion le dernier paragraphe du passage que nous venons de citer de la « Relation de l'affaire de Monsieur... », suivent aux feuillets 193 à 196 de cette dernière relation ; le manuscrit A donne de la relation du cardinal de Bérulle un texte absolument différent (fol. 397 v°-403 v°), qui a été barré presque entièrement.

1. Ce paragraphe était primitivement ainsi rédigé sur le manuscrit A, fol. 404 v° : « Mais, pour bien entendre toute la relation ci-dessus [la relation de Bérulle], il la faut prendre de plus haut... » Or, la « Relation de l'affaire de Monsieur... » porte (France 794, fol. 196) ces mots écrits par Charpentier : « Voilà la relation que le cardinal de Bérulle envoya de cette affaire, laquelle ne peut être bien entendue si, en la prenant de plus haut, on ne remonte à son origine » ; cette dernière phrase en remplace une autre, écrite par Richelieu, mais qui a été barrée, et que voici : « Il paroît par ce que dessus que Monsieur étoit fort animé contre la Reine sa mère, et cependant les lettres qu'elle lui avoit écrites étoient pleines de bonté. » En marge, le Cardinal a écrit de sa main ces indications : « Lettres de la R[eine]. Réponse. La R[eine] ne pouvoit souffrir ce mariage en l'absence du Roi, qui eût peut-être cru qu'elle y avoit consenti sous main. » Enfin, au verso de ce même feuillet 196, Charpentier avait écrit ces trois lignes qui ont été rayées : « Ce n'est pas tout; pour bien entendre cette affaire, il est besoin de la prendre plus haut et remonter jusqu'à son origine. » A la suite, se trouve le paragraphe commençant par « Trois mois après que les mauvaises couches de Madame l'eurent ôtée de ce monde... », paragraphe qui est le début de ce récit plus développé de l'affaire du mariage de Monsieur avec la princesse Marie, que la phrase précédente annonce.

2. Les *Mémoires* utilisent à nouveau, ici et dans les pages

dame l'eurent ôtée de ce monde, les premières douleurs de Monsieur, qui furent violentes, étant passées, il se laissa aller aux persuasions que plusieurs lui faisoient pour le porter à se marier; chacun en parloit à la Reine; tous lui remontroient l'intérêt du Roi et le sien, et celui de l'État.

Le Roi, qui, au premier mariage de Monsieur, avoit surmonté les jalousies que plusieurs mauvais esprits tâchoient de lui donner du mariage de son frère, se porta de lui-même à le désirer avec grand témoignage de bonté.

Le président le Coigneux et M. de Bellegarde en parlèrent plusieurs fois au Cardinal[1] et, après avoir considéré toutes les princesses auxquelles on pouvoit penser pour Monsieur, ils estimèrent que l'aînée de deux qui étoient à Florence[2] lui étoit plus propre qu'aucune autre, tant à cause de son âge convenable que parce qu'on avoit remarqué que toutes celles de cette maison avoient été fécondes.

qui suivent, la « Relation de l'affaire de Monsieur... », fol. 196 v° et suivants; la « Relation... », comme nous l'avons dit, est au style direct, Richelieu y parlant à la première personne; les *Mémoires* sont écrits au style indirect : ce sont là à peu près les seules différences entre les deux textes.

1. Première rédaction du manuscrit A (fol. 405), conforme au texte de la source (fol. 197) : « Le président le Coigneux et M. de Bellegarde m'en parlèrent plusieurs fois... »

2. Elles étaient filles de Côme II de Médicis et de Marie-Madeleine d'Autriche, sœur de l'empereur Ferdinand II. L'aînée, Marguerite, épousa Édouard Farnèse, duc de Parme, en 1628, et mourut en 1679; la seconde était religieuse; la troisième, Anne (1616-1676), fut mariée, en 1646, à l'archiduc Ferdinand-Charles d'Autriche (1628-1662), fils de Léopold d'Autriche et de Claude de Médicis.

Le Cardinal en parla à la Reine plusieurs fois et, par après, il représenta, en sa présence, l'état de cette affaire[1] au Roi, qui la goûta et trouva bon qu'on la poursuivît.

Monsieur, par le consentement de qui le duc de Bellegarde et le président le Coigneux agissoient, en parla plusieurs fois au Cardinal[2] et jusques à ce point qu'il pressoit extraordinairement qu'on hâtât cette affaire.

Pour cet effet, il fut jugé que, avant que le Roi envoyât ouvertement un ambassadeur pour demander cette princesse, il étoit à propos que la Reine sondât, de son chef, si l'on pourroit surmonter une difficulté qui se rencontroit en cette affaire par la promesse que le Grand-Duc avoit déjà faite au duc de Parme, de sa sœur.

Un gentilhomme, domestique de la Reine, Florentin de nation[3], fut envoyé pour cet effet à Florence et,

1. La source (fol. 197), comme le manuscrit A (fol. 405) (première rédaction), porte : « J'en parlai à la Reine plusieurs fois et, par après, je représentai... » Avec le mot « affaire » se termine le 33ᵉ cahier de l'année 1629 et le volume 61 du fonds France des Affaires étrangères. La fin de l'année 1629 (ms. A) porte le numéro 62 du fonds France. Avec les mots qui suivent le mot « affaire », commence le 34ᵉ cahier de l'année 1629 dans le manuscrit A, ce cahier étant le troisième cahier de Monsieur, ainsi que l'a indiqué Sancy, qui a écrit, sur la feuille de garde de ce cahier, avant l'habituel sommaire de Sancy, les mots « de M[onsieu]r 3 ».

2. Première leçon du manuscrit A, fol. 2 (p. 607 de la pagination du temps des *Mémoires*) : « M'en parla plusieurs fois » ; c'est la leçon de la source, fol. 197.

3. Il s'appelait Lucca Fabroni degli Asini et était seigneur de Lucca ; maître de la garde-robe de la Reine-mère en 1623, — il le resta jusqu'en 1629 ; il avait été maître d'hôtel de Madame, femme de Gaston d'Orléans, et le fut également de ce prince.

quoiqu'il trouvât cet engagement susdit et que le duc de Parme refusât plusieurs fois, en la considération d'Espagne comme on croit, de se départir de sa prétention et rendre la parole qu'on lui avoit donnée[1], l'honneur et l'avantage que cette maison espéroit tirer de ce renouvellement d'alliance avec la France portèrent le Grand-Duc, sa mère[2], quoique partiale pour l'Espagne, et sa grand'mère[3], sage et expérimentée ès affaires du monde, à désirer passionnément ce mariage de Monsieur.

Comme cette affaire s'avançoit d'un côté, on travailloit de l'autre pour la rompre. Plusieurs soufflèrent aux oreilles du Coigneux et de Puylaurens, confident de Monsieur, que, si ce mariage se faisoit, la Reine seroit trop puissante auprès de Monsieur, en tant que sa femme dépendroit d'elle comme étant de sa maison, que leur autorité et leur crédit seroient au moins diminués, s'ils n'étoient ruinés eux-mêmes. Ces considérations et autres semblables firent que, sans milieu, Monsieur fut embarqué à une autre recherche, sans

1. Nous donnons ici la leçon de la source (fol. 197 v°) qui est aussi celle du manuscrit A, fol. 2; celle du manuscrit B, fol. 141, était, malgré l'incomplète révision de Charpentier, en contradiction avec le reste de la phrase; elle était la suivante : « ... et quoiqu'il trouvât cet engagement susdit et que le duc de Parme en la considération d'Espagne, comme on croit, se départit de sa prétention et voulût rendre la parole qu'on lui avoit donnée... »

2. Marie-Madeleine d'Autriche, sœur de l'empereur Ferdinand II, épouse de Côme II de Médicis, père du grand-duc Ferdinand II.

3. Christine de Lorraine avait épousé en 1589 le grand-duc Ferdinand Ier de Médicis, grand-père du grand-duc Ferdinand II. Elle mourut en 1636.

le consentement de la Reine sa mère, ni celui du Roi, et sans leur su. Le dessein fut longtemps caché à LL. MM.; enfin le temps, qui découvre toutes choses, l'ayant fait connoître, elles s'estimèrent blessées en cette procédure; la Reine s'en sentit particulièrement offensée, estimant à très grand affront que Monsieur l'ayant portée à faire demande d'une fille de sa maison, ce qu'elle poursuivoit au su de tout le monde il y avoit six mois, lorsqu'elle étoit comme assurée de surmonter toutes les difficultés qui s'étoient présentées en cette affaire, Monsieur, à la persuasion de quelques personnes qui préféroient leurs intérêts aux siens, eût changé de dessein et, sans lui en rien dire, se fût embarqué en[1] une autre recherche.

Si Monsieur eût été bien conseillé, la bonté des mères envers leurs enfants, et particulièrement celle de la Reine, l'eût portée à oublier cette légèreté que Monsieur avoit commise en son endroit et[2] elle eût consenti à son désir; mais, tant s'en faut que Monsieur reconnût sa faute et tâchât d'obtenir de la Reine qu'elle l'oubliât par sa bonté, il se porta, en la chaleur d'une contestation sur ce sujet, à nier ouvertement qu'il se fût engagé à la première recherche : ce qui redoubla tellement l'indignation de la Reine, qu'il avoit sollicitée plusieurs fois de cette affaire, que la plaie qu'elle reçut par ce procédé ne put jamais depuis être guérie.

Beaucoup de mauvais esprits, sachant l'extrémité

1. Nous donnons la leçon de la source (fol. 198 v°), celle du manuscrit A (« se fût embarqué à une autre recherche ») étant le fait d'une erreur de copiste.
2. Première leçon de la source, fol. 198 v°, et du manuscrit A, fol. 3 : « et, à mon avis, elle eût consenti... ».

où étoit cette affaire, échauffoient les parties de toutes parts.

Ceux qui avoient rompu ce dessein de Florence estimèrent que, la Reine s'étant déclarée contre la princesse de Mantoue, il leur étoit d'autant plus avantageux que l'affaire ne se pouvoit parachever que la femme de Monsieur ne leur fût absolument favorable et directement contraire à la Reine, dont ils appréhendoient l'autorité.

Monsieur, secrètement animé par telles gens, se confirmoit de plus en plus en la résolution qu'ils lui avoient fait prendre. L'opposition, qui fait des effets merveilleux en plusieurs esprits, lui fait tenir des langages en diverses rencontres qui rengregeoient le mal de la Reine; enfin cette affaire se rend incapable de remède.

Les choses s'échauffoient de cette sorte pendant le siège de la Rochelle. Il arriva en ce même temps que le Roi fit un tour à Paris[1]; il parla à Monsieur sur ce sujet, lui témoigna ouvertement qu'il ne pouvoit consentir à la recherche à laquelle on l'avoit embarqué contre sa parole et qu'il le prioit de s'en départir. Après plusieurs difficultés, Monsieur promit solennellement au Roi et à la Reine sa mère, en présence du cardinal de Bérulle, du garde des sceaux, du Coigneux et de Bellegarde, qu'il ne penseroit jamais à ce mariage, puisque LL. MM. ne l'agréoient pas.

Peu de temps après que le Roi fut parti[2], la Reine fut avertie que les pratiques s'en continuoient toujours, que les artifices de Mme de Longueville étoient plus grands que jamais, que la jeunesse de Monsieur s'y

1. Il y séjourna du 24 février au 3 avril 1628.
2. C'est-à-dire après le 3 avril 1628.

laissoit aller, nonobstant ses promesses. Elle s'en plaignit à Monsieur et à ceux qui, de sa part, en avoient été témoins; mais il lui fut impossible d'arrêter le cours de cette affaire, dont les trames furent continuées plus hardiment que jamais. Huit mois se passent en cet exercice, jusques à tant que le Roi fût prêt à partir de Paris pour aller au secours de Casal.

En ce temps, MM. de Bellegarde et le Coigneux, voyant que le Roi et la Reine ne se relâchoient point de l'opposition qu'ils faisoient à ce mariage, craignant enfin qu'il leur en arrivât mal, se résolurent d'offrir à servir en cette occasion selon que LL. MM. le désiroient.

Le sieur de Bellegarde s'ouvrit de son dessein au cardinal de la Valette, auquel il dit franchement qu'il falloit intéresser le Coigneux et Puylaurens et que, moyennant cela, ils donneroient parole de rompre ce mariage. LL. MM. ayant approuvé cette ouverture, le Cardinal convint avec ledit sieur de Bellegarde de ce qu'il désiroit pour ces Messieurs, savoir : que le Roi donneroit la somme qu'il faudroit pour récompenser la charge de premier gentilhomme de la chambre de Monsieur, que ledit sieur de Bellegarde possédoit, pour la donner au sieur de Puylaurens, et que le Coigneux pourroit acheter une charge de président à mortier au parlement de Paris[1] et ainsi se mettre à couvert en cette compagnie.

Ces conventions étant faites, ces Messieurs donnèrent l'avis porté ci-dessus. La Reine, qui se tenoit assurée

1. La leçon de la source (fol. 200 v°) est différente : « et que le président le Coigneux pourroit acheter une charge de grand président au parlement de Paris... ».

d'eux, estima qu'ils avoient satisfait à leur obligation, avertissant du mal qui pourroit arriver, et que c'étoit à elle d'y apporter remède. Pour cet effet, elle envoya quérir la princesse Marie et sa tante et les fit mettre au Bois-de-Vincennes au logement du Roi, non pour leur faire du mal, mais pour empêcher qu'elles ne s'en procurassent à elles-mêmes, en faisant à la France.

On crut au commencement que Bellegarde et le Coigneux rendirent un signalé service en cette occasion, mais on changea bientôt de créance et beaucoup estimèrent que la Reine, par sa diligence[1] et sa prudence, avoit tiré profit de leur avis contre leur intention.

Ils donnèrent l'avis si peu de temps avant qu'il dût être exécuté que, le faisant avec le consentement de Monsieur, quoique lors ils fissent semblant du contraire, les plus judicieux pensèrent qu'ils avoient envoyé cet avertissement seulement pour se décharger en apparence et faire croire qu'ils avoient satisfait à ce qu'ils avoient promis, ne pensant pas au fond qu'on pût empêcher l'effet projeté[2].

Ils firent de grandes plaintes de ce qu'on avoit arrêté la princesse Marie sur leur avis, confessant que l'envoi qu'ils avoient fait de Sufferte vers la Reine

1. La fin du paragraphe a été écrite par Richelieu lui-même dans le corps du texte de la « Relation de l'affaire de Monsieur... », fol. 201 r°, en haut de la page.

2. Deux lignes de la source ont été barrées ici (fol. 201) : « Il faut maintenant voir ce qu'aura produit la modération du Roi »; cette phrase était suivie des mots : « le sieur de Nogent ». Ces mots et la phrase précitée figuraient plus haut dans la source (fol. 187); cf. ci-dessus, p. 16, n. 3. — Le paragraphe suivant et la moitié de celui qui le suit ont été écrits, dans la « Relation de l'affaire de Monsieur... », par Charpentier, fol. 201 r° et v°.

étoit concerté avec Monsieur, qui l'avoit jugé nécessaire afin que la Reine, prenant l'alarme chaude[1], fût obligée à chercher remède au mal qu'elle craignoit, envoyant vers lui pour le prier de ne passer pas outre en son dessein. Ils ajoutoient que Monsieur leur avoit défendu absolument de dire qu'il fût consentant de cet avis, parce qu'il ne vouloit pas qu'on sût qu'il avoit envie d'être détourné du mariage qu'il faisoit semblant d'affectionner passionnément. Si on eût pu pénétrer leurs pensées, il eût été aisé de se retenir dans le penchant d'une affaire si importante selon qu'ils le désiroient ; mais la Reine, qui se fioit en eux et les jugeoit sincères, prit, à leur compte, à leur désavantage, leur art pour une vérité[2].

Personne n'eût pu juger qu'ils eussent voulu rendre Mme de Longueville criminelle comme ils faisoient par leur avis, si l'importance de l'affaire ne les y eût obligés. Leurs meilleurs amis devoient croire qu'il n'y avoit aucune feinte en leur procédé, ni rien de concerté avec Monsieur, sinon qu'il avoit eu cette bonté pour eux de consentir que, pour leur excuse et leur décharge envers le Roi, la Reine et le public, ils donnassent un avis sur le point que le remède sembloit impossible pour le peu de temps qu'il y avoit d'y en apporter. Et de fait, comme la Reine, par une diligence extraordinaire, eut fait conduire la princesse Marie et Mme de Longueville au Bois-de-Vincennes et que Suf-

1. On rencontre presque la même expression, au folio 192 de la « Relation de l'affaire de Monsieur » ; voyez ci-dessus, p. 22, en note.

2. La même expression figure plus haut au folio 192 de la « Relation de l'affaire de Monsieur » ; cf. p. 22, en note.

ferte le sut, le lendemain il alla chez le marquis d'Effiat, qui avoit donné, par le commandement de la Reine, quelques gentilshommes pour accompagner Cahusac, où[1], ne pouvant cacher son sentiment, il lui parla fort aigrement de cette affaire et lui dit que la résolution qui avoit été prise ne pouvoit venir que d'une tête forte comme la sienne. Mais il ne fut pas besoin de chercher davantage de conjectures, puisque Monsieur dit lui-même à Marillac que son dessein étoit d'épouser la princesse Marie, après avoir envoyé demander congé à la Reine, et de passer outre si on ne lui eût donné[2]. En quoi Monsieur a confirmé en effet ce qu'avoit dit Sufferte de la part de MM. de Bellegarde et le Coigneux, ayant seulement ajouté le congé qu'il eût envoyé demander à la Reine, tellement qu'on voit que cet avis n'étoit pas d'une[3] chose feinte.

Le duc de Bellegarde adressa particulièrement toutes ces plaintes au cardinal de la Valette par une lettre qu'il lui envoya par homme exprès. Cette même dépêche portoit encore que[4] le Coigneux et lui étoient

1. Ce qui suit jusqu'à la page 36 (au paragraphe commençant par « Cependant il faut voir ce qu'aura produit le voyage du sieur de Nogent... ») a peut-être été écrit sur le document servant de source par le troisième des frères Cherré (Aff. étr., France 794, fol. 201 v°-202 v°).

2. En marge du verso du folio 201 de la « Relation de l'affaire de Monsieur... », le Cardinal a écrit de sa main : « Après tout faudra mettre mes premières pensées de la clandestinité [du mariage]. »

3. Nous donnons la leçon de la source (fol. 202); le scribe du manuscrit A (fol. 6) s'est trompé en écrivant : « tellement qu'on voit que cet avis n'étoit pas *donc* chose feinte »; le manuscrit B a copié le manuscrit A.

4. Première leçon de la source, avant corrections : « Le duc

bien fâchés de ce que Monsieur avoit dit à Marillac, lorsqu'il l'alla trouver la deuxième fois à Fontainebleau, que, puisque[1] la Reine sa mère envoyoit des assassins contre lui en une rencontre où il pouvoit être tué, il ne mettroit jamais le pied où elle seroit; qu'il n'y pouvoit avoir de sûreté pour lui, puisque celle qui lui en devoit servir étoit celle dont il se devoit le plus défier; qu'elle avoit fait mettre la princesse Marie en prison, après la lettre par laquelle elle lui avoit mandé qu'elle l'avoit envoyé quérir pour la mettre auprès d'elle, et qu'il ne pouvoit plus prendre d'assurance en elle.

Personne n'eût jamais cru que ces paroles eussent pu échapper à Monsieur; aussi Marillac n'en rapporta-t-il rien; mais, comme il remarqua que le mécontentement de Monsieur paroissoit beaucoup plus grand devant ses conseillers que lorsqu'il étoit seul, les plus judicieux estimèrent que tel discours étoit ce qu'ils eussent voulu faire dire à Monsieur, et non ce qu'il avoit dit.

Le lecteur jugera la louange que mérite le procédé de ces Messieurs, qui avertissent et blâment d'un côté ce qu'ils conseillent de l'autre[2].

de Bellegarde écrivit encore au cardinal de la Valette, auquel il adressa plusieurs plaintes, que... » (fol. 202).

1. La fin de ce paragraphe est semblable au texte de ces pages de la « Relation de l'affaire de Monsieur... », qui ont été rayées (fol. 192 r° et v°); cf. la note de la p. 22. Un premier brouillon de rédaction de ce passage se trouve aux Affaires étrangères (France 795, fol. 301) ; il est de la main de Charpentier avec des adjonctions et des notes de la main du Cardinal.

2. Ce paragraphe se trouvait primitivement au feuillet 8 du manuscrit A. Sancy l'a intercalé ici (fol. 7) par un renvoi au feuillet 8. La première leçon du manuscrit A est celle de la source (fol. 202 v°).

La même lettre de M. de Bellegarde contenoit encore que Monsieur apprenoit tous les jours quelque chose qui l'aigrissoit; qu'il se porteroit à la fin, si l'on le poursuivoit, à toutes extrémités; qu'il savoit que le cardinal de Richelieu étoit son ennemi, qu'il ne lui avoit voulu rien écrire de ses affaires et n'avoit pas voulu permettre aux siens de lui écrire. Il ajoutoit encore qu'il croyoit fermement que, si l'on ne radoucissoit l'esprit de Monsieur et qu'il se vît hors de moyen d'être réconcilié, il s'en iroit hors du royaume[1]. Si le Cardinal eût été auprès de la Reine lorsque la princesse Marie fut arrêtée, cette déclaration eût eu quelque

1. Ce début de paragraphe est conforme au texte de la source, fol. 202 v°; mais la première leçon du manuscrit A (fol. 7 r°) était légèrement différente; en outre, on y lisait ces mots : « Le Cardinal écrivit au duc de Bellegarde sur ce sujet la lettre suivante : « Monsieur, encore que je sache bien « que c'est un crime de nommer mon nom en la maison de « Monsieur, je ne laisse de vous en faire resouvenir par ces « trois lignes... » »; suivait le texte complet de cette lettre (fol. 7 r° et v°), dont une minute (de la main de Charpentier et corrigée par Richelieu), conservée aux Affaires étrangères (France 793, fol. 145), a été transcrite sur le manuscrit A; mais, lors de la révision de ce manuscrit, on ne l'a que partiellement utilisée pour la rédaction des dernières lignes du présent paragraphe (à partir des mots « ... et lui manda que, encore qu'il sût bien que c'étoit un crime de nommer son nom en la maison de Monsieur... »). Le texte de la lettre de Richelieu à Bellegarde, du [29] mars, a été publié dans Avenel, *Lettres*, t. III, p. 266, 267. — La première rédaction du manuscrit A, quoique inspirée directement de la « Relation de l'affaire de Monsieur... », était donc plus développée que le texte de cette « Relation... »; les corrections apportées par Sancy à la première rédaction du manuscrit A ont eu vraisemblablement pour but d'abréger le récit, en se conformant, en outre, plus étroitement au texte rédigé par Richelieu.

prétexte, quoiqu'elle n'eût pu avoir aucun légitime fondement; mais, étant au delà des Alpes, où il ne pouvoit avoir de part en un conseil qu'on fut contraint de prendre en un moment, sur l'avis précipité du duc de Bellegarde et du Coigneux, cette inimitié affectée avoit aussi peu de fondement en apparence qu'en effet. Aussi, nonobstant cette déclaration, le Cardinal ne laissa-t-il pas d'écrire avec respect à Monsieur, et même au sieur de Bellegarde, par le sieur de Nogent[1], et lui manda que, encore qu'il sût bien que c'étoit un crime de nommer son nom en la maison de Monsieur, il ne laissoit de l'en faire ressouvenir par ces trois lignes, non pour le rendre criminel, mais pour lui témoigner que, quelque mal que Monsieur lui voulût, il ne sauroit être assez grand, quand même il iroit à l'extrémité, pour l'empêcher de l'honorer, le respecter et le servir en tout ce qui lui seroit possible, son jugement étant tel qu'il sauroit bien qu'il ne pouvoit qu'il ne reconnût que servir l'État, comme il tâcheroit toute sa vie de faire, étoit le servir très utilement; qu'il s'assuroit que, quelque mauvais office qu'on lui pût rendre auprès dudit seigneur, il ne lairroit d'estimer la sincérité et netteté de ses actions, qui étoient et seroient toujours telles en son endroit que nul ne le passeroit à révérer son nom et lui désirer toute prospérité.

1. La source porte ici (fol. 202 v°) un renvoi à la marge, où se trouvent écrits ces mots : « Le lecteur jugera la louange que mérite le procédé de ces Messieurs qui avertissent et blâment d'un côté ce qu'ils conseillent de l'autre. Cependant... »; cette phrase figure plus haut, p. 33 (voy. la note 2). Venait ensuite, dans la source, le paragraphe commençant par : « Cependant, il faut voir ce qu'aura produit le voyage du sieur de Nogent... ».

Cependant il faut voir[1] ce qu'aura produit le voyage du sieur de Nogent et la modération que le Roi témoigna par lui sur ce sujet.

D'abord que Nogent fut arrivé, Monsieur lui fit force plaintes, dans lesquelles ledit Nogent fit la même remarque du sieur de Marillac, ayant observé plusieurs fois qu'en la présence de ses confidents il témoignoit grande passion, au lieu que, quand il étoit seul, il paroissoit fort modéré et fort raisonnable. Il demeura là quatre ou cinq jours sans qu'on lui dit aucune chose, parce que la négociation de cette affaire étoit liée entre le conseil de Monsieur et le cardinal de Bérulle, et qu'il estimoit important de ne le communiquer point à d'autres. Sur cela, il revint à Paris pour voir s'il recevroit quelque commandement sur ce sujet, le Roi l'ayant envoyé exprès pour faire, de sa part, ce qui lui seroit ordonné par la Reine.

A Paris on lui donne aussi peu de connoissance qu'il en avoit eu à Orléans et à Blois. Sur cela, il retourne prendre congé de Monsieur, qui, pour réponse, lui donna une lettre pour le Roi[2], par laquelle il se plaignoit de ce que S. M. avoit trouvé mauvais qu'il se fût retiré en ses maisons.

Au bout de quelque temps, le Roi, étant encore à

---

1. A partir de ces mots et jusqu'à la fin, la « Relation de l'affaire de Monsieur... » a été écrite par Charpentier (France 794, fol. 202 v°-206).

2. Première leçon du manuscrit A, fol. 8 v° : « ...lui donna la lettre suivante par laquelle il se plaignoit... ». Suivait, feuillets 8 v°-9 v°, le texte même de cette lettre (datée d'Orléans, le 6 avril) qui a été barrée. La correction apportée au manuscrit A est conforme au texte du récit du Cardinal, qui ne contient pas la lettre du duc d'Orléans.

Suse, apprit l'effet des négociations secrètes que faisoit le conseil de Monsieur avec le cardinal de Bérulle, par un courrier qui apporta nouvelle que MM. de Bellegarde, Puylaurens et le Coigneux, étoient arrivés à Paris et que, après avoir entretenu, deux heures durant, la Reine en présence du cardinal de Bérulle, on avoit tiré du Bois-de-Vincennes la princesse Marie et sa tante.

D'abord S. M. et ceux qui étoient auprès de lui crurent qu'indubitablement Monsieur avoit promis de ne penser plus en cette affaire et que promptement on mèneroit la princesse Marie à son père en Italie.

Mais les lettres du cardinal de Bérulle apprirent en même temps que la délivrance de ces dames[1] avoit été faite sur ce que ces Messieurs avoient témoigné qu'il en falloit user ainsi pour adoucir l'esprit de Monsieur, qui ne promettoit rien pour obtenir cette grâce; seulement ses conseillers assuroient-ils la Reine qu'ils le porteroient à n'épouser jamais la princesse Marie sans le consentement de LL. MM.

Le Cardinal[2] écrivit sur ce sujet au cardinal de Bérulle et lui manda qu'il avoit toujours tenu difficile de

1. La source portait primitivement « femmes » au lieu de « dames »; la correction est de Charpentier.

2. Ce paragraphe et ce qui suit, jusqu'à la page 43 (aux mots : « On croyoit que ces Messieurs de son conseil »), n'est pas dans la source; mais le manuscrit A, fol. 10-14, donne le texte exact de la lettre de Richelieu à Bérulle, datée probablement du 9 mai, que Sancy et Charpentier ont accommodé au style des *Mémoires*. Le document qui a servi ici de source est un brouillon de cette lettre du Cardinal, conservé aux Affaires étrangères (France 793, fol. 139-141) et écrit par Charpentier. Comparez le texte du manuscrit A avec celui de la lettre, publiée par Avenel, t. III, p. 302-304.

donner des conseils de loin et qu'il étoit impossible d'en donner aux choses faites; qu'il n'avoit jamais voulu entreprendre de s'ingérer au premier cas et ne pouvoit le faire au second; que la fin de l'affaire de Monsieur, selon ce qu'il savoit des intentions du Roi et ce qu'il lui avoit écrit à diverses fois de celles de la Reine, étoit que Monsieur se départît du mariage de la princesse Marie et que ladite princesse fût auprès de son père; partant, il ne doutoit pas qu'il ne s'assurât de l'un et de l'autre, pour ce qu'autrement il seroit à craindre que LL. MM. n'eussent pas enfin le contentement qu'elles désiroient;

Quant au voyage dont on menaçoit, il ne prévoyoit pas qu'ils le pussent faire, l'humeur de ceux qui conseilloient Monsieur ne le permettant pas, pour ce que, si leur maître sortoit du royaume, ils seroient en crime, leur bien seroit confisqué et leur vie en compromis;

Que, pour ce qui étoit du prétexte qu'ils prenoient de la puissance du Cardinal, ses actions étoient telles, par la bénédiction qu'il plaisoit à Dieu donner aux affaires du Roi, que les aveugles verroient bien que leurs calomnies seroient sans fondement; qu'il désiroit avec passion être aux bonnes grâces de Monsieur, mais qu'il n'appréhendoit pas les prétextes qu'on voudroit prendre contre son innocence;

Que c'étoit au Roi et à la Reine de le juger par ses comportements, et les succès sont tels qu'il ne refusoit pas être jugé de tout le monde;

Que ces inventions étoient des artifices du Coigneux, Bellegarde et Puylaurens, et qu'il n'y avoit point d'occasion de croire que les deux premiers fussent plus innocents que le troisième, et que tout ce qu'on disoit sur ce sujet étoit artifice;

Au reste, que tant plus ils penseroient qu'on s'étudioit à empêcher un voyage imaginaire et à s'opposer au décri qu'ils témoignoient vouloir donner au Cardinal, plus se serviroient-ils de leurs ruses pour venir à leurs fins;

Qu'il le prioit de parler de ses intentions avec grand respect vers Monsieur et, du reste, témoigner que ses actions étoient telles qu'on n'appréhendoit aucune calomnie pour lui;

Quant au voyage, qu'il dît que c'étoit une moquerie d'y penser, que le Roi ne le pouvoit permettre, que c'étoit un crime à ces Messieurs de le conseiller et de le consentir, que Monsieur avoit trop d'intérêt en France, que l'exposer au péril d'un grand voyage ne se pouvoit faire sans se rendre coupable, et ainsi autres bonnes raisons courtes qui témoignassent qu'on n'étoit pas si crédule que d'ajouter foi à telles propositions;

Que la princesse Marie ayant liberté, c'étoit à lui à prendre bien garde à la suite et assurer les événements; car il lui répétoit encore une fois que de loin il étoit impossible de donner de bons conseils;

Que Mme de Longueville l'avoit surpris, non pour qu'il l'improuvât, mais parce qu'il en ignoroit les motifs et les causes, et qu'en toute affaire, et particulièrement en celles d'État, il falloit agir conséquemment;

Que, si la décision du procès étoit assurée, c'étoit à dire si le mariage étoit rompu et que promptement la princesse Marie allât à Mantoue, qui étoit ce que la

Reine désiroit, on n'eût su faire mieux; mais que, si cela n'étoit pas, il ne disoit pas qu'on eût mal fait, mais il ne voyoit pas pour quelle cause on s'étoit porté si promptement à ce changement;

Qu'il craignoit que la bonté du cardinal de Bérulle fût surprise par l'art et la ruse de ceux avec qui il traitoit;

Que, en matière d'État, il falloit prévoir et pénétrer de loin les affaires et ne pas appréhender tout ce qui paroit formidable aux yeux;

Que, si quelques personnes avoient vu les grandes affaires qui lui avoient passé par les mains ès diverses faces qu'elles s'étoient présentées plusieurs fois, ils auroient pensé tout perdu, et cependant, en méprisant, par jugement et avec raison, tous ces périls apparents, tout étoit venu en un point qu'on n'eût osé espérer[1];

Que, à dire le vrai, la Reine mère ayant mis Mme de Longueville et la princesse Marie au Bois-de-Vincennes, il falloit ne laisser parler personne à elles; la liberté qu'elles eurent d'être vues leur donna celle de publier leur innocence et d'animer par serbatanes Monsieur en cette affaire;

Qu'il falloit ensuite envoyer avec deux cents chevaux la princesse hors de France : ainsi le principal de l'affaire eût été vidé et l'accord du tout se fût fait beaucoup plus aisément que non pas lorsque la cause du différend en demeuroit;

1. Passage de la lettre du Cardinal, barré dans le manuscrit A, folio 12 : « Vous montrerez cette lettre à la Reine mère qui connoîtra par la fidélité que j'ai toujours eue et aurai jusqu'à la mort à son service, sans que rien m'en puisse empêcher, que j'appréhende que le cardinal de Bérulle, homme de vertu et fidèle au dernier point, n'ait pas assez d'expérience pour des affaires de ce poids. »

Que, quand on agit fortement, il faut suivre de même; et se démentir en de puissants conseils est montrer le derrière aux ennemis, ce qui ne se peut sans grand danger;

Que c'étoit à la Reine d'assurer son affaire par une autre voie qui, par hasard, pourroit réussir à bien[1];

Que, sur ce que le cardinal de la Valette lui mandoit qu'il falloit promettre gratification à Monsieur pour accommoder cette affaire, il estimoit que la Reine devoit bien prendre garde que cette gratification ne s'entendît à quelque grand établissement qui donnât jalousie au Roi; et si, une fois, on donnoit pied à ces Messieurs de venir par leurs ruses à des récompenses, ils ne s'arrêteroient pas, tant qu'ils pourroient monter plus haut; qu'il croyoit donc qu'il falloit éviter cet écueil;

Que sa pensée étoit que la Reine, en l'entrevue de

1. Le passage suivant de la lettre de Richelieu à Bérulle, qui figurait sur le manuscrit A, fol. 12 v° et 13, y a été barré; mais la première phrase en a été utilisée ci-dessus, p. 38 : « Le cardinal de la Valette me mande qu'il a craint que Monsieur sortît du royaume; ceux qui sont auprès de lui ne le pourroient consentir sans être coupables, perdre *ipso facto* leurs biens et leurs charges et mettre leur vie en compromis. Il me mande qu'il a appréhendé qu'il prît prétexte de sortir du royaume sur ce que le Cardinal est trop puissant près du Roi. Le Cardinal souhaitera toujours avec passion indicible les bonnes grâces de Monsieur, mais il n'appréhende pas que ceux qui sont auprès de lui vomissent des calomnies contre son innocence; ses actions et la bénédiction que Dieu donne aux affaires du Roi le mettent à couvert, quoiqu'il ne pense pas contribuer grande chose aux bons succès qui arrivent. Je serai toujours prêt de sortir d'auprès du Roi quand S. M. et la Reine le jugeront utile, mais l'appréhension que le triumvirat me déchire par manifestes ne me fera rien craindre. »

Monsieur, lui devoit faire, après ses plaintes qu'elle étendroit au long, toutes les caresses qui lui seroient possibles, lui donner toute assurance de son affection, l'assurer qu'il n'avoit aucun mal à craindre et ensuite agir conséquemment; mais, cependant, qu'elle devoit regarder à sa fin, qui étoit de rompre le mariage et ôter la princesse de France[1];

Que si Monsieur parloit du Cardinal à la Reine, il la supplioit très humblement d'avoir agréable de lui répondre[2], sans témoignage de rien craindre, que l'utilité des services que le Cardinal rendoit à l'Etat, au Roi, à elle et par conséquent à lui, avec la protection du Roi et la sienne, le mettroit à couvert de toutes choses et qu'elle n'appréhendoit point qu'on prît des prétextes sur le crédit et la puissance du Cardinal, parce qu'il n'y avoit personne qui jugeât que l'un et l'autre fussent excessifs, sa fidélité lui faisant mériter, au jugement de tout le monde, l'état auquel il étoit; qu'il ne pensoit pas rien mériter, mais qu'il estimoit qu'il falloit parler ainsi.

Voilà ce que le Cardinal manda au cardinal de Bérulle sur ce sujet.

Cependant Monsieur, tout d'un coup, fit dessein de

1. « Je supplie la Reine que personne ne sache ce que je suis contraint de lui mander pour son service; et, après lui avoir lu cette lettre, vous la brûlerez en sa présence. Je vous prie d'en user ainsi, selon la coutume qu'en avoit M. Bouthillier. » Ce passage de la lettre de Richelieu a été barré sur le manuscrit A, fol. 13 v°.

2. La source (Aff. étr., France 793, fol. 141) porte : « Si Monsieur parle de Calori [Richelieu] à la R[eine], la Reine lui répondra... » On voit que les rédacteurs des *Mémoires* ont accentué, à l'égard de la Reine mère, les formules de courtoisie.

venir jusques à Paris, pour y voir, disoit-il, la princesse Marie, et, s'étant dérobé de tous les siens, fit quatre ou cinq postes sur le chemin. Puylaurens l'attrapa et le ramena à Orléans au logis du duc de Bellegarde, à qui il fit beaucoup d'excuses de ne lui avoir point communiqué ce dessein. Monsieur alla de là à Montargis.

Ces soudaines équipées mettoient en peine un chacun. On croyoit[1] que ces Messieurs de son conseil n'auroient pas donné la parole qu'ils avoient donnée de porter Monsieur à ne poursuivre ce mariage sans le consentement de LL. MM., sans vouloir promptement faire davantage pour la satisfaction du Roi et de la Reine; mais l'événement fit connoître que tant s'en faut qu'ils eussent ce dessein, qu'ils rendirent Monsieur plus ferme en la prétention de son mariage et passèrent jusques à ce point de vouloir non seulement qu'il prît femme contre le gré de LL. MM., mais, en outre, ils prétendirent augmentation d'apanage et un des grands gouvernements des frontières de l'État.

Ces conseillers en faisoient grande instance, car ils y avoient grand intérêt, non seulement pour ce que, plus Monsieur seroit considérable par ses charges, plus ils le seroient, tenant auprès de lui le lieu qu'ils tenoient, et pour les profits et avantages qu'ils tireroient de ce gouvernement, étant intéressés comme ils étoient, mais encore pour conserver leur faveur auprès de lui et lui justifier les conseils qu'ils lui auroient donnés, par les effets avantageux qu'il en auroit reçus.

1. Avec les mots « on croyoit... », reprise de la « Relation de l'affaire de Monsieur... » (France 794, fol. 203 v°).

Le cardinal de Bérulle en écrivit au Cardinal, estimant qu'il n'y avoit pas d'inconvénient à lui donner la Champagne ou la Bourgogne.

Le Cardinal lui manda d'abord ingénument ses pensées et celles que la raison d'État devoit faire avoir à tout le monde; que ces gouvernements étoient frontières à l'Allemagne, Lorraine, Savoie, Franche-Comté et Suisses; que, si on plioit en cette occasion, jusques à ce point que de donner de tels gouvernements pour récompense d'une contradiction si notable aux volontés de LL. MM., comme étoit celle qui avoit été conduite et entretenue par ces Messieurs, ils iroient bien plus loin à l'avenir et le porteroient à d'autres extrémités du tout ruineuses pour l'Etat; que tous les princes voisins de ces frontières étoient maintenant ennemis de ce royaume, actuellement déclarés contre le Roi;

Qu'ils ne sauroient pas plus tôt cet établissement de Monsieur qu'ils ne le sollicitassent par toutes sortes de voies; ce qui, au moins, produiroit ce mal que, Monsieur demeurant dans les termes de son devoir, comme il n'y avoit pas lieu d'en juger autrement, vu l'affection qu'il avoit au bien de cet État, ils donneroient tant de soupçon de lui qu'il seroit difficile de distinguer le corps des ombres, et son innocence des pernicieuses et diaboliques intentions de ces étrangers; qu'au reste ceux qui conseilloient Monsieur pour leurs intérêts le tiendroient toujours dans ses gouvernements éloigné de LL. MM., afin de faire leurs affaires aux dépens du royaume par les jalousies qu'ils donneroient de l'absence de Monsieur.

Cet avis arrêta pour quelques jours le cours de cette

demande, le cardinal de Bérulle la détournant par son adresse autant qu'il lui étoit possible; mais, trois semaines ou un mois ne furent point passés[1] que Puylaurens et le Coigneux ne dissent assez haut, et même au cardinal de la Valette, qui en écrivit au Cardinal[2], qu'on donnoit tant d'avis à Monsieur qu'on se vouloit saisir de sa personne qu'il n'y avoit plus de sûreté pour lui en la cour, qu'il étoit résolu de ne se point trouver avec le Roi et de ne le voir point à son retour et que, si on le vouloit presser de ce faire contre sa volonté, ils craignoient qu'il s'en allât hors du royaume.

Le Coigneux dit au cardinal de la Valette que Monsieur vouloit aller à Spa, puis ajouta qu'il ne pouvoit retourner à la cour et qu'on ne lui avoit envoyé personne de la part du Roi pour s'informer du sujet de son mécontentement; que c'étoit un procédé contraire à celui qu'on avoit toujours tenu avec les personnes de sa condition et qu'il se porteroit à toute sorte d'extrémités si on ne le contentoit. Il lui répondit qu'il ne croyoit pas que Monsieur voulût sortir le royaume; que c'étoit un crime contre l'État de s'éloigner sans la permission du Roi, et que cela lui feroit plus de tort, à lui et aux siens, que de préjudice aux affaires de S. M. et que c'étoit hasarder sa personne et la leur de mettre leur maître entre les mains des étrangers, d'où

1. Ce qui suit jusqu'à la page 47 (aux mots : « En ce temps, ces conseillers de Monsieur avertissoient le cardinal de Bérulle que Monsieur vouloit aller en Allemagne... »), ne figure pas dans la source, fol. 204, mais a été rédigé à l'aide d'une lettre du cardinal de la Valette à Richelieu, du 1er juillet 1629, préparée par Sancy en vue de son utilisation dans les *Mémoires* (Aff. étr., France 794, fol. 5-7).
2. Le 1er juillet, ainsi qu'il est dit à la note précédente.

il ne sortiroit pas quand il lui plairoit. Il lui dit beaucoup de choses là-dessus, pour lui persuader que Monsieur se porteroit aux extrémités, et tout d'un coup il revint dans un autre sentiment et lui dit qu'il promettoit à la Reine d'amuser Monsieur le plus qu'il pourroit et de le faire aller lentement vers la Champagne, afin de donner temps à S. M. d'envoyer à la cour, et que le Cardinal devoit servir Monsieur dans ses intérêts et qu'il s'emploieroit auprès de lui pour faire valoir ses services. Il lui répondit qu'il feroit fort bien de raccommoder toutes choses et que, pour le Cardinal, il avoit déjà servi Monsieur très utilement, soit en son mariage du temps de feu Madame[1], soit dans les traitements qu'il avoit reçus du Roi, beaucoup plus favorables que ceux dont on avoit usé avec les autres frères des rois ses prédécesseurs, ainsi qu'il pouvoit savoir s'il prenoit la peine de s'en informer; que Monsieur avoit eu toute sorte de sûretés et de libertés depuis qu'il avoit été dans les affaires, mais que c'étoit un mauvais moyen, pour l'obliger à le servir, de se plaindre de lui dans des choses où il n'y avoit pas seulement de prétexte; que, quand on désiroit quelque chose de quelqu'un, ce n'étoit pas la voie de l'obtenir que de le désobliger; qu'au reste, ledit cardinal de la Valette savoit bien que le Cardinal serviroit toujours Monsieur aux choses qui ne choqueroient point le service du Roi et que celles-là étoient aussi contre celui de Monsieur, qui avoit plus d'intérêt que personne dans la grandeur de l'État; qu'à cela le Cardinal y avoit

1. Mademoiselle de Montpensier, épousée par Gaston d'Orléans en 1626, morte en 1627.

contribué et y contribueroit tous les jours plus que personne du monde.

Le Coigneux, qui portoit envie à Bellegarde et ne lui laissoit prendre pied en l'esprit de Monsieur, dit, à quelque temps de là, audit cardinal de la Valette que Monsieur ne se fieroit point en lui s'il avoit à traiter quelque chose avec les étrangers ou avec les grands de France : qui étoit un discours assez ridicule et qui le rendoit criminel, vu qu'il étoit donc le seul par qui tels traités se devoient faire.

Puylaurens, d'autre part, dit audit cardinal de la Valette que Monsieur ne seroit jamais content sans un gouvernement : à quoi ledit cardinal répondit que ce discours étoit bien éloigné de celui que le Coigneux et Bellegarde lui avoient tenu autrefois, lui disant que Monsieur n'en vouloit point.

Parmi toutes ces rodomontades, ils témoignoient avoir une grande crainte du retour du Roi, dont Dieu faisoit prospérer les armes partout, et mêloient à leurs menaces les prières qu'ils faisoient que le Cardinal eût soin de leur sûreté.

En ce temps[1], ces conseillers de Monsieur avertis-

1. Ici les rédacteurs des *Mémoires* avaient à nouveau utilisé la « Relation de l'affaire de Monsieur touchant le dessein de son mariage avec la princesse Marie », en reprenant cette relation au point où ils l'avaient quittée (Aff. étr., France 794, fol. 204 r°). L'emprunt se poursuivait jusqu'au feuillet 205 v°, au paragraphe finissant par « ... la sortie de Monsieur qu'on auroit été bien aise d'éloigner de la cour et de la France »; mais, le manuscrit A ayant été remanié, l'emprunt se termine en réalité page 50 avec les mots suivants : « Au même temps on envoya les assurances de la part du Roi, lesquelles étoient désirées par ces Messieurs. » Voyez la n. 3 de la p. 50

soient le cardinal de Bérulle que Monsieur vouloit aller en Allemagne et qu'il n'y avoit point moyen de l'arrêter que[1] par l'effet de ses premières prétentions, qui n'étoient pas moindres qu'une grande augmentation d'apanage et un des susdits gouvernements.

Il avertit promptement de ce dessein. On lui répond qu'il n'y avoit point d'apparence que le conseil de Monsieur fût si mauvais que de le vouloir tirer de France; qu'il pourroit bien aller sur les frontières ou tout au plus en Lorraine, mais que de là passer dans les États de l'Empereur ou du roi d'Espagne, il faudroit que tout-à-fait ils eussent perdu le sens commun, pour se hasarder jusques à ce point de le mettre entre les mains de princes qui avoient grand avantage à le retenir et n'avoient autre foi que leurs intérêts.

Il ne laisse de persister en ses premières opinions. Il fait savoir qu'on avoit des avis que le marquis de Mirabel avoit traité avec son maître et l'Infante[2] pour le recevoir en Flandre, qu'il y falloit mettre ordre et qu'il ne jugeoit pas d'inconvénient de lui donner la Bourgogne, parce qu'elle étoit déjà entre les mains de Bellegarde et qu'elle étoit frontière de la Franche-Comté, qui étoit un pays neutre; qu'aussi peu lui sembloit-il qu'il y en eût pour la Champagne, vu que principalement elle n'étoit frontière que de la Lorraine, qui étoit un petit prince, et qu'elle n'avoit point de grandes places.

1. Avec les mots qui suivent commence le 35ᵉ cahier de 1629, précédé d'un sommaire écrit par Charpentier sur la feuille de garde de ce cahier (fol. 19 du ms. A); on y lit ces mots de Sancy : « [cahier] de Mr 4 ».

2. L'infante Isabelle-Claire-Eugénie, gouvernante des Pays-Bas espagnols.

Lors le Cardinal fut contraint[1] de donner connoissance de ces propositions au Roi en présence du garde des sceaux, du maréchal de Schönberg et du marquis d'Effiat, qui, d'un commun accord, rejetèrent cette ouverture, comme du tout ruineuse à l'État touchant toutes les raisons rapportées ci-dessus.

Ils ajoutèrent que la Ligue n'avoit eu commencement qu'à cause du gouvernement de Champagne, qu'avoit le feu duc de Guise[2], et que sa subsistance n'avoit en partie dépendu que des places que le duc du Maine[3] tenoit en Bourgogne.

Ils représentèrent que, si le Roi cédoit en cette occasion, il seroit contraint de le faire en toute autre à l'avenir; que ce remède étoit pire que le mal; qu'on avoit vu autrefois des dauphins hors de France, qui, par leur sortie, n'avoient fait mal qu'à eux-mêmes.

Enfin, le Roi ayant témoigné une extrême aversion de cette proposition, il fut conclu qu'on n'oublieroit rien de ce que la raison pouvoit permettre pour empêcher la sortie de Monsieur, mais qu'on ne feroit rien qui engageât visiblement l'État à des conséquences plus dangereuses pour sa subsistance que sa sortie n'en pourroit causer. Le cardinal de Bérulle fait plusieurs recharges sur ce sujet; il écrit au Cardinal[4] que, quand Monsieur seroit dehors, ses conseillers vomiroient

1. Première leçon du manuscrit A, fol. 20 v°, et leçon de la source (fol. 204 v°) : « Lors je fus contraint... »

2. Henri de Lorraine, duc de Guise (1550-1588).

3. Charles de Lorraine, duc du Maine ou de Mayenne (1554-1611), frère cadet du duc de Guise.

4. « Il m'écrit... », première leçon du manuscrit A, fol. 21, et de la source, fol. 205.

contre lui[1] tout ce que l'invention et leur haine leur pourroient suggérer. Il lui mande au même temps qu'ils n'avoient pas de mauvais desseins contre l'État, mais que la crainte seule les portoit à sortir du royaume.

Il lui écrit qu'il étoit important que le Roi s'engageât, par une lettre à la Reine sa mère, de ne leur faire aucun mal et que, par commandement du Roi, il en donnât sa parole[2]. Il donne encore avis d'envoyer un brevet au duc de Bellegarde, par lequel il lui fût commandé de suivre Monsieur hors du royaume. On répond qu'on n'appréhendoit pas les calomnies de ce triumvirat, contre lesquelles on ne vouloit point d'autre défense que la voix du peuple et tant de bonnes actions utiles au public, auxquelles le Roi donnoit quelque part à ses créatures et à ses serviteurs; qu'il n'y avoit pas peu de gloire à bien faire, mais qu'il y en avoit bien davantage à mépriser toutes les calomnies que l'envie donnoit d'ordinaire en bien faisant.

Au même temps on envoya les assurances de la part du Roi, lesquelles étoient désirées par ces Messieurs. Le cardinal de Bérulle faisoit une grande instance que le Cardinal leur en envoyât aussi une de sa part, et le lui écrivoit, ce disoit-il, de la part de la Reine mère[3].

---

1. « Contre moi », première leçon du manuscrit A et de la source.

2. Première leçon du manuscrit A : « ... j'en donnasse ma parole... »; la source porte, fol. 205 : « ... j'en donnasse aussi ma parole... »

3. Première rédaction du manuscrit A, fol. 21 v°, conforme à la leçon de la source (France 794, fol. 205) : « Au même temps, on envoya les assurances de la part du Roi, lesquelles

Le Cardinal savoit que cela étoit inutile, puisque le tout consistoit en celle du Roi, et jugeoit bien que cette demande étoit captieuse et pour donner quelque sujet de jalousie, s'ils eussent pu, de lui ; mais, afin qu'ils ne pussent prendre aucun prétexte sur lui d'arrêter Monsieur davantage hors de son devoir, il donna, avec toute l'adresse et les correctifs qu'il devoit, ce qu'ils requéroient de sa part, les assurant de son affection et de son service, pourvu qu'ils servissent S. M., et ce en une lettre qu'il écrivit à la Reine mère[1], en laquelle il lui mandoit que le cardinal de Bérulle lui avoit écrit que lesdits sieurs de Bellegarde, Puylaurens et le Coigneux désiroient qu'il donnât sa parole qu'ils n'avoient rien à craindre et que ladite dame Reine le commandoit ainsi ; que c'étoit au Roi et à S. M. de donner ces assurances, et ce lui seroit un crime de vouloir répondre de ces Messieurs. Cependant il put bien dire assurément que le Roi désiroit

étoient désirées par ces Messieurs. J'écrivis même par le commandement de Leurs Majestés pour les assurer de mon affection et de mon service, pourvu qu'ils servissent Leurs Majestés. » — Venait ensuite (fol. 22) un passage qu'on retrouvera plus loin, qui a été barré ici et qui figurait également dans la source, fol. 205 r° et v°. Ce feuillet 22 du manuscrit A a été intercalé dans la toute première rédaction du manuscrit A ; il débutait par ces lignes, qui ont été rayées et corrigées par Sancy : « Le Cardinal étoit encore en Languedoc pour l'exécution de la paix, la Reine mère lui récrivit qu'ils désiroient aussi avoir quelque assurance de sa part, laquelle le Cardinal sachant premièrement être inutile, puisque le tout consistoit... » ; la suite comme dans le texte. Cf. la note, p. 47.

1. Le texte de cette lettre, écrite le 12 juillet, avait été transcrit dans le manuscrit A, fol. 22 r° et v° ; il a été partiellement utilisé pour la rédaction de la fin de ce paragraphe (corrections de Sancy). Cf. Avenel, *Lettres*, t. III, p. 374, 375.

passionnément que ces Messieurs portassent Monsieur à se bien remettre avec lui et que tant s'en falloit qu'ils dussent rien appréhender qu'au contraire ils devoient être assurés de tout son bon traitement; qu'il juroit, sur sa foi et sur son honneur, à S. M. que les intentions du Roi étoient telles qu'il les lui représentoit et qu'absolument il n'étoit point capable de penser à manquer aux paroles d'assurance que S. M. donneroit pour lui; et, partant, que c'étoit à elle à dissiper les craintes qu'ils pourroient avoir, se promettant bien de sa bonté qu'elle répondroit assurément que, étant sa créature, comme il étoit, il mourroit plutôt que de manquer à suivre ses volontés.

Quant au brevet désiré par M. de Bellegarde, il lui manda que le Roi ni son Conseil ne jugeoient pas à propos de le donner, tant parce que cela, mettant à couvert ledit sieur duc, lui pourroit donner moins d'ardeur à retenir Monsieur d'une telle faute, que parce aussi que, si on le lui donnoit, les malins pourroient dire un jour qu'on l'auroit fait expressément pour faciliter la sortie de Monsieur, qu'on auroit été bien aise d'éloigner de la cour et de la France[1].

Le cardinal de Bérulle ne laissa pas d'insister sur ce brevet par d'autres dépêches, mais on ne changea pas de résolution.

Cependant[2] le Cardinal apprend de toutes parts que

1. Ce paragraphe figurait, dans le manuscrit A, au bas du folio 21 v° et au haut du folio 23 r° (voyez n. 3, p. 50), le folio 22 ayant été intercalé dans la première rédaction du manuscrit A.

2. Ici les rédacteurs des *Mémoires* ont à nouveau abandonné la « Relation de l'affaire de Monsieur... », p. 205 v°. Ils ne lui feront un nouvel emprunt qu'une vingtaine de pages plus loin.

l'esprit de la Reine mère s'altéroit contre lui et qu'aucuns de ceux qui étoient près d'elle rejetoient sur lui la cause de tous les mécontentements qu'elle recevoit des conseils de Monsieur, comme si, sous main, il lui adhéroit à ce dessein et ne conseilloit pas le Roi d'y prendre l'intérêt que la Reine eût désiré.

Il étoit auprès du Roi, éloigné du lieu où ces choses se passoient, occupé en des affaires si importantes que l'État n'en eut jamais qui le fussent davantage, agissoit avec des personnes si rusées et si pleines d'infidélité qu'il falloit avoir l'esprit bien présent pour se tirer de leurs subtilités à la gloire de la France.

Le mécontentement de Monsieur leur donnoit un grand avantage; car, bien qu'il fit encore peu de dommage en ce royaume, pour le bon ordre que le Roi y avoit donné, il ne laissoit pas de faire un grand éclat en Italie, où l'on apprit, par les lettres interceptées de Monterey[1], que l'Espagne mettoit une de ses plus grandes espérances en cette prétendue division; et néanmoins la malice de quelques mauvais esprits qui environnoient la Reine fut assez impudente d'accuser le Cardinal, comme s'il eût été cause de ce trouble, et leur folie assez heureuse pour persuader ce qu'ils désiroient. Le Cardinal en écrivit à la Reine mère, le 24ᵉ mai[2], et lui manda qu'il avoit tant de confiance

1. Première leçon du manuscrit A, fol. 23 v° : « où nous avons vu par les lettres... » — Manuel de Fonseca Azevedo Zuñiga et Ulloa, comte de Monterey et de Fuentes, beau-frère du duc d'Olivarès, ambassadeur d'Espagne à Rome de 1628 à 1632, vice-roi de Naples (1632-1638), conseiller d'État, président du Conseil d'État d'Italie (1639, 1640), commandant en chef de l'armée levée contre le Portugal (1641), mort en 1653.

2. Le texte intégral de cette lettre a été donné dans le manus-

en sa bonté et tant de connoissance, non pas de ses services, mais de l'affection sincère qu'il a toujours eue de lui en rendre, qu'il ne pouvoit croire qu'il y pût avoir aucun changement en elle à son préjudice; mais que, cependant, il confessoit que les bruits en étoient fâcheux, qu'il les estimoit en outre préjudiciables non seulement pour ses serviteurs, mais particulièrement pour S. M.; qu'il n'avoit jamais eu ni n'auroit autre dessein que de la servir et lui complaire; que Dieu lui en étoit un bon juge et le monde un fidèle témoin; que tous les mauvais offices qu'on lui sauroit rendre ne lui pourroient faire changer cette résolution et qu'il s'assuroit que S. M. confesseroit que, pendant le temps qu'il avoit eu l'honneur d'être auprès d'elle, il ne lui avoit pas été du tout inutile; qu'il la supplioit très humblement de croire que, quelque chose qu'on lui pût avoir dit ou qu'elle pût avoir pensé, elle trouveroit enfin qu'il n'avoit jamais eu autres désirs que ceux qu'elle eût pu souhaiter qu'il eût; qu'il ne savoit qui étoient les auteurs de ces bruits ou des inventions qui en causoient l'effet, s'il étoit véritable, mais qu'il ne les vouloit point connoître pour n'en avoir aucun res-

crit A, fol. 23 v°-25 v°, d'après la minute écrite par Charpentier (Aff. étr., France 793, fol. 222); au dos de ce document Sancy avait, en effet, écrit : « pour le cahier 4 de Monsieur »; il avait ajouté cette réflexion, qui n'est peut-être pas de lui : « chose étrange, on fait mauvais offices au Cardinal lorsqu'il fait si glorieusement »; Charpentier a écrit : « A la Reine, du 23ᵉ mai 1629 », et le mot « Employé » suit. Le texte de cette lettre a été partiellement barré sur le manuscrit A, et quelques passages en ont seuls été utilisés pour la rédaction de la fin du présent paragraphe; les corrections sont de Sancy. Avenel a publié le texte de cette lettre dans *Lettres*, t. III, p. 315-317.

sentiment, ains prioit Dieu qu'il les bénit et leur fît la grâce de lui être aussi utiles comme il le seroit assurément si la perte de sa vie le pouvoit rendre tel. D'une chose la pouvoit-il assurer, qu'ils pouvoient bien, par leurs artifices, faire qu'il fût moins content et moins satisfait, mais non pas qu'il fût moins affectionné à S. M., des commandements et des volontés de laquelle il dépendroit toute sa vie si absolument que tout le monde connoîtroit que, depuis le premier jour qu'il avoit eu l'honneur d'entrer en son service jusques à sa fin, il auroit été également fidèle autant qu'une personne le pouvoit être.

Il adressa la lettre au cardinal de la Valette pour la lui porter et lui écrivit aussi qu'il ne pouvoit croire que la malice de ses ennemis eût fait impression contre lui en l'esprit de la Reine, qui, ce lui sembloit, le connoissoit trop pour croire qu'il fût personne à donner des assurances ou espérances sous main, contraires à ce à quoi il étoit obligé[1]; que si peu de cœur que Dieu

---

1. Première rédaction du manuscrit A, fol. 25 v° et 26, avant les corrections de Sancy : « Il [Richelieu] en écrivit aussi au cardinal de la Valette la lettre qui s'ensuit : « J'ai reçu la lettre « qu'il vous a plu me faire l'honneur de m'écrire. Il m'est im- « possible de pénétrer qui est l'auteur de l'invention méchante « par laquelle on essaie de me faire passer en l'esprit de la « Reine pour autre que je ne suis; elle n'aura pas grand effet « à mon avis. Vous me connoissez trop pour croire que je sois « personne à donner des assurances ou espérances sous main, « contraires à ce à quoi je suis obligé... »; suit le texte de la lettre, fol. 26-27, qui a été partiellement utilisé, après corrections de Sancy, pour la rédaction de ce paragraphe et des deux suivants. Le document qui a servi ici aux rédacteurs des *Mémoires* est la minute de cette lettre, écrite par Richelieu lui-même et conservée aux Affaires étrangères (France 793,

lui avoit donné ne lui permettoit pas un tel procédé, quand même il iroit de sa vie; qu'au reste, les hommes ne pénètrent pas les pensées comme les anges; elles ne sont connues que par moyens extérieurs; que les gens de Monsieur ne le voyoient point; qu'ils n'osoient seulement nommer son nom; que personne ne les voyoit aussi de sa part; que le commerce de lettres étoit défendu entre eux; qu'il ne savoit par quelle voie il pourroit donner des espérances supposées; que ceux qui le disoient pourroient aussi bien faire savoir par quelle voie; qu'il pouvoit bien dire, avec vérité, et vouloit bien que Paris, Rome, Madrid, Londres et Constantinople le sussent; que, outre l'intérêt du Roi et de la Reine, il lui étoit indifférent, en son particulier, que Monsieur épousât la princesse Marie ou quelque autre femme que ce pût être, mais qu'il diroit bien aussi que, par raison, il ne devoit penser à aucun mariage qu'avec le gré et le consentement du Roi et de la Reine;

Qu'il disoit encore qu'ils avoient autant d'intérêt que lui à le bien marier; qu'en outre il avoit dit franchement à Monsieur plusieurs fois et, entre autres, à Laleu[1], en présence des sieurs de Bellegarde, le Coigneux et Puylaurens, dans son petit cabinet, que la Reine avoit grand sujet de se plaindre de la pensée qu'il avoit du mariage de la princesse Marie, vu que,

fol. 221); au dos de cette minute, Charpentier a écrit « A M[r] le Card[al] de la Valette, du 24e mai 1629 »; Sancy a ajouté ces mots de rappel : « Monsieur, Reine mère », et le mot « Employé » y a été écrit. Voyez le texte de cette lettre dans Avenel, *Lettres*, t. III, p. 318-320.

1. Aujourd'hui Laleu-la-Pallice, comm. de la Rochelle.

par son consentement et son désir, le Roi et elle s'étoient embarqués à la demande de la princesse de Florence, et qu'il devoit, par toutes sortes de raisons, se remettre aux volontés de LL. MM.;

Que, quand la nouvelle vint que la Reine mère avoit envoyé quérir la princesse Marie, le Roi approuva ses conseils et écrivit comme il falloit à Monsieur sur ce sujet; qu'à son avis la Reine connoissoit sa fidélité et son humeur, qui ne lui permettroient en aucune façon les *sotto mano* de beaucoup de gens du monde.

Le cardinal de la Valette[1] porta l'une et l'autre de ces lettres à la Reine mère, qui lut celle qui lui étoit adressée, puis ensuite celle du Cardinal. Elle sembla recevoir un contentement extrême en cette lecture et parut audit Cardinal qu'elle n'avoit point été de si bonne humeur depuis son arrivée auprès d'elle. Elle lui dit qu'on avoit fait courre le bruit que le Cardinal étoit mal avec elle et qu'il avoit désapprouvé la rétention de la princesse Marie. Il lui dit là-dessus ce qu'il avoit vu étant auprès du Cardinal, lorsqu'il en eut la nouvelle, et que, dès lors, il eut charge de mander à M. de Bellegarde et de dire à un gentilhomme de Monsieur que le Roi trouvoit fort bon ce que la Reine sa mère en avoit fait et que les plaintes qu'on avoit faites, de la part de Monsieur, de la lettre que le Roi lui avoit écrite sur ce sujet, étoient des marques certaines que tout ce qu'elle avoit fait en cela avoit été bien reçu de S. M. Il ajouta à cela ce que ledit Car-

1. Ce paragraphe est tiré d'une lettre du cardinal de la Valette à Richelieu, datée de Paris, du 2 juin, lettre qui a été préparée et corrigée par Sancy pour son entrée partielle dans les *Mémoires* (Aff. étr., France 793, fol. 245-247).

dinal avoit dit à M. de Longueville sur ce sujet et à Senneterre sur celui de Madame la Comtesse. Elle attribua ces bruits aux dames, qui ne lui étoient pas, disoit-elle, trop agréables; puis lui dit qu'il sauroit à sa première vue des particularités qui ne se pouvoient mander, et parut d'avoir de grandes satisfactions d'apprendre son procédé en cela.

A quelques jours de là elle lui dit que ces bruits continuoient par les malices et artifices de ceux qui le désiroient, et qu'ils disoient des choses à quoi on n'avoit jamais pensé[1].

Elle donna charge audit cardinal de la Valette de lui mander[2] qu'elle étoit en grande peine de l'affaire de Monsieur et que l'irrésolution en laquelle demeuroit son esprit ne pouvoit trouver aucun moyen qui l'arrê-

1. Ce paragraphe résume un court passage du manuscrit A, fol. 28. Suivait dans ce manuscrit, fol. 28-29 r°, un paragraphe relatif à l'attitude adroite de la Reine mère, répondant aux plaintes de le Coigneux et de Puylaurens, et à la correspondance échangée entre le duc de Bellegarde et le cardinal de la Valette au sujet de Monsieur; puis venait le texte d'une lettre de Richelieu au cardinal de la Valette relative aux mêmes affaires; une copie de cette dernière lettre, conservée aux Affaires étrangères, France 793, fol. 251, a servi aux rédacteurs des *Mémoires*, qui ont écrit au dos : « Touchant Monsieur, du 3ᵉ juin 1629 » [main de Charpentier], et « pour le cahier 4 de Monsieur » [main de Sancy], et « Employé ». Ce document figure dans le manuscrit A aux fol. 28 v° et 29 r°, feuillets qui font partie du 4ᵉ cahier de Monsieur; il y a été rayé (cf. Avenel, t. III, p. 334, 335).

2. La première rédaction du manuscrit A, fol. 29 v°, est différente; il n'y est point dit que le cardinal de la Valette écrivit à Richelieu à la demande de la Reine mère, mais simplement qu'il écrivit au Cardinal pour lui exposer les inquiétudes de Marie de Médicis.

tât et qui semblât être capable d'y porter le remède qu'elle eût désiré.

Le Cardinal lui manda[1] qu'il demeuroit toujours en sa maxime ancienne, qu'on ne pouvoit utilement donner de conseils de loin ; que, s'il étoit auprès d'elle, il y apporteroit tout ce qui lui seroit possible, comme il feroit toute sa vie en ce qui la concerneroit ; mais que les choses paroissent si différemment de loin de ce qu'elles sont souvent vues de près et changent si souvent que, si on entreprenoit de donner des avis de cent lieues, ils seroient souvent aussi préjudiciables par le changement des circonstances comme ils auroient été utiles lorsqu'ils auroient été conçus ; que c'étoit donc à lui et au cardinal de Bérulle à voir à quoi il pourroit servir en cette affaire ; d'une chose pouvoient-ils être assurés, qu'il y concourroit du désir et d'une approbation entière de tout ce qui se feroit.

Pour ne manquer aussi en rien au respect qu'il devoit à Monsieur, il écrivit au sieur duc de Bellegarde[2] et lui protesta qu'il tâcheroit toute sa vie de mériter l'honneur de sa bonne grâce ; que, par toutes sortes de raisons, la passion avec laquelle il servoit le Roi et

1. Ce paragraphe est tiré d'une minute de lettre de Richelieu au cardinal de la Valette, écrite par Charpentier ; au dos est écrit le mot « Employé » (Aff. étr., France 793, fol. 270).
2. Ici, nouveau remaniement du manuscrit A (fol. 30) : primitivement, la phrase précédente devait être suivie immédiatement du paragraphe commençant par ces mots : « Châteauneuf allant à Paris pour s'apprêter pour son voyage d'Angleterre... » ; mais les rédacteurs des *Mémoires* ont intercalé dans le manuscrit A le texte d'une lettre de Richelieu au duc de Bellegarde.

lui par conséquent, puisque leurs intérêts ne pouvoient être séparés, ne seroit pas un petit motif pour lui acquérir ce qu'il désiroit en ce point, et qu'en effet rien ne le pourroit empêcher de l'honorer, le respecter et le servir autant que personne du monde; qu'il croyoit être obligé de l'avertir que S. M. croyoit que Monsieur évitoit sa présence, ce qui lui causoit du déplaisir, qu'il estimoit qu'il faudroit apporter remède à ce mal, et ce seroit assurément le bien de Monsieur et celui de tous ceux qui étoient auprès de lui.

Châteauneuf allant à Paris pour s'apprêter pour son voyage d'Angleterre, passant à Montargis, y vit Monsieur et entretint fort Puylaurens, comme son parent proche et avec qui il conservoit soigneusement intelligence et amitié[1].

Il manda au Cardinal que Puylaurens lui avoit ouvertement déclaré le mécontentement de son maître, tant sur le sujet de la princesse Marie que sur le peu de compte que l'on avoit accoutumé de lui donner des choses qui se passent à la cour et dans l'État; que, pour le premier, ils en avoient ci-devant attribué la cause au Cardinal, sur ce que le garde des sceaux, pour excuser la plainte que faisoit Monsieur de ce que la Reine avoit fait mettre la princesse Marie au Bois-de-Vincennes, contre ce qu'elle lui avoit mandé qu'elle la mettroit au Louvre, avoit dit que cela avoit été changé sur l'ordre qu'elle avoit reçu de la cour; mais que, depuis, Monsieur avoit appris que cela n'étoit pas vé-

---

1. Ce paragraphe et les deux suivants sont tirés d'une lettre de Châteauneuf à Richelieu, datée de Paris, le 4 juin (Aff. étr., France 793, fol. 254-255). Ce document a été préparé pour son entrée dans les *Mémoires*.

ritable, et, partant, que Monsieur en étoit détrompé; mais, pour le second, que le Cardinal ne s'en pouvoit excuser, étant certain que jamais ni lui ni le Roi ne lui avoient donné aucune part de ce qui se passoit en Italie, non plus que du retour du Roi en Languedoc et de l'emploi de Monsieur le Prince et de la paix d'Angleterre, que l'on avoit publiée dedans Orléans sans qu'il la sût[1]; qu'il ne se voulut payer de la réponse qu'il lui fit que le Roi rendoit compte de toutes ces choses à la Reine, à qui il appartenoit de lui en faire part; que, néanmoins, Puylaurens ne lui avoit pas voulu avouer que Monsieur le haït ni qu'il parlât mal de lui, bien confessa-t-il qu'il s'en plaignoit, comme n'ayant pas été traité de lui selon qu'il espéroit, ni reçu des témoignages de son amitié selon qu'il désiroit, et ce d'autant plus qu'il estimoit son courage, sa vertu et les services qu'il rendoit au Roi. Au reste, qu'on ne devoit point espérer de le revoir à la cour jusques à ce qu'il eût satisfaction[2] sur ces deux points, celui de la princesse

1. Allusions au voyage du Roi, d'Italie en Languedoc (avril-mai 1629), au commandement militaire donné au prince de Condé lors de la campagne de Languedoc (mai 1629), et à la publication, le 20 mai 1629, de la paix signée avec l'Angleterre le 24 avril.

2. Avec ces mots se termine le 35ᵉ cahier du manuscrit A, fol. 31 v° (p. 662 de l'ancienne pagination dans le volume 62 du fonds France aux Aff. étr.). Les cahiers 36 et 37 manquent; mais les sommaires qui en avaient été faits nous ont été conservés dans cette sorte de table des matières pour 1629, écrite par l'un des scribes des *Mémoires* à la fin du volume 61 du fonds France (ms. A) et que Charpentier a intitulée « Mémoire des cahiers de 1629 » (fol. 406); ce « mémoire » est la copie textuelle des sommaires écrits par Charpentier sur chaque feuille de garde des cahiers du manuscrit A. Voici la

Marie et celui d'une entière part en toutes les affaires et Conseils ; qu'il n'épouseroit jamais ladite princesse contre la volonté du Roi et de la Reine, mais aussi qu'il n'entendroit à aucun autre mariage; et que, si elle sortoit de France, qu'il se porteroit à toute sorte d'extrémités pour l'empêcher, parlant fort hautement et hardiment sur ce sujet.

Tous ces discours faisoient voir clairement une faction du Coigneux et de lui, qui cherchoient tous les moyens de jeter leur maître dans des mécontentements solides à leur ambition et à leur avarice.

Leur mauvais dessein parut en même temps au choix qu'ils firent de Monsigot[1] pour secrétaire de

teneur des sommaires des cahiers 36 et 37 : « Cahier 36e. Ce que le Cardinal écrit à Châteauneuf touchant la Reine mère. Départ de Monsieur, de Montargis, pour aller à Orléans et, de là, en Champagne, puis en Lorraine, où le Roi envoie le duc de Bellegarde le trouver. Prétexte que Monsieur prend de sa sortie. Lettre du Roi à Monsieur sur ce sujet. Proposition du cardinal de Bérulle au Roi d'envoyer offrir à Monsieur une augmentation d'apanage, ce que S. M. refuse. Lettre du cardinal de Bérulle au Cardinal sur ce sujet et sa réponse. — Cahier 37e, 1629. Arrivée de Monsieur à Nancy, ce dont le duc de Lorraine donne avis au Roi. Celle du Cardinal à Fontainebleau retournant de Languedoc. Froideur de la Reine mère vers le Cardinal et la lettre qu'il lui écrit sur ce sujet. Soupçon que le cardinal de Bérulle en fût auteur, mais non véritable. Avis du Cardinal au Roi sur l'affaire de Monsieur, vers lequel S. M. envoie le duc de Bellegarde. » Ces cahiers devaient être de cinquante-six pages environ, puisque l'on passe dans le manuscrit A (France 62) de la page 662 à la page 719 de l'ancienne pagination du temps des *Mémoires*.

1. Louis de Monsigot, conseiller et secrétaire du Roi en 1619, maître des Comptes en 1620 jusqu'en 1633, date à laquelle il rejoignit le duc d'Orléans en Flandre. Il fut rétabli dans cet office en 1643. Il avait été déclaré criminel de lèse-

leur maître, forçant Goulas[1] à lui vendre la moitié de sa charge, et leur avarice en ce que, remontrant à Monsieur qu'il étoit raisonnable de récompenser Goulas, ils lui firent 25,000 écus de dédommagements sur les finances de Monsieur et firent payer la même somme à Monsigot, outre une de 15,000 écus qu'ils firent encore payer pour une charge de secrétaire du cabinet, qui furent 40,000 écus qu'ils dérobèrent à leur maître[2].

majesté en 1631 pour avoir suivi Monsieur à Bruxelles. En 1644, il fut réintégré dans les fonctions de conseiller d'État et secrétaire du Roi, et de secrétaire des commandements du duc d'Orléans. Il avait épousé Anne Jean ou de Jean et mourut avant 1651.

1. Léonard Goulas (1594-1661), seigneur de Frémoy, conseiller du Roi, avait acheté vers 1626 la charge de trésorier de Gaston d'Orléans; après la disgrâce du maréchal d'Ornano, il devint secrétaire des commandements de ce prince. Il était cousin germain de Nicolas Goulas, qui fut gentilhomme ordinaire du duc d'Orléans et écrivit des « Mémoires » édités pour la *Société de l'Histoire de France* par Charles Constant. Il était fils de Paul Goulas, conseiller au Châtelet, et de Madeleine de Repichon.

2. Ce paragraphe est tiré d'une lettre de Châteauneuf à Richelieu, du 4 juin 1629; la voici : « Vous aurez peut-être su comme le Coigneux a contraint Goulas de se défaire de la moitié de sa charge de secrétaire des commandements de Monsieur, moyennant 25,000 écus qu'ils ont fait payer à Monsieur, et néanmoins Monsigot les a payés aussi de son côté au profit de Coigneux et Puylaurens, et, comme il n'y avoit point d'argent chez Monsieur, M. de Bellegarde et le Coigneux m'ont fait leur promesse à Montmort, qui a avancé l'argent à Goulas. Ainsi Monsieur paie la charge et Monsigot le même prix à ces deux Messieurs, outre une charge de secrétaire du cabinet qu'ils ont vendue 15,000 écus au même Monsigot, qui est une invention pour tirer chacun 20,000 écus de leur maître. La qualité de Monsigot et sa vie passée vous fera juger quel est ce choix » (Aff. étr., France 793, fol. 253).

Châteauneuf[1] mandoit de plus qu'ils entretenoient soigneusement Monsieur en quelque tendresse d'amitié vers la Reine, mais attrempée de tant de soupçons que quant et quant ils l'éloignèrent de la voir et se trouver où elle seroit, sous prétexte des ordres qu'ils lui disoient qu'elle pourroit recevoir de la cour contre lui, par lesquels artifices ils le disposèrent à se méfier et le tenir éloigné de la cour.

La fin en étoit assez aisée à juger, savoir est : pour gouverner absolument leur maître et pour, par les méfiances qu'ils lui suggéroient, profiter des fréquents raccommodements qui se feroient entre le Roi et lui.

Cependant la Reine mère, qui avoit grande affection vers Monsieur et à qui il faisoit paroître en avoir une réciproque vers elle, voyant que, pour des méfiances qu'il mettoit en avant, il se tenoit éloigné, au lieu d'en imputer la faute à ses conseillers, écoutoit plusieurs personnes malicieuses qui, par cabale, essayoient d'en rendre coupable le Cardinal.

La Comtesse[2] et la princesse de Conti disoient assez librement que le Cardinal n'approuvoit pas ce que la Reine avoit fait en toutes ces affaires, essayant d'en donner quelque impression dans l'esprit de la Reine, et publioient partout qu'elle ne l'avoit pas en même estime que par le passé, afin de donner courage à d'autres d'entrer en leur cabale contre lui.

Les plaintes[3] que les conseillers de Monsieur lui fai-

---

1. La source de ce paragraphe est la lettre précitée de Châteauneuf à Richelieu, du 4 juin (Aff. étr., France 793, fol. 255).

2. La comtesse de Soissons.

3. Ce paragraphe est tiré de la minute d'une lettre de Richelieu à Châteauneuf, corrigée par le Cardinal (Aff. étr.,

soient faire contre le Cardinal, sur le sujet de la part qu'il demandoit avoir dans les affaires, étoient bien hors de raison; premièrement, parce que Monsieur savoit bien que les secrétaires d'État avoient été chargés de lui mander toutes choses, et le Cardinal déchargé en sa présence à la Rochelle et à Paris; secondement, parce que le Cardinal avoit fait souvent souvenir le Roi en plein Conseil de lui donner avis de diverses choses qui se passoient, ce que S. M. n'avoit pas estimé à propos, disant que, puisque Monsieur s'étoit éloigné d'elle lorsque ses affaires requéroient sa présence, et qu'elle lui avoit donné auprès de sa personne un emploi correspondant à sa qualité, dont, au lieu d'avoir la reconnoissance qu'il devoit, il contrevenoit volontairement à ce à quoi il étoit obligé par sa naissance envers la Reine sa mère et lui, S. M. ne vouloit aussi ni ne devoit pas faire en sa faveur les mêmes choses qu'il feroit s'il vivoit bien avec lui et avec la Reine; et enfin, que, étant éloigné du Roi comme il avoit toujours été, il étoit du tout impossible de lui communiquer les affaires dont les conjonctures sont momentanées et les conseils se prennent et se changent selon les occurrences qui surviennent de jour à autre, outre que leur importance ne permet pas souventefois de les mettre au hasard d'être sues de tout le monde en leur faisant courre la poste.

Quoique Châteauneuf représentât ces choses à ces Messieurs, lesquelles ils savoient être très véritables, ce fut en vain, car ce qu'ils cherchoient n'étoit pas

France 794, fol. 308). Comparez avec Avenel, *Lettres*, t. III, p. 341, 342; la lettre aurait été écrite, d'après Avenel, entre le 12 et le 15 juin.

l'éclaircissement de la vérité, mais l'obscurité et les ténèbres d'un prétexte qu'ils étoient amoureux de conserver comme l'âme qui donnoit vie à leurs desseins.

Quant à ce qui étoit de la Reine mère, le Cardinal se tenoit si assuré, par la longue expérience qu'elle avoit de sa fidélité, qu'il manda à Châteauneuf qu'il méprisoit les divers[1] discours des personnes qu'il lui écrivoit, qui le rendroient ou moins bien ou mieux avec elle, et qu'il les laissoit dire sans s'en mettre en peine, sachant bien qu'elles n'avoient aucun crédit de lui faire ni bien ni mal, la bonté et le jugement de S. M. étant les choses seules qui lui conserveroient sa bienveillance, qu'ils ne sauroient lui faire perdre.

Cependant les autres emplois n'empêchoient point qu'il oubliât aucune chose de ce qu'il pouvoit pour ramener Monsieur et l'esprit de ceux qui le gouvernoient, faisant souvent représenter à Monsieur qu'il n'avoit avantage ni grandeur que dans les bonnes grâces et auprès la personne du Roi, et à ces Messieurs que leur vraie sûreté, repos et avancement ne se trouvoient qu'en la bonne intelligence de leur maître avec S. M., n'y ayant solidité pour les uns ni pour les autres que là ; mais ces offices étoient inutiles ; leur malice surmontoit ces raisons.

Le Roi revenant à Paris, Monsieur, qui se trouvoit à Montargis sur son chemin, s'en alla en diligence à Orléans pour en éviter la rencontre et de là passa en Champagne, dont S. M., avec beaucoup de sujet, reçut un grand mécontement.

---

1. La fin de ce paragraphe est empruntée à la minute précitée de la lettre du Cardinal à Châteauneuf (Aff. étr., France 794, fol. 308 v°). Cf. Avenel, *Lettres*, t. III, p. 342.

Il alla à Saint-Dizier, dès le commencement d'août, où, lui ayant été préparé un logis dans la ville, il voulut loger au château, ce qui donna au Roi une juste crainte, l'obligea d'envoyer un commandement aux gouverneurs de ne le laisser entrer le plus fort dans les places qu'ils commandoient[1].

Le duc de Bellegarde, dès qu'il fut passé en Champagne, lui demanda congé de venir saluer le Roi, ce qu'à peine il lui accorda et n'écrivit point par lui à S. M.

A peine fut-il arrivé à Paris que le P. de Gondren, prêtre de l'Oratoire, son confesseur, y arriva, qui donna avis qu'il étoit résolu de sortir du royaume et passer en Lorraine, ce qui fit que le Roi lui renvoya en diligence le duc de Bellegarde, le 30ᵉ août, espérant qu'il l'auroit attendu sur la frontière, ce qu'il ne fit pas, mais passa en Lorraine dès le commencement de septembre.

Il prenoit le prétexte accoutumé du peu de sûreté de sa personne, de laquelle il disoit avoir un nouveau sujet de crainte par les troupes que le Roi avoit envoyées sur les frontières de Champagne et de Bourgogne; mais ce prétexte étoit imaginaire, car ni les troupes du Roi ne l'approchoient de si près qu'il en dût entrer en jalousie, ni n'étoient disposées sur les frontières pour lui déplaire, mais pour la juste méfiance que le Roi avoit de ses ennemis et pour se tenir

---

1. Ce paragraphe est tiré d'une lettre de Marillac au Cardinal, du 9 août (Aff. étr., France 794, fol. 82); le passage utilisé se termine ainsi : « Pour cela le Roi a trouvé bon de mander à tous les gouverneurs de ne le [Monsieur] laisser entrer plus que six ou septième. » Charpentier a écrit « Employé » au dos du document.

armé contre ceux qui l'étoient; car cette disposition des troupes du Roi le long de ses frontières fut ordonnée par S. M. auparavant son partement de Languedoc[1], afin de border la Savoie[2] et, par ce moyen, tenir ce prince-là en crainte, et avoir des troupes toutes prêtes à passer en Italie au premier commandement qu'elle en feroit, comme aussi pour assurer les Suisses, lesquels étoient en alarme d'une puissante armée de l'Empereur dont ils étoient menacés[3].

Les mêmes jalousies durant du côté de l'Italie et de la Suisse, il n'y avoit point d'apparence de retirer les troupes de ces frontières-là, si l'on n'eût voulu se mettre au hasard de tout perdre, outre que les plus proches de Bar-sur-Seine, qui étoient celles logées à Saint-Jean-de-Losne, se trouvoient à plus de trente ou trente-cinq lieues et les autres à près de cinquante du lieu où étoit Monsieur; de sorte que si on les eût voulu loger plus loin de lui, il les eût fallu envoyer en Guyenne, en

1. Le Roi quitta Nîmes pour retourner à Paris le 15 juillet 1629.

2. Ce qui suit jusqu'à la p. 72, au paragraphe commençant par « Mais, nonobstant toutes ces choses, Monsieur, qui étoit chassé par les intérêts et l'ambition des siens... », est tiré d'un document conservé aux Affaires étrangères (France 795, fol. 259, 260), au dos duquel Richelieu a écrit : « Mémoire dressé par M. de Schomberg et Marillac pour justifier qu'on n'a point envoyé de troupes en Champagne et et (sic) Bourgogne pour déplaire à Monsieur. » Au-dessous de ces mots, on lit « 1629. Employé, Z »; et Sancy a écrit « cahier 4 de Monsieur » (fol. 260 v°).

3. A la fin de mai, les troupes impériales, commandées par le comte de Mérode, s'étaient emparées de Coire et des passages des Grisons et l'Empereur massait des troupes destinées à s'emparer du Montferrat et du Mantouan.

Poitou, en Bretagne ou en Normandie, qui eût été les éloigner entièrement des provinces où le Roi en pouvoit avoir affaire.

La compagnie du Roi, commandée par le sieur de Contenant[1], et celle de Monsieur étoient logées à Mâcon;

La colonelle et la mestre de camp, à Bourg-en-Bresse;

La Boullaye et Montgon, à Pont-de-Vaux[2];

Linières et des Roches-Baritaut, à Tournus[3];

Bussy et Laurière, à Montluel[4];

1. Henri de Bauves de Contenant commandait depuis 1615 la compagnie de chevau-légers du Roi et avait été nommé maréchal de camp en 1617.

2. Ch.-l. de cant. de l'arr. de Bourg. — Le s[r] de la Boullaye dont il est ici question est probablement Edme de Rochefort, marquis de Pleuvant, et, en 1619, de la Boullaye, lieutenant général en Nivernais, capitaine de cinquante hommes d'armes, conseiller d'État en 1612, gouverneur de Mâcon et du Mâconnais en 1617, fils de Joachim de Rochefort et de Françoise de Livron. — Pierre de Beauverger, baron de Montgon, fils de François de Cordebeuf, seigneur de Beauverger (à qui un oncle avait donné la baronnie de Montgon), et de Marguerite de Monestai; gentilhomme ordinaire de la chambre du Roi, il commanda une compagnie de chevau-légers sous Henri IV et Louis XIII.

3. Ch.-l. de cant. de l'arr. de Mâcon. — François des Essarts, baron, puis marquis de Linières, capitaine de chevau-légers en 1635, puis mestre de camp en 1643, gouverneur de Saint-Quentin en 1646, maréchal de camp en 1649, lieutenant général en 1652, mort en 1672, était fils d'Adrien des Essarts et de Jacqueline de Refuge.

4. Ch.-l. de cant. de l'arr. de Trévoux (Ain). — Charles de Lameth, baron, puis comte de Bussy, fils de Charles de Lameth et de Louise de Lannoy, gouverneur de Mézières en 1631, de Trèves en 1633, avait été lieutenant en 1622 dans la compagnie

Le prince de Marsillac et Marconnay, à Verdun-sur-Saône[1];

Arbouse, Canillac et Saint-Trivier, à Pont-de-Veyle[2];

de chevau-légers de son père, puis capitaine de cette compagnie en 1624; il prit part à toutes les campagnes depuis cette époque jusqu'à sa mort en 1637, au siège de la Capelle. Blessé en 1634, il fut fait maréchal de camp en 1634. — Jean de Pompadour, baron de Laurière, fils cadet de Louis de Pompadour et de Peyronne de la Guiche, était en 1627 capitaine d'une compagnie de chevau-légers et prit part en 1632 à la bataille de Castelnaudary. Il avait épousé en 1629 Charlotte de Funel.

1. Ch.-l. de cant. de l'arr. de Chalon-sur-Saône. — François VI de la Rochefoucauld, prince de Marsillac (1613-1680), commandait en 1629 le régiment appelé depuis Auvergne; maréchal de camp en 1646, gouverneur du Poitou la même année, duc et pair en 1650, il se démit de son gouvernement du Poitou en 1651. Il était fils de François V de la Rochefoucauld et de Gabrielle du Plessis-Liancourt. — François Levesque ou L'Evesque, sieur de Marconnay et de Sanzay, commandait une compagnie de chevau-légers dès 1627; il fut fait maréchal de camp en 1650.

2. Ch.-l. de cant. de l'arr. de Bourg. — Gilbert de Veini, seigneur d'Arbouze en Bourbonnais, fils de Gilbert de Veini d'Arbouze et de Jeanne d'Espinai, bailli du duché d Montpensier et capitaine d'Aigueperse, commandait dès 1627 une compagnie de chevau-légers et mourut avant septembre 1630. — Jacques-Timoléon de Beaufort-Montboissier, marquis de Canillac, fils de Jean, marquis de Canillac, et de Gasparde Mitte de Miolans, marié en 1624 à Catherine Martel, fille de Marie Vignon et d'Ennemond Martel (Marie Vignon s'était remariée en 1617 au connétable de Lesdiguières); il commandait, en 1633, une compagnie de cinquante hommes d'armes et était lieutenant de la fauconnerie royale « du vol pour le champ ». Il est plutôt question ici de ce personnage que de Guillaume de Beaufort-Montboissier, marquis de Canillac, qui eut un régiment de chevau-légers lors de sa formation en 1635, fut maréchal de camp en 1648, lieutenant général en 1652, et est surtout connu sous le nom de marquis de Pont-du-Château.

Tallard et Hocquincourt, à Cuzeaux [1] ;
Les carabins d'Arnault, à Varambon [2] ;
Le régiment de Blacons, à Châtillon-de-Michaille [3] ;

En tout cas, Richelieu parle, en septembre 1627, d'un Canillac, « qui n'est guère sage », et qui commandait alors une compagnie de chevau-légers. — Charles-Emmanuel de Grillet, comte de Saint-Trivier en Bresse, page de Charles-Emmanuel Ier, duc de Savoie, dont il était filleul, était fils de Charles-Maximilien de Grillet, grand écuyer du duc de Savoie, et d'Anne de la Baume-Montrevel ; le régiment de Saint-Trivier avait été levé en 1616 et licencié la même année ; Charles-Emmanuel de Saint-Trivier avait commandé en Piémont un régiment d'infanterie et une compagnie de chevau-légers pour le service du duc de Savoie, lorsqu'en 1635 le prince de Condé lui donna le commandement d'une compagnie dans le régiment du duc d'Enghien. Il mourut, cette même année, sans enfants de Claude d'Anglure, épousée en 1613.

1. Probablement Cuzieu, cant. de Virieu-le-Grand, arr. de Belley (Ain), anciennement Cussieu. — Étienne de Bonne, seigneur d'Auriac, vicomte de Tallard, fils de Charles de Bonne d'Auriac et de Jeanne de Manteyer, fut conseiller du Roi, maréchal de camp en 1620 ; il leva un régiment, nommé d'Auriac, en 1621, qui fut décimé en Italie en 1625, puis un autre, en 1628, qui fut licencié en 1629 ; il mourut en 1632. — Georges de Monchy, marquis d'Hocquincourt, fils d'Antoine de Monchy et d'Anne de Balzac, gouverneur de Monthulin en 1606, leva en 1617 un régiment de son nom, réformé en 1619 et rétabli en 1622 ; en 1624, on le trouve grand louvetier du Boulonnais et premier maître d'hôtel de la Reine ; en 1630, il levait un régiment, qui fut réformé la même année et rétabli en 1632 ; prévôt de l'Hôtel et grand prévôt de France en 1634, gouverneur de Péronne, Montdidier et Roye en 1640, jusqu'à sa mort en 1645.

2. Cant. de Pont-d'Ain, arr. de Bourg.

3. Ch.-l. de cant. de l'arr. de Nantua. — Alexandre de Forest de Mirabel-Blacons, protestant, nommé en 1621, par les huguenots, gouverneur du Vivarais, avait reçu de Louis XIII, en 1625, des lettres d'abolition ; en 1624, il avait levé un ré-

Aiguebonne, à Seyssel[1] ;

Le chevalier de la Valette, à Belley.

Le Roi avoit fait état d'envoyer, outre les troupes ci-dessus, les régiments de Champagne, Piémont et Normandie aux frontières de Bourgogne et de Champagne qui regardent les Suisses ; mais le Cardinal jugea à propos de les retenir encore dans le Languedoc jusques à ce que les villes de Montauban et Caussade eussent obéi et les autres acheminé leurs démolitions.

Mais, nonobstant toutes ces choses, Monsieur, qui étoit chassé par les intérêts et l'ambition des siens, ne laissa pas de feindre de prendre l'alarme et passer en Lorraine.

Le Roi, ayant appris à son retour de Languedoc qu'il étoit allé en Champagne, permit au duc de Bellegarde de le retourner trouver et lui commanda de lui porter de sa part toutes les assurances de l'affection qu'il pouvoit attendre de S. M., ce qu'il lui fit savoir par Sufferte, qu'il lui envoya en diligence pendant qu'il s'acheminoit pour le lui aller dire lui-même ; mais, au lieu de l'effet que cela devoit produire, sitôt que Sufferte fut arrivé, il prit résolution de sortir du royaume et s'en alla en Lorraine, où, étant arrivé, il écrivit de Ligny[2] au Roi et se plaignit que ceux qui étoient en sa confiance essayoient de l'éloigner de l'honneur de ses bonnes grâces, craignant leur bonne intelligence, et que, pour la sûreté de sa personne, il avoit été obligé de se retirer en Lorraine.

giment, licencié en 1626 et probablement rétabli plus tard ; il mourut en 1631.

1. Ch.-l. de cant. de l'arr. de Belley.
2. Ligny-en-Barrois, ch.-l. de cant. de l'arr. de Bar-le-Duc.

Le Roi lui manda[1] qu'il avoit tort de feindre un sujet de crainte de l'ordre qu'il avoit donné à ses frontières, auquel il avoit été obligé par divers avis qu'il avoit eus du dedans et du dehors du royaume, et avoit grand sujet d'envoyer des troupes en Champagne, dont il avoit été retenu par la seule considération du séjour qu'il y faisoit ; de sorte qu'on lui avoit dit, contre la vérité, qu'il y avoit fait avancer des gens de guerre ; que S. M. vouloit bien qu'il sût qu'il ne se laissoit persuader que par la raison et par sa connoissance propre ; qu'il ne donnoit aucune créance dans son esprit à personne à son préjudice et que, grâces à Dieu, il ne lui avoit point jusques alors été donné de conseils par ceux qui étoient lors dans ses affaires, qui n'eussent réussi à sa gloire et au bien de son État que l'on voyoit à un point où il se pouvoit dire qu'il n'avoit été il y avoit bien longtemps, et qu'il protestoit devant Dieu qu'ils ne lui avoient jamais rien dit à son égard qui ne tendît à la continuation de cette union étroite qu'il

1. Ce paragraphe est tiré de la copie (écrite par Bouthillier le père) d'une des lettres du Roi à son frère (Aff. étr., France 794, fol. 62). Au dos de ce document (fol. 62 v°), on lit : « Copies de lettres du Roi [main de Bouthillier père] à Monsieur [main de Richelieu], quand l'an 1629 le R[oi] étant revenu de Languedoc M[onsieu]r alla en Lorraine et écrivit de Ligny au Roi par d'Ormoy. » A côté, mais en travers, Sancy a aussi écrit : « M^r. Φ. Après le retour du Roi. Pour le cahier 4e de Monsieur à la fin. Employé. » On ne trouve pas ce passage dans le manuscrit A, les cahiers 36 et 37 de ce manuscrit ne nous ayant pas été conservés ; mais le sommaire du 36e cahier du manuscrit A (5e cahier de Monsieur) fait mention de cette lettre du Roi à son frère ; Sancy s'est donc trompé, ce passage devant figurer à la fin du 5e cahier de Monsieur, et non à la fin du quatrième (35e cahier du manuscrit A pour 1629).

vouloit se persuader que les siens appréhendoient ; au reste, que ce n'étoit pas lui donner sujet de croire qu'il ne désirât, comme il disoit, autre citadelle ni autre place pour sa sûreté que le cœur de S. M., que de se prendre à ceux de qui il se servoit avec tant de connoissance de leur fidélité et sincérité. Et pour fin, il le convioit et le conjuroit par lui-même de revenir le plus tôt qu'il pourroit près de lui, l'assurant qu'il ne trouveroit en lui que toute sorte de désir de l'obliger à se tenir étroitement uni à celui qui l'aimoit si chèrement et qu'il n'y trouveroit aussi que toute sûreté pour ceux qu'il affectionnoit.

Le cardinal de Bérulle[1], qui rendit compte au Roi de tout ce qui s'étoit passé en son absence en l'affaire de Monsieur, lui dit qu'il étoit bien marri que la lettre d'assurance qu'il avoit envoyée pour lui et les siens, n'avoit pas opéré l'effet qu'il en attendoit ; qu'il n'eût pas cru ce qu'il voyoit s'il ne l'eût vu, mais que maintenant il falloit avoir recours à des remèdes plus forts ; en suite de quoi il le presse extraordinairement, comme il plut au Roi le mander au Cardinal, d'envoyer vers Monsieur pour lui offrir une augmentation notable d'apanage, pour, par ce moyen, le ramener auprès de lui.

Le Roi refusa cette proposition et, quelque instance qu'on lui pût faire pour la lui persuader, jamais il ne voulut s'y laisser aller : dont le cardinal de Bérulle

1. Avec ces mots, les *Mémoires* reviennent à la « Relation de l'affaire de Monsieur touchant le dessein de son mariage avec la princesse Marie » (Aff. étr., France 794, fol. 205 v°) ; les rédacteurs des *Mémoires* ont quelque peu arrangé le texte de ce document qui leur a servi de source.

reçut tant de mécontentement qu'il en écrivit au Cardinal avec plainte[1], qui le porta, outre sa douceur naturelle, jusques à ce point que de lui imputer son déplaisir civilement, disant que si le mécontentement que le Roi avoit de lui lui étoit utile, il devoit le servir à plus d'intérêt que cela; que jusques à présent il n'avoit rien fait pour être en bonne opinion dans l'esprit des grands et n'y vouloit rien faire à l'avenir.

Le Cardinal lui répondit qu'il n'avoit jamais connu que le Roi fût mal content de lui; qu'il savoit assurément qu'il ne le pouvoit être de ses intentions et de sa volonté, mais que bien s'étoit-il aperçu qu'il n'avoit pas envie de suivre tous les conseils qu'il lui avoit donnés au sujet dont il étoit question; qu'il tomboit tous les jours en pareils inconvénients et s'estimoit heureux quand de quatre propositions deux étoient agréables; qu'au reste il le supplioit de croire que rien ne lui étoit utile et ne pouvoit tant satisfaire son esprit que ce qui étoit avantageux à ses amis; que son bien ne consistoit point au mal d'autrui, mais qu'il pensoit pouvoir dire sans présomption qu'il avoit quelque chose de plus solide, dont beaucoup de gens pouvoient être témoins, et lui meilleur qu'aucun autre; que, comme sa sincérité lui étoit connue, la sienne ne lui pouvoit être cachée; qu'en son particulier il ne faisoit, grâce à Dieu, rien pour être bien dans l'esprit des grands que ce qu'il estimoit le devoir bien mettre avec celui qui en étoit le maître; que, pour l'affaire de Monsieur, il étoit impossible de donner des conseils

---

1. La source porte : « ... qu'il m'en écrivit avec plainte... » (France 794, fol. 205 v°); notez le style direct; même remarque pour la suite du paragraphe et le paragraphe suivant.

de loin, vu que souvent les fondements en étoient changés devant qu'ils arrivassent et que le Roi avoit un si bon Conseil auprès de lui qu'il n'estimoit se devoir mêler de rien ajouter à leurs pensées en ce sujet[1].

1. Ici prennent fin les emprunts faits à la « Relation de l'affaire de Monsieur... » (France 794, fol. 206). Richelieu a écrit de sa main sur ce document, à la suite du présent paragraphe, ces mots : « En ces entrefaites, j'achevay les affaires de Languedoc et m'acheminay à la Cour. J'arrivay à Fontainebleau le 24 septembre, etc. » Suivait un renvoi graphique que l'on retrouve en tête et à la marge d'un document dû à la plume de Richelieu et conservé dans le volume 794 du fonds France aux Affaires étrangères, folio 158. Il porte ce titre : « Histoire à commencer du 14ᵉ septembre 1629, au retour du voyage de Languedoc ; » il a servi à la rédaction des pages qui suivent. Mais, le paragraphe commençant par « Monsieur cependant passe plus avant... » n'est ni dans la « Relation de l'affaire de Monsieur... », ni dans l' « Histoire à commencer du 14ᵉ septembre... », ce dernier document ayant seulement été utilisé pour la première fois lors de la rédaction du paragraphe commençant par ces mots : « En ce temps, le Cardinal revint de Languedoc... » — L'important document intitulé « Histoire à commencer du 14ᵉ septembre au retour du voyage de Languedoc » comporte un peu plus de vingt-deux pages ; il est conservé aux Affaires étrangères (France 794, fol. 158-169) ; il comprend en réalité deux parties, l'une écrite par Isaac Cherré et qui est aux folios 158 à 163 (sauf le feuillet 160, feuille complémentaire écrite par le Cardinal, dont la place d'insertion est marquée au feuillet 161 rᵒ), l'autre écrite par Ceberet (fol. 164-169) ; cette seconde partie portait, comme en-tête, le mot « Hébertin » (qui désigne Monsieur dans le langage conventionnel du cabinet de Richelieu), mot qui a été barré. L' « Histoire à commencer du 14ᵉ septembre... » a été rédigée par Richelieu, qui y parle à la première personne du singulier. Le feuillet 160 est de la main du Cardinal ; il mérite de retenir l'attention parce qu'il nous permet de saisir sur le vif les procédés de rédaction du Cardinal dans les *Mémoires* ; voyez à ce sujet la p. 81, n. 2. Les corrections de style nécessaires à l'utilisation

Monsieur cependant passe plus avant, part de Ligny et va à Nancy, où le duc de Lorraine, qui de long temps le désiroit par de vaines espérances qu'il avoit conçues, le reçoit, et, comme s'il faisoit chose fort agréable au Roi en sa considération et pour son service, lui en donne avis par un gentilhomme qu'il lui dépêcha le 12ᵉ septembre, lui rendant compte de l'honneur avec lequel, pour son respect, il l'a reçu.

En ce temps le Cardinal revint de Languedoc; il arriva à Fontainebleau le 14ᵉ septembre; toute la cour vint au devant de lui jusques à Nemours. Il plut au Roi lui rendre beaucoup plus de témoignages du contentement qu'il avoit de sa vue qu'il n'en méritoit; mais Dieu permit que, pour tempérer la joie qu'il devoit avoir de le voir de retour d'un si grand et si pénible voyage, qui avoit été si glorieux pour S. M. et si utile, non seulement pour la France, mais pour l'Église et pour la chrétienté, il n'en fût pas ainsi de la Reine sa mère, qui lui témoigna tant de froideur à la vue de tout le monde qu'il n'y eut personne qui n'en fût étonné. Il avoua qu'il le fut encore davantage. Cet accident le surprit d'autant plus qu'il ne s'y devoit pas attendre, vu que, depuis quinze ans, il avoit servi cette princesse avec tant de preuves de son affection et de sa fidélité et tant de succès qu'elle étoit aussi puissante dans l'État, par la bonne intelligence qui étoit entre le Roi son fils et elle, qu'elle avoit été pen-

---

dans les *Mémoires* de cette « Histoire à commencer du 14ᵉ septembre... » n'ont pas été faites sur le document même; elles l'ont été vraisemblablement sur le manuscrit A, mais, ainsi que nous l'avons dit plus haut, cette partie du manuscrit A ne nous est pas parvenue.

dant sa régence. Son cœur ne put supporter ce traitement sans s'en ressentir par la voie qu'un serviteur le peut faire innocemment envers son maître, en s'éloignant de sa personne.

En cette considération, il supplia le Roi de trouver bon qu'il se retirât, et écrivit à la Reine une lettre par laquelle il lui mandoit qu'il supplioit Dieu qu'il le châtiât, sans permettre qu'il perdît sa grâce, s'il n'avoit la même passion qu'il avoit toujours eue pour son service et s'il y avoit rien au monde qui fût capable de la lui faire perdre, mais que, lui déplaisant, comme il faisoit, il vouloit se tenir criminel et, en cette considération, s'imposer la plus grande peine qui lui pût jamais arriver, en s'absentant de S. M. : ce qu'il la supplioit de trouver bon, puisque c'étoit la plus grande marque de respect qu'un serviteur pouvoit rendre à son maître que de s'ôter de devant sa face quand il ne lui étoit plus agréable; que les affaires du Roi et les siennes étoient, grâce à Dieu, en tel état qu'elles pouvoient être conduites par tous ceux qu'il plairoit à LL. MM. y employer; qu'au reste elle considéreroit, s'il lui plaisoit, que sa disgrâce favoriseroit assurément le retour de Monsieur, qui se portoit avec tant de passion à sa ruine que, dans le contentement que tout le monde avoit du succès des affaires du Roi, il prétextoit sa sortie du royaume sur les grands desservices qu'il rendoit à S. M. Il ajouta qu'elle savoit bien que, dès l'année passée, il avoit désiré prendre le même remède qu'il cherchoit maintenant à son mal, mais qu'elle lui avoit commandé par voie si obligeante de ne le faire pas et d'oublier le sujet qui l'avoit porté à cette résolution que, ayant toujours été en absolue dépendance de ses volontés, il avoit perdu la mémoire et de l'offense qu'il avoit reçue et du remède qu'il y avoit cherché dans sa bienveillance; que son malheur, qui avoit été caché l'année passée, étant connu de tout le monde maintenant, elle jugeroit bien, s'assuroit-il, que toutes sortes de respects l'obligeoient de faire en cette seconde occasion ce qu'il ne fit que penser en la première. Il passa outre, lui faisant connoitre, avec grand respect, qu'il lui remettroit toutes les charges qu'il tenoit non seulement en sa maison, mais en l'État, sous son autorité; qu'il emmèneroit tous ceux qui le touchoient et lui pouvoient déplaire contre leur intention : ce qui donneroit lieu à S. M. de s'acquérir beaucoup de nouvelles créatures, non plus fidèles, mais plus agréables pour le commencement, par la dépouille de ses vieilles.

Il représentoit ensuite que, par ce moyen, il feroit voir à tout le monde qu'il n'étoit pas capable d'avoir conçu, par le passé, une pensée qui eût pu et dû lui déplaire, puisque, pour lui ôter tout lieu d'en avoir la créance à l'avenir, il se seroit rendu lui-même auteur de sa perte, lorsqu'il sembloit qu'il eût plutôt dû prétendre et attendre sa protection en ce qui se machinoit contre lui; qu'au reste, si son malheur lui avoit fait perdre sa bienveillance, il la pouvoit assurer qu'elle ne perdroit jamais sa servitude, qui lui étoit tellement acquise, depuis quatorze ans qu'il avoit l'honneur d'être sa créature, que, quelque traitement qu'il reçut d'elle, toutes ses actions contraindroient les plus grands ennemis qu'il pût avoir d'avouer en leur conscience qu'il seroit fidèlement son serviteur jusques au dernier soupir de sa vie.

Il finit en disant que la créance qu'il avoit que la bonté du Roi lui fit volontiers avoir quelque peine de sa retraite, faisoit qu'il supplioit très humblement S. M., qu'il honoroit et respectoit au dernier point, comme la nature, sa piété et sa vertu l'y obligeoient, de lui faire agréer sa résolution, qui étoit si absolue qu'il aimeroit mieux mourir que de demeurer à la cour en un temps où son ombre lui devroit faire peine, puisqu'il n'avoit pu y être avec sa confiance lorsqu'il l'y avoit servi très fidèlement et heureusement, au jugement de tout le monde et au sien propre.

La Reine ensuite témoigna plus d'indignation contre lui que jamais; son mécontentement s'accrut par le désir qu'il avoit de sa retraite et l'affaire alla jusques à ce point que le Roi, craignant qu'elle n'eût pas de remède, en pleura très amèrement presque tout un jour et son confesseur, homme de très rare vertu, en fut surpris d'un *cholera morbus* dont il cuida mourir.

Il reçut en cette occasion des preuves si particulières de la bonne volonté du Roi que toute la cour, qui ne croyoit pas sa fermeté si grande, confessa n'en être pas moins étonnée que de la froideur de la Reine, qu'il devoit moins recevoir en cette occasion qu'en aucune autre.

La cause de cette froideur ne l'étonnoit pas moins que son effet; car le sujet du mécontentement de cette princesse étoit l'appréhension qu'elle avoit qu'il voulût lui parler du mariage de Monsieur, son fils avec la fille du duc de Mantoue, contre lequel elle s'étoit déclarée ouvertement; et cependant, il étoit si mal dans l'esprit de Monsieur à cette occasion que, deux jours auparavant son arrivée[1], il avoit écrit au Roi et à la Reine sa mère des lettres si pleines de venin contre lui que S. M. ne voulut jamais qu'il les vît. Mais la passion, qui n'a presque point d'yeux en tout le monde, est souvent du tout aveugle en l'esprit des grands, qui ne sont pas accoutumés de faire réflexion sur leurs actions comme les autres.

Le Roi enfin détrempa par ses larmes la colère de la Reine, qui reconnut qu'il n'avoit autre tort que celui de lui avoir trop tôt demandé son congé.

Il reconnut par expérience ce que peut l'absence auprès des grands, particulièrement quand ils sont approchés de mauvais esprits[2]; car, non seulement lui causa-t-elle le malheur où il se trouvoit en cette occasion, mais il eut, en outre, une pareille disgrâce pendant qu'il étoit au siége de la Rochelle et ne fut pas plus heureux passant les monts avec le Roi pour le secours de l'Italie.

Ces deux affaires méritoient que ceux qui, sous

1. L'arrivée de Richelieu.
2. Ce qui suit, jusqu'à la fin du paragraphe suivant, est tiré d'une page supplémentaire, ajoutée au récit par Richelieu lui-même et écrite de sa main. Elle n'a pas été utilisée entièrement; voici le passage inutilisé : « J'envoyai de la Rochelle pour me justifier de ce qui même ne pouvoit m'être entré dans la pensée. J'écrivis de Suse à la Reine pour le même sujet. Je lui mandai [ici, Richelieu a laissé un blanc de quelques lignes qui devait être rempli et qui ne l'a pas été]. S. M. répondit à mes lettres avec beaucoup plus de témoignages de bonté que je n'en méritois. Elle daigna me mander... [nouveau blanc de quelques lignes]. Cependant, nonobstant ces preuves de la bienveillance de la Reine envers ses créatures, je ne laissai pas de retomber en l'accident rapporté ci-dessus. On parla diversement, etc. »

l'autorité du Roi et par son commandement, en portoient le faix eussent l'esprit à repos. Mais Dieu, qui sait comme il faut humilier les hommes dans les prospérités qu'il leur donne, permit, à son avis, ces traverses pour son avantage. Bien dira-t-il avec vérité que, avec le peu de santé qu'il avoit toujours eu, dans les difficultés et autres semblables, il lui eût été du tout impossible de satisfaire aux emplois où il étoit appelé sans une grâce spéciale et un secours particulier du Ciel.

On parla diversement[1] des auteurs de cette brouillerie : plusieurs estimoient que le cardinal de Bérulle en étoit la cause, mais jamais on ne le put persuader au Cardinal ; la piété qu'il[2] avoit toujours reconnue en lui et la façon avec laquelle il s'étoit gouverné en son endroit, l'empêchoient d'avoir cette opinion. Il[3] devoit toute sa fortune à la bénédiction de Dieu et à la bonté du Roi. Mais il est vrai que le Cardinal fut non seulement le premier, mais le seul qui le proposa à S. M. pour le faire cardinal. Il est vrai qu'il fut seul cause qu'il fut appelé au Conseil. Il est vrai que, la nécessité des affaires séparant le Roi de la Reine sa mère aux voyages de la Rochelle et d'Italie, il le nomma, comme personne confidente et qu'il estimoit capable de donner de bons conseils, pour demeurer auprès de la Reine. Il est vrai encore qu'il aima mieux que S. M. lui donnât 15,000 écus de rentes des dépouilles du Grand Prieur que de recevoir cette gratification que le Roi lui voulut faire. Après cela, il[4] eût estimé être

1. Avec ce paragraphe, reprise, au folio 161, du texte de l' « Histoire à commencer du 14e septembre » (France 794).
2. Le Cardinal.
3. Bérulle.
4. Richelieu.

privé de jugement de penser qu'il lui eût rendu de
mauvais offices, particulièrement en un temps où,
sous l'autorité et suivant les bons desseins du Roi, il
n'avoit rien oublié de ce qui lui étoit possible pour
l'extirpation de l'hérésie, dont la rébellion avoit été si
absolument abattue que l'erreur, qui n'avoit pris accroissement en cet État que par son moyen, ne pouvoit plus subsister longtemps. Nonobstant toutes ces
considérations, les plus clairvoyants croyoient assurément qu'il[1] se trompoit en jugeant sincèrement des
intentions de ce personnage. Leur pensée n'étoit pas
sans fondement apparent, mais en effet elle n'en avoit
point de véritable. Il est vrai que le peu d'expérience
qu'il[2] avoit des affaires d'État lui faisoit souvent estimer que ce qui réussissoit le mieux dût avoir une
mauvaise fin. Il avoit cru que la Rochelle ne se prendroit pas par la digue, mais que Dieu la vouloit châtier et confondre par une surprise et qu'elle devoit
être emportée six mois devant qu'elle tombât ès mains
du Roi. Il avoit cru que les Espagnols nous assiste-
roient fidèlement en ce dessein contre les Anglois;
qu'il ne falloit point faire la paix avec les Anglois,
quoique les Espagnols nous eussent manqué en la ligue
que nous avions faite contre eux; que le Roi ne devoit
pas entreprendre le secours du duc de Mantoue, de
peur de rompre avec l'Espagne; qu'il valoit mieux ne
continuer pas l'assistance que le roi Henri IVe donnoit
aux Hollandois et s'unir à l'Espagne que faire le contraire; qu'il ne pouvoit arriver inconvénient de donner le gouvernement de Champagne ou de Bourgogne

1. Richelieu.
2. Bérulle.

à Monsieur, frère du Roi, et qu'on avoit tort d'en faire difficulté.

Pendant la rébellion du Languedoc, il avoit aussi estimé que la personne du Roi et celles de ses créatures plus confidentes en devoient quitter l'entreprise et revenir à Paris pour terminer l'affaire de Monsieur.

Pendant le siége de Bois-le-Duc, son avis fut encore que le Roi devoit conseiller aux Hollandois de quitter ce dessein et aux Espagnols de se retirer de la Veluwe[1], où ils étoient entrés, et que par ce moyen on devoit et pouvoit-on procurer un bon accord entre le roi d'Espagne et les États.

Il avoit ainsi plusieurs autres choses où il ne pouvoit cacher ses sentiments, qui, paroissant contraires aux mouvements par lesquels le Roi gouvernoit son État, donnoient lieu de juger que sa volonté étoit aussi contraire au Cardinal comme ses pensées étoient éloignées des siennes; mais, en effet, il n'étoit pas vrai. Et, bien que d'ordinaire la division de volonté ne tarde pas beaucoup à suivre celle de l'intellect, la sincérité et la vertu de ce personnage empêcha cet effet en lui; et la seule malice et les rapports de quelques femmes, qui d'ordinaire font toutes les brouilleries de la cour, et les soupçons auxquels la Reine étoit sujette d'elle-même, furent, à son avis[2], la seule cause de la froideur que S. M. lui témoigna[3].

1. La source porte « du Wele » (France 794, fol. 162 v°). Il s'agit de la Veluwe, région aride et sablonneuse du nord de la province de Gueldre, entre le Rhin, l'Yssel et le Zuyderzée.

2. De l'avis du Cardinal.

3. Avec ce paragraphe prend fin le premier emprunt fait à l' « Histoire à commencer du 14e septembre... » (France 794, fol. 162 v°).

Néanmoins le cardinal de Bérulle eut ce déplaisir qu'il vit quasi toute la cour lui imputer la cause de cet accident, dont plusieurs pensèrent qu'il eut un si grand ressentiment que cela aida à la maladie qu'il avoit de long temps contractée et lui avança ses jours; car, le Cardinal étant arrivé le 14.ᵉ septembre à Fontainebleau, il mourut le 2ᵉ octobre ensuivant à Paris, où il étoit allé quatre jours auparavant.

La qualité de ce personnage et de cette affaire mérite bien que nous fassions une petite récapitulation de ce qui s'est passé durant sa vie entre lui et le Cardinal[1].

1. Ce qui suit, jusqu'à la p. 103 (au paragraphe commençant par : « Pour retourner où nous en étions demeurés du refroidissement de la Reine mère avec le Cardinal... »), ne se trouve pas dans le document, l' « Histoire à commencer du 14ᵉ septembre », qui a servi de source aux pages précédentes. Il est même probable que cet important passage, véritable réquisitoire dressé contre la mémoire du cardinal de Bérulle, ne figurait pas dans le manuscrit A. En effet, nous avons dit plus haut que les cahiers 36 et 37 du manuscrit A relatifs à cette partie des *Mémoires* ne nous sont pas parvenus et que nous avons seulement les sommaires de ces cahiers; or, ces sommaires ne font pas mention de ces quelque seize pages, si importantes, et qui, à elles seules, auraient pu former la matière d'un cahier; on lit seulement, à la fin du sommaire du trente-septième cahier où aurait dû figurer un résumé, si court fût-il, des pages consacrées à Bérulle, quelques lignes qui sont le sommaire du troisième paragraphe de la p. 84, du dernier paragraphe de la p. 103 et du premier paragraphe de la p. 104. Il est donc probable que tout ce passage a été rédigé soit après révision du manuscrit A, soit sur un manuscrit intermédiaire entre A et B, qui ne nous aurait pas été conservé et que nous avons désigné sous le nom de manuscrit A' (cf. *Rapports et notices...*, t. II, p. 324-327), soit sous forme d'adjonction exceptionnelle au manuscrit A. Quoi qu'il en soit, les pages relatives à Bérulle

En l'an 1611 le sieur de Bérulle n'eut pas plus tôt institué son ordre des prêtres de l'Oratoire que l'évêque de Luçon, qui lors arrivoit nouvellement en son évêché, apprenant que cet institut avoit pour fin le secours des évêques en l'instruction des pauvres âmes, qu'ils faisoient état d'aller catéchiser dans les paroisses champêtres, prit connoissance dudit sieur de Bérulle et se résolut d'établir sa compagnie en sondit évêché, où ils eurent la seconde maison qu'ils possédèrent en ce royaume.

En l'an 1617, ledit sieur évêque de Luçon étant lors employé en la charge de secrétaire d'État, ledit sieur de Bérulle prit une plus particulière habitude avec ledit sieur évêque de Luçon sur le sujet des affaires courantes, ce qui donna lieu audit sieur de Luçon de se confier en lui du dessein qu'il avoit de se retirer de la charge où il étoit employé devant la mort du maréchal d'Ancre.

La mort dudit maréchal d'Ancre étant arrivée[1] et ensuite l'éloignement de la Reine mère du Roi, comme elle se fut retirée à Angoulême[2], le P. Joseph et ledit sieur de Bérulle, fâchés de voir que la Reine avoit au-

semblent avoir été en partie rédigées à l'aide d'extraits de lettres de ce cardinal écrits par Charpentier (Aff. étr., France 788, fol. 172-181). Ces extraits avaient été foliotés du temps des *Mémoires*; ils portaient les numéros 200 à 208. On remarque, au verso du feuillet 179, ces mots de la main de Richelieu : « Journal de Bérulle », qui prouvent que ces extraits avaient été réunis du temps du Cardinal. Quoique ces extraits n'aient servi que partiellement à la rédaction de ces pages des *Mémoires*, nous les donnons en appendice.

1. 24 avril 1617.
2. Mars 1619.

près d'elle Ruccellaï, qu'ils tenoient un mauvais esprit, conseillèrent au sieur de Luynes de faire revenir l'évêque de Luçon qu'il avoit fait exiler en Avignon[1], lui persuadant qu'il valoit mieux que S. M. eût auprès d'elle un esprit comme lui, en qui elle avoit confiance et qui n'avoit autre sentiment que celui du bien de l'État, que Ruccellaï, qui, étant étranger et violent, lui pourroit donner des conseils dangereux.

L'évêque de Luçon étant retourné trouver la Reine à Angoulême[2], le sieur de Bérulle fut employé par le duc de Luynes à la négociation de la paix[3].

Au deux ou troisième voyage qu'il fit à Angoulême, voyant que Ruccellaï s'étoit séparé de la Reine pour sa mauvaise conduite[4], il n'oublia rien de ce qu'il put pour persuader l'évêque de Luçon de quitter la Reine et se retirer en son évêché.

Depuis, quatre ou cinq années se passèrent sans avoir grand commerce avec lui, parce que M. de Luynes ne lui donna plus d'emploi. La mort dudit duc étant arrivée[5], la Reine ayant repris quelque crédit après certain temps et les affaires étant venues à ce point que, l'évêque de Luçon étant fait cardinal[6] et, un an ou deux après, appelé au Conseil[7], arriva l'affaire de la Valteline, où ledit sieur de Bérulle commença à s'entremettre de voir souvent les ministres de l'État

---

1. L'ordre d'exil est du 7 avril 1618; voyez notre tome II, p. 278 et suiv.
2. Il y arriva le 27 mars 1619; cf. notre t. II, p. 339.
3. Traité d'Angoulême, 30 avril 1619.
4. Il fut disgracié à la mi-juin 1619 (t. II, p. 360).
5. 14 décembre 1621.
6. 5 septembre 1622.
7. Il entra au Conseil le 29 avril 1624.

et particulièrement le cardinal de Richelieu, il fut envoyé à Rome sur le sujet de cette affaire, où il se gouverna diversement ; car il est vrai qu'il fut toujours d'avis de ce qui fut fait par le marquis de Cœuvres, dont le Pape eut mécontentement, et cependant il ne laissoit pas de l'improuver à Rome, selon que les occasions s'en présentoient. Il fut aussi au même temps employé pour la dispense du mariage d'Angleterre, qu'il estimoit devoir être utile pour l'État et pour l'Église[1]. M. de Béthune a dit au Cardinal que des cardinaux de Rome lui ont dit que, en la sollicitant comme envoyé à cet effet, il la traversoit sous main et leur conseilloit de tenir bon[2].

Étant revenu de Rome et la paix n'étant point faite, M. du Fargis, qui est vivant[3], dit que ce fut lui qui lui fit faire le traité de Monçon[4], contre les ordres exprès qu'il avoit du Roi, sa femme lui ayant mandé, à sa suscitation, qu'il fit la paix *in ogni modo*, ce qui fit qu'il ne considéra aucune chose et ne croyoit pas pouvoir faillir, ne pouvant croire qu'il lui fît donner cet avis par sa femme, sans savoir que c'étoit la volonté du Roi.

Depuis, ledit sieur de Bérulle fut destiné pour aller

1. La mission de Bérulle à Rome est de 1624.
2. Cette phrase figure en marge du manuscrit B.
3. Du Fargis mourut en août 1640 au siège d'Arras. Ces mots des *Mémoires* : « M. du Fargis, qui est vivant », prouvent donc que cette partie des *Mémoires* fut rédigée avant août 1640 ; or, cet important résumé de la vie de Bérulle ne figure pas dans le manuscrit A et lui est postérieur (voyez ci-dessus; p. 85, en note) ; n'en faudrait-il pas conclure que le manuscrit A a été écrit avant 1640 ?
4. 5 mars 1626.

en Angleterre où il eut une conduite du tout particulière, car il n'eut autre but que de tenir la Reine mal avec le Roi et lui donner aversion de sa personne, ce qui réussit si mal que de là s'ensuivit beaucoup de mauvais ménage et l'éloignement des François[1].

Étant revenu d'Angleterre, l'île de Ré ayant été attaquée[2] et cet accident causé le siége de la Rochelle, auquel le cardinal de Richelieu s'affectionna et s'attacha autant qu'il lui fut possible, entreprenant cette affaire par les voies qui la pouvoient faire réussir par prudence, comme par la circonvallation et par une digue en la mer, ledit sieur de Bérulle, qui étoit cardinal[3], lui manda plusieurs fois que la circonvallation étoit inutile, que la digue ne serviroit de rien puisque Dieu vouloit avoir raison de cette ville par un coup inopiné et une surprise non prévue, moyen par lequel il feroit sentir à ces rebelles la rigueur et la puissance de son bras.

Il étoit si fort dans cette opinion, qu'il croyoit savoir par révélation de quelques bonnes âmes, qu'il en fit diverses dépêches coup sur coup, qui assuroient toutes que la ville devoit être prise vers le commencement de février[4].

Le cardinal de Richelieu, qui ne voyoit pas de pas-

1. Bérulle passa, le 2 juin 1625, en Angleterre, avec quelques Oratoriens, dont le P. Achille de Harlay de Sancy; il était de retour le 27 septembre de la même année. « L'éloignement des François » est seulement d'août 1626.

2. Les Anglais débarquèrent dans l'île de Ré les 22 et 23 juillet 1627.

3. Le P. de Bérulle fut promu au cardinalat le 30 août 1627.

4. Voyez, pour la rédaction de ce paragraphe et du précédent, l'appendice (chapitre intitulé « Rochelle »).

sage de l'Écriture qui dit qu'on dût se gouverner aux affaires du monde par tels principes, mais bien par les règles de la prudence humaine, n'estima point qu'il fallût désister de poursuivre la digue et la circonvallation de la Rochelle. Et cependant, pour ne rien oublier de ce qui venoit de Dieu, il fit tenter une entreprise qui seule étoit faisable, dont il ne réussit autre fruit sinon qu'elle cuida lui causer sa ruine auprès du Roi, et la Rochelle ne fut prise que huit mois après, au mois d'octobre, par le moyen de la circonvallation et de la digue.

Pendant le siége de la Rochelle arriva la mort du duc de Mantoue, qui donna lieu aux Espagnols de former le dessein d'envahir ses États.

Le cardinal de Bérulle donna plusieurs fois conseil de s'accorder avec Espagne, de lui laisser prendre le duché, de peur qu'il troublât le Roi au dessein de la Rochelle.

Le cardinal de Richelieu, au contraire, estima bien que, pendant le siége de la Rochelle, il ne falloit se mêler de cette affaire que par négociation, mais qu'il ne falloit faire aucun traité qui pût empêcher le Roi, quand la Rochelle seroit prise, d'y employer sa puissance, si son entremise par négociation n'y avoit fait aucun effet.

La Rochelle étant prise, le cardinal de Bérulle fit tout ce qui lui fut possible pour animer à la guerre d'Angleterre; mais le cardinal de Richelieu et le maréchal de Schönberg n'y voulurent jamais consentir, tant parce que toutes sortes de considérations d'État combattoient ce dessein que parce aussi qu'il avoit franchement découvert au cardinal de Richelieu qu'il s'y portoit par le même principe surnaturel qui lui faisoit croire que la Rochelle seroit prise par surprise, ce qui donnoit juste lieu de croire que l'événement de ce second dessein ne seroit pas meilleur que du premier.

Il avoit grande aversion qu'on s'embarquât au secours de M. de Mantoue, parce qu'il y alloit de l'intérêt d'Espagne, avec laquelle il estimoit connoître, par la même voie surnaturelle, qu'il falloit pour la gloire de Dieu demeurer en parfaite union.

Nonobstant ces pensées, le Roi résolut à Paris, en présence de la Reine sa mère, du cardinal de Bérulle, du garde des sceaux et de tout son Conseil, d'aller secourir cette place.

Cependant, le Roi ne fut pas plus tôt à Suse[1] que M. le cardinal de Bérulle témoigna à Paris avoir une extrême appréhension que S. M. passât en Italie, quoi qu'il eût été résolu. Il en écrivit plusieurs lettres et mit ses mêmes pensées en l'esprit de la Reine, ce qui ne donnoit pas peu de peine après la résolution qui avoit été prise[2].

Pendant que le Roi fut à Suse, sur l'avis que le duc de Bellegarde donna à la Reine que Monsieur vouloit enlever la princesse Marie pour l'épouser, la Reine prit résolution, par le conseil dudit sieur cardinal, d'arrêter ladite princesse : ce qui fut fait en sorte que, trois jours après, elle fut mise au Bois-de-Vincennes.

Y étant, la bonté de la Reine la porta à la faire trai-

1. Louis XIII demeura à Suse du 14 mars au 28 avril 1629.
2. Cf. à l'appendice le chapitre « Sortie du Roi hors le royaume » (Aff. étr., France 788, fol. 173).

ter mieux que si elle eût été chez elle, ce qu'on ne sauroit assez louer; et la simplicité du cardinal lui fit croire qu'il n'y avoit point de danger de la laisser voir à tout le monde : ce qui lui donna lieu d'animer, par beaucoup de ceux qui les alloient voir, Monsieur, en sorte qu'il s'affermit plus en son dessein, contre la volonté du Roi et de la Reine.

Quinze jours ne passèrent pas que, ledit sieur cardinal ayant été abouché par ceux qui agissoient pour Monsieur, il conseilla la Reine de remettre la princesse Marie en sa première liberté, sans que le Roi en eût aucun avis et sans que l'affaire dont il étoit question se terminât au principal; ce qui sembloit du tout contre la prudence, qui ne permettoit pas de faire une action telle, qui s'étoit passée sans autre fruit que d'avoir offensé deux princesses[1] qui, par leur indignation, en restoient plus animées que jamais en leur dessein, où ceux mêmes qui conseilloient Monsieur en cette affaire avoient lieu de l'affermir d'autant plus qu'il avoit vu qu'on n'avoit osé achever ce qu'on avoit tenté.

Ceux qui servoient Monsieur en toutes ses affaires n'eurent pas plus tôt contracté quelque intelligence avec ledit sieur cardinal qu'il les estima les plus gens de bien du monde.

Il écrivit plusieurs fois que le duc de Bellegarde étoit le plus sincère et le mieux intentionné qui se pût trouver; il fit le même du sieur le Coigneux, de la probité duquel il eût quasi voulu répondre : non seulement estimoit-il qu'on dût croire qu'en ce qui

1. La princesse Marie et la duchesse de Longueville, sa tante, enfermées au Bois-de-Vincennes.

s'étoit passé sur ce mariage, il n'avoit point trempé aux conseils de Monsieur, mais, en outre, sa pensée étoit qu'il falloit suivre leurs avis pour l'avenir en ce qu'ils diroient être nécessaire pour convier Monsieur à demeurer en son devoir.

Sur ce fondement, il n'oublia rien de ce qu'il put à porter la Reine à trouver bon que Monsieur eût le gouvernement de Champagne et de Bourgogne : ce qu'il ne put obtenir de S. M.[1], qui connoissoit fort bien ce qui étoit utile à l'État et au bien de ses enfants.

Il écrivit plusieurs fois sur ce sujet au cardinal de Richelieu et, pour le convier à favoriser ce mouvement qu'il avoit excité, il lui manda plusieurs raisons qui toutes en devoient détourner. Entre autres il représentoit que les gouvernements pour être frontières n'étoient pas de conséquence comme la Guyenne, parce que, au lieu que la Guyenne étoit frontière d'Espagne, ceux-ci ne l'étoient que de l'Allemagne, où il n'y avoit rien à craindre parce que l'Empereur étoit un bon prince, ou de la Lorraine, qu'il ne falloit point appréhender, parce que le duc étoit foible et affectionné à la France, ou des Suisses qui n'étoient que des ivrognes, ou de M. de Savoie qu'il tenoit impuissant à mal faire parce qu'il l'étoit à bien[2].

1. La Reine mère.
2. On trouve aux Affaires étrangères (France 788) quelques lettres de Bérulle au Cardinal sur l'affaire de la princesse Marie. Dans toutes ces dépêches, Bérulle proteste qu'il ne veut donner que des avis et qu'il s'en remet au Cardinal du soin de juger et de décider. Voici ce que, dans sa dépêche du 12 mai, il écrit au sujet du gouvernement de Champagne que l'on pourrait donner à Monsieur (fol. 137) : « Si cette proposition de

Parce que toutes ces raisons ne persuadèrent ni le Roi, ni la Reine, ni le cardinal de Richelieu, ni le maréchal de Schönberg, qui les estimèrent dignes de compassion, il conçut beaucoup de déplaisir du peu d'état qu'on faisoit de ses avis et condamna ouvertement le procédé du Cardinal en toutes choses.

Cette occasion le fit éclater et découvrit en ce sujet son sentiment, qui ne provenoit pas seulement de la cause présente, mais de deux ou trois autres :

La première étoit que le Cardinal, qui avoit extrêmement loué l'institut de son ordre, lui représentoit souvent qu'il ne demeuroit pas dans les termes d'icelui, en ce qu'il avoit promis des prêtres subsidiaires aux évêques pour leur obéir, catéchiser et instruire les âmes qui leur étoient commises, et que maintenant il ne satisfaisoit pas à ce premier dessein, mais prenoit des maisons pour y établir des compagnies religieuses, comme il y en avoit beaucoup d'autres, qui étoient, à la vérité, agréables à Dieu par leurs prières, mais qui ne mettoient pas la main à l'œuvre et ne secouroient pas les âmes selon l'espérance qu'il en avoit

gouvernement est bonne, il seroit à propos qu'elle fût faite par Calori [Richelieu] pour en obliger Hébertin [Monsieur]. Celui de Champagne vaque et n'a ni citadelle, ni rivière qui la couvre, et est proche et est limitrophe à Lorraine qui est foible, et encore elle est bornée de Verdun et de Metz. » Le 18 mai, il écrit : « Les propositions que je vous ai mandées du gouvernement, c'est pour vous seul; ce n'est que par avance et prévoyance; ce n'est nullement chose traitée, ce n'est que pour exposer tout à Calori [Richelieu] et le laisser juger s'il s'en peut servir et prévaloir comme de moyen pour obliger Hébertin [Monsieur]. » Voyez l'appendice au chapitre intitulé « Monsieur » (Aff. étr., France 788, fol. 180).

donnée. Le Cardinal lui représentoit encore que la prudence humaine eût requis qu'il se fût contenté de quelque nombre de maisons aux grandes et meilleures villes du royaume, en attendant que son ordre fût fortifié d'hommes savants et spirituels, après quoi il eût pu l'étendre, au lieu qu'il en prenoit si grande abondance qu'il n'en pouvoit fournir aucune : ce qui étoit capable de donner du dégoût de son ordre. Il improuvoit aussi les colléges qu'il prenoit dans les villes et lui représentoit qu'il eût bien mieux valu qu'il se fût étudié à faire instruire les pauvres âmes champêtres, selon son institut, que la jeunesse, de l'éducation de laquelle les jésuites prenoient un soin particulier.

La seconde raison étoit que le Cardinal ne le favorisoit pas en tout ce qu'il désiroit contre les jésuites, ains, au contraire, qu'en ce qu'il estimoit n'être pas raisonnable, il s'y opposoit formellement, mais par voies douces, comme il parut au prieuré de Sainte-Catherine[1], qu'il voulut avoir, et en plusieurs autres occasions, dont il le détourna par lui-même.

La troisième consistoit en ce que le Cardinal estimoit qu'au gouvernement de l'État la prudence, aux règles de laquelle Dieu nous fait connoître par ses saintes lettres qu'il veut qu'on s'astreigne, en devoit être la conduite et non des mouvements intérieurs,

1. Le prieuré de Sainte-Catherine-du-Val, à Paris, fondé par des Augustins en 1229, était, en 1628, possédé par Raphaël de Boulogne, alors évêque *in partibus* de Mégare ; en février 1628, Louis de Boulogne, évêque de Digne, étant mort, son neveu Raphaël de Boulogne, prieur de Sainte-Catherine, lui succéda ; Bérulle dut à ce moment solliciter ce prieuré qu'il supposait que le nouvel évêque de Digne ne retiendrait pas.

dont le même Dieu, par ses mêmes lettres, nous apprend à nous méfier beaucoup, en ce qu'il ne s'est point obligé à parler certainement aux hommes par telles voies.

Ces considérations faisoient volontiers croire au cardinal de Bérulle que Dieu n'approuvoit pas la conduite du Cardinal; en considération de quoi il l'improuvoit plus hardiment. Il travailloit toujours puissamment à donner appréhension à la Reine que le Roi passât en Italie.

Le garde des sceaux, qui étoit demeuré à Valence à cause de ses incommodités, écrivoit souvent qu'il falloit bien s'en garder; il manda même plusieurs fois que, si le Roi revenoit, il étoit assuré que la ville de Privas se vouloit rendre; et ce fut quasi la seule qui se défendit.

M. le cardinal de Bérulle et lui convenoient en ce point qu'il falloit tout quitter pour attaquer les huguenots du Languedoc; mais ils ne convenoient pas aux moyens : car le premier écrivit plusieurs fois au Cardinal que, après avoir bien pensé et repensé en cette affaire, il estimoit que les ennuis que le Roi prenoit, quand il étoit attaché à une longue besogne, obligeoient à chercher un expédient qui n'attachât point sa personne à la guerre des huguenots.

Pour cet effet il croyoit qu'il falloit composer trois armées et les commettre à trois personnes fidèles et assurées, sans avoir égard à la qualité, et avec icelles attaquer les trois principales villes du Languedoc par blocus ou par force, savoir : Nîmes, Castres et Montauban, mais, à son avis, plutôt par blocus qu'autrement; que ceux qu'il estimoit propres pour le commandement de ces armées, étoient le sieur de Valençay, qui commandoit dans Calais, le sieur de Marillac, qui étoit lors simple gentilhomme, et le sieur de Fossez[1]. Au contraire, M. le garde des sceaux estimoit qu'il falloit que la personne du Roi y allât.

Il croyoit ensuite que les Cévennes, qui seules se défendirent, se rendroient à la seule ombre de la présence du Roi.

Le courage du Roi, suivi des avis de son Conseil, le portèrent d'aller en personne mettre à la raison ceux qui vouloient partager son autorité avec lui et les attaquer chaudement de vive force, faisant ce jugement que les premiers se défendroient bien et qu'ensuite peut-être, deux ou trois villes étant prises par force, les autres, appréhendant la rigueur de ses armes, se rangeroient à leur devoir.

On attaque Privas et ensuite la ville d'Alais; étant toutes deux prises[2], la paix se fit avec M. de Rohan, sans que ces Messieurs, qui n'y étoient pas, contribuassent beaucoup à un si grand œuvre.

La paix étant conclue[3], le garde des sceaux vint trouver le Roi à Alais.

Or, d'autant que M. de Rohan n'étoit pas maître de toutes les villes huguenotes du royaume, il ne put faire autre chose que laisser la liberté à celles qui voudroient entrer dans son traité de le faire. Il étoit incertain si Uzès, Nîmes, Millau, Castres, Montauban

---

1. Comparez le texte de ce paragraphe avec celui donné à l'appendice, chapitre intitulé « Monsieur » (Aff. étr., France 788, fol. 180).

2. Privas fut pris le 27 mai et Alais le 16 juin 1629.

3. Paix d'Alais, le 28 juin 1629.

et tout le reste des villes huguenotes voudroient jouir du bénéfice de la paix, ou non.

Il fut question de savoir si le Roi iroit en personne pour faire rendre ou attaquer toutes ces places, ou non.

Il y avoit à considérer le grand temps que pouvoit requérir cet ouvrage, la peste, qui commençoit à être très grande en tous ces quartiers-là, et le désir que le Roi avoit de s'en retourner à Paris.

M. le cardinal de Bérulle persistoit toujours par lettres en l'élection de ces trois sujets particuliers, dont il avoit parlé pour leur commettre trois armées.

M. le garde des sceaux estimoit qu'il falloit vaincre l'ennui du Roi et que Dieu le préserveroit de la peste pour une si bonne cause, et le Cardinal estima qu'aucune de ces propositions ne devoit être tentée : la première, du cardinal de Bérulle, comme étant ridicule en soi-même, pour des raisons si aisées à concevoir qu'il n'y a pas lieu de les écrire, la nature de la France, qui a des princes, des officiers de la couronne et autres grands, ne pouvant souffrir que trois particuliers aient trois emplois de cette nature, où ils eussent été aussi mal obéis qu'ils eussent su mal commander, non tant par manque de capacité que d'autorité; la seconde, du garde des sceaux, parce qu'il n'y avoit point d'apparence d'obliger le Roi à un si grand séjour dans l'ennui qu'il avoit, les chaleurs et la peste, joint qu'on prévoyoit bien que l'ouvrage qu'il avoit commencé par sa personne pouvoit être achevé par sa seule ombre.

Ce qui donna lieu au Cardinal de s'offrir à aller partout avec les armes du Roi, pour, de gré ou de force, leur faire rendre l'obéissance.

Ce conseil fut suivi; le Roi s'en alla à Paris et le

Cardinal demeura avec ses armes pour faire rendre Castres, Millau, Montauban et autres petites villes qui demeuroient dans la rébellion.

Et le garde des sceaux, s'en allant avec le Roi, témoigna au Cardinal qu'il seroit bon qu'il écrivît au cardinal de Bérulle, qui l'avoit si particulièrement instruit de ses pensées, qu'il n'avoit rien à lui dire qu'à le prier d'avoir toute créance en lui aux occasions qui se présenteroient dans les affaires.

Il estimoit cette lettre nécessaire, parce, disoit-il, que, bien que M. de Bérulle fût un excellent esprit, il étoit nouveau dans les affaires et n'entendoit pas si bien ce qui étoit de l'État qu'il n'eût besoin d'être conduit, mais que, d'autre part, il étoit si ferme en ses opinions et en son sens qu'il n'auroit jamais moyen de l'en faire démordre, si ce n'étoit par la déférence qu'il rendroit à ce qu'il penseroit être autorisé du Cardinal, et que, partant, il étoit du tout nécessaire que l'expérience que ledit sieur garde des sceaux avoit aux affaires eût cet arc-boutant.

Le Cardinal ne lui donna pas cette lettre, parce que plusieurs fois le cardinal de Bérulle lui avoit témoigné estimer aussi peu le garde des sceaux pour affaires comme il en faisoit cas pour sa probité et son ingénuité.

Le cardinal de Bérulle ne sut pas plus tôt la résolution que le Cardinal avoit prise de demeurer en Languedoc qu'il lui écrivit qu'il lui conseilloit de s'en venir à Paris, où il jugeoit sa présence nécessaire pour les mauvais offices qu'il reconnoissoit qu'on lui rendoit en l'esprit de la Reine.

Le Cardinal, qui en étoit bien averti d'ailleurs, lui manda qu'il jugeoit l'affaire en laquelle il étoit embarqué si importante au bien de l'État qu'il aimoit mieux se hasarder en toutes façons que d'abandonner cet ouvrage imparfait; partant, il étoit résolu de ne considérer ni la saison, ni la peste, ni les mauvais offices qu'on lui pourroit rendre, dont il croyoit que Dieu, sa passion au service de la Reine et la bonté de S. M. le garantiroient, et qu'il ne s'en retourneroit point que la dernière des villes rebelles à Dieu et au Roi n'eût accepté la paix de gré ou de force. Et de fait, quoique ledit Cardinal tombât malade huit jours après, il persévéra en cette résolution et vint à bout de son dessein par la bénédiction de Dieu et le bonheur du Roi.

Cela fait, il s'en retourna à la cour, où il reçut l'effet des mauvais offices que ledit sieur cardinal de Bérulle l'avoit averti qu'on lui rendoit.

Lui et le garde des sceaux virent avec déplaisir l'orage qui tomba sur ledit sieur Cardinal, mais avec si peu d'émotion que beaucoup d'esprits jugèrent qu'ils estimoient que Dieu peut-être voudroit permettre quelque changement en cette occasion pour élever des personnes si bien intentionnées au gouvernement de l'État.

Diverses autres circonstances firent faire ce jugement à divers esprits.

Quelques jours après, comme il fut question de jurer la paix entre la France et l'Angleterre, le cardinal de Bérulle, qui avoit toujours eu une aversion particulière de l'intelligence de ces deux États, ne voulut jamais s'y trouver, quelque instance qu'on lui en pût faire[1].

1. La paix avec l'Angleterre fut « jurée » à Fontainebleau, le 16 septembre 1629.

Au même temps, étant au Conseil du Roi, se présentant occasion de parler de l'alliance de Hollande, après que le Cardinal eut proposé au Roi de commander à tous ceux qui avoient l'honneur d'être de son Conseil de bien penser en cette affaire pour lui rapporter au premier jour ce qu'ils estimeroient sur ce sujet, que même il l'eut supplié de donner la commission au cardinal de la Rochefoucauld de consulter en Sorbonne si S. M. pouvoit faire licitement une telle alliance, le jour étant venu où chacun devoit proposer son avis, ledit cardinal de Bérulle, voyant que l'avis de M. de Schönberg étoit que le Roi devoit faire cette alliance et qu'ensuite le garde des sceaux avoit opiné qu'il le pouvoit en conscience et témoigné qu'il s'en étoit enquis soigneusement du sieur Duval, docteur célèbre en théologie, jamais ledit sieur cardinal de Bérulle ne voulut dire autre chose sinon qu'il n'étoit pas assez bon théologien pour décider cette question, témoignant clairement qu'il eût estimé l'être assez pour porter le Roi à n'y entendre pas, mais non pas pour suivre l'opinion de ces Messieurs, qui judicieusement opinoient contre son sens.

Il est vrai qu'il étoit difficile de l'en faire démordre en toutes choses; il avoit été d'avis du mariage d'Angleterre et avoit été même à Rome en poursuivre la dispense; jamais il n'y eut moyen de lui persuader qu'il falloit que la reine vécût bien avec son mari, ains, au contraire, il estimoit qu'il étoit utile pour la gloire de Dieu qu'elle eût aversion de lui, et travailloit toujours à cette fin.

Il avoit une aversion si grande contre les jésuites qu'il estimoit que faire contre eux étoit suivre particulièrement les volontés de Dieu plus intimes, secrètes et cachées au commun des hommes. Ses pensées mêmes sur ce sujet alloient jusques à ce point qu'il croyoit que cette société n'étoit non seulement pas utile, mais qu'elle n'étoit pas supportable, et qu'enfin peut-être Dieu permettroit-il qu'on y mît ordre, comme on avoit autrefois fait en cet État.

Son aversion alloit jusques-là que, l'évêque de Bazas[1] ayant été choisi pour aller en Angleterre servir la reine en qualité de grand aumônier, il n'y eut sorte d'opposition qu'il ne fît contre lui pour l'empêcher d'avoir cet emploi, sans y chercher d'autre raison sinon qu'il étoit passionné pour les jésuites et partant [qu']il n'étoit pas expédient qu'il eût cet emploi, ce qu'il fit savoir non seulement une fois, mais plusieurs[2].

Cette bonne âme ne se portoit pas à ces extrémités par animosité aucune; il n'en avoit contre personne, mais bien se rendoit-il si ferme en ses pensées parce qu'il croyoit qu'elles étoient conformes à la volonté de Dieu.

Son erreur n'étoit pas vice de volonté, mais d'entendement, qui croyoit volontiers voir dans les secrets de la Providence divine ce qu'il ne voyoit pas.

Il étoit si attaché à ce genre de connoissance que, quand même il fut à la mort, on ne pouvoit le persuader qu'il fût réduit à cette extrémité, parce qu'il croyoit avoir eu connoissance, par voie surnaturelle,

1. Jean Jaubert, évêque de Bazas de 1610 à 1630.
2. Voyez la lettre de Bérulle à Richelieu, du 27 juin (Aff. étr., France 788, fol. 153, 154), et, à l'appendice, le chapitre « Francigène » (Ibid., fol. 179).

que Dieu l'avoit destiné pour faire de grandes choses en ce monde, ce qu'il avoit témoigné plusieurs fois à plusieurs de ses amis.

Voilà ce qui s'est passé en la vie du cardinal de Bérulle concernant le Cardinal.

Pour retourner où nous en étions demeurés du refroidissement de la Reine mère avec le Cardinal, nous pouvons dire que le Roi[1] connut en cette occasion, plus que jamais, quelle étoit sa fidélité; car il se servit de ce temps auquel l'indignation de la Reine l'empêchoit d'être suspect pour lui dire tout ce qu'il put à son avantage, lui représentant la passion qu'elle avoit pour lui et la bénédiction qu'il recevroit de la continuation du respect qu'il lui rendoit.

Cette brouillerie de cour ayant pris fin, il représenta au Roi qu'il avoit une affaire grandement importante et pressante, qui étoit l'éloignement de Monsieur, son frère[2]; qu'il ne falloit point laisser vieillir ce mal da-

1. Les rédacteurs des *Mémoires* ont à nouveau utilisé ici et jusqu'à la p. 114 (au paragraphe commençant par « Mais Monsieur ne répondit pas de sa part à tous ces témoignages d'amitié de S. M. ») l' « Histoire à commencer du 14ᵉ septembre... » (Aff. étr., France 794, fol. 162 v°). Nous rappelons que cette « Histoire » a été rédigée par Richelieu qui y parle à la première personne.

2. La source portait en outre (France 794, fol. 163) : « et l'affaire d'Italie ». Un signe de renvoi était ici tracé dont on trouve la répétition en tête du feuillet suivant, le feuillet 164 ; le mot « Hébertin » qui, en langage convenu, désignait Monsieur, frère du Roi, y a été barré ; en haut et à gauche, Charpentier a écrit « Employé » ; puis vient la suite du texte de l' « Histoire à commencer du 14ᵉ septembre... », dont le début diffère légèrement du texte des *Mémoires;* le voici : « Je représentai sur le sujet de l'éloignement de Monsieur, qu'il ne falloit point

vantage; que beaucoup de maux de cette nature, aisés à guérir au commencement, s'y rendoient[1] incurables à la fin; que, puisque S. M. n'avoit pas jugé à propos pendant son absence, bien qu'il[2] eût pris la hardiesse de lui proposer par ses lettres, d'y envoyer quelque personne de qualité, il estimoit qu'il devoit presser M. de Bellegarde, qui étoit arrêté en une ville de Champagne sur ce qu'il avoit su que Monsieur étoit sorti du royaume et s'étoit retiré en Lorraine, de se rendre auprès de lui et l'assurer de la bonne volonté de S. M., afin que, par son retour, on pût juger où pourroit aboutir cette affaire et les remèdes qu'il y faudroit apporter.

S. M. craignoit, au commencement, que, s'il faisoit ce commandement audit duc de Bellegarde, Monsieur, pensant qu'on le recherchât, s'affermît davantage en son dessein; mais enfin elle jugea que c'étoit aux plus forts à aider les foibles et que, si ceux qui ont l'autorité et la puissance vouloient toutes sortes d'avantages de leur côté, ils désespéreroient souvent ceux qu'ils ramènent à leur devoir en condescendant à leur infirmité[3], et manda audit duc de Bellegarde qu'il poursuivît et hâtât son voyage auprès de Monsieur.

laisser vieillir davantage, que beaucoup de maux de cette nature... »

1. La leçon du manuscrit B (fol. 171 v°) est : « se rendoient »; nous donnons celle du document ayant servi de source (France 794, fol. 164).

2. La source porte : « bien que j'eusse pris... »

3. La fin de la phrase est ainsi rédigée dans la source (fol. 164) : « Incontinent, S. M. dépêcha à M. de Bellegarde qui hâta son voyage auprès de Monsieur ».

Il ne fut pas plus tôt arrivé qu'il ne dépêchât vers le Roi pour lui donner avis qu'il avoit trouvé, à son arrivée, l'esprit de Monsieur fort alarmé, sur ce que S. M.[1] avoit mandé au gouverneur de Saint-Dizier qu'il le vînt trouver pour lui rendre compte de l'état auquel étoit sa place; que Monsieur estimoit qu'on le voulût chasser pour l'amour de lui, ce qui le mettoit au désespoir; qu'il supplioit le Roi de laisser pour lors le gouverneur en sa place et qu'il se promettoit lui apporter tant de soumissions de la part de Monsieur qu'il en auroit contentement.

Le Roi se résolut, non sans peine, à suivre l'avis et la prière du duc de Bellegarde en cette occasion, écrivant, pour cet effet, au gouverneur qu'il différât de le venir trouver jusques à ce qu'il en reçût autre commandement.

Cependant, en ce même temps, le Roi eut avis et de Lyon et de Savoie et des habitants de Saint-Dizier, de l'infidélité de ce gouverneur[2], dont le fils, homme scé-

1. Avec ces mots commence le trente-huitième cahier du manuscrit A, fol. 34 (p. 721 de l'ancienne pagination); le sommaire de ce cahier, écrit par Charpentier, est au feuillet 33, précédé de ces mots de Charpentier : « 1629. Cahier de Monsieur 6e. »

2. En 1598, le gouvernement de Saint-Dizier avait été donné par Henri IV au prince de Joinville, qui choisit, pour commander en son absence, Louis de Besme, sieur de Saint-Marc-sur-le-Mont, fils de l'assassin de l'amiral de Coligny. Le sieur de Besme, créature des Guise, avait épousé une fille naturelle du cardinal de Lorraine. Objet de nombreuses plaintes des habitants de Saint-Dizier, il s'était disculpé en rejetant sur son fils les accusations portées contre lui; aussi, en avril 1628, le Roi avait-il confirmé le père dans son gouvernement, mais défendu au fils d'entrer dans la ville ou dans le château; en octobre

lérat et recherché de la justice pour plusieurs crimes qu'il avoit commis, s'étoit engagé au duc de Savoie et aux officiers du roi d'Espagne de prendre parti contre le Roi. Il y avoit plus de deux ans que la malice du fils étoit connue et la fidélité du père sourdement soupçonnée pour avoir intelligence avec M. de Lorraine, peu affectionné au service du Roi. On avoit proposé d'y donner ordre devant le siége de la Rochelle. Le Roi y avoit été résolu; mais le duc de Guise, de la maison duquel il étoit créature, en avoit si absolument répondu au Roi qu'il se laissa aller à le conserver en sa charge.

Quelques jours après, le duc de Bellegarde se rendit de retour auprès du Roi et rapporta à S. M. que Monsieur l'honoroit et le respectoit, comme il y étoit obligé; qu'il n'avoit fait jusques à son départ aucun traité avec les étrangers, et lui avoit donné parole de n'y entendre point jusques à son retour; qu'il falloit peu pour le rappeler auprès de S. M., puisqu'il n'étoit question que de sûreté pour lui et pour les siens et de lui donner plus de commodités pour vivre qu'il n'avoit eu jusques alors.

Le Roi lui répondit que la plus grande sûreté que pût avoir son frère, pour lui et pour les siens, consistoit en sa bonne volonté et en sa parole; qu'il le traiteroit toute sa vie comme s'il étoit son fils et aimeroit et protégeroit les siens, quand ils le serviroient, ainsi

---

1629, Monsieur intervenait auprès des habitants de Saint-Dizier en faveur de leur gouverneur. Plus tard, en février 1631, Besme était arrêté par ordre du Roi et incarcéré à la Bastille, où il mourut, et, en mars 1631, Jacques du Hamel, seigneur de Saint-Rémy, était nommé gouverneur à sa place.

qu'ils le pouvoient désirer ; qu'il y avoit deux choses dont il ne falloit point lui parler, savoir : de gouvernement et d'augmentation d'apanage ; mais que, quand Monsieur seroit auprès de lui, assurément l'argent ne lui manqueroit pas ; qu'il n'avoit pas occasion de s'en plaindre, vu qu'il jouissoit de près d'un million de livres, sans les dons extraordinaires que, tous les ans, il avoit reçus de ses libéralités.

Le duc de Bellegarde n'osa pas insister davantage. Il parla conformément à la Reine ; mais, le lendemain, il passa bien outre en voyant le Cardinal. Il lui dit ouvertement que les prétentions de Monsieur étoient une augmentation d'apanage et un gouvernement frontière et, entre autres, la Champagne ou la Bourgogne ; que ceux qui étoient auprès de lui ne reviendroient jamais sans quelque place de sûreté ; que, l'ayant offensé[1], comme ils savoient, en leur conscience, l'avoir fait, ils l'appréhendoient extrêmement ; qu'on donnoit trois conseils à Monsieur : ou de s'accommoder sincèrement avec le Roi et revenir à la cour pour y bien faire, lui et les siens, ce qui ne pouvoit être si on ne lui donnoit un gouvernement tel qu'il le désiroit ; ou de feindre, au cas qu'on l'en refusât, d'être content, laisser les siens en Lorraine et revenir à la cour pour y agir contre les sentiments du Roi et particulièrement contre le Cardinal ; ou de se jeter entre les bras de l'Empereur et du roi d'Espagne et faire la guerre.

Après avoir longtemps écouté le duc de Bellegarde sans témoigner son sentiment, il[2] le supplia de lui dire, comme vrai serviteur du Roi et son ami, quel

1. C'est-à-dire : que, ayant offensé le Cardinal...
2. Le Cardinal.

étoit son avis en cette occasion si importante. Il balança longtemps. Enfin il lui dit qu'il savoit bien que jamais frère du Roi n'avoit eu en main aucune pièce si importante que celle dont il étoit question ; cependant, qu'il ne feroit aucune difficulté de bailler à Monsieur ou la Champagne ou la Bourgogne, particulièrement la Bourgogne, dont il étoit gouverneur, parce que, demeurant son lieutenant, il étoit si assuré au Roi qu'il ne consentiroit jamais à aucune chose qui fût contre son service.

Après l'avoir écouté, il[1] lui dit, en peu de mots, qu'il étoit serviteur de Monsieur, comme il y étoit obligé par sa naissance ; qu'il n'oublieroit rien de ce qui dépendroit du crédit qu'il plaisoit au Roi lui donner auprès de lui pour trouver moyen de le tirer du mauvais pas où l'on l'avoit jeté, mais qu'il falloit considérer en cette affaire le bien de l'État, l'humeur et la réputation du Roi et l'honneur de Monsieur tout ensemble ; que la première considération ne pouvoit souffrir qu'on pensât pour Monsieur à un gouvernement frontière ; que la seconde ne permettoit pas de le proposer au Roi[2], ni même augmentation d'apanage, en l'état auquel étoit Monsieur, S. M. ayant toujours dit constamment que pour rien du monde il ne consentiroit ni à l'un ni à l'autre, et que, s'il le faisoit, il sembleroit que Monsieur l'y eût forcé, ce dont la seule pensée lui étoit insupportable ; que si S. M. lui demandoit son avis, il lui diroit ingénument qu'elle ne pouvoit donner un gouvernement frontière sans

1. Richelieu.
2. Leçon de la source (France 794, fol. 166) : « que la seconde ne permettoit pas d'en proposer une autre au Roi ».

s'exposer à divers inconvénients, aussi préjudiciables à Monsieur qu'à l'État et à lui-même ; qu'il y en avoit d'autres dans le cœur du royaume qu'elle pouvoit donner, si bon lui sembloit, sans appréhender les conséquences des autres ; qu'il en étoit de même d'une augmentation d'apanage, mais qu'il ne prétendoit pas lui donner aucun conseil de peur de choquer ses sentiments[1].

Il ajouta que, pour les trois propositions qu'on faisoit à Monsieur, ce qu'il venoit de dire faisoit voir que la première étoit impossible, si son contentement dépendoit d'un gouvernement comme elle portoit ; que la seconde étoit imprudente, vu qu'il ne pouvoit faire état de choquer et contredire les sentiments et les intérêts du Roi, comme on lui proposoit, sans être travaillé de beaucoup d'appréhensions, quand même la bonté du Roi le porteroit à supporter telles procédures sans ressentiment ; que la troisième feroit du mal à l'État, mais causeroit assurément la perte de Monsieur, étant certain que, s'il étoit une fois entre les mains de la maison d'Autriche, il ne seroit plus maître ni de ses volontés ni de sa vie, dont ils useroient selon leurs intérêts.

Il lui dit ensuite qu'il n'estimoit pas qu'il fallût proposer à Monsieur de s'en venir sans prétexte et sujet honorable, mais qu'il se pourroit trouver des expédients qui contenteroient le Roi et Monsieur tout ensemble ; qu'il estimoit, pour cet effet, que le Roi pouvoit, sans blesser son autorité ni forcer ses sentiments, envoyer vers Monsieur quelque personne de qualité

1. La source porte en outre (fol. 166) : « ... et qu'on me rendît responsable des événements ».

pour l'assurer de son affection pour lui et pour les siens, et le convier publiquement à revenir auprès de lui ; que celui qui auroit cette commission donneroit aux siens toute l'assurance qu'ils pourroient désirer de la bonne volonté du Roi et de la Reine, qui ne craindroit pas, par lettre, de répondre à Monsieur que tant s'en faut qu'ils dussent craindre quelque mauvais traitement qu'elle l'assuroit qu'ils le recevroient très favorable; qu'en particulier, M. de Bellegarde leur feroit savoir que le Roi les gratifieroit au-delà de ce qu'ils avoient désiré, devant que s'en aller, pour leurs intérêts particuliers, S. M. ne craignant point de leur ouvrir sa bourse[1], puisqu'elle étoit résolue de leur ouvrir son cœur et les vouloit aimer, sans désirer d'eux autre chose, sinon que, en servant Monsieur, ils servissent l'État et le Roi tout ensemble; que, puisque Monsieur avoit prétendu un gouvernement et augmentation d'apanage, il falloit trouver l'invention de lui donner l'apparence et l'effet de ses pensées, sans que le Roi, qui s'étoit affermi à ne faire ni l'un ni l'autre, contrevînt à sa résolution[2]; qu'il sembloit impossible d'imaginer seulement un tel expédient, mais qu'il croyoit qu'il étoit aisé de le trouver, en ce que S. M. pouvoit, sans blesser son autorité, augmenter à Monsieur sa pension, au lieu de l'augmentation qu'il prétendoit de son apanage, et lui donner le gouvernement

---

1. La source porte (France 794, fol. 167) : « ... sa bouche », ce qui n'a aucun sens ; la correction a été faite sur le manuscrit A, fol. 37 v°.

2. Leçon de la source, qui rendait la phrase incompréhensible : « contrevenant à sa résolution » ; cette erreur a été corrigée sur le manuscrit B, fol. 174 v°.

d'Orléans et de Blaisois, possédé par le comte de Saint-Paul[1], charge qui étoit en effet considérable pour Monsieur, vu que son étendue étoit dans son apanage, et qui, pour la même raison, ne le seroit et ne le devoit pas être dans l'esprit du Roi, S. M. connoissant bien que Monsieur, ayant l'honneur d'être son frère, auroit toujours, par sa naissance, autant de pouvoir dans son apanage comme s'il en étoit gouverneur : ce qui faisoit qu'en lui en donnant le titre on pouvoit dire qu'on ne lui donnoit aucun nouveau pouvoir.

Le duc de Bellegarde goûta fort cette ouverture, mais il lui dit franchement que, au lieu du gouvernement d'Orléans, il faudroit donner celui d'Anjou que possédoit la Reine, qu'aussi bien étoit-il indigne d'elle et que, si la Reine s'en dépouilloit pour Monsieur, il s'en sentiroit fort obligé.

Le Cardinal lui proposa que la Reine ne feroit aucune difficulté de quitter l'Anjou, mais qu'elle ne pouvoit faire cette proposition au Roi sans lui donner une extrême jalousie; qu'il savoit bien lui-même que, pour avoir dit un seul mot de la pension que Monsieur devoit avoir, lorsqu'il fut marié à Nantes[2], S. M. eut ce malheur que d'en être grandement brouillée avec le Roi, qui s'ouvrit à lui-même de la jalousie qu'il en conçut; que, pour lui, il n'oseroit ouvrir la bouche d'une telle affaire pour la même raison; qu'il y avoit deux choses où le Roi et la Reine étoient également affermis l'un pour l'amour de l'autre, savoir est le re-

---

1. François d'Orléans-Longueville, comte de Saint-Paul, était gouverneur d'Orléans, de Blois et de Tours : il l'était de la Picardie depuis 1595; il mourut en 1631.

2. Le mariage fut célébré le 6 août 1626.

fus d'un gouvernement et ne consentir jamais le mariage de la princesse Marie; que la résolution de ne donner aucun gouvernement venoit du Roi, mais que la Reine y étoit affermie comme lui, par la condescendance qu'elle avoit à toutes les volontés de S. M. et parce que celle qu'il avoit en cette occasion avoit un injuste fondement, tant pour l'État que pour le bien même de Monsieur; que l'aversion du mariage de la princesse Marie tiroit son origine de la Reine, mais que le Roi étoit aussi peu capable de le consentir qu'elle, par l'union qui étoit entre eux et par la connoissance qu'il avoit que ses sentiments étoient raisonnables; qu'en cette considération il ne falloit point espérer qu'il[1] parlât ni de l'un ni de l'autre, principalement ayant eu depuis peu brouillerie sur l'un de ces sujets.

Le duc de Bellegarde connut bien que le Cardinal lui parloit sincèrement et sortit, pour lors, si content de lui que, allant voir le marquis d'Effiat, qu'il croyoit lui[2] être affectionné, il lui témoigna qu'il vouloit véritablement l'aimer[3] et que, pour preuve de son affection en son endroit, Dieu lui étoit à témoin qu'il n'avoit rien oublié de ce qu'il avoit pu pour rompre deux desseins qu'on avoit proposés à Monsieur, l'un de le faire tuer par deux personnes qui s'y étoient offertes, l'autre de le tuer de sa propre main, venant à la cour, et qu'il continueroit toujours à se gouverner de la sorte.

Après tout ce que dessus, on estima qu'il falloit

1. Le Cardinal.
2. Au Cardinal.
3. Aimer Richelieu.

commencer à tâcher de ramener l'esprit de ce prince, et, par conséquent, que le Roi y devoit envoyer une personne de qualité, vu principalement que Monsieur avoit envoyé M. de Bellegarde vers S. M. Le maréchal de Marillac fut destiné à cet effet et eut charge de donner toute assurance à Monsieur de la bienveillance du Roi et particulièrement de lui lever l'ombrage qu'on disoit qu'il avoit de ce que S. M. levoit une armée en Champagne, lui en faisant connoître le sujet, qui n'étoit autre que la guerre d'Italie et les grands préparatifs de vivres et de toutes sortes de munitions que le Wallenstein, général des armes de l'Empereur, faisoit faire en Alsace, en des lieux non trop éloignés de Metz[1].

La Reine particulièrement lui manda[2] qu'elle l'assuroit que la volonté du Roi étoit si bonne et si entière pour lui qu'il n'avoit rien à craindre, mais bien à en espérer tous bons traitements, et non seulement pour lui, mais pour les siens ; qu'il en pouvoit prendre toute assurance sur ce qu'elle lui écrivoit, qui étoit chose très véritable, et qu'elle se promettoit aussi qu'il lui rendroit en toute occasion des effets de son obéissance et à elle de son bon naturel ; qu'elle l'en

1. Avec ce paragraphe prend fin l'emprunt à l' « Histoire à commencer du 14ᵉ septembre.., », fol. 168 vº.
2. Le manuscrit A, fol. 40, donne ici deux lettres, l'une du Roi et l'autre de la Reine mère à Gaston d'Orléans ; ce passage du manuscrit A ne faisait pas partie de la toute première rédaction de ce manuscrit ; il a été ajouté sur une feuille séparée, qui est aujourd'hui le feuillet 40. Une partie de la lettre de la Reine a été utilisée pour la rédaction de ce paragraphe (corrections de Sancy sur le manuscrit A).

conjuroit pour l'amour d'elle, qui ne pourroit vivre si elle voyoit de la division entre deux personnes qui lui étoient si chères, comme le Roi et lui.

Le Roi[1] n'eut pas plus tôt envoyé ledit maréchal de Marillac vers Monsieur que, sur ce qu'elle apprit que les Impériaux et les Espagnols avoient pris Pousonne et Nice-de-la-Paille et alloient droit à Pondesture[1], il dépêcha vers lui pour lui commander d'en avertir Monsieur, lui faire savoir que ces nouvelles l'obligeoient à fortifier les armées qu'il avoit destinées pour l'Italie et les faire avancer en toute diligence, et ensuite lui offrir le commandement des armes de S. M., lui représentant qu'il faisoit voir clairement par cette action et la confiance qu'il prenoit en lui et la sincérité avec laquelle il désiroit son contentement, puisqu'il lui donnoit un emploi qu'il avoit toujours grandement désiré. Par la même dépêche le maréchal de Marillac eut ordre de l'assurer que les siens trouveroient auprès du Roi toute sorte de sûreté et de bon traitement.

Mais Monsieur ne correspondit pas de sa part à tous ces témoignages d'amitié de S. M. Marillac, qui arriva près de lui le 4ᵉ novembre, manda qu'à son arrivée, Monsieur lui parlant de son éloignement du royaume, il ne l'avoit fondé sur aucun prétexte de mécontentement ni de prétentions qu'il eût de plus de biens ou de charges en France, mais sur la seule appréhension

---

1. Ce paragraphe est emprunté à l' « Histoire à commencer du 14ᵉ septembre... », qu'il termine (France 794, fol. 168 v°, 169).

2. Aujourd'hui : Ponzone, Nizza-Monferrato et Ponte-di-Stura.

qu'il avoit de n'être pas en France en sûreté de sa personne; qu'il craignoit qu'on le voulût arrêter et qu'il en avoit des avis[1];

Qu'il protestoit ne demander rien au Roi, par dessus ce qu'il avoit, que l'honneur de son amitié et la sûreté de sa personne dans le royaume, et que, moyennant cela, il étoit prêt d'y retourner, et non autrement;

Qu'en toutes façons, comme il ne croyoit pas être nécessaire au service de S. M. qu'il retournât maintenant dans la cour, il la supplioit aussi trouver bon que ce ne fût point si tôt;

[Que] bien s'offroit-il de retourner dans le royaume pour lever au Roi tout ombrage et à tout le monde tout sujet de mal penser de ses intentions, mais à condition que S. M. lui donneroit auparavant une déclaration authentique qui portât oubli du passé, parole royale et assurance que lui et les siens seroient bien traités à l'avenir et n'auroient rien à craindre, et qui lui per-

---

1. Un paragraphe du manuscrit A est rayé ici (fol. 41 v°); on le retrouve plus loin au bas du feuillet 43 v° (p. 117, paragraphe commençant par : « Le maréchal eut bientôt levé à Monsieur cette crainte... »). Par contre, les feuillets 42 et 43 du manuscrit A ont été intercalés ici dans ce manuscrit, suivant cette indication de Sancy écrite par lui en tête du feuillet 42 : « Cahier 6ᵉ de M[onsieu]r, p[age] antep[enultieme], après *apparence* »; ce mot terminait, en effet, primitivement, de la manière suivante, le paragraphe à la suite duquel les feuillets 42 et 43 ont été intercalés : « ... qu'il en avoit des avis et qu'il y a apparence ». Le document ayant servi à la rédaction de ces feuillets intercalés est un mémoire de la main de Louis de Marillac (Aff. étr., France 794, fol. 257), qui a été corrigé par Richelieu lui-même et en tête duquel Sancy a écrit « Employé ».

mettroit de faire sa demeure en quelque lieu ouvert des frontières du royaume, sans place forte ni gouvernement, d'autant que, dans le cœur dudit royaume, où il n'avoit aucune retraite sûre, il se trouvoit en même péril de sa personne et les siens que dans la cour ;

Qu'il lui avoit dit qu'il ne pouvoit recevoir le compliment du Cardinal qu'après les susdites déclarations et assurances, et qu'il ne devoit prétendre aucune réponse de sa part, sinon qu'il donneroit foi aux effets, qu'il oublieroit le passé selon qu'ils l'y obligeroient, et, selon eux, prendroit confiance et amitié ;

Qu'il doutoit de l'amitié de la Reine sa mère depuis quelque temps ; qu'il ne se pouvoit rendre capable des raisons de l'armement de Champagne, présupposant que c'étoit pour le chasser plus avant ou pour l'obliger à armer et ainsi se rendre criminel et irréconciliable, ou pour faire mal à son hôte ;

Quant à l'offre des armées d'Italie, il y trouvoit à redire la précipitation et la difformité qu'il y auroit à le voir aller commander les armes du Roi, sans être auparavant réconcilié avec S. M., outre que l'on étoit sur le point de traiter une paix qui pourroit être conclue avant qu'il fût à mi-chemin ; que, néanmoins, il remercioit très humblement le Roi et seroit toujours prêt d'employer et donner sa vie pour son service, dans telles armées et occasions qu'il lui plairoit, toutes fois et quantes il seroit assuré de sa bonne grâce et de sa sûreté.

MM. le Coigneux et Puylaurens rendent grâces très humbles à LL. MM. et à Monsieur le Cardinal.

Ledit sieur de Marillac manda aussi que les sieurs

le Coigneux et Puylaurens protestoient n'avoir pu empêcher la sortie de Monsieur, ni le faire résoudre à retourner en France qu'aux conditions susdites; que la défiance augmentoit tous les jours dans son esprit, par les continuels avis qui lui venoient de Paris et de la cour en grande quantité et circonstances; promettoient d'y travailler de tout leur possible et d'autant plus qu'ils connoîtroient y avoir sûreté pour Monsieur, n'en demandant pour eux autre que celle-là; qu'ils ne demandoient et ne prétendoient rien pour leur particulier. Le Coigneux offroit de se retirer si le Roi le désiroit, mais avec sûreté et condition convenable; l'autre non, à cause de l'affection de son maître, de laquelle il se serviroit autant qu'il pourroit pour le sien propre, reconnoissant que la condition de leur maître n'étoit pas bonne en cet éloignement et moins encore la leur.

Le maréchal eut bientôt levé à Monsieur cette crainte, au moins montré par vives raisons qu'elle étoit sans fondement; mais il passa incontinent aux prétentions, lesquelles au commencement il avoit tues, et insista si vivement que ledit Marillac manda, du 2ᵉ décembre[1], qu'il ne le pouvoit faire contenter de ce qu'il lui offroit de la part du Roi; qu'ils lui don-

---

[1]. Cette lettre, datée de Nancy, est conservée en original aux Affaires étrangères (France 794, fol. 272-273). Elle a servi à la rédaction du présent paragraphe et des deux suivants. On y remarque, à la marge, des réflexions, de la main de Richelieu, dont quelques-unes ont été utilisées pour la rédaction des paragraphes qui suivent. Au dos de la lettre, Sancy a écrit : « M. de Marillac, de Nancy du 2 déc[embre] 1629. H. pour la feuille G. » Le mot « Employé » est également écrit. Voyez le texte de cette lettre dans Avenel, *Lettres*, t. III, p. 474-476.

noient des paroles générales pleines de civilité, mais qu'on les lui expliquoit par des paroles particulières pleines d'injustice ; que les conseillers de Monsieur lui disoient qu'il recevoit à grand honneur les offres que le Roi lui faisoit et à grand contentement, parce qu'elles lui témoignoient sa bonne volonté, mais que, comme ce bien-là lui étoit présenté du pur mouvement de sa bonté et affection en son endroit, puisqu'il n'avoit rien demandé par delà que sa sûreté et les bonnes grâces de S. M.[1], il vouloit espérer qu'elle pourroit bien arriver à un point plus favorable et qui rendît son retour plus honorable, et partant la supplioit de trouver bon qu'il attendît cela.

Mais quand ce venoit à particulariser ce qu'ils vouloient dire, il se trouvoit qu'on ne demandoit rien que les bonnes grâces du Roi, mais, néanmoins, que, S. M. offrant à Monsieur une place en dépôt pour sa sûreté, il ne s'en contentoit pas, mais en vouloit avoir quatre en propre. Car il disoit qu'il supplioit le Roi que, après avoir fait une déclaration en faveur de Monsieur et de ses serviteurs, dont on conviendroit ensemble, il eût agréable de lui donner pour demeure et retraite les quatre places d'Amboise, Tours, Saumur et Angers, et mettre en titre d'apanage, sur ces provinces-là, les cent mille livres qu'il lui offroit en pension, et lors il

1. En marge du manuscrit A, fol. 44, ces mots ont été rayés : « On n'a rien demandé que les bonnes grâces du Roi et maintenant on ne se veut pas contenter d'une place en dépôt, mais on en veut quatre en propre » ; cette phrase a été écrite par Richelieu en marge de la lettre même de Marillac (France 794. fol. 272 r°). Elle a servi à la rédaction de la première phrase du paragraphe suivant.

s'en retourneroit dans le royaume avec une pleine satisfaction et un cœur content, et résolu de ne s'en départir jamais.

Enfin il mandoit au Cardinal que ses conseillers assureroient de disposer Monsieur à se résoudre de se contenter de Tours et Amboise, avec l'assiette des cent mille livres d'apanage sur la Touraine et le Maine, et qu'ils tâchoient de lui faire beaucoup valoir le désistement de Monsieur de sa prétention du gouvernement d'une province frontière, et que ce à quoi il se restreignoit étoit fort raisonnable, et ne croyoient pas que le Roi le pût désagréer, mais qu'ils vouloient bien que le Cardinal sût que, s'il pouvoit obtenir pour Monsieur les quatre places sus-nommées, il s'acquerroit beaucoup sur lui.

Le Cardinal s'étonna de ce qu'il avoit osé lui mander et conseiller cela, lui répondant qu'il voudroit bien savoir si, en sa conscience, il lui donneroit conseil de faire cette proposition au Roi et de l'y porter[1].

Il reçut incontinent une autre dépêche dudit Marillac[2], par laquelle il le sollicitoit de lui envoyer un pouvoir absolu de passer cette affaire et qu'il s'assurât qu'il la ménageroit le mieux qu'il lui seroit possible, et quant et quant tâchoit encore à le persuader que les demandes de Monsieur étoient justes et

1. Ce paragraphe est tiré de cette réflexion du Cardinal écrite en marge de la lettre de Marillac (France 794, fol. 272 v°) : « Je voudrois bien savoir si M. de Marillac me donneroit conseil de faire cette proposition au Roi et l'y porter. »

2. Datée du 4 décembre. Elle est aux Affaires étrangères (France 794, fol. 274-275); au dos Sancy a écrit : « pour la feuille G »; cette lettre a servi à la rédaction de ce paragraphe.

de peu d'importance au Roi, d'autant, disoit-il, que le changement du titre de pension à celui d'apanage, pour les cent mille livres, et l'étendue jusque dans le Maine étoient de petites considérations pour l'intérêt du Roi; car il se passeroit bien du temps avant que le domaine nécessaire à faire ladite somme pût être racheté, et qu'ainsi elle se paieroit à l'épargne, comme une pension, et ne donneroit ni terres ni maisons; aussi que ladite province du Maine n'avoit ni place ni château et partant que ladite condition n'augmentoit, sur celle qu'on lui avoit fait apporter, que d'une place et gouvernement de Touraine.

Le Cardinal ayant parlé au Roi de cette affaire et S. M. s'étant résolue sur ce point à ce qu'elle pouvoit faire avec le maintien de son autorité et de sa réputation, il lui conseilla d'envoyer à Monsieur sa résolution par le duc de Bellegarde et Bouthillier, secrétaire d'État; l'un agréable, pour être un des principaux serviteurs de Monsieur, et l'autre qui le devoit être, en ce qu'il portoit témoignage de l'affection que le Roi avoit à cet accommodement, étant en une charge et en une confiance telle avec le Roi et le Cardinal qu'ils ne l'éloigneroient pas de la cour pour un tel voyage, si le sujet n'en étoit très important et s'ils ne l'avoient très à cœur.

Ils partirent de Paris le 12ᵉ décembre et arrivèrent à Nancy le 18ᵉ[1].

A leur arrivée, ils exposèrent les offres avantageuses que le Roi faisoit à Monsieur, savoir est le gouverne-

1. Ils étaient porteurs d'instructions dont l'original est aux Affaires étrangères (France 794, fol. 280, 281); le texte en a été publié par Avenel, *Lettres*, t. III, fol. 482-485.

ment d'Amboise, au lieu du simple dépôt d'une place que le Roi lui avoit fait offrir par le maréchal de Marillac; 100,000 livres de rente sur les recettes générales de Tours ou d'Orléans ou sur les droits qui se devoient lever en ces deux généralités, au lieu de 100,000 livres sur l'épargne et 100,000 écus d'argent, savoir est 200,000 livres dans quelques mois, selon la commodité des affaires du Roi et de celles de Monsieur, et 100,000 livres dont la Reine mère seroit caution, pour les faire payer après que Monsieur se seroit rendu auprès de S. M. Ils ajoutèrent encore que, pour comble de l'honneur que le Roi vouloit être rendu à Monsieur, S. M. avoit eu agréable que la Reine sa mère allât au devant de lui jusques à Monceaux, pour le recevoir en sa maison et confirmer les assurances d'une affection mutuelle[1].

Ils dirent aussi aux conseillers de Monsieur que, pour ce qui les regardoit, le Roi témoignoit tant de bonne volonté à Puylaurens qu'il l'agréoit pour le gouvernement de [la ville et château d'Amboise][2], et au Coigneux, qu'il lui accordoit l'abbaye de Cor-

1. Ce paragraphe diffère sensiblement, quant au fond, des propositions que Bellegarde et Bouthillier étaient chargés, par leur instruction du 11 décembre, de faire au duc d'Orléans (voy. Aff. étr., France 794, fol. 278-279). Les rédacteurs des *Mémoires* ont ici emprunté quelques phrases à ce document, mais se sont surtout inspirés de la lettre que Bouthillier adressa au Cardinal le 20 décembre (Aff. étr., France 794, fol. 297-301).

2. Les mots entre crochets manquent dans les *Mémoires*. Nous les avons ajoutés d'après les indications portées dans l'instruction donnée à Bellegarde et à Bouthillier, le 11 décembre (Aff. étr., France 794, fol. 278-279).

mery[1], et, à tous deux ensemble, qu'il trouvoit bon qu'une partie des 300,000 livres fût appliquée à leur profit.

Ils furent si durs à la tendresse du Roi[2] et si arrêtés à leur avarice démesurée qu'ils ne se contentèrent et ne se ployèrent pas pour ces offres, disant qu'ils souhaiteroient que l'affaire se pût terminer sans aucune condition, mais que ce qui les affligeoit infiniment étoit qu'ils voyoient et savoient certainement qu'elle ne se pouvoit accommoder s'ils n'avoient à proposer autre chose à Monsieur que ce qu'ils avoient entendu d'eux; qu'ils parleroient à Monsieur et qu'ils entendroient eux-mêmes, de sa bouche, ses sentiments là-dessus, auxquels ils n'avoient nulle part ni nulle coulpe, ne faisant simplement que parer et adoucir l'aigreur de son esprit, qui s'estimoit méprisé et maltraité.

Quand ils virent Monsieur, ils le trouvèrent disposé comme ses conseillers leur avoient dit et le leur pouvoient avoir dit avec assurance, car ils étoient le premier mobile de son esprit, auquel ils donnoient telles impressions qu'il leur plaisoit.

Il se mit sur les plaintes du mépris et peu de témoignage d'amitié du Roi vers lui : à quoi ils répondirent fortement que le Roi avoit donné de trop puissantes preuves de son affection en son endroit pour en pou-

1. Abbaye bénédictine fondée en 780 à Cormery (cant. de Montbazon, arr. de Tours).

2. Ce qui suit (jusqu'à la page 124 au paragraphe commençant par : « Méchants esprits qui entretenoient Monsieur de pareils exemples... ») est tiré de la lettre précitée de Bouthillier à Richelieu, du 20 décembre (Aff. étr., France 794, fol. 297-301).

voir parler ainsi avec juste cause, témoin son mariage, son traitement et son apanage, et en ses pensions, son emploi à la Rochelle, celui qui lui avoit été offert en son armée d'Italie; qu'après cela, dire qu'on eût essayé de donner des défiances de lui au Roi étoit sans apparence, non plus qu'il y eût eu aucun sujet véritable de douter de sa sûreté, laquelle étoit inviolable en sa naissance, en la qualité que Dieu lui avoit donnée et en l'affection de S. M., et tiroit après soi, comme une suite nécessaire, celle de ses serviteurs et de ceux qu'il aimoit; au reste, que Monsieur devoit recevoir les offres que le Roi lui faisoit, avec d'autant plus de contentement qu'elles venoient de bon gré de S. M., qui les faisoit par abondance d'affection.

Monsieur ne se rendit point à cela; mais, sans s'expliquer davantage, dit, en général, qu'il demandoit autre chose : en quoi il montroit bien que ce n'étoit pas lui qui le demandoit, mais ses conseillers, n'osant ou ne sachant pas en venir à la discussion particulière, mais s'en remettant à eux qui en étoient auteurs.

Au partir de là, Puylaurens et le Coigneux, traitant avec Bellegarde, Marillac et Bouthillier, leur redirent la même chose sur laquelle ils en étoient demeurés avec Marillac avant leur arrivée, qui étoit que, outre le gouvernement d'Amboise, Monsieur espéroit que le Roi auroit agréable de lui donner celui de Touraine, avec la ville et château de Tours et les 100,000 livres de rente, en augmentation d'apanage sur les provinces de Touraine et du Maine, et que cela étoit bien loin de l'apanage de feu M. le duc d'Alençon, qui avoit les provinces d'Anjou, Touraine, le Maine, Berry, la duché d'Alençon et les châteaux d'Angers et d'Alençon. Ils parlèrent ensuite du frère de Louis XI°, qui, premièrement, eut le Berry, puis la Normandie et enfin la Guyenne[1].

Méchants esprits, qui entretenoient Monsieur de pareils exemples, lui représentant l'avantage que ces princes avoient tiré des outrages qu'ils avoient faits aux rois leurs frères et à leur État, et lui passant sous silence la fin malheureuse que Dieu, pour punition de leurs crimes, avoit donnée à leur vie, et faisoient briller aux yeux de Monsieur l'éclat de quelque grandeur qu'ils avoient extorquée de leurs frères, sans lui faire connoître les rébellions et les ruines par lesquelles, à leur propre honte, ils y étoient parvenus!

Le frère de Louis XI° et son seul prétexte furent cause de la descente du comte de Charolois[2] en France et de la guerre du Bien-Public, qui apporta tant de ruines aux particuliers et au général de cet État que lui-même ne les put voir sans larmes; et non seulement fut-il cause de celle-là, mais de tous les autres troubles que reçut ledit roi et son royaume, durant son règne.

Quant à M. d'Alençon, il fit, par l'ambition des siens,

1. Charles de France (1446-1472), fils de Charles VII et de Marie d'Anjou, eut le duché de Berry en 1461, celui de Normandie en 1465 et celui de Guyenne en 1469.

2. Le comte de Charolais, le futur Charles le Téméraire (1433-1476), fils de Philippe III le Bon, duc de Bourgogne, et d'Isabelle de Portugal, s'était uni en 1465 à plusieurs seigneurs, dont le duc de Berry, frère de Louis XI, contre le roi lui-même; cette guerre, dite du Bien-Public, fut marquée par la bataille de Montlhéry (16 juillet 1465), gagnée par le comte de Charolais, et se termina par les traités de Conflans (5 octobre 1465) et de Saint-Maur (26 octobre).

trois insignes mouvements dans la cour, deux sous le règne de Charles IXe et le dernier sous Henri IIIe, tous trois pleins de désastres pour l'État, pour eux-mêmes et pour leurs serviteurs, mais plus pour eux-mêmes et pour leurs serviteurs que pour les autres.

Le premier[1] fut en l'an 1574. Les esprits remuants mirent dans son esprit de demander la charge de lieutenant-général par tout le royaume; le roi la lui promit et l'amusa. La reine[2] fut contrainte de pourvoir à la sûreté du roi, sur des avis qu'elle eut d'un dessein formé contre sa personne. Enfin Quitry[3], avec trois cents chevaux, sur la fin de février, fit dessein de joindre Monsieur à Saint-Germain. Quand il[4] se vit découvert, la Mole, provençal, lui donna avis d'en avertir lui-même la reine sa mère pour l'endormir; ce qui fut fait. Toute la cour s'enfuit de nuit à Paris avec grande frayeur. Le 24e jour de mars suivant, Monsieur et le roi de Navarre[5] firent publier leurs déclarations et protestèrent en icelles qu'ils n'avoient point favorisé

---

1. Les pages qui suivent jusqu'à la p. 128, au paragraphe commençant par « Ces exemples sont si funestes qu'il faut bien être dénaturé pour les représenter à son maître... » sont tirées d'un fragment de récit conservé aux Affaires étrangères (France 795, fol. 239, 240), au dos duquel on lit « Employé [main de Charpentier] pour la feuille I [main de Sancy] ».

2. Il s'agit évidemment ici de la reine-mère Catherine de Médicis, et non de la femme de Charles IX, Élisabeth d'Autriche.

3. Jean de Chaumont, sieur de Quitry, chambellan du duc d'Alençon, lieutenant général en 1590.

4. Monsieur. — François, duc d'Alençon, cinquième fils d'Henri II et de Catherine de Médicis (1554-1584), duc d'Anjou et de Berry en 1576.

5. Le futur roi de France, Henri IV, était roi de Navarre depuis le 9 juin 1572.

l'entreprise qui avoit été peu auparavant faite à Saint-Germain contre S. M.

Le second fut en la même année, en la semaine sainte, où Dieu voulut qu'on découvrît un dessein fait contre la personne du roi Charles.

Monsieur et le roi de Navarre furent arrêtés et on leur ôta leurs épées; ce fut au Bois-de-Vincennes[1].

Monsieur avoit pris occasion de son mécontentement sur le mariage de la reine d'Angleterre, qu'il avoit recherchée[2], et dont la recherche n'avoit pas réussi selon son désir.

Deux des principaux des siens, la Mole, provençal, et Coconas, comte milanois de bonne maison, furent, entre les autres, arrêtés prisonniers et exécutés à mort, quoique Monsieur, en sa déposition, les excusât tant qu'il put; mais ils furent convaincus que, pour le faire soulever contre le roi son frère, ils lui avoient mis en l'esprit que S. M. avoit envoyé à Rome quérir une dispense pour le faire mourir; que le roi d'Espagne, qui s'étoit peu auparavant défait de son fils[3] pour avoir

1. Une page et demie a été supprimée ici sur le manuscrit A (fol. 51 v° et 52 r°); on retrouvera ce passage, avec quelques modifications que nous noterons, plus loin, p. 128 (aux mots : « ... ne considérant pas que, sous Charles, frère de Louis XIe, le royaume ne venoit encore que de se ravoir d'une longue et mortelle maladie... »).

2. Élisabeth (1533-1603), reine en 1558, fut recherchée pendant huit ans par Monsieur, duc d'Alençon; en 1581, les articles du mariage furent arrêtés, mais, en 1582, la reine reprit sa parole.

3. Philippe II (1527-1598), roi d'Espagne en 1555, avait eu, en juillet 1545, de sa première femme Marie de Portugal, un fils, Don Carlos, héritier présomptif. Celui-ci, ayant correspondu avec les rebelles des Pays-Bas, fut arrêté en janvier 1568 et mourut en prison le 24 juillet de la même année.

entrepris contre son État, lui avoit écrit qu'il devoit faire de même : inventions méchantes qui ne manquent jamais aux conseillers des frères des rois pour gagner ou plutôt décevoir leurs esprits et parvenir à leurs fins : en quoi ils méritent la mort plus que s'ils les avoient empoisonnés, vu que ce poison est pire que celui par lequel ils leur peuvent ôter la vie.

Le roi de Navarre fut ouï aussi, le 18e avril de ladite année, devant la reine mère du roi, le cardinal de Bourbon[1], les présidents de Thou, Hennequin[2] et autres, qui dit qu'on lui avoit fait accroire que, si sa femme[3] venoit à accoucher, on le feroit mourir et qu'on feroit son fils roi de Navarre.

En quoi il est à remarquer que c'est toujours par ces craintes imaginaires que les favoris des frères des rois les abusent pour les porter à ce qu'ils veulent; car comment le Roi peut-il assurer celui qui veut avoir peur de lui, et quelle assurance peut jamais prendre un inférieur de son supérieur, en la puissance et volonté duquel, quelques places qu'il ait, il est toujours, s'il ne se tient continuellement éloigné de lui?

En ces entrefaites, le roi Charles IXe mourut le

1. Charles de Bourbon, fils de Charles de Bourbon, duc de Vendôme, et de Françoise d'Alençon (1523-1590), cardinal en 1548, archevêque de Rouen en 1550; de la fraction des Guises, il fut emprisonné à Fontenay-le-Comte, après l'assassinat du duc et du cardinal de Guise (1588), et mourut en prison.

2. Pierre Hennequin, sieur de Boinville, fils du contrôleur général des finances, Oudart Hennequin, et de Jeanne Michon, fut, en 1556, nommé conseiller, puis, en 1568, président au Parlement; mort en 1577.

3. Marguerite de Valois (1552-1615), fille d'Henri II et de Catherine de Médicis, mariée le 18 août 1572 à Henri de Navarre, roi de France sous le nom d'Henri IV.

30ᵉ mai, et Monsieur et le roi de Navarre furent amenés du Bois-de-Vincennes à Paris, mis en des chambres dont les fenêtres furent grillées, les portes condamnées, fors une, les avenues fermées et les gardes redoublées, et demeurèrent en cet état jusques à la venue du roi Henri IIIᵉ qui les remit en liberté.

Le troisième mouvement de M. d'Alençon fut l'an 1575, le 16ᵉ septembre, sous Henri IIIᵉ. Monsieur s'échappa du Louvre, sortit de Paris, alla coucher à Dreux, où quantité de noblesse se joignit à lui. Il écrivit au Parlement, qui envoya les lettres cachetées au roi sans les vouloir ouvrir.

Ce mouvement dura jusques l'année suivante, en laquelle le roi de Navarre sortit de la cour en février.

Enfin, après beaucoup de ruines et de misères du peuple, la paix se fit[1], par laquelle on donna une augmentation de pension à M. d'Alençon, qui n'en jouit pas longtemps, étant prévenu par la mort[2].

Ces exemples sont si funestes qu'il faut bien être dénaturé pour les représenter à son maître.

Et néanmoins les conseillers de Monsieur n'eurent point de honte de prendre pied en leurs desseins sur ceux-là, ne considérant pas que sous Charles, frère de Louis XIᵉ, le royaume ne venoit encore que de se ravoir d'une longue et mortelle maladie qu'il avoit soufferte sous Charles VIIᵉ, et n'étoit pas encore retourné en sa force première et ancienne vigueur, au lieu qu'il étoit maintenant florissant et plus puissant qu'il n'avoit jamais été.

Et du temps de Henri IIIᵉ, Monsieur avoit affaire à

1. La « paix de Monsieur » fut conclue le 6 mai 1576.
2. Juin 1584.

un prince efféminé, enseveli dans ses plaisirs, haï de son peuple, perdu de réputation dedans et dehors son royaume, et qui s'abandonnoit au gré des favoris que la fortune ou quelque occasion légère présentoit au caprice de son esprit, lesquels, ne pensant qu'à faire leurs affaires, n'avoient point de soin de celles du Roi, et, pourvu qu'ils s'agrandissent, ne se soucioient pas de la diminution de la grandeur de leur maître aux dépens de l'État : au lieu que le roi que Dieu en ce temps-ci avoit donné à la France n'aimoit que l'exercice de la guerre et des actions qui le pouvoient combler de gloire, ennemi des vices et de la volupté, aimé de son peuple, révéré des étrangers, amis et ennemis, et qui, ne donnant nul lieu en la conduite de ses affaires à une faveur du cabinet, avoit, si l'on peut parler ainsi, pour favori et serviteur plus confident[1] celui qu'il croyoit que Dieu lui donnoit et que l'expérience lui enseignoit être le plus propre pour gouverner son État.

Aussi les députés du Roi leur répondirent[2] que tels exemples n'étoient pas à propos ; et, quant à l'augmentation d'apanage qu'ils demandoient sur les provinces de Touraine et du Maine, que le Roi ne seroit pas conseillé de leur accorder, pour ce que cela emporteroit les titres, les vassaux, les offices et bénéfices ; que

1. Première rédaction du manuscrit A, fol. 54 v° : « ... a pour favori et serviteur bien aimé... » ; les corrections sont de Charpentier.
2. Ce paragraphe et les suivants jusqu'à la p. 132 (au paragraphe commençant par : « Pour réponse il manda, quant à l'affaire du duc de Lorraine, des paroles générales... ») sont tirés de la lettre précitée de Bouthillier à Richelieu, du 20 décembre (Aff. étr., France 794, fol. 297-301).

déjà Monsieur avoit trois présidiaux et un bureau de trésoriers de France à Orléans, Chartres et Blois, sans les offices des élections, greniers à sel, eaux et forêts et autres; qu'il y avoit encore un bureau de trésoriers et deux des grands présidiaux de France à Tours et au Mans, sans les autres offices aussi de toute sorte, et sans les autres encore qui étoient aux villes et lieux dépendants de ces deux provinces; qu'ils ne feroient point de réponse au Roi ni ne lui en écriroient.

Le Coigneux, faisant lors de l'empêché et feignant un grand déplaisir de ces difficultés qui ne se pouvoient surmonter, dit qu'il falloit obtenir du Roi quelque apparence par laquelle ils pussent éblouir les yeux de Monsieur et le supplier d'avoir agréable de lui donner cette augmentation de 100,000 livres de rente d'apanage sur le duché de Valois, (auquel il y avoit si peu d'offices et de bénéfices que même, disoient-ils, on l'avoit une fois accordé au duc de Rohan), ou sur quelque autre domaine que ce fût, où il en eût encore moins : ce que si le Roi lui accordoit, l'affaire se termineroit au contentement de S. M., avec quelque honneur et réputation de Monsieur ; sinon qu'il n'en falloit plus parler et qu'avec très grand regret il les assuroit qu'ils ne feroient rien et s'en pouvoient retourner.

Le sieur Bouthillier, leur ayant représenté tout ce qui se pouvoit sur ce sujet, vint à toucher l'intérêt de M. de Mantoue, qui regardoit Monsieur, puisqu'il recherchoit sa fille, et leur dit que les ennemis du Roi continuoient à prendre le prétexte de son éloignement et de son occupation en ces provinces de deçà, à cause de Monsieur, pour achever de dépouiller M. de Mantoue de ses États, dont il lui restoit si peu que, si le

Roi n'y alloit ou n'y envoyoit promptement, ce seroit bientôt fait de lui ; que, si l'accommodement ne se faisoit, le Roi ne pouvoit envoyer à son secours la moitié de ses forces, étant obligé de demeurer sur cette frontière avec une armée puissante, laquelle, si elle étoit jointe à ce qui passeroit en Italie et ce qui y étoit, feroit bien un autre effet en faveur dudit sieur de Mantoue.

Mais toutes ces choses ne les émouvoient point, car ils n'étoient pas disposés de faire céder leurs intérêts particuliers aux utilités publiques : de sorte que Bouthillier jugea qu'il étoit à propos de dépêcher au Roi sur ce sujet : ce qu'il fit.

En même temps, le duc de Lorraine y mêloit aussi ses intérêts. Faisant semblant de servir, il demandoit en récompense que le Roi se relâchât à l'établissement de l'évêché de Nancy, auquel S. M. s'étoit opposée à Rome; qu'il donnât à son frère[1] la qualité de duc que le Pape et tous les princes de la chrétienté lui accordoient, excepté le Roi; et, principalement, qu'il fît ré-

1. Les manuscrits portent « père ». Il faut lire « frère ». En vertu d'une clause de son contrat de mariage avec Nicole, fille d'Henri II de Lorraine, Charles IV de Lorraine (fils de François II de Lorraine) était devenu duc de Lorraine en 1624; mais, comme il n'avait pas d'enfant de la duchesse Nicole, le duché devait revenir à son frère Nicolas-François, en vertu de la clause matrimoniale dont il vient d'être parlé et malgré les prétentions de François de Lorraine, comte de Vaudémont (frère du duc Henri II de Lorraine), qui devait mourir en octobre 1632. C'est de Nicolas-François, frère du duc Charles IV, qu'il est ici question ; ce prince, cardinal en 1627, devait quitter par la suite l'état ecclésiastique et devenir, en 1634, duc de Lorraine, par démission du duc Charles IV, son frère.

voquer les jugements du sieur le Bret[1], qui adjugeoient au Roi beaucoup de terres que le duc de Lorraine avoit usurpées et qu'il possédoit comme appartenant à sa duché.

Monsieur intercédoit pour lui et disoit y être obligé par droit d'hospitalité, ayant été reçu en ses États avec honneur et amitié.

Il étoit bien besoin que le Roi tînt ferme à toutes ces demandes et qu'il eût un conseil généreux et résolu pour ne se relâcher, en cette extrémité, à rien qui fût préjudiciable à son royaume.

Pour réponse, il manda, quant à l'affaire du duc de Lorraine, des paroles générales. Quant aux demandes de Monsieur, il envoya à Bouthillier et aux autres un mémoire écrit de sa main, par lequel il mandoit qu'il accordoit à Monsieur le gouvernement du château d'Amboise et le gouvernement d'Orléans, 100,000 livres sur le domaine de Valois, et 50,000 écus en deux paiements, et, s'il n'en demeuroit d'accord, qu'ils s'en revinssent dès le lendemain, sans attendre davantage, et missent ordre à Saint-Dizier.

Le Cardinal, afin qu'ils fissent valoir la grâce de S. M. son juste prix et pour leur faire connoître l'effort que le Roi s'étoit fait à lui-même en cela et la

1. Le Bret, intendant de Metz, avait, en 1625, reçu commission de rechercher dans les archives épiscopales les titres pouvant établir les prétentions de la France sur certaines terres du domaine de Lorraine en vertu des échanges faits autrefois par les évêques de Metz au profit des ducs de Lorraine ; à la suite de ces recherches, il avait rendu plusieurs arrêts de réunion qu'il avait fait signifier et afficher jusque dans Nancy.

peine qu'on avoit eue à lui persuader, écrivit à Bouthillier[1] :

Qu'il avoit différé jusques alors son partement, pensant que trois jours de délai lui donneroient la joie de voir Monsieur remis auprès du Roi, comme il le souhaitoit avec passion; maintenant, qu'il s'étoit résolu de partir le vendredi 27° du mois, avec un extrême déplaisir, voyant que cette affaire n'étoit pas terminée et que Monsieur ne s'étoit voulu prévaloir de l'occasion avantageuse qu'il avoit de revenir en ces rencontres si importantes au salut de M. de Mantoue;

Que le Roi s'étoit rendu plus affermi qu'il ne lui pouvoit représenter, en l'humeur où le sieur de Bellegarde et lui l'avoient vu de ne vouloir pas accorder davantage que le château d'Amboise; qu'il avoit été impossible de le faire consentir à la Touraine; qu'on n'avoit rien oublié de ce qui pouvoit l'y induire; qu'on lui avoit même proposé de donner la Touraine, sans augmentation d'aucun domaine, pour apanage, mais qu'il ne l'avoit jamais voulu;

1. Ce qui suit, jusqu'à la p. 135 (aux mots : « La grâce du Roi et cette lettre... »), est tiré du texte de la lettre de Richelieu à Bouthillier, qui est donné intégralement dans le manuscrit A, fol. 59-61 v°; un des paragraphes de cette lettre (fol. 60 v° et 61) n'a été utilisé que partiellement, pour éviter des redites. Une minute de cette lettre, écrite de la main de Richelieu, se trouve aux Affaires étrangères (France 794, fol. 307 et 309); c'est elle qui a été utilisée ici, et on y lit ces mots, au dos (fol. 309 v°) : « Lettre écrite à M. Boutillier (sic) sur l'affaire de M[onsieu]r [main de Richelieu] 1629 [main de Charpentier] vers le 24 déc[embre] envoyant les réponses du R[oi] sur le Valois. Pour la feuille K [main de Sancy] Employé. » Elle est dans Avenel, Lettres..., t. III, p. 487-489.

[Que], quand on avoit vu cette fermeté, on lui avoit fait ouverture de donner donc le domaine de Valois et le gouvernement du comte de Saint-Paul, au lieu de la Touraine; sur quoi il y avoit eu encore de très grandes difficultés, mais qu'enfin S. M. s'étoit rendue, comme le mémoire qu'on lui envoyoit le lui feroit voir;

Que S. M. aimoit Monsieur tendrement, mais qu'il ne pouvoit souffrir, à ce qu'il disoit, qu'on emportât sur lui une chose qu'il s'étoit résolu de ne faire pas;

Que la Reine s'étoit employée en cette affaire comme on le pouvoit désirer, étant touchée des vrais sentiments d'une mère, affligée de voir ses enfants en discorde;

Que tout le monde avoit fait son devoir pour porter les choses à un bon accord et qu'en effet S. M. croyoit avoir fait un tel effort sur lui qu'il ne restoit pas lieu à Monsieur de refuser les témoignages qu'il lui rendoit de sa cordiale amitié, qui, en vérité, étoit très grande;

Que la sûreté que MM. le Coigneux et Puylaurens pouvoient désirer étoit si assurée auprès du Roi qu'il ne craignoit pas de leur en répondre, avec le respect qu'un très humble sujet et serviteur pouvoit l'oser, en ce qui concernoit son maître; qu'il savoit bien cependant que plusieurs mauvais esprits, qui ne pouvoient faire leurs affaires que dans les divisions et qui appréhendoient les grandeurs de l'État et de la maison royale, tâchoient, par toutes sortes d'artifices, de donner des impressions contraires, mais qu'il lui promettoit que le jugement de ces Messieurs leur feroit voir clair et que leur affection à la personne de Monsieur et au bien public les porteroit à ne différer pas davantage le retour dont ils pouvoient tirer tant d'avantage;

Qu'au nom de Dieu, il fît ses derniers efforts et représentât à Monsieur et à tous ces Messieurs qui avoient sa confiance, tout ce qui se pouvoit dire sur ce sujet; que, quant à lui, si on continuoit à le priver des bonnes grâces de Monsieur, il ne laisseroit pas de faire toujours ce qu'il faudroit pour les mériter et serviroit ceux qui étoient auprès de lui, pour son respect et pour l'amour d'eux-mêmes, quand ils voudroient lui en donner lieu; qu'il avoit toujours aimé particulièrement le Coigneux; il ne tiendroit qu'à lui qu'ils ne vécussent ensemble comme il le pouvoit désirer;

Qu'enfin, pour lui faire connoître si l'on avoit pressé cette affaire jusqu'où il avoit été possible, pour faciliter toutes choses, on donnoit l'Anjou pour avoir la Touraine, et la Touraine pour avoir le gouvernement du comte de Saint-Paul; par là il jugeroit bien qu'il avoit été et étoit impossible de faire davantage;

Que c'étoit ce qui faisoit qu'il s'en alloit avec quelque consolation de n'avoir rien oublié de ce qu'il avoit pu pour un si grand et si nécessaire bien, comme étoit celui de la réconciliation de Monsieur avec S. M.

La grâce du Roi et cette lettre qui la mettoit en son jour, et laquelle Bouthillier et ses collègues reçurent le 27ᵉ décembre, opérèrent si bien que l'accommodement avec Monsieur s'en ensuivit peu de jours après, le 2ᵉ janvier, avec toutes sortes de paroles de civilité de la part de Monsieur : ce qu'ils firent avec prudence, pour ce que, ayant extorqué du Roi la plupart de ce qu'ils désiroient, il ne restoit plus qu'à colorer leur rébellion de quelque apparence de paroles de respect et de soumission[1].

Les cabalistes de la cour furent bien marris de cet accommodement, qu'ils avoient traversé tant qu'ils avoient pu par divers faux bruits et faux avis qu'ils envoyoient tous les jours de la cour, d'où, peu de jours auparavant, fut envoyé au Coigneux, par personne inconnue, un billet fermé, par lequel on lui mandoit qu'il ne seroit pas plus tôt arrivé à Paris qu'il ne fût mis à la Bastille : ce qu'il croyoit d'autant plus aisément véritable qu'il en voyoit les exemples de plusieurs devant lui, durant les règnes passés, qui ne l'avoient pas mieux mérité que lui.

Monsieur, pour montrer qu'il faisoit l'estime qu'il devoit de tout ce qui lui venoit de la part du Roi, se résolut de prendre en son nom le gouvernement d'Orléans, mettant seulement celui d'Amboise au nom de Puylaurens.

Mais, comme l'avarice insatiable, quoiqu'on essaie de la réprimer, ne peut demeurer si bien cachée qu'il n'en paroisse quelque petite étincelle en toutes les actions, le Coigneux parla à Bouthillier, dès le 4e janvier, du comté de Senlis, comme faisant en effet partie du duché de Valois, avec lequel il étoit possédé conjointement par la reine Marguerite.

Il répondit que la diversité des noms et des titres témoignoit que ce n'étoit pas une dépendance du duché de Valois et que, encore que la reine Marguerite l'eût, ce ne laissoit pas d'être une chose séparée. Il

1. Une lettre de Bouthillier au Roi, du 3 janvier, dont le texte figurait ici dans le manuscrit A, fol. 61 v°-62, y a été barrée; le paragraphe suivant est au folio 63.

lui dit de plus que Monsieur le Premier en étoit gouverneur[1] et qu'il estimoit même qu'il n'eût pas le domaine ou bien que c'étoit Mme de Bouteville.

En quoi il répondit très sagement, car il importoit de faire tout ce qui se pouvoit pour ne pas approcher l'apanage si près de Paris, et même sur le passage pour aller à Compiègne.

A deux choses Monsieur demeura ferme, contre toute équité et apparence de raison : à l'une son inclination et la disposition de son esprit le portoient, à l'autre les mauvais conseils des siens.

L'une fut qu'il ne voulut jamais promettre qu'en arrivant en France il verroit le Roi après avoir vu la Reine mère, ainsi qu'il avoit été concerté avec lui ; mais il demeura ferme et dit que la chose ayant été remise en sa liberté et l'alternative dépendant de lui, il ne disoit point qu'il y iroit, ni qu'il n'iroit pas, et qu'il aviseroit à ce qu'il auroit à faire ; qu'il pensoit qu'il le verroit, mais toutefois qu'il n'en assuroit pas ; néanmoins, que, s'il pensoit qu'il fût nécessaire pour le service du Roi qu'il le vît aussitôt qu'il seroit entré, non seulement il le feroit, mais, pour cela, il iroit jusques au bout du monde ; mais que cela n'étant pas, comme il n'étoit pas, il vouloit demeurer en sa liberté et faire ce qu'il lui plairoit.

1. La charge de bailli de Senlis avait été donnée à Gilles de Saint-Simon, le 21 décembre 1438 ; elle était passée ensuite dans la famille de Sains, puis était revenue aux Saint-Simon en 1567 ; le titre de gouverneur de Senlis avait été, pendant la Ligue, joint à celui de bailli, et la reine Marguerite de Valois l'avait possédé conjointement avec le duché de Valois ; Louis XIII rendit le gouvernement de Senlis à Louis de Saint-Simon, premier écuyer du roi le 13 janvier 1627.

Cela devoit donner sujet au Roi de se piquer et de croire qu'il n'étoit pas content de ce que, si libéralement, il lui donnoit outre toute apparence d'obligation et de devoir; c'est pourquoi Bouthillier ne voulut pas le lui mander, mais se réserva de le dire de bouche pour adoucir la chose en la racontant.

La difficulté en ce point étoit de savoir quel conseil il falloit donner au Roi là-dessus, s'il devoit faire paroître son indignation et jusqu'où, ou s'il étoit à propos, relevant convenablement la chose, de dissimuler le jugement qu'il feroit de la mauvaise disposition de l'esprit de Monsieur.

Bouthillier n'étoit pas assez hardi pour en dire son avis, le garde des sceaux assez avisé, le cardinal de Bérulle assez habile pour le donner bon en ce sujet; cela fut remis au Cardinal, auquel on en écrivit pour résoudre en cela ce qu'il pensoit être le plus convenable.

L'autre chose à laquelle Monsieur s'affermit fut qu'il ne voulut jamais témoigner être satisfait du Cardinal et le vouloir aimer à l'avenir, comme il lui étoit bienséant et le Roi le désiroit de lui; mais Bouthillier lui faisant dextrement connoître le désir qu'il avoit de l'honneur de ses bonnes grâces et qu'il feroit toujours tout ce qu'il pourroit pour les mériter, il répondit avec quelque apparente civilité, mais en paroles indéterminées néanmoins, que, selon que le Cardinal lui en donneroit sujet, il croiroit qu'il le voudroit aimer ou non, et ne dit rien davantage, quoique Bouthillier fît toucher au doigt à ses conseillers la conséquence et l'injustice de cette action, par le jugement que Monsieur même en feroit, si le Roi faisoit semblable difficulté sur sa personne ou sur celle des siens.

Les choses étant ainsi composées, Bouthillier, le duc de Bellegarde et Marillac s'en retournèrent tous trois ensemble trouver le Roi le 7ᵉ dudit mois.

Marillac eût bien eu affaire de demeurer à Verdun pour donner quelques ordres en l'armée de Champagne, qui étoit de dix-huit mille hommes effectifs, mais ces Messieurs, qui avoient déjà pris ombrage du commandement qu'il avoit reçu de retourner promptement, si l'accommodement ne se faisoit, témoignèrent assez y continuer encore, si, pour quelque occasion que ce fût, il demeuroit en chemin et ne retournoit en compagnie des autres à la cour.

Voilà ce que fit Monsieur pendant le passage du Roi à Suse, son voyage en Languedoc et durant le reste de l'année[1].

Il ne nous reste plus maintenant, auparavant que de reprendre les affaires d'Italie et voir ce qui s'y

1. A la fin de ce paragraphe, Sancy a écrit en marge du manuscrit A, fol. 67 v°, ces mots : « Noter ici qu'il faut mettre ce que nous avons de Charnacé. » C'est ce qui a été fait et les quelque cinquante pages qui suivent ont été consacrées aux négociations de Charnacé en Allemagne avec la Suède et la Pologne. Mais, remarque importante, ces pages ne figurent pas dans le manuscrit A et la table des sommaires pour l'année 1629, qui a été reliée, ainsi qu'il a été dit plus haut, à la fin du volume du manuscrit A relatif à l'année 1629 (Aff. étr., France 61), ne contient aucune mention de ces négociations ; il en faut conclure, une fois de plus, qu'un manuscrit intermédiaire aux manuscrits A et B, le manuscrit A', a existé, ou qu'une importante adjonction, relatant ces négociations, aurait été introduite dans le manuscrit B lors de son établissement.

passe de la part de l'Espagne et de l'Empire, les infidélités du duc de Savoie, les bons conseils que le Cardinal donne et le Roi agrée sur ce sujet, que de raconter ce qui s'est passé en Allemagne et pays septentrionaux [1].

La paix s'est faite en Allemagne entre l'Empereur et le roi de Danemark [2].

La trêve s'est faite entre la Pologne et la Suède, et le roi de Suède demeure libre pour tourner ses armes contre l'Empereur, et, en Flandre, la ville de Bois-le-Duc est assiégée et prise par les Hollandois [3].

Dès l'année passée, le roi de Danemark, chef de la ligue du cercle de la basse Saxe, abattu de courage par les grandes pertes qu'il avoit reçues, avoit commencé à rechercher la paix et fait savoir à l'Infante [4], par une de ses lettres du 4e mai 1628, qu'il entendroit volontiers à un raisonnable accommodement, dont l'Infante ayant donné avis à l'Empereur, il eut agréable qu'elle s'entremît en la composition de cet accommodement.

Elle en avertit le roi de Danemark, qui lui manda

1. C'est ici que commence le récit des négociations de Charnacé.
2. Paix de Lubeck, signée le 22 mai 1629 et publiée le 7 juin suivant; on en trouvera les articles, en copie, aux Affaires étrangères (corresp. politique, Danemark 1, fol. 158, 159); c'est ce dernier document qui a servi aux *Mémoires*; après les mots « Articles de la paix faite entre l'Empereur et le roi de Danemark », qui y ont été écrits par Richelieu, Charpentier a mis « Employé ».
3. 14 septembre 1629.
4. Isabelle-Claire-Eugénie, gouvernante des Pays-Bas espagnols.

qu'il désiroit savoir la manière en laquelle elle entendroit traiter.

Sur quoi elle lui fit réponse qu'il seroit à propos qu'il envoyât quelqu'un des siens vers elle, tandis qu'un ambassadeur que l'Empereur lui avoit envoyé y étoit encore, afin qu'on pût s'informer de celui qu'il enverroit, de son intention en cette affaire, et lui faire entendre celle de l'Empereur.

Le roi de Danemark, vers la fin de l'année, lui manda qu'il désiroit premièrement savoir si S. M. Impériale donnoit assez plein pouvoir pour cela à son ambassadeur ou à elle,

Elle l'assura qu'il ne manqueroit rien de la part de l'Empereur pour traiter et conclure ce qu'il conviendroit.

Cette voie étoit bien désavantageuse au roi de Danemark, puisque l'entremetteur étoit partial avec son ennemi; mais le roi de Danemark étoit si soûl de la guerre, si abandonné du roi d'Angleterre, qui la lui avoit fait entreprendre et maintenant désiroit avec passion faire la paix avec Espagne, et si peu secouru du Roi, qui ne le pouvoit pas aider facilement, étant occupé au siége de la Rochelle, et qui ne lui devoit même plus aussi prêter assistance en une guerre entreprise pour le rétablissement du Palatinat à l'avantage du roi d'Angleterre qui lui faisoit la guerre, il voyoit ses pays si détruits, si près de tomber en la puissance de son ennemi, qui en avoit déjà conquis une bonne partie, il voyoit l'Anglois, devenu si peu sage par son malheur, si foible par les différends d'entre lui et son parlement, si peu affectionné au bien général de la chrétienté et si bassement occupé dans le soin du gouvernement de sa maison, que, ne voyant point de lieu à espérer plus d'assistance à l'avenir, il croyoit être obligé de recevoir la paix du vainqueur à telles conditions qu'il la lui voulût présenter.

Il s'ouvrit en même temps à lui une voie plus honorable pour la traiter; l'autorité du Roi la fit naître et la réputation de ses armes, car les quatre électeurs catholiques en furent encouragés d'oser envoyer leurs députés à l'Empereur pour le supplier de donner la paix à l'Empire, s'accordant équitablement avec le roi de Danemark et embrassant les moyens de paix qui seroient proposés.

La ville de Lubeck fut destinée pour le lieu auquel tous les ambassadeurs des princes intéressés avoient à convenir pour cela, ce qu'ils firent dès le commencement de janvier.

Le Roi dépêcha pour ce sujet, dès les premiers jours de l'année, le sieur de Charnacé vers lesdits électeurs et le roi de Danemark, non pour empêcher ledit accommodement, mais pour faire qu'il fût tel que la chrétienté en reçût le fruit qu'elle désiroit, que les princes des États desquels la maison d'Autriche s'étoit emparée fussent mis en la possession de leurs biens et qu'il fût opposé quelques bornes à leur désir immodéré de régner, par le moyen de laquelle toutes choses fussent remises en leur entier, et la république chrétienne pût jouir d'une véritable et solide paix, et, pour en cas que l'Empereur ne voulût accorder la paix à Danemark sous conditions raisonnables, rendant à chacun ce qu'il lui appartenoit, proposer, de la part du Roi, à la ligue catholique de s'accorder avec le roi de Danemark et faire paix avec lui, ce qui obligeroit nécessairement l'Empereur à se mettre à la raison.

Ledit Charnacé eut commandement d'aller trouver premièrement le duc de Bavière, qui étoit chef de la ligue catholique, et lui représenter le danger éminent de la liberté d'Allemagne; qu'Étienne II° avoit transféré l'empire de Grèce aux François, pour la nécessité qu'avoit l'empire d'Occident d'un défenseur[1]; que Grégoire V°[2], la race de Charlemagne étant dégénérée, l'avoit transféré aux Allemands, établissant les électeurs qui eussent à élire ès villes libres d'Allemagne le roi des Romains, qui ne prendroit le titre d'empereur qu'après qu'il auroit reçu la confirmation et le diadème du Saint-Siége, abhorrant la succession, de peur que l'Empire déclinât en tyrannie, les sujets, gagnés par les bienfaits d'une longue suite de descendants, reconnoissant plutôt la famille des empereurs que l'Empire; que, pour ce sujet, ils élisoient toujours, du commencement, des princes foibles qui ne les pussent pas suppéditer, jusques à ce que la tempête de l'hérésie les obligea d'élire Charles, petit-fils de Maximilien[3], pour secourir la foi en Germanie et op-

1. Le pape Étienne II (752-757), étant venu en 754 en France, nomma Pépin le Bref patrice des Romains et le consacra roi à Saint-Denis (754); mais ce fut Léon III (795-816) qui couronna Charlemagne empereur en l'an 800.

2. Grégoire V (996-999), premier pape allemand, fils d'Othon, duc de Carinthie, élu pape à l'âge de vingt-quatre ans sur la recommandation de son cousin Othon III, le couronna empereur; c'est le pape Jean XII qui fit passer l'Empire aux Allemands en couronnant Othon Ier empereur, à Rome, en février 962.

3. Charles-Quint (1500-1558), roi d'Espagne en 1516, empe-

primer par sa puissance les hérésies naissantes, mais que cela avoit succédé au grand préjudice des électeurs, d'autant que, jusques ici, l'Empire avoit été, plutôt par contrainte que par élection, continué à leur race, et quelque opposition que quelques électeurs y eussent faite ne l'avoient pu empêcher;

Que les électeurs ne pouvoient conserver leurs libertés et leur puissance, ni l'Empire l'établissement de ses États, s'ils n'opposoient à ladite maison d'Autriche des forces qui leur pussent donner quelque crainte d'entreprendre ce à quoi leur ambition les portoit;

Que c'étoit une grande affliction à la république chrétienne qu'aucuns n'osassent s'opposer à eux que les protestants; qu'il ne les falloit pas aider en leurs desseins pernicieux contre la religion, mais qu'il s'en falloit servir pour maintenir la Germanie dans ses libertés, dans lesquelles étant conservée, elle les pourroit détruire sans difficulté, et partant que S. M. étoit d'avis que la ligue catholique s'accommodât avec le roi de Danemark et fît paix avec lui, afin que l'Empereur, qui le recherchoit pour le même sujet, n'en pût venir à bout qu'avec des conditions raisonnables qui maintinssent un chacun en ce qui lui appartenoit.

Il se laissa entendre audit électeur que le Roi l'assisteroit de sa puissance et de celle de ses alliés, s'il vouloit prétendre à la couronne impériale; qu'il sembloit le devoir par justice, n'y ayant que lui qui y pût aspi-

reur en 1519, était petit-fils de l'empereur Maximilien Ier, par son père Philippe le Beau, fils de Maximilien Ier et de Marie Sforza. Philippe le Beau avait épousé Jeanne la Folle, fille de Ferdinand, roi d'Aragon, et d'Isabelle, reine de Castille.

rer au préjudice de la maison d'Autriche, qui n'y pouvoit plus être continuée sans la ruine générale de la liberté germanique, attendu les discours que les serviteurs de l'Empereur, et particulièrement Wallenstein, faisoient publiquement, au mépris des Électeurs, disant, sur le sujet de l'élection du roi des Romains, qu'il n'étoit plus besoin de parler d'eux, qu'il ne falloit autre chose que le mener droit à la ville ordonnée pour le couronner et leur mander qu'ils ne manquassent pas de s'y trouver, à peine de déchoir des bonnes grâces de l'Empereur et d'être mis au ban de l'Empire : auxquelles paroles il ajoutoit des actions de mépris, n'ayant pas daigné donner audience à un nommé Metternich[1], envoyé de la part de l'un des Électeurs.

Ledit Charnacé lui remontra encore que toutes ces bravades provenoient de ce que les Électeurs n'avoient aucune alliance étroite avec leurs voisins, laquelle, peut-être, rechercheroient-ils lorsque tous les passages de leurs secours seroient occupés, à quoi il y avoit apparence que les affaires se préparoient, semblant qu'ils étoient prêts de désarmer, ce qui seroit la ruine de l'Allemagne; qu'il ne devoit point craindre que la guerre que le Roi avoit en Italie lui ôtât le moyen de secourir ses amis; que ce n'étoit qu'une affaire de peu de mois, S. M. n'ayant dessein, en Italie, que de secourir son ami et le mettre en paix avec Savoie, et s'en retourner; que si le progrès le convioit à plus, que ce seroit à conditions si avanta-

---

1. Les *Mémoires* écrivent « Meternach ». Peut-être est-il question ici de l'un des membres de la famille des Metternich, camériers héréditaires de l'électeur de Cologne, Jean Reinhard, stadthalter d'Halberstadt.

geuses pour lui que cela serviroit plutôt à la libération de l'Allemagne qu'il n'y nuiroit, pour ce que le Roi y occuperoit toutes les plus grandes forces d'Espagne et lui y en tiendroit fort peu.

Le duc de Bavière remercia le Roi de l'honneur qu'il lui faisoit, pria le sieur de Charnacé de lui faire entendre le ressentiment qu'il avoit de la pitié que S. M. prenoit des misères de l'Allemagne et du soin qu'elle se vouloit donner de procurer la paix et commencer par celle de la ligue avec le roi de Danemark, mais qu'il ne pouvoit pas de lui-même commencer à traiter avec le roi de Danemark, pour ce que, s'il traitoit sans le communiquer à tous les associés à la ligue, ils le désavoueroient, joint que la plupart d'eux, qui ne cherchoient qu'un prétexte de ne plus contribuer, diroient que, la ligue contrevenant à ce qu'elle étoit obligée, ils n'en vouloient plus être, outre que, s'il étoit chef de ladite ligue catholique, il n'étoit sans envie et que ses États mêmement étoient en proie à la maison d'Autriche, comme étant tout environnés d'elle; qu'il eût bien voulu que tous les associés à la ligue eussent été de cet avis; qu'il lui répondoit de son chef et de l'électeur de Cologne, son frère; que l'électeur de Trèves étoit affectionné au Roi, à cause des offenses qu'il avoit reçues de la maison d'Autriche et de l'Infante, qui lui avoit envoyé le régiment de Barbançon[1] en son évê-

---

1. Une compagnie du régiment de Barbançon était commandée depuis 1614 par Albert de Ligne (1600-1674), prince de Barbançon et d'Arenberg; le régiment avait eu pour colonel le père d'Albert de Ligne, Robert de Ligne, devenu prince de Barbançon en février 1614, mort le 2 mars suivant. En 1620, Albert de Ligne commandait une compagnie de deux cents cuirassiers sous Spinola; en 1622, l'Infante Isabelle lui donnait en

ché, où il avoit vécu comme en terre de Turcs; que, outre cela, il le tenoit comme homme à ne rien laisser passer au préjudice de la dignité électorale; que de celui de Mayence il n'en répondroit pas; qu'il doutoit de celui de Saxe, duquel l'électeur de Brandebourg suivroit les sentiments; que Marcheville savoit que Saxe étoit fort affectionné à la maison d'Autriche, mais que, depuis, il avoit reçu deux grandes offenses, l'une pour la charge d'administrateur de Magdebourg, que l'Empereur lui avoit ôtée pour la donner à son fils[1], l'autre

outre le commandement d'un régiment de quinze compagnies d'infanterie liégeoise; il était en 1623 à la tête de 6,000 hommes de pied et de 1,200 chevaux en Westphalie. Nommé, en 1625, général en chef de toutes les compagnies d'ordonnance, il était créé, en 1627, chevalier de la Toison d'Or. En 1629, il levait en Allemagne, par ordre de Philippe IV, un régiment d'infanterie destiné à secourir la Savoie, attaquée par la France; le traité de paix conclu à Suse, le 11 mars 1629, entre Louis XIII et le duc de Savoie rendait disponible le régiment cantonné en Palatinat, qui reçut l'ordre de marcher par la vallée du Rhin au secours de Bois-le-Duc. Malgré son amitié pour Henri de Bergues, Barbançon resta fidèle à l'Espagne; cependant Philippe IV le fit emprisonner à Anvers en 1634; il fut libéré, sans jugement, en 1642. En 1658, il commandait la garnison d'Ypres avec le titre de capitaine général de l'artillerie; en 1673, il était, en Espagne, conseiller au Conseil suprême de guerre.

1. Christian-Guillaume de Brandebourg, archevêque et administrateur de Magdebourg et administrateur de Hall, qui avait pris parti pour l'Empereur, avait été déposé en 1628 par le chapitre de l'archevêché, qui élut à sa place son coadjuteur Auguste de Saxe, second fils de l'électeur Jean-Georges. L'édit de restitution du 6 mars 1629, qui dépouillait les protestants au profit des catholiques, amena Ferdinand II à désigner pour archevêque de Magdebourg son second fils Léopold-Guillaume, archiduc d'Autriche, évêque de Strasbourg, qui fut intronisé par les bandes de Tilly.

pour le logement des gens de guerre qu'il vouloit envoyer en son pays, à quoi il publioit qu'il s'opposeroit, mais qu'il ne savoit pas si cela causeroit en lui aucun changement; qu'il croyoit que l'unique moyen de parvenir à cette fin étoit de faire parler le roi de Danemark et entendre ce qu'il proposeroit, pour voir si ce seroit chose sur laquelle on pût traiter; que, quant à lui, il ne proposeroit jamais rien, tant pour ce qu'il ne le voudroit pas faire que pour ce que cela les mettroit trop en méfiance de lui; et que, bien qu'il fût assuré que ledit sieur de Charnacé tiendroit secret ce qui se passeroit entre eux, il ne vouloit pas que sa conscience lui pût reprocher cela et être obligé à mentir si l'on lui demandoit; mais que, s'il plaisoit au Roi proposer quelque chose au roi de Danemark et puis à la ligue, que lors il en diroit librement son opinion, et jamais autrement.

Bien qu'il répondit sur ce point avec tant de circonspection, sur le sujet d'un roi des Romains il dit que, si l'Empereur faisoit la paix avec ledit roi de Danemark, les Électeurs étoient tous en résolution de l'obliger à désarmer et de n'entendre jamais à traiter de l'élection d'un roi des Romains que cela ne fût fait; que, quant à se faire proposer lui-même, il n'en avoit pas la pensée, bien que l'Empereur crût que c'étoit son dessein et lui en voulût grand mal.

Ensuite il lui dit que les Espagnols lui vouloient faire croire qu'ils prouveroient par lettres que le Roi promettoit au Palatin de le remettre en ses États et en sa dignité, du vivant même de lui, ce qu'il ne croyoit pas. Les Espagnols mettoient en avant ces suppositions, pour ce qu'ils avoient dessein de longtemps de faire élire Ferdinand, fils aîné de l'Empereur, roi des Romains, afin de continuer l'Empire en la maison d'Autriche, et qu'ils croyoient que, ayant le duc de Bavière de leur côté, ils auroient deux Électeurs dans leurs sentiments, qui, joints avec Mayence et le roi de Bohême, qui étoit l'Empereur, emporteroient la pluralité des voix. Mais le duc de Bavière, qui reconnoissoit leurs intérêts, ne s'y laissoit pas entièrement emporter : ce qui fit que, bien que les deux guerres que le Roi avoit lors en Italie et contre l'Angleterre et la rébellion du duc de Rohan empêchassent ledit duc de Bavière d'espérer de S. M. le secours si prompt qu'il eût pu désirer, et par conséquent de prendre une résolution si prompte et courageuse sur ce qu'il lui proposoit, néanmoins, reconnoissant que la France étoit en bien autre état qu'elle n'avoit été par le passé, il témoigna vouloir s'entendre à l'avenir avec elle et fit savoir au Roi que, quoi que la maison d'Autriche voulût entreprendre à son préjudice, les armes de l'armée catholique n'y contribueroient point.

Il convint, à quelque temps de là, de quelque accord particulier entre le Roi et lui, et les articles même en furent arrêtés, portant promesse d'une réciproque défense, avec le nombre déterminé de gens de guerre que chacun d'eux devroit fournir.

Le Roi en signa une copie, qu'il déposa entre les mains du cardinal Bagni, avec promesse par écrit, qu'il tira de lui, de ne l'envoyer audit Électeur jusques à ce qu'il en eût reçu une semblable copie signée de lui.

Mais la crainte qu'il avoit de l'Empereur l'empêcha encore pour lors de signer le traité, bien qu'il y demeurât toujours très affectionné.

Charnacé alla trouver le roi de Danemark, selon l'avis du duc de Bavière, et lui représenta tout ce qui étoit de son honneur et du bien commun, lui remontrant qu'il étoit à propos qu'il fît la paix, mais bonne; que toute guerre l'avoit pour fin; qu'il avoit un sujet particulier de la désirer maintenant à cause de ses disgrâces passées, mais qu'il la falloit faire de sorte qu'elle fût véritable et que, sous un nom de paix, il n'entrât pas en une guerre plus dangereuse; que les Impériaux n'avoient autre dessein que de le séparer des princes et États allemands ses alliés, afin de les ruiner et retourner après contre lui comme à une conquête assurée; qu'ils jetoient déjà les commencements d'une amirauté en la mer Baltique, dont ils avoient donné le titre à Friedland pour s'assujétir le détroit du Sund, qui est une des principales forces de son royaume, et ruiner les Hollandois, qui, ne subsistant que par la navigation, ne la peuvent continuer sans l'assistance des blés et des bois qui leur viennent de la mer Baltique, ou, par elle, de la Poméranie, Prusse, Pologne, Lithuanie et Livonie; qu'il étoit de sa sûreté de faire la paix de sorte qu'il remédiât à ces inconvénients; qu'à cela il sembloit à S. M. que le moyen le plus assuré eût été qu'il eût fait premièrement paix et alliance avec la ligue catholique et le duc de Bavière, lequel, tenant peu ou point de ses terres et n'ayant rien à prétendre en ses États, viendroit facilement à un accommodement, duquel ledit roi recevroit plusieurs avantages et, entre autres, celui-là, qu'il obtiendroit plus facilement de l'Empereur une paix honorable, générale et assurée; que ce traité, séparant la ligue catholique de la maison d'Autriche en cette guerre, le délivreroit de la principale partie du faix de ladite guerre qu'il avoit supporté jusques alors, la ligue catholique ayant été sa plus dangereuse ennemie, et qu'au contraire l'Empereur seroit affoibli de la moitié de ses forces; qu'il feroit davantage, en ce qu'il lèveroit le faux masque de religion avec lequel la maison d'Autriche enchantoit la plupart des esprits de la chrétienté, leur persuadant qu'elle faisoit la guerre seulement pour la religion, et donneroit plus de liberté à ses alliés catholiques de se déclarer ouvertement pour lui, relèveroit le courage de quelques-uns d'eux que ses malheurs avoient abattus, et que les villes libres et hanséatiques, qui, pour la terreur de tant d'ennemis, ne s'osoient découvrir, voyant de si puissants princes alliés et en paix avec lui, reprendroient cœur et se joindroient à ses armes, comme il avoit charge de les en aller convier de la part du Roi, après avoir pris instruction de Sadite Majesté comme il devoit faire pour son service.

Ce roi reconnut bien l'avantage que lui apportoit cette proposition, s'il la vouloit embrasser et qu'elle pût réussir; mais, et d'un côté, il se défioit des princes et États catholiques et doutoit si ce qu'ils lui proposoient n'étoit point pour faire rompre le traité qu'il avoit commencé avec l'Empereur et le lui abandonner, et, d'autre côté, il voyoit encore la France et l'Angleterre en guerre, et savoit l'instante poursuite que faisoit la dernière de rentrer en paix avec Espagne : ce qui lui donnoit une juste crainte d'être peu assisté de l'une et de l'autre, et, partant, il lui sembloit que le meilleur conseil qu'il pût prendre étoit de tirer l'avantage des paroles qui lui étoient portées par Charnacé et les faire entendre à l'Empereur : ce que non seulement il fit, mais lui manda encore qu'il y avoit été envoyé de la part du Roi pour l'empêcher de conclure la paix avec lui, ce qui n'étoit pas véritable; car il lui représenta seulement que, pour l'obtenir raisonnable, il lui étoit avantageux de la faire premièrement avec la ligue catholique, de laquelle l'Empereur étant destitué seroit obligé de lui accorder toutes les conditions équitables qu'il lui présenteroit. Mais toujours le Roi en tira cet avantage que l'Empereur, craignant l'envoi dudit Charnacé, se mit plus à la raison qu'il n'eût fait; car, dès que les commissaires de l'Empereur et du roi de Danemark furent assemblés à Lubeck, ceux dudit roi ayant proposé quelques articles de paix fort équitables, les Impériaux les rejetèrent impérieusement et proposèrent en l'assemblée : que le roi de Danemark ne se mêleroit plus, à l'avenir, des affaires de l'Empire et des États adhérents, principalement des cercles de la Basse-Saxe, et qu'il renonceroit aux duchés de Holstein, Schleswig et Dithmarsch, donneroit Jutland à l'électeur de Saxe, paieroit tous les dépens de la guerre à l'Empereur et à ceux qui l'avoient assisté, paieroit les dégâts faits aux princes obéissants à l'Empire et fermeroit le passage du Sund aux ennemis de la maison d'Autriche.

Ces articles étoient de prince à sujet, ou de maître à valet, et lesdits commissaires de l'Empereur y insistoient audacieusement; mais la crainte du Roi leur fit, par après, mettre de l'eau dans leur vin et se relâcher au moins aux conditions utiles pour le roi de Danemark en son particulier, se tenant fermes à celles qui étoient honorables et qui regardoient les intérêts de ses alliés. Ce pauvre prince fut si lâche de cœur que, se contentant de ravoir le sien et de ne rien payer de ce qui lui étoit demandé pour les frais de la guerre, il reçut ces conditions-là, abandonnant tous ses alliés. En cette assemblée, les commissaires de l'Empereur firent une action qui offensa sensiblement le roi de Suède; car, y ayant envoyé quelques-uns de sa part pour représenter les intérêts de la ville de Stralsund, lesdits commissaires non seulement ne les voulurent pas entendre, mais non pas même les souffrir dans la ville de Lubeck, et leur envoyèrent faire commandement de se retirer de toute l'Allemagne ou qu'il leur seroit fait déplaisir.

Ce roi de Suède[1] étoit un nouveau soleil levant, qui, ayant eu guerre avec tous ses voisins, avoit emporté sur eux plusieurs provinces; il étoit jeune, mais de grande réputation, avoit eu pour ennemis les Moscovites, les Polonois et les Danois, sur lesquels il avoit remporté de grands avantages, et en gardoit les gages en plusieurs provinces et villes qu'il avoit retenues, et étoit déjà offensé contre l'Empereur, non tant pour injures réelles qu'il eût reçues de lui que pour ce qu'il étoit son voisin et qu'il n'y avoit que lui sur les provinces duquel, comme étant meilleures que les siennes, il pût tirer un avantage qui fût à son contentement.

S. M., et pour cette raison et pour ce qu'elle s'étoit toujours bien doutée que le roi de Danemark, non seulement affoibli, mais abattu par ses infortunes passées, passeroit par-dessus toutes sortes de considé-

1. Gustave-Adolphe (1594-1632), roi de Suède en 1611.

rations pour s'acquérir le repos que son âge déjà avancé requéroit de lui, avoit jeté les yeux sur ce jeune prince pour essayer de s'en servir, afin de divertir avec le temps le gros des forces de l'Empereur et de l'empêcher de faire injustement la guerre en Italie et en France, et le détourner, par la terreur et par le mal qu'il lui feroit, du dessein de l'oppression de la liberté publique.

Mais, pour ce qu'il étoit lors en guerre ouverte avec le roi de Pologne, il[1] commanda à Charnacé de les aller trouver tous deux, pour essayer de moyenner entre eux, par la médiation de son nom, une paix ou une trêve à longues années.

Plusieurs princes de l'Empire, injustement dépouillés de leurs États par les armes impériales, le regardoient comme leur libérateur futur [et] de toute la Germanie, laquelle l'Empereur tenoit lors presque toute réduite en servitude.

L'Empereur avoit semblé, un temps, très juste prince, et l'avoit été jusques à ce que les artifices d'Espagne, le détournant de son naturel, l'avoient changé au leur. Il ne désiroit, premièrement, que de remettre l'autorité impériale en sa splendeur; mais, y ayant été assisté des Espagnols pour leurs intérêts, il s'y laissa, par après, insensiblement porter contre sa propre intention.

Après la déroute de Mansfeld à Passau sur l'Elbe, et celle du roi de Danemark à Lutter[2], et que les armes dudit comte de Mansfeld et du duc de Weimar furent

1. Louis XIII.
2. Christian IV de Danemark avait été battu par Tilly, le 27 août 1626, à Lutter-am-Barenberg, ville du duché de Brunswick.

dissipées en la Moravie et en Silésie, il fut aisé à l'Empereur de se rendre maitre de toute l'Allemagne, delà l'Elbe et l'Oder n'ayant plus d'ennemis qui lui fissent résistance, le roi de Danemark, qui seul restoit avec quelques corps d'armée, s'étant retiré deçà ces deux rivières, où il se pouvoit facilement fortifier et en empêcher le passage, tant pour l'assiette de ces lieux-là marécageux, qui rendent l'accès des rivières presque impossible, que pour la conjonction qui a été faite, il y a longtemps, de ces rivières par un très large canal; néanmoins il ne le défendit aucunement et se retira dans les îles de Danemark, abandonnant toute la terre ferme.

Ainsi l'Empereur dépouilla à son aise, premièrement, tous ceux qui lui avoient été contraires, puis ceux qui lui avoient été suspects, et après, ceux qui exactement avoient observé la neutralité, et finalement ceux qui lui avoient été très obéissants.

Il avoit commencé par le comte Palatin; depuis il chassa le vieux landgrave de Hesse[1]; mais, pour montrer que ce n'étoit pas pour usurper son bien, mais seulement le châtier et rendre la justice à un chacun,

1. Maurice, landgrave de Hesse-Cassel (1572-1632), avait hérité en 1604 de la moitié des biens de son oncle Louis, landgrave de Marbourg, le reste allant à trois membres de la famille des Darmstadt. Ceux-ci lui avaient intenté, en 1613, un procès en revendication, réclamant le partage par tête; un arrêt, d'avril 1623, avait condamné Maurice de Hesse à restituer une partie de son héritage, sentence qui fut exécutée par Tilly en 1624; le landgrave de Hesse s'expatria alors, confia l'administration de ses biens à son fils Guillaume, puis abdiqua en sa faveur en 1627.

il attribua partie de son État au landgrave de Darmstadt[1], catholique et de son parti, et cela sous prétexte de la prétention qu'il en avoit, et dont le procès étoit pendant à la chambre de Spire il y avoit longues années ; le reste du landgraviat, il le donna au fils aîné du vieux marquis[2], lui ôta plusieurs terres que les abbés voisins disoient leur appartenir et avoir été prises sur eux par force.

Après cela il s'adressa au duc de Brunswick, lui ôta la duché de Grubenhagen[3] et la donna au duc de Lunebourg[4], sous prétexte de l'ancienne prétention qu'il y

1. Georges II (1605-1661), landgrave de Darmstadt, fils de Louis (mort en 1626) et de Madeleine de Brandebourg.
2. Guillaume V, dit le Constant (1602-1637), qui avait succédé en 1627 à son père comme landgrave de Hesse-Cassel, se révolta contre l'Empereur en 1629 et se joignit en 1631 au roi de Suède Gustave-Adolphe.
3. État de la Basse-Saxe qui fut d'abord possédé par la famille de Gruben, dont le château s'élevait sur le mont Grubenhagen, puis par celle des Guelfes de Brunswick.
4. Henri-Jules, duc de Brunswick-Wolfenbuttel, mort en 1613, s'était emparé en 1596 du duché de Grubenhagen, dont il prétendait avoir hérité à la mort de Philippe II, dernier duc de Brunswick-Grubenhagen, son oncle, mort sans enfants. Mais le duc Christian de Lunebourg lui intenta un procès devant la Chambre impériale, revendiquant le duché de Grubenhagen, et obtint gain de cause en 1617 ; le duc de Brunswick, Frédéric-Ulric (1591-1634), qui avait succédé à son père Henri-Jules en 1613, se soumit et restitua le duché. Mais, en 1625, il embrassa la cause de son oncle, le roi de Danemark, et fut obligé de demander sa grâce à l'Empereur. L'édit de restitution le rejeta dans le parti de la ligue protestante et ses États furent ravagés ; la mort le surprit après qu'il eut recouvré Hildesheim. — Christian, duc de Lunebourg (1566-1633), soutint la cause de l'électeur palatin Frédéric V contre l'Empereur ; il était fils de Guillaume, duc de Lunebourg, et de Dorothée de Danemark.

avoit; puis il rendit à l'électeur de Cologne[1] un grand et bon pays autour de Hildesheim[2], qu'il soutenoit être de ladite ville, et, enfin, donna quantité de terres aux évêques et abbés voisins qui les demandèrent, et fit donner la plupart de ces bénéfices-là à ses serviteurs, et comme cela il ne demeura rien au duc de Brunswick, qui se vit tellement abandonné qu'il le fut même de sa propre femme. Et l'Empereur, en tous les lieux qu'il délaissoit, tant au landgrave qu'à Brunswick, y laissoit toujours garnison en son nom, de sorte qu'il en demeuroit le maître.

Après cela, il chassa l'administrateur de Hall et de Magdebourg[3], qui étoit de la maison de Brandebourg,

1. Ferdinand de Bavière (1577-1650), fils de Guillaume V de Bavière et de Renée de Lorraine, frère de l'électeur de Bavière Maximilien, archevêque de Cologne et évêque de Liège et de Munster en 1612; il obtint l'évêché de Paderborn en 1619. Attaché à la cause impériale, il lutta contre les Suédois en 1630, chassa les Français d'Ehrenbreitstein en 1632, mais vit son électorat occupé par ceux-ci en 1642.

2. Ville située à trente kilomètres sud-est de Hanovre.

3. Christian-Guillaume de Brandebourg, dont il a été parlé plus haut, évêque et administrateur de Magdebourg, ayant formé alliance en 1625 avec le roi de Danemark, combattit l'Empereur; proscrit, abandonné par les siens, il chercha refuge auprès de Gustave-Adolphe; le chapitre de l'archevêché élut à sa place, en la même année 1625, Auguste de Saxe; l'Empereur, dans l'espoir de rendre l'évêché au catholicisme, interdit, mais trop tard, aux chanoines toute élection; l'électeur de Saxe déclarant qu'il ne pouvait refuser cette dignité pour son fils, l'Empereur obtint facilement du Pape qu'elle fût accordée à son fils l'archiduc d'Autriche (1629); une garnison fut installée dans la ville, mais, les habitants s'étant révoltés, le siège fut mis devant Magdebourg, puis levé. Christian-Guillaume de Brandebourg rentra, en 1630, en secret dans sa cité; s'alliant avec le roi de Suède, il essaya de reprendre Hall, mais,

et consentit que le fils du duc de Saxe, qui étoit aussi hérétique qu'eux, en fût administrateur ; mais depuis néanmoins, contre sa promesse, il fit nommer son fils par quelques-uns du chapitre.

De là, il envahit le duché de Mecklembourg, le donna à Friedland, son serviteur, bien que les princes dudit duché n'eussent rien fait directement contre lui, mais seulement pour ce qu'ils étoient du cercle de la Basse-Saxe et obligés à la contribution de quelque argent pour la défense dudit cercle, et avoient fourni ledit argent à l'armée du roi de Danemark, qui étoit chef dudit cercle.

Ledit Empereur, ne se contentant pas d'avoir maltraité ceux qu'il prétendoit avoir été ses ennemis, se défiant de la puissance du marquis de Brandebourg, occupa, dans ses États, l'une et l'autre Marche, sous prétexte que le roi de Danemark s'en pourroit saisir et de là passer en la Silésie, comme Mansfeld avoit fait. Depuis, il parla bien de la restituer et en remettoit l'exécution de mois en mois, mais il ne l'accomplissoit jamais ; et, passant des ennemis et des suspects à ses propres amis, desquels il ne pouvoit attendre ni ne devoit craindre aucun mauvais effet, il dépouilla un vieil duc de Poméranie[1] et l'avoit réduit à n'avoir pas de quoi entretenir le train

à l'annonce de l'arrivée de Tilly, il se retira à Magdebourg (16 août 1630).

1. Bogislas XII, *alias* XIV (1580-1637), duc de Poméranie, troisième fils de Bogislas XI et de Claire de Lunebourg, eut ses États ravagés, dès 1627, par les Impériaux qui y avaient pris leurs quartiers d'hiver ; il demanda vainement en 1628 quelque soulagement ; le dommage causé par ces troupes était évalué en 1630 à six millions ; de désespoir, il s'allia, en juillet 1630, à Gustave-Adolphe.

d'un médiocre gentilhomme, prenant pour prétexte de l'usurpation de son pays la crainte qu'il avoit que le roi de Danemark prit ses places par le moyen de son armée navale ; et, depuis que la paix fut faite avec ledit roi, il mettoit en avant l'appréhension de celui de Suède.

Enfin l'Empereur, sous divers prétextes d'apparence spécieuse, mais de nulle solidité, prenoit le train de se rendre maître de l'Allemagne et la réduire en une monarchie absolue, anéantissant les lois anciennes de la république germanique, sur lesquelles est fondée l'autorité impériale.

Tous ces princes, offensés et dépouillés, regardoient le roi de Suède en leur misère, comme les navigants regardent le nord ; mais il étoit occupé en la guerre de Pologne, et, bien qu'il ne manquât pas de courage et d'ambition, il falloit qu'il fût délivré de cet ennemi auparavant que de s'en faire un autre tel qu'étoit la maison d'Autriche.

Charnacé, auparavant que de l'aller trouver, passa par Königsberg pour voir le marquis de Brandebourg[1], tant sur le sujet de ce qu'il avoit traité avec Bavière qu'afin de s'aider de lui en ce qu'il avoit à traiter avec ledit roi de Suède.

Ce roi, l'an 1626, étoit entré dans la Prusse avec une grande armée et s'y étoit saisi de plusieurs places sur les Polonois. Les États avoient envoyé des ambassadeurs, l'année suivante 1627, qui étoient allés aux

1. George-Guillaume (1595-1640), fils de Jean-Sigismond et d'Anne de Prusse, margrave de Brandebourg en 1619, avait reçu du roi de Pologne l'investiture de la Prusse (1621). Il avait épousé en 1616 Élisabeth-Charlotte, fille de l'Électeur palatin.

camps des uns et des autres pour essayer de les mettre d'accord, mais en vain, l'affaire ayant été remise par les Polonois à leurs premiers États, qui se devoient tenir incontinent après, en janvier de l'année 1628. Le marquis de Brandebourg y envoya ses commissaires avec lesdits ambassadeurs et obtint une suspension d'armes, du 26e janvier jusques au 17e février 1628 ; depuis elle fut plusieurs fois prolongée, mais enfin tout traité fut rompu et les affaires réduites aux termes d'une très cruelle et très sanglante guerre. L'Électeur ne laissant pas toujours néanmoins de témoigner le désir qu'il avoit de pouvoir apporter quelque accommodement entre eux, les affaires étant en ces termes, Charnacé arriva en juillet à Königsberg, près le marquis de Brandebourg, qui, pour les défiances ordinaires entre les catholiques et les protestants, n'étant pas entré dans la proposition de l'accommodement de la ligue catholique avec Danemark, reçut, au contraire, avec un extrême contentement, celle qu'il lui fit lors pour l'accord des deux rois de Pologne et de Suède, tant pour l'alliance étroite qu'il avoit avec le dernier, qui avoit épousé sa sœur[1], que pour le désir qu'il avoit de le voir libre de pouvoir entreprendre la défense des princes et États opprimés, mais principalement pour ce que cette guerre se faisoit presque dans ses États, qui en souffroient beaucoup d'incommodités pour lui, nonobstant qu'il essayât de se maintenir bien avec tous les deux.

Charnacé étoit en grande peine de celui vers lequel des deux rois il devoit aller le premier ; le royaume

[1]. Marie-Éléonore, seconde fille de Jean-Sigismond, margrave de Brandebourg, et d'Anne de Prusse, avait épousé en 1620 Gustave-Adolphe, roi de Suède.

de Pologne est plus noble, celui de Suède plus glorieux; il désiroit faire réussir son ambassade; quel des deux il offensât lui en empêchoit le succès. L'électeur de Brandebourg, par bonheur pour lui, lui ôta cette difficulté et le pria et l'obligea d'aller premièrement voir le roi de Pologne, pour ce qu'il craignoit que ce roi, qui étoit déjà en méfiance de lui à cause de son affinité avec celui de Suède, ne l'accusât d'avoir convié ledit Charnacé d'aller saluer le roi de Suède avant lui. Charnacé, qui avoit ordre d'aller visiter celui de Pologne avant l'autre, feignit adroitement d'avoir un ordre et dessein tout contraire, mais dit, néanmoins, qu'il s'en rapporteroit à ce que ledit sieur électeur lui conseilleroit, pour ce que sa fin principale étoit de faire réussir le dessein de la paix, à l'entremise duquel il étoit employé.

Ledit Électeur prit sur lui de faire trouver bon au roi de Suède qu'il allât premièrement vers celui de Pologne, d'autant qu'il avoit parole du Suédois d'entrer en traité de paix toutes fois et quantes qu'on voudroit, et que le roi de Pologne au contraire s'en excusoit, sous prétexte de ne déplaire, ce disoit-il, au roi d'Angleterre, qui, l'année de devant, à la diète, l'avoit prié de trouver bon qu'il s'entremît de ladite paix, et auquel, par ses lettres, il avoit promis de l'attendre, mais en effet pour ce qu'il vouloit passer l'été sans traiter, espérant qu'un secours de quinze mille hommes, qui lui étoit venu de l'Empereur, feroit avec son armée grand progrès contre les Suédois. Charnacé, suivant son conseil, partit d'auprès de lui le 12ᵉ juillet et s'achemina vers Thorn, où il avoit avis que le roi de Pologne étoit; mais, approchant de là, il sut qu'il étoit allé en son armée devant Marienbourg, où il alla et arriva six heures devant lui.

Charnacé, étant auprès du camp, fit savoir sa venue au général, qui l'envoya recevoir, lui donna une tente et le fit traiter, le priant de l'excuser s'il ne lui donnoit audience de deux jours, pour ce qu'il étoit las.

Ce temps étant passé, il envoya vers lui lui faire des compliments de sa part et lui dire que le roi de Pologne avoit grande obligation au Roi de l'avoir envoyé visiter de si loin et pour une si sainte occasion, mais qu'ils s'étonnoient tous comme il envoyoit un homme pour s'entremettre de traiter de cette paix, sans premièrement avoir fait demander si l'on l'auroit agréable, comme avoit fait le roi d'Angleterre; secondement, qu'on s'étonnoit comme un tel roi envoyoit un ambassadeur avec douze ou treize personnes seulement à un si grand roi que celui de Pologne; que cela leur faisoit croire véritable l'avis, que l'on leur avoit envoyé de France même, qu'il ne venoit pas de la part du Roi et n'avoit pas été dépêché par S. M., mais par les marchands, qui, intéressés en cette guerre par la discontinuation de leur commerce, avoient obtenu quelques lettres du Roi et permission qu'un gentilhomme des siens y allât sous son autorité pour moyenner cette paix, sans laquelle ils ne pouvoient subsister; que, en outre, ils désiroient savoir quelle étoit la suscription des lettres qu'il apportoit du Roi au roi de Pologne, d'autant qu'on leur avoit dit que le roi de Suède s'étoit vanté que le Roi ne donneroit point au roi de Pologne le titre de roi de Suède, dont aussi l'on les avoit assurés d'autre part; et, enfin, qu'ils désiroient aussi savoir en quelle langue il parleroit au roi, pour ce qu'il n'entendoit point le françois, ni le chancelier aussi; qu'ils le prioient lui faire voir le discours qu'il vouloit faire au roi, pour voir s'il n'y avoit rien qui touchât les autres princes ses amis; qu'ils savoient bien qu'il parloit bien italien et espagnol; que, s'il usoit de ce langage à leur roi, il leur feroit plaisir parce qu'il l'entendoit.

Il leur répondit fort droitement qu'il n'avoit rien à leur répondre, de la part du Roi ni de ses ministres, sur leur étonnement de ce qu'il venoit pour un sujet si important sans qu'on leur eût auparavant mandé de France s'ils l'auroient agréable, parce que le Roi ni ses ministres n'eussent jamais pensé que cette plainte eût pu être faite de leur part;

Qu'on ne pouvoit pas leur avoir fait faire cette demande auparavant son envoi, parce que le Roi n'avoit point de résident en Pologne, ni celui de Pologne en France;

Quant à leur envoyer un homme exprès pour cela qui eût rapporté la réponse en France, c'eût été plus de six mois de temps perdu, et encore au hasard qu'il demeurât par les chemins, la voie de la mer étant lors peu sûre, à cause de la guerre d'entre le Roi et celui de la Grande-Bretagne, et la terre aussi, pour la guerre qui étoit en Allemagne, outre qu'il n'en étoit nul besoin, ayant ordre exprès de savoir dudit roi de Pologne s'il auroit agréable l'entremise de S. M. et, s'il ne l'avoit pas, de s'en retourner; s'il l'avoit, de procurer, à l'heure même, de sa part, une conférence des députés, pour aviser aux moyens de la paix; que le Roi avoit été hâté de ce faire pour l'avis qu'il avoit eu, de bonne part, que les Moscovites avoient résolu de rompre cet hiver la trêve et entrer avec une puissante armée en Pologne, et que, afin que la Pologne n'eût deux si grands ennemis sur les bras ensemble, il l'avoit envoyé en diligence pour tâcher à leur en ôter un qui empêcheroit peut-être l'autre d'y entrer, et avoit cru ne devoir pas perdre le temps en de vaines cérémonies, et que c'eût été une chose qui eût plus senti son ennemi que son prince allié et confédéré de ne l'oser envoyer visiter sans savoir s'il l'auroit agréable, comme si on en pouvoit douter, et que, au contraire, on ne fût pas assuré que telle visite seroit toujours bien reçue, et que l'exemple des Anglois à ce sujet étoit très mauvais d'avoir envoyé demander si l'on agréeroit leur entremise de la paix, puis s'être vainement fait attendre un an entier sans venir traiter, au contraire du Roi qui commençoit à donner des témoignages de sa bonne volonté par des preuves et des effets d'icelle;

Que lui, Charnacé, ne prenoit pas qualité d'ambassadeur, mais seulement d'envoyé, et que, pour ce sujet, il étoit venu en si petite compagnie, pour ce qu'il eût été bien difficile qu'il eût pu passer par l'Allemagne avec plus grand train, ayant eu assez de peine à arriver jusque-là avec douze ou quinze personnes qu'il avoit avec lui;

Que, en ce qu'ils doutoient que son envoi fût plutôt de la part des marchands que du Roi, ils témoignoient avoir peu de connoissance des intérêts du commerce de la France avec la Pologne de parler ainsi; que la Pologne ne donnoit aux autres nations que du blé, du bois, des cendres, de la cire, du chanvre et du goudron, pour ce qui est de son crû, et de quelque cuivre qui y passoit venant de Hongrie; que de tout cela la France n'avoit aucun besoin, pour ce qu'elle fournit de blé à la plus grande part d'Espagne et d'Italie; que de bois elle en a beaucoup, et ce qui lui en manque elle le va chercher, la moitié plus près et à meilleur marché, en Norvège et Danemark; pour les cendres et la cire, nous en avons plus que nous n'en usons; que pour les chanvres, la France en avoit si grande quantité qu'elle en fournissoit une partie de l'Europe; le goudron, elle l'avoit de Norvège avec grande facilité; le cuivre, que la Suède le fournissoit à 40 % à meilleur marché;

Quant à ce qui se portoit de France en Pologne, il n'y avoit rien que du sel et du vin, du commerce desquels les Hollandois seuls étoient en longue possession, ne venant d'ordinaire à Dantzick que deux ou trois vaisseaux de France en un an, notre plus grand commerce étant en Espagne, en Italie et Levant; et qu'ainsi ils se devoient détromper en l'opinion qu'ils avoient conçue que le trafic de Pologne nous fût fort utile; qu'ils croyoient peut-être parler aux Anglois qui avoient en Pologne quinze mille Écossois ou Anglois trafiquant de merceries, quincailleries et draps de laine, dont il savoit qu'ils débitoient en temps de paix jusques à quarante mille pièces par an, ce qui leur devroit bien faire désirer la paix et non fomenter la guerre comme ils faisoient, ayant encore, cet été, envoyé, au lieu d'un ambassadeur pour traiter, trois régiments anglois pour combattre; que le Roi, au contraire, en étant prié, avoit voulu différer jusques à son retour, pour voir celui qui refuseroit des conditions raisonnables;

Quant aux titres de la lettre qu'il avoit à lui rendre

de la part de S. M., il l'assuroit qu'ils seroient tels que le roi de Pologne en seroit content, et qu'il avoit peine à croire que le roi de Suède se fût vanté de si peu de chose et qui lui étoit inutile, pour ce que, le Roi n'étant ni juge ni arbitre de ce différend, tous les titres qu'il pourroit donner à l'un ou à l'autre ne leur donneroient aucun avantage; si bien que, si ainsi étoit qu'il y fût omis, ce qu'il n'avoit pas remarqué, ce ne seroit que par la faute du secrétaire, et non de l'intention du Roi : ce que ledit Charnacé disoit, pour ce que le commis du secrétaire d'État avoit, par mégarde, oublié d'ajouter le titre de roi de Suède à celui de roi de Pologne;

Et quant à ce qu'ils désiroient qu'il traitât avec eux en italien ou en espagnol, il le feroit au moins mal qu'il pourroit, selon le peu d'intelligence qu'il avoit de ces langues; au reste, qu'ils ne devoient point craindre qu'il pût dire aucune chose au roi qui lui pût être désagréable, qu'il n'avoit autre chose à lui dire sinon de le prier, de la part du Roi, de vouloir entendre à la paix en sa considération.

Le lendemain, ils le revinrent trouver et lui témoignèrent avoir contentement de ses réponses, mais le prièrent de les leur donner par écrit afin qu'ils les pussent mieux considérer et qu'il leur sembloit qu'il ne s'étoit excusé sur le sujet des titres, lequel ils avouoient qu'il leur touchoit extrêmement, et que, si la lettre du Roi ne portoit celui de roi de Suède, ils ne recevroient la lettre ni ne donneroient audience audit Charnacé; au reste, qu'ils ne pouvoient lui celer qu'on leur avoit donné avis, de bonne part, et par la copie de son instruction même, qu'il ne venoit que pour leur procurer la paix en apparence et non en vérité : pour preuve de quoi un ambassadeur du Roi étoit parti de France aussi tôt que lui, pour aller inciter les Moscovites à leur recommencer la guerre.

Charnacé leur envoya, selon leur désir, la copie de ce qu'il leur avoit dit le jour précédent; leur témoigna qu'ils se contredisoient eux-mêmes, puisqu'ils lui avoient dit, le jour auparavant, qu'il venoit à la réquisition des marchands, et maintenant, au contraire, pour empêcher leur accommodement; qu'il les prioit de trouver bon de résoudre une assemblée et conférence de leurs députés, et que ses actions et son procédé répondroient lors pour lui; [que] quant à l'ambassade de Moscovie, ils n'en pouvoient raisonnablement entrer en jalousie, le Roi n'ayant nulle intelligence avec ce prince-là, pour le pouvoir convier, quand il l'eût désiré, à rompre une trêve solennellement faite entre eux, et que le sujet de l'envoi dudit ambassadeur, qui étoit le sieur Deshayes, étoit que les marchands avoient, depuis cinq ou six ans, proposé plusieurs fois une compagnie en Moscovie et de faire passer les soies de Perse par la mer Caspienne, la rivière de Volga et celle de Moscova, jusques à la ville de Moscou, et de là à Narva[1] avec peu de frais, et de Narva, par le Sund, en France; que, l'hiver passé, cela avoit derechef été agité et que le Roi avoit nommé le sieur Deshayes pour aller voir si cela étoit possible.

Les réponses de Charnacé leur semblèrent raisonnables, comme elles étoient; de sorte qu'ils ne restèrent plus en différend que du titre de la lettre, lequel absolument ils vouloient savoir quel il étoit. Charnacé, craignant que cela n'empêchât enfin son audience,

1. Port dans le golfe de Finlande, à douze kilomètres de l'embouchure du fleuve la Narva ou Narova. Les *Mémoires* écrivent Nerve.

s'avisa de prendre sujet de leur faire aussi quelque plainte de sa part, afin que l'une allât pour l'autre. Il leur dit qu'ils lui demandoient incessamment comment il parleroit et écriroit au roi leur maître, mais qu'ils ne s'ouvroient point comment ils prétendoient traiter S. M.; qu'il désiroit en être informé, et notamment de la suscription des lettres qu'ils lui rendroient : ce qu'il ne disoit pas sans sujet. Ils lui repartirent qu'elle seroit telle qu'avoient été les précédentes, et lui aussi répondit qu'il les assuroit qu'aussi seroient les siennes; mais ils vouloient plus, pour ce que le Roi lui avoit écrit par un nommé Roland[1], sans mettre le titre de Suède, et ainsi ils craignoient qu'on voulût continuer. Ils lui dirent qu'on donneroit à S. M. les titres de Sérénissime, de Très Chrétien et de roi de France et de Navarre. Charnacé se plaignit de ce qu'on n'y ajoutoit pas le titre de Très Puissant, comme le portoit la lettre qu'il avoit de S. M. pour le roi de Pologne. Il se commença sur ce sujet une dispute entre eux, qui dura trois jours entiers, les ministres de Pologne se défendant sur ce que ce n'étoit pas la coutume; que ce qu'ils en faisoient n'étoit point par mépris, puisqu'ils ne donnoient pas ce titre au roi d'Espagne ni à l'Empereur même, et qu'ils ne désiroient pas innover. Charnacé, au contraire, insistoit que l'on donnât ce titre au Roi, puisqu'il le donnoit au roi de Pologne; qu'ils avoient raison de ne le donner pas à l'Empereur ni au roi d'Espagne, parce qu'ils ne le donnoient pas aussi au roi

1. Peut-être est-il question ici de Barthélemy Rolland qui était, en 1638, « secrétaire interprète en langue germanique servant près le Roi » et qui fut également conseiller et secrétaire du Roi et de ses finances.

leur maître, mais qu'il voyoit bien que c'étoit que ledit roi leur maître ne vouloit point de paix avec celui de Suède et cherchoit une excuse vaine pour ne pas venir à un traité, craignant que les Suédois lui proposassent des conditions si raisonnables qu'il fût contraint de les accepter.

Cette invention réussit audit Charnacé, car les Polonois, qui désiroient passionnément la paix, croyoient que leur roi ne la vouloit pas et refusoit de condescendre à toute sorte d'accommodements, dont ils étoient indignés contre lui; et il leur sembloit que la demande de Charnacé étoit raisonnable, et se scandalisoient de ce qu'on refusoit au roi les mêmes titres qu'il donnoit par ses lettres; au lieu que ledit Charnacé eût eu tous les Polonois contraires, si la difficulté fût demeurée et qu'ils eussent rompu sur le sujet du titre de roi de Suède, lequel lesdits Polonois ne vouloient souffrir, en aucune façon, qu'on ôtât à leur roi.

Charnacé étant sur le point de s'en aller, le roi lui fit dire que, pour lui montrer qu'il ne prétendoit de cela tirer aucun avantage, il donneroit de la Majesté au Roi, ce qu'il ne faisoit pas au roi d'Angleterre, et mettroit le nom du Roi avant le sien, ce qu'il ne faisoit non plus alors qu'il écrivoit audit roi d'Angleterre. Charnacé demeura toujours ferme; mais, ne voulant pas rompre néanmoins, il dit au général de Pologne que, s'il trouvoit le roi de Suède en volonté de traiter, il lui manderoit et que lors ledit général et Charnacé chercheroient un accommodement, tant à la demande dudit Charnacé qu'à ce titre de roi de Suède. Et, sur cela, il demanda permission de passer au camp suédois, qui n'étoit qu'à portée de canon; mais il ne la put avoir et fallut attendre une entreprise qu'ils vouloient faire, que tout le monde savoit, d'attaquer un fort, dont ils craignoient qu'il avertît l'ennemi.

Cette entreprise n'ayant pas réussi, ledit roi ne voulut pas, néanmoins, que Charnacé allât par le droit chemin trouver le roi de Suède, mais lui fit faire cinq grandes lieues de tour pour y aller, sans autre convoi que des casaques (*sic*) du général.

Charnacé, étant à trois lieues du camp du roi de Suède, l'avertit de sa venue par un gentilhomme qu'il lui dépêcha, et lui envoya quant et quant une lettre qu'il avoit tirée de l'électeur de Brandebourg, par laquelle il lui témoignoit l'avoir empêché de l'aller trouver le premier. Ledit roi envoya au-devant de lui des carrosses et plusieurs compagnies de cavalerie et d'infanterie, et le fit loger et traiter magnifiquement dans la ville de Marienbourg, au-devant de laquelle il étoit campé, où ledit Charnacé arriva à la fin de juillet.

Il représenta audit roi de Suède que le Roi, ancien allié de ses prédécesseurs, et qui portoit le nom de Roi Très Chrétien, dès qu'il s'étoit vu délivré de ses guerres civiles et en état de pouvoir assister ses alliés, l'avoit envoyé vers lui et le roi de Pologne pour moyenner par l'autorité de S. M., comme étant ami commun, un accommodement entre eux, suivant les derniers errements du traité qui avoit été commencé par l'entremise du marquis de Brandebourg ; qu'il croyoit que le roi de Pologne ne s'en éloigneroit pas ; que de plus grandes et glorieuses entreprises, qui sembloient l'appeler en Allemagne où ses travaux seroient mieux récompensés, le devoient détourner de cette guerre, pourvu qu'il la pût terminer sans intéresser la gloire qu'il avoit acquise depuis son avènement à la couronne.

Ledit roi lui répondit fort généreusement et courtoisement, témoignant, pour acquérir la paix, désirer condescendre à toutes les conditions qui n'intéresseroient point son honneur.

Charnacé le fit savoir au général de Pologne et lui[1] fit trouver bonne une entrevue de lui et dudit général entre les deux armées.

Après cette entrevue et plusieurs lettres et réponses écrites de part et d'autre, il obtint enfin que le roi de Pologne recevroit les lettres que Charnacé lui apporteroit de la part du roi, telles qu'elles seroient, et consentiroit à une conférence entre leurs commissaires et ceux de la Suède dans deux jours et que, cependant, Charnacé écriroit en France pour savoir si le Roi se contenteroit que, selon la coutume ancienne de Pologne, on ne lui donnât point le titre de Très Puissant dans les lettres qui lui seroient écrites de la part dudit roi, ou, s'il vouloit absolument qu'on le lui donnât, en ce cas, ou le roi de Pologne le lui donneroit, ou rendroit audit Charnacé la lettre qu'il lui avoit apportée de S. M. par laquelle elle [le] lui donnoit. Et, si l'accommodement entre la Pologne et la Suède étoit conclu auparavant que ledit Charnacé eût réponse du Roi, ledit Charnacé accepteroit les lettres de Pologne selon le style ancien, avec protestation que cela ne tireroit à conséquence à l'avenir, comme aussi feroient les commissaires du roi de Pologne pour l'omission qui avoit été faite, par les lettres du Roi, du titre de roi de Suède.

Avec ces conditions il fut conduit des Suédois, le lendemain 3ᵉ août, à mi-chemin des deux camps avec six compagnies de cavalerie et cent gentilshommes, et

---

1. Au roi de Suède.

fut reçu là avec autant de gens de la part des Polonois, et mené à l'armée en la tente du général, où l'on lui vint demander s'il prétendoit se couvrir. Il repartit que, n'étant point ambasssadeur, il ne le demandoit pas; mais, d'autant que tout le monde le tenoit pour tel, il désiroit que le roi de Pologne, en parlant à lui, le priât de se couvrir, et qu'il lui répondroit tout haut qu'il le prioit de l'en excuser pour ce qu'il n'étoit pas ambassadeur, afin de faire voir que cela appartenoit aux ambassadeurs du Roi et que, s'il ne l'en prioit point, il se couvriroit; de là l'on le mena en la tente du roi de Pologne, grande et spacieuse, mais petite au regard de la noblesse qui y étoit.

Il lui fit à peu près le même discours qu'il avoit fait au roi de Suède, lui disant seulement, pour concilier sa bienveillance, que, par ordre du Roi, il l'étoit venu trouver le premier pour lui témoigner l'estime que S. M. faisoit de lui et le souvenir et le ressentiment qu'elle conservoit de l'honneur que la république de Pologne avoit fait à la maison de France d'avoir élu pour son roi le duc d'Anjou, qui depuis fut roi de France[1], outre la considération de la religion catholique, en laquelle ce royaume étoit toujours demeuré; que ces raisons avoient porté S. M. à l'envoyer visiter, avec toute l'affection qu'elle pouvoit désirer d'un prince son allié et son sincère ami, pour moyenner un accommodement entre lui et le roi de Suède, avec toutes les instructions nécessaires pour faire réussir à son contentement une affaire qui lui étoit de si grande importance.

Après qu'il eut achevé de parler, le chancelier de

---

1. Henri III, roi de Pologne en 1574.

Pologne[1] prit la parole et répondit en latin avec beaucoup de témoignages de ressentiment du soin que le Roi prenoit dudit traité.

De là il fut mené en une des tentes du roi et accompagné de l'un des principaux de sa maison.

Le lendemain, le chancelier, le général et tout le Conseil vinrent trouver ledit Charnacé, auquel ils dirent que le roi leur maître entendroit volontiers les moyens qu'il lui proposeroit de la part de S. M., se persuadant qu'ils seroient convenables à sa dignité et de la république polonoise : à quoi il leur répondit que S. M. Très Chrétienne, n'étant pas particulièrement informée des intérêts de ces deux rois et ne se mêlant pas aussi d'être, en affaire d'autrui, arbitre non appelé, ne lui avoit pas commandé de proposer aucunes conditions, ni articles de paix ou de trêve à l'un ni à l'autre des deux rois, mais seulement lui avoit ordonné de les convier de consentir à la reprise et réassomption d'un traité, et, y étant, procurer en son nom qu'ils eussent agréable de condescendre aux conditions raisonnables qui y seroient proposées d'une part et d'autre, pour les faire enfin parvenir à un bon accommodement.

Ils insistèrent néanmoins quelque temps à ce qu'il eût à proposer quelques conditions; mais il demeura ferme à ne le vouloir faire et leur dit que, si la reprise de tout le traité leur sembloit une chose trop longue, ils pouvoient reprendre où ils en étoient demeurés au dernier traité et, sans s'assembler davantage, lui dire

---

1. Jacques Zadzik, évêque de Culmen (Culm) en 1624, prévôt de la cathédrale de Plock en 1627, grand chancelier de Poméranie et du royaume de Pologne.

à quelles conditions ils jugeroient qu'on pourroit moyenner entre eux une trêve de six ou huit années, pendant lesquelles on traiteroit d'une paix finale.

Enfin, ils accordèrent une conférence entre eux et les Suédois, en laquelle assisteroit ledit sieur de Charnacé, et y désignèrent un jour.

Charnacé retourna trouver le roi de Suède et, l'y ayant fait résoudre, on planta trois pavillons, au jour nommé, au milieu des deux camps, un pour chacun des commissaires et celui du milieu pour Charnacé : où étant arrivés avec chacun deux cents chevaux et cinq cents hommes de pied, ils commencèrent à parler des procurations de la part des deux rois. Celui de Pologne ne vouloit donner le titre ni de roi de Suède, ni de Très Puissant à son ennemi.

Charnacé, après un long débat, les fit convenir qu'ils ne se donneroient, l'un à l'autre, que le titre de Très Puissant ou de Sérénissime, et que, pour le titre de roi de Suède, attendu que l'essentiel du débat consistoit en cela, le roi de Pologne lui donneroit, mais, à la fin de la période, protesteroit que cela ne lui pourroit nuire.

De là ils vinrent à parler des conditions du traité. Les Polonois vouloient traiter d'une paix générale; le roi de Suède insistoit ne le pouvoir faire entre deux armées, et principalement les Impériaux ayant envoyé depuis peu, en faveur des Polonois, une armée de quinze mille hommes en Prusse, sous le général Arnheim[1],

1. Jean-Georges d'Arnheim ou Arnim (1581-1641), colonel en 1614 dans l'armée suédoise, passa en 1621 au service de la Pologne, puis, en 1626, à celui de l'Empereur. Feld-maréchal sous Wallenstein, il combattit les Suédois, puis entra au service

mais qu'il étoit content de traiter d'une trêve de sept ou huit années.

Ils ne purent tomber d'accord sur ce point et se séparèrent. Charnacé retourna trouver le roi de Suède et l'électeur de Brandebourg; et, comme il étoit près d'ajuster les affaires, il arriva un ambassadeur d'Angleterre, que son maître avoit dépêché sur l'avis qu'il eut de l'envoi dudit Charnacé, qui, par jalousie, troubla tellement les affaires qu'il les mit presque au point de rompre entièrement le traité et mit Charnacé en soupçon vers le roi de Pologne, sur ce qu'il l'assura que le Roi avoit envoyé Deshayes en Moscovie, pour faire descendre les Moscovites dans ses États et l'empêcher, par ce moyen, de pouvoir secourir l'Empereur en la guerre que le Roi avoit contre lui en Italie. Néanmoins, par l'adresse dudit Charnacé, et parce que les Polonois virent que l'ambassadeur d'Angleterre n'avoit que des paroles, les affaires se renouèrent.

Il y eut grande dispute pour la préséance entre Charnacé et l'ambassadeur anglois. Le roi de Suède dit à Charnacé qu'il lui sembloit étrange qu'un roi prétendit qu'un autre roi lui dût céder, qu'ils ne dépendoient tous que de Dieu et que, quant à lui, il ne céderoit jamais à personne.

Charnacé lui répondit que cela étoit bon à tous les rois dans leurs États, mais que, lorsqu'ils se trouvoient

de l'électeur de Saxe, dont il fit un allié de la Suède, remporta plusieurs victoires sur les Impériaux, tout en demeurant en correspondance avec Wallenstein, ce qui lui attira la méfiance de Gustave-Adolphe. Arrêté, par ordre d'Oxenstiern, en 1637 et emprisonné à Stockholm, il s'évada en 1638 et passa en Allemagne, où il mourut alors qu'il préparait une expédition contre la Suède.

dans une assemblée ou eux-mêmes ou par leurs ambassadeurs, il falloit nécessairement qu'il y eût de la préséance, qu'il y avoit du velours à tout prix, que tous rois étoient rois, mais qu'il y en avoit de plus anciens et plus nobles que les autres.

Ce discours fini, l'Anglois rapporta, en faveur de son maitre, les anciennes prétentions qu'ils avoient d'être rois de France ; que, comme tels, ils avoient été couronnés à Paris et que ce que nous mettions en avant de la loi salique étoit une invention forgée du temps de Philippe le Bel, outre qu'ils étoient les premiers rois chrétiens.

Charnacé ne manqua pas de repartir, montra l'antiquité de la loi salique de plusieurs siècles auparavant, la nullité du couronnement de leur roi à Paris, fait par une pure rébellion et par la malice d'une reine abusant de la foiblesse et maladie de son mari[1]. Et, quand bien il seroit vrai qu'ils fussent les premiers rois chrétiens, c'étoient de si petits rois qu'un simple duc de Normandie s'étoit, presque sans combat, rendu maître

---

1. Henri V (1388-1422), roi d'Angleterre en 1413, victorieux de la France à Azincourt (25 octobre 1415). Profitant de nos luttes intestines, il obtint, par le traité de Troyes (21 mai 1420), grâce à la complicité d'Isabeau de Bavière, femme du roi de France Charles VI, le gouvernement de la France pendant la vie du Roi et la couronne après sa mort et, le 2 juin suivant, il se mariait à Catherine de France, fille de Charles VI ; après son entrée à Paris, il rejetait les troupes du dauphin au-delà de la Loire ; le 3 janvier 1421, celui-ci était déclaré indigne de succéder à la couronne et, à la mort d'Henri V (31 août 1422), la régence de France était donnée au duc de Bedford, frère du roi d'Angleterre. Charles VI mourait le 21 octobre suivant et aussitôt Henri VI d'Angleterre, né en 1421, était proclamé roi de France.

de leur État; enfin, que le Roi étoit en possession du royaume de France, qui, depuis plus de mille ans en çà, avoit été le premier royaume de la chrétienté; que les ambassadeurs d'Angleterre cédoient partout à ceux de France et même qu'au traité fait en l'an 1609, entre le Roi et les États[1], le président Jeannin, ambassadeur de France, étoit toujours nommé devant Spenser[2], ambassadeur d'Angleterre, lesquels deux ambassadeurs avoient signé ledit traité, dont il leur montra l'histoire faite par Hoerens[3], Espagnol, imprimée à Anvers; et que, dans le traité avec l'Empereur, qui se fit en ce même temps-là qu'ils disputoient à Lubeck[4],

1. Traité d'Anvers, du 9 avril 1609, par lequel une trêve de douze ans était conclue entre l'Espagne et les archiducs de Brabant, d'une part, et les Provinces-Unies, d'autre part, reconnaissant, en somme, l'indépendance de ces dernières; aux négociations de cette trêve avaient pris part, entre autres, le président Jeannin pour la France et Richard Spenser pour l'Angleterre. Ce dernier est, en effet, nommé au traité après les ambassadeurs français, Jeannin et Élie de la Place, vicomte de Machault.

2. Richard Spenser, chevalier, gentilhomme ordinaire de la chambre privée du roi de la Grande-Bretagne.

3. Son vrai nom était François van der Haer, d'Utrecht; il fut licencié en théologie, chanoine de Bois-le-Duc, de Saint-Aubin de Namur et de Saint-Jacques de Louvain; il mourut en 1632. Il avait publié chez les Plantin, à Anvers, en 1623, un ouvrage en trois tomes, en deux volumes in-folio, intitulé : « Annales ducum seu principum Brabantiae totiusque Belgii, usque ad annum 1609; tomi tres quorum : 1° solius Brabantiae, 2° Belgii uniti principum res gestae, 3° Belgici tumultus usque ad inducias 1609 pactas enarrantur. »

4. Par le traité de Lubeck, du 22 mai 1629, la paix était conclue entre l'Empereur et le roi de Danemark, en laquelle étaient compris, de la part de l'Empereur, les rois d'Espagne et de Pologne, l'archiduchesse des Pays-Bas, avec toute la mai-

le roi de Danemark, oncle du roi d'Angleterre[1], nommoit le Roi devant lui.

On proposa à Charnacé de ne nommer ni l'un ni l'autre des deux rois dans le traité, ou bien que le Roi seul seroit nommé dans un des traités que les Polonois donneroient aux Suédois, ou les Suédois aux Polonois, et on nommeroit le roi d'Angleterre dans l'autre : à quoi Charnacé ne voulant consentir, ils résolurent que le Roi seroit nommé le premier dans tous les deux et qu'on ne donneroit pas à celui d'Angleterre le titre de roi de France.

Cependant le roi de Pologne alla à Varsovie, à la diète qu'il y avoit fait convoquer[2], et laissa ses commissaires pour parachever le traité, lequel enfin fut arrêté le [16] septembre[3]. Là-dessus ils se séparèrent.

Charnacé, qui étoit malade, se fait porter au quartier des Polonois, qui étoit plus commode, les commissaires étant demeurés d'accord que, de part et d'autre, on mettroit au net les actes des deux parties, pour se les consigner respectivement l'un à l'autre, selon qu'ils avoient été résolus. Mais, d'autant que les

son d'Autriche, l'électeur de Bavière et les autres Électeurs, princes et États de l'Empire, et, de la part du roi de Danemark, les rois de France, de Grande-Bretagne et de Suède, avec les États des Provinces-Unies des Pays-Bas.

1. Christian IV avait eu une sœur, Anne, morte en 1619, qui avait épousé Jacques Ier d'Angleterre (alors roi d'Écosse sous le nom de Jacques VI), père de Charles Ier d'Angleterre.

2. En septembre 1629, la diète se tenait près de Varsovie, dans le champ de Wola.

3. A Altmark. La date du traité manque sur les manuscrits A et B; le traité fut ratifié par le roi de Pologne le 8 octobre suivant; le texte du traité est donné dans le *Mercure françois*, t. XV, p. 1009-1021.

commissaires polonois ne voulurent s'obliger absolument à rien qu'ils n'eussent su la volonté de leur roi, ils demandèrent aux commissaires suédois quinze jours de délai pour lui faire savoir à Varsovie ce qu'ils avoient fait, pendant lesquels les choses demeureroient en suspens, et que Charnacé enverroit un gentilhomme des siens audit roi de Pologne demander sa ratification, attendant laquelle, les procurations plénipotentiaires dudit roi et république de Pologne, et l'acte de ladite trêve, signé des commissaires de Pologne, lui demeureroient en main, ou pour les délivrer aux commissaires suédois, si le roi de Pologne l'agréoit, ou pour les renvoyer; que, s'il l'agréoit, ledit Charnacé baillant les actes desdits Polonois aux Suédois, ils lui bailleroient les leurs pour les envoyer au général de l'armée de Pologne, lesquels ils protestoient devoir être semblables aux leurs en ce qui concernoit S. M. et le roi d'Angleterre, le Roi étant nommé le premier et le titre de roi de France n'étant pas donné à celui d'Angleterre. Charnacé les accepta et alla à Elbing attendre la réponse du roi de Pologne.

Quand ce fut à avoir l'acte de Suède, Charnacé, voyant qu'Oxenstiern[1] avoit fait donner au roi d'Angleterre

1. Axel Oxenstjerna de Saedermoere (1583-1654), chancelier en 1612; sa vie diplomatique commença en 1606; en 1622, il avait été chargé de l'administration de l'armée suédoise, dont il devint le maître incontesté en 1632. En 1626, il avait été nommé gouverneur de la Prusse; en septembre 1629, il signait l'armistice d'Altmark, qu'il avait négocié avec la Pologne. Après la bataille de Nordlingen (1634), il négociait en 1635 avec Richelieu le traité d'alliance de Compiègne. Il était, en 1636, nommé membre du conseil de régence de Christine de Suède, pour laquelle il négociait et concluait en 1645, avec la

le titre de roi de France, représenta audit Oxenstiern que jamais le Roi ou ses ministres ne recevoient aucun acte auquel ce titre fût donné au roi d'Angleterre, qui ne le prenoit pas même aux lettres qu'il écrivoit au Roi, en quoi nous différions beaucoup d'avec les Suédois, qui souffroient que le roi de Danemark, leur écrivant, prît le titre de roi des Goths; et Oxenstiern demeurant ferme à dire que c'étoit leur style ordinaire quand ils écrivoient au roi d'Angleterre ou parloient de lui et qu'il ne le pouvoit changer maintenant, Charnacé, voyant son obstination, jugea ne le devoir pas recevoir, pour témoigner qu'il n'avoit pas consenti audit titre, quoique ledit Oxenstiern lui représentât que, le Roi étant nommé le premier et lui Charnacé avant l'ambassadeur d'Angleterre, il lui sembloit que ce lui devoit être assez d'avantage et qu'il avoit sujet d'être content, attendu que, s'ils donnoient ce titre, ce n'étoit que[1] pour ce que c'étoit le style ordinaire qu'ils avoient de tout temps lorsqu'ils parloient du roi d'Angleterre, lequel ils ne pouvoient discontinuer sans paroître le vouloir offenser.

Cependant le colonel Doënhoff[2] vint de la part de Pologne, avec le gentilhomme que Charnacé y avoit envoyé pour la ratification, qu'il apporta en date du

Suède, la paix de Bromsebrö. Il s'opposa vainement à l'abdication de la reine Christine en 1654 et mourut peu après.

1. Les manuscrits des *Mémoires* portent : « que ce qu'ils donnoient ce titre n'étoit que... »; nous avons cru nécessaire de corriger ce texte erroné.

2. Ernest Doënhoff (les *Mémoires* portent d'*Enauf*) était, depuis juillet 1629, commissaire du roi de Pologne pour les négociations du traité d'Altmark (septembre 1629); il était fils du diplomate Magnus Ernest, comte Doënhoff (1581-1642).

8ᵉ octobre; et pour ce qu'il avoit tardé deux jours plus que le terme qui avoit été préfixé, Oxenstiern, ayant avis qu'il entroit dans la ville, sortit par une autre porte, disant que puisqu'il l'avoit attendu deux jours, il pourroit bien l'attendre trois; il en demeura plus de quatre, pendant lequel temps ce colonel, étant pressé de retourner, laissa à Charnacé un de ses capitaines nommé Marceuil, qui étoit François, avec la ratification pour rapporter les actes des Suédois.

Oxenstiern étant revenu, et l'ayant vue, voulut bailler les siens à Charnacé, qui ne les voulut pas recevoir à cause du titre susnommé, ni lui donner ceux de Pologne, mais les renvoya au général et aux commissaires polonois. Oxenstiern leur dépêcha un de ses valets avec le capitaine Marceuil, pour faire l'échange desdits actes, qui fut fait au commencement de novembre.

En tout le traité le roi de Suède témoigna un grand courage, et en toutes les difficultés qui survenoient, faisant paroître la guerre et la paix lui être indifférentes, mettant toujours le marché à la main aux Polonois, lesquels, au contraire, ne pouvoient celer le désir qu'ils avoient de mettre fin à leur différend, bien qu'ils fussent assistés particulièrement en cette année des forces de l'Empereur et qu'ils sussent que ledit roi de Suède avoit dessein d'entrer en Allemagne et lui faire la guerre et qu'il en fût sollicité de plusieurs princes et États protestants dudit pays.

Ledit roi, ayant le courage enflé des sollicitations qui lui étoient faites par lesdits princes et espérant, fortifié par leurs secours, avoir moyen de faire de grands progrès en Allemagne, avoit déjà écrit le

25ᵉ avril à tous les Électeurs de l'Empire pour leur remontrer les sujets qu'il avoit de se plaindre de l'Empereur ou plutôt des ministres qui abusoient de son nom, et du ressentiment qu'il seroit obligé d'en avoir s'il n'y étoit remédié.

Il leur fit savoir le sujet qu'il avoit eu d'assister la ville de Stralsund, qui, n'ayant jamais méfait contre l'Empire, avoit souffert le dégât en tout son territoire par l'armée impériale, et la prise et invasion de plusieurs places qui lui appartenoient, jusques à ce qu'il leur fût même commandé de recevoir garnison et de livrer leurs havres, leurs navires et leurs canons aux ministres impériaux : ce que leur ayant refusé, ils virent un siège formé devant leur ville ; qu'en cette extrémité, ils n'avoient pas voulu avoir recours au roi de Danemark, qui étoit lors ennemi déclaré de l'Empereur, mais l'avoient eu à lui, comme à un roi neutre, leur ami et allié de l'Empire : ce que, pour l'intérêt que le royaume de Suède y avoit, à raison du commerce qu'il a avec toutes les places situées sur la mer Baltique, il n'auroit pu refuser, vu principalement les hostilités qui, les années dernières, lui auroient été faites par aucuns qui se disoient serviteurs de l'Empereur, qui auroient envoyé des troupes en Prusse contre lui, auroient accordé tout secours d'hommes et d'armes à ses ennemis, essayé d'empêcher, par divers moyens, la trêve ou la paix qui se traitoit avec eux, intercepté et ouvert ses lettres, l'auroient voulu forclore de tout commerce et alliance aux États de l'Empire, auroient pillé et emprisonné ses sujets, dépouillé ses alliés en Allemagne de leurs États, et enfin auroient, par un attentat inouï, chassé de Lubeck les ambassadeurs qu'il y avoit envoyés pour traiter avec les commissaires de l'Empereur la cause de Stralsund, et leur auroient commandé de se retirer de toute l'Allemagne : ce qu'il les prioit, comme principaux membres de l'Empire, de considérer et y mettre ordre, ou qu'il protestoit, devant Dieu et toute la chrétienté, que les guerres et tous les désordres et ruines qui en arriveroient leur seroient attribués, comme étant cause de tous les maux.

La république de Suède, par son commandement, écrivit du même style au duc de Friedland et lui dépêcha le baron Sten Bjelke[1] pour ce sujet, qui lui envoya de Stralsund un trompette avec une lettre, par laquelle il lui représentoit au long toutes ces raisons.

Friedland lui répond, avec un orgueil allemand, que le roi de Suède ne devoit s'offenser de ce que ses ambassadeurs n'avoient pas été reçus à Lubeck, parce qu'ils n'y avoient pas été appelés; que, quant au maréchal Arnheim, dont il se plaignoit, qui avoit mené des troupes en Prusse, il n'avoit non plus de sujet de s'en plaindre, pour ce que l'Empereur ne l'avoit pas fait pour inimitié qu'il portât au roi de Suède, mais pour ce que, ayant une si grande multitude de soldats qu'il lui en restoit beaucoup qui ne lui servoient de rien, il n'avoit pu refuser au roi de Pologne ceux-là qui s'étoient déjà obligés d'eux-mêmes à le servir,

---

1. Sten Bjelke, le vieux, baron de Kräkerum, fils du chancelier Svante Bjelke, fut nommé conseiller royal en 1633, gouverneur de la Poméranie supérieure, ambassadeur en Prusse (1635), « général-légat » en Tyskland (1636), puis directeur supérieur de la ligue évangélique; mort en avril 1638. Les *Mémoires* écrivent « Stenolbielk ».

outre que le parentage et l'étroite alliance de l'Empereur avec le roi de Pologne ne lui permettoient pas de lui refuser l'assistance dont il avoit besoin.

L'agent, sur cette réponse, demanda que les troupes de Arnheim, envoyées en Prusse, fussent rappelées, puisqu'elles étoient toutes allemandes et sous un chef allemand; qu'il ne recevoit pas pour valable l'excuse qu'il lui mettoit en avant; ce qu'après lui avoir remontré, il n'avoit autre chose à lui dire, sinon que la république de Suède n'avoit rien négligé pour empêcher d'en venir à une rupture : à quoi ledit Friedland répondit, le 8ᵉ juillet, qu'il n'avoit autre réponse à faire que celle qu'il lui avoit déjà faite et qu'il avoit beaucoup de raisons pour réfuter celles qu'il lui avoit proposées, lesquelles il étoit lors superflu de lui mander.

Ce procédé, plutôt impérieux qu'impérial, offensa le roi de Suède, qui l'étoit encore davantage de ce que les électeurs n'avoient pas daigné lui faire réponse : ce qui l'animoit au désir qu'il avoit de s'en ressentir.

La trêve entre lui et la Pologne étant parachevée, un beau champ lui étant ouvert de pouvoir témoigner son ressentiment, ayant ses forces toutes unies pour les employer contre un seul ennemi, les princes et États d'Allemagne, offensés de l'Empereur, commencèrent lors à le rechercher tout ouvertement et plus ardemment et lui remontrèrent la ruine de ses alliés et de ses parents en Allemagne, la mauvaise volonté de l'Empereur contre lui, tant à raison de sa religion que de son voisinage et de la crainte qu'il avoit de sa grandeur naissante; que, après le Danois surmonté, il ne restoit plus aux aigles impériales que lui à attaquer; qu'il les avoit déjà vues en la Prusse déployées contre lui ; qu'il n'avoit plus qu'à les attendre dans la ville de Stockholm, s'il ne les prévenoit, tandis qu'elles suivoient quelque proie en Italie et qu'il y avoit encore quelques restes de courage et de force en quelques-uns de ses alliés allemands.

Ce roi, belliqueux et offensé, recevoit avec contentement leurs propositions, qui étoient comme autant d'huile qui attisoit le feu de son courage; les siens l'en détournoient, partie par crainte qu'il se rendît si puissant qu'il opprimât leur liberté, partie par prudence, reconnoissant les forces d'Allemagne et de la maison d'Autriche inépuisables, et les siennes petites, soit en hommes, soit en argent qu'il ne pourroit exiger d'eux qu'en les chargeant de daces, qui leur sont assez inaccoutumées.

Ils lui représentoient le peu de sujet qu'il avoit de craindre que l'Empereur attaquât son État, séparé de l'Allemagne par une mer orageuse et par une terre inaccessible, à cause de ses bois et de ses montagnes assiégés d'une neige perpétuelle ; que ceux qui l'appeloient en Allemagne seroient les premiers à lui tourner le dos à la première disgrace qui lui arriveroit ; qu'il y hasarderoit inutilement toutes ses richesses et ses hommes, dont son État avoit besoin, et que toute autre guerre avec ses voisins, qui étoient moindres en force, lui seroit plus avantageuse que celle-là.

Cela fut cause qu'il répondit, au commencement, assez froidement à ceux qui lui furent envoyés; mais lorsqu'ils lui offrirent assistance d'argent, de remettre leurs places en sa puissance et se lier avec lui jusques à la mort, il gagna et persuada, par ses raisons, la république de Suède d'agréer ces desseins, au cas que l'Empereur ne voulût faire raison aux princes dépossédés et laisser les villes maritimes de la mer Baltique libres de garnisons.

Il leur représenta l'obligation, et d'honneur et d'État, qu'il avoit de poursuivre ce bien-là, si nécessaire à la conservation de la liberté d'Allemagne; que, s'il le moyennoit, l'avantage qu'il en recevroit seroit incomparablement plus grand que toute la perte qu'il pouvoit recevoir de cette entreprise, outre que les injures que la Suède avoit reçues de l'Empire lui imposoient une nécessité de l'entreprendre, s'il ne vouloit manquer à son honneur; qu'aussi bien auroit-il toujours, en toutes les guerres, les forces impériales à combattre, lesquelles ne manqueroient pas d'assister ses ennemis; qu'en celle-ci il n'auroit affaire qu'à elles, et encore non entières, pour ce qu'elles seroient divisées, une partie des princes et États de l'Allemagne étant de son côté; qu'il feroit la guerre aux Allemands par eux-mêmes; que, de quelque côté que fût la victoire, elle seroit toujours au dommage de l'Allemagne et que, au pis aller, s'il étoit surmonté, l'Allemagne resteroit affoiblie, et il retourneroit en son royaume, la situation duquel le rendroit assuré contre ses efforts; et, si Dieu bénissoit son dessein, l'empire romain seroit le glorieux prix de sa victoire.

La république suédoise s'accorda au désir de son roi : la résolution en est prise; et lors, pour justifier davantage son procédé, il dépêche de nouveau à tous les princes, États et villes libres d'Allemagne, pour leur représenter les offenses que plusieurs princes, ses parents, et villes, ses alliées en Allemagne, et lui-même en leur considération, avoient reçues de l'Empereur, et leur témoigner qu'il ne tenoit pas à lui, mais à l'orgueil avec lequel on le traitoit, que tous ces différends-là ne fussent terminés par un amiable accord.

Le sieur de Charnacé, ayant reconnu, en plusieurs audiences qu'il eut de lui, qu'il avoit désir que le Roi, qu'il savoit avoir sujet d'être animé contre l'Empereur à cause de la guerre d'Italie, contractât alliance avec lui et l'assistât en cette guerre, lui avoit aussi lors témoigné qu'il estimoit que le Roi ne l'auroit pas désagréable. Ils n'en étoient pas néanmoins passés plus avant et ce discours n'avoit point eu de suite; mais la trêve étant faite entre la Pologne et la Suède, le général de Suède nommé la Gardie[1] (fils d'un François,

---

1. Jacques de la Gardie, comte de Leckö, fils de Pontus de la Gardie et de Sophie Gyllenhjelm, fille naturelle du roi de Suède Jean III (1583-1655). Dès 1609, il était lieutenant général des troupes suédoises combattant en Russie, armée qu'il devait commander jusqu'à la prise de Novgorod (1614), puis il revint en Suède en 1615. Il prit part aux campagnes contre les Polonais, notamment au siège de Riga (1621), dont, après la prise de la ville, il fut nommé gouverneur général ainsi que de l'Esthonie. En 1625, il assiégeait Dorpt en Livonie, dont il s'empara le 16 août. En 1626, il était chargé de se rendre maître de la Duna et de veiller à la sauvegarde des places fortes conquises en Courlande; il était, en 1628, nommé gouverneur de Riga; c'était une demi-disgrâce. L'année suivante, en juin, il amenait cependant des renforts à Gustave-Adolphe. C'est à cette époque, en juillet, que La Gardie et Oxenstiern s'entretinrent avec Charnacé. La carrière de la Gardie était terminée. Pendant les campagnes d'Allemagne contre l'Empereur, la Gardie, nommé sénateur, demeura, de par ses fonctions, en Suède. Après la mort de Gustave-Adolphe (1632), il fut juge supérieur du district d'Upland, puis de Medlem. Il avait épousé Ebba Brahe, que Gustave-Adolphe avait courtisée. —

qui, par son courage, avoit acquis grande réputation et beaucoup de bien en Suède, durant Charles[1], roi de Suède, père de Gustave) et le chancelier Oxenstiern le remirent sur ce discours et l'assurèrent que, s'il vouloit faire un voyage en Suède pour prendre congé du roi qui y étoit retourné un peu auparavant la conclusion de la trêve, ils prendroient quelque bonne résolution ensemble pour la liberté d'Allemagne, et, de temps en temps, lui en reparlèrent si souvent qu'ils lui firent enfin entreprendre ce voyage, outre qu'il jugeoit bien que cette trêve résolue avec la Pologne le rendroit un peu plus considéré des ministres de l'Empereur, qui facilement rechercheroient quelques voies d'accommodement avec lui.

Il part et s'embarque avec le général, prend terre en Suède le 18e novembre, est reçu avec une grande acclamation de joie de tout le peuple par tous les lieux où il passoit, et arrive à Upsal où étoit le roi de Suède,

---

Pontus de la Gardie, père de Jacques, originaire du Bas-Languedoc, où il naquit vers 1530, avait combattu en Pologne sous le roi Henri II et avait été envoyé au secours de Marie de Lorraine, régente d'Écosse. Passé au service du roi de Danemark, il fut fait prisonnier par les Suédois en 1565. Ayant pris du service dans l'armée suédoise, il fut mêlé à la révolte des frères du roi Éric XIV et, à la tête de leurs troupes, s'empara de Stockholm (1567). Après la mort d'Éric XIV (empoisonné par ordre de ses frères en 1577), son successeur Jean III nomma Pontus de la Gardie, auquel il devait en partie sa couronne, baron d'Ekkholmn, feld-maréchal, sénateur. La Gardie fut ambassadeur en France, en Autriche, à Rome. C'est en combattant contre les Russes devant Narva qu'il périt noyé (1585).

1. Charles IX, né en 1550, roi de Suède de 1604 à sa mort en 1611; Gustave-Adolphe, né en 1594, était fils de Christine de Holstein, seconde femme de Charles IX.

à cause que la ville de Stockholm étoit infectée de peste.

Plusieurs colonels et capitaines, qui étoient venus de toutes parts trouver le roi au bruit de cette entreprise, vinrent incontinent voir Charnacé et lui dirent qu'ils l'attendoient avec grande impatience, ledit roi les remettant, il y avoit six semaines, à se résoudre quand il seroit arrivé; et parce qu'il n'y avoit pas quinze jours qu'il avoit résolu d'y aller, il reconnut que ceux qui l'avoient tant sollicité en Prusse de faire ce voyage, en avoient commandement de lui, ou à dessein de parachever bientôt cette alliance ou de donner jalousie à Wallenstein, auquel il avoit envoyé un ambassadeur nommé Bjelke[1], qu'il attendoit de jour à autre.

En sa première audience, qui fut le 21ᵉ novembre, il dit à ce roi que, étant près de retourner en France, la trêve en Prusse étant conclue, qui avoit été le sujet de son voyage, il étoit venu prendre congé de S. M. pour savoir s'il lui plairoit lui commander quelque chose vers le Roi, auquel ayant fait savoir les affaires qu'il lui avoit plu lui tenir touchant les affaires d'Allemagne, il lui avoit mandé que, si le roi de Suède vouloit prendre la peine de lui faire savoir plus particulièrement son intention et traiter avec lui, il y entendroit très volontiers. Charnacé ajouta que pour cela il lui sembloit à propos qu'il envoyât en France, sous couleur de remercier le Roi de ce qu'il avoit envoyé moyenner la trêve, mais, en effet, pour conclure avec lui une bonne alliance. Il lui répondit froidement qu'il ne

---

1. Sten Bjelke, chancelier de Suède (1580-1659).

croyoit pas que le Roi eût ce dessein-là, mais que c'étoit Charnacé seul qui le désiroit, pour ce que, depuis le temps qu'ils en parloient, le Roi lui eût pu aussi bien envoyer le pouvoir de traiter que le commandement de lui faire ces discours, qui étoient sans résolution; que, s'il eût eu un ambassadeur en France, il n'eût point fait de difficulté de l'envoyer au sien. Enfin, après trois heures de discours, le roi, se réchauffant un peu, lui dit qu'il n'étoit pas de ces rois dont le pouvoir est borné par leur seule volonté, qu'il ne pouvoit rien conclure sans l'avis des sénateurs et, partant, qu'il lui envoyât son dire par écrit et qu'il lui feroit réponse.

Charnacé, au partir de l'audience, se trouva en peine s'il devoit et comme il pouvoit faire cet écrit, qu'il se méfioit qu'il ne désiroit que pour faciliter son accommodement avec l'Empereur.

Enfin, néanmoins, il crut ne le lui devoir pas refuser et qu'en cette affaire la vérité ne pouvoit nuire à S. M., et en signa un, le jour même, par lequel il lui disoit que, pour obéir au commandement qu'il lui avoit fait de lui donner par écrit le point principal duquel il lui avoit parlé en son audience, il lui répétoit en peu de mots que S. M., ayant été informée de la bonne volonté qu'il avoit, s'il étoit aidé et secondé en ce dessein, de contribuer au repos et à la liberté des princes injustement oppressés, lui avoit commandé de l'assurer que, s'il lui plaisoit proposer les moyens qu'il jugeoit propres pour en venir là et envoyer en France un homme avec plein pouvoir de traiter et conclure sur ce sujet, soit en forme de ligue défensive ou offensive même, S. M. Très Chrétienne y entendroit très volontiers, pour l'envie qu'elle avoit de faire chose agréable à lui et utile au bien général de la chrétienté.

Ce roi l'ayant reçu, le renvoya à Charnacé pour le signer et y mettre son sceau; mais il répondit que, après qu'il auroit su sa résolution, il le feroit très volontiers.

Ensuite les sénateurs s'assemblent, viennent parler plusieurs fois à Charnacé et, pour conclusion, lui demandent qu'on leur donne assurance que S. M. leur donnera 1,200,000 livres par an et six grands vaisseaux de guerre équipés, armés et payés à ses dépens. Il leur repartit que le Roi, ne sachant pas encore qu'ils lui fissent telle demande, n'avoit garde de lui avoir donné charge de la leur promettre, et que lui aussi n'étoit pas si malavisé de le faire sans en avoir le pouvoir, mais qu'il assuroit le roi de Suède que S. M. feroit, en ce sujet, tout ce qui se pouvoit raisonnablement désirer d'elle.

Il fut résolu d'envoyer un ambassadeur à S. M. Charles Baner[1] fut nommé à cette fin et lui fut commandé de se préparer. Il fut prêt dans huit jours; son instruction même lui fut donnée et étoit prêt de partir le lendemain, qui étoit le 10° de décembre, mais, la nuit précédente, le roi s'en alla et manda à Charnacé qu'il lui étoit arrivé deux régiments d'infanterie de Hollande qu'il désiroit voir et que, dans deux jours,

1. Peut-être Jean (et non Charles) Baner, qui avait signé, comme plénipotentiaire du roi de Suède, le traité d'Altmark; il faut peut-être l'identifier avec Jean-Gustave Baner (1596-1641), chambellan du roi de Suède, conseiller d'État, général d'infanterie en 1631, feld-maréchal et l'un des chefs de l'armée suédoise après la mort de Gustave-Adolphe.

il seroit de retour ; cinq se passèrent, après lesquels il envoya tous les jours, dix ou onze jours de suite, un des siens qui assuroit qu'il arriveroit le soir : ce qu'il faisoit pour ce qu'il vouloit savoir auparavant les nouvelles que lui apporteroit son ambassadeur qu'il avoit envoyé à Wallenstein, qui, depuis la trêve faite avec la Pologne, le recherchoit autant d'accommodement qu'il avoit auparavant témoigné de mépris de lui, car il vit qu'il prenoit à son service les troupes qui avoient été licenciées par le roi de Pologne et ceux de Dantzick, et que la Poméranie, au contraire, étoit destituée de gens de guerre qu'il avoit envoyés en Italie contre nous, que nous préparions à y faire un effort contre lequel il seroit encore obligé d'envoyer des nouvelles troupes : cela le contraignit, premièrement, de s'accorder avec la ville de Magdebourg par l'entremise de celles de Hambourg, Brême et Lubeck, puis encore de leur témoigner qu'il seroit bien aise qu'elles continuassent à s'employer en l'affaire de Stralsund, et en manda autant au duc de Poméranie, lesquels aussitôt envoyèrent à la ville de Stralsund, qui, ennuyée de la guerre, dépêcha en diligence au roi de Suède pour le prier de commettre quelqu'un en cette affaire.

Le roi de Danemark s'en mêla aussi comme principal entremetteur. Le roi de Suède, incertain s'il devoit faire la guerre ou la paix et s'il se devoit venger du mépris et des injures qu'il avoit reçus de l'Empereur ou s'il devoit cacher son ressentiment, crut qu'il étoit meilleur, en tout événement, de ne désobliger pas l'Allemagne, mais de condescendre à ce qu'elle désiroit, lui témoignant, par ce moyen, n'avoir autre dessein que son repos et sa liberté, attendu qu'il savoit bien qu'il ne lui manqueroit pas de prétextes de leur pouvoir faire rompre ce traité, quand il se seroit résolu à la guerre, et qu'il ne l'étoit pas encore, tant à cause de la nécessité d'argent en laquelle la guerre de Pologne l'avoit réduit que pour le peu d'espoir de secours qu'il avoit d'Angleterre, la paix y étant comme résolue avec l'Espagnol, de Hollande (pour le même sujet), des villes hanséatiques qui étoient toutes épuisées de biens, de Danemark, qui avoit perdu cœur et désarmoit tous les jours, de France, d'où l'on ne lui disoit rien sur quoi il pût faire fondement assuré.

Il envoya ensuite le susdit ambassadeur, nommé Bjelke, à Wallenstein, qui d'abord lui promit exemption de garnison et de vaisseaux à toutes les villes de la côte de la mer Baltique, même à Wismar et Rostock, et lui donna, en outre, quelque espérance de la restitution du Mecklembourg pour une somme d'argent.

Ledit roi ne vouloit rien résoudre avec Charnacé qu'il n'eût su la réponse dudit ambassadeur. Dès qu'il fut arrivé et lui eut parlé, dès le lendemain il revint et manda à Charnacé que, après avoir bien considéré toutes choses, il n'avoit pas jugé devoir envoyer personne en France, mais seulement instruction et pouvoir à l'ambassadeur qu'il avoit en Hollande, pour traiter avec celui à qui il plairoit à S. M. d'en donner la charge; que cela se feroit avec moins d'éclat et plus de secret.

Le lendemain, Charnacé l'étant allé voir et témoignant s'étonner de ce prompt changement, il lui dit qu'il ne lui celeroit point qu'on lui offroit la paix très avantageuse; que déjà l'Empereur et Friedland avoient prié les villes hanséatiques de s'en mêler avec Brandebourg et le duc de Poméranie; qu'ils offroient déjà de laisser Stralsund, Rostock et Wismar libres de garnisons et de vaisseaux; que le roi de Danemark le lui conseilloit et l'en poursuivoit ardemment, s'en voulant entremettre, de peur, disoit-il, que, après qu'on l'y auroit engagé, on l'abandonnât comme on avoit fait lui-même; que le duc de Mantoue n'étoit pas à se repentir d'avoir espéré en semblable assistance, [que] son pays étoit ruiné, ses deux villes de Casal et de Mantoue assiégées, sans qu'il y eût apparence que nous les pussions secourir, le Piémont et la Lombardie étant entre elles et nos armes; et que les Hollandois, manque de paiement de ce que nous leur avions promis, étoient sur le point de faire la trêve; que le Roi même étoit désuni dans son État, Monsieur, qui y avoit une grande cabale, étant en Lorraine; et, outre tout cela, qu'il croyoit que le Roi étoit en volonté d'avoir la paix s'il la pouvoit obtenir, et qu'ainsi l'ambassadeur qu'il enverroit en France y arriveroit peut-être le lendemain qu'elle seroit faite, et lors on remercieroit ledit roi de Suède, qui demeureroit seul contre l'Empereur, ce qui ne seroit pas raisonnable.

Il lui dit que ces nouvelles étoient véritables et qu'il les tenoit de l'ambassadeur anglois : ce qui montroit une grande rage de cette nation, dont la haine contre la France est si grande qu'elle passe en fureur et, pour nous nuire en quelque chose, se déchire elle-même. C'étoit leur intérêt domestique que le roi de Suède descendît en Allemagne; sa venue y facilitoit le rétablissement du Palatin; ils l'en sollicitoient eux-mêmes et lui promettoient assistance; et, néanmoins, l'excès de leur mauvaise volonté contre la France ne laissoit pas de leur faire faire de mauvais offices contre nous, qui empêchoient leurs propres desseins. Le roi de Suède avertit Charnacé, qui écrivit à S. M. qu'il lui plût de donner charge de traiter à la Haye avec son ambassadeur à un autre qu'au sieur de Baugy, qui y étoit lors de sa part, d'autant qu'il étoit averti, de bonne part, que, ayant été vingt ans près des empereurs de la maison d'Autriche, il ne les haïssoit pas encore et qu'il le savoit des principaux des États; ce doute étoit sans fondement, mais, en affaire de telle importance, la moindre chose fait ombrage.

Il fit donner le lendemain audit sieur de Charnacé la réponse à son écrit, en laquelle il se donna bien garde de se méprendre, ni de faire paroître qu'il eût été le premier à parler de l'alliance avec la France, ni à la désirer : la conclusion étoit qu'il eût volontiers envoyé un ambassadeur en France pour en traiter plus amplement avec S. M., n'eût été que Charnacé ne l'avoit pu informer de ce que le Roi pouvoit faire sur les articles principaux qu'il croyoit être nécessaires qu'il accordât; cependant que, pour ne pas perdre de temps, pour ce que ledit Charnacé lui avoit représenté que, pour le peu de connoissance que S. M. avoit des pays situés près de la mer Baltique et de leurs intérêts, elle n'avoit pu mettre en avant les expédients les plus convenables, il avoit mis par écrit les choses auxquelles il jugeoit que nous devions tendre par notre alliance, de laquelle nous ne devions nous séparer que nous n'y fussions parvenus, et les articles de ce qu'il estimoit que S. M. et lui devoient contribuer, chacun de leur part, en cette guerre, et les avoit envoyés à son ambassadeur à la Haye, et en avoit donné la copie audit sieur de Charnacé, afin qu'il les pût porter ou envoyer au Roi, comme bon lui sembleroit.

Après cela Charnacé prit congé de lui et retourna en Danemark, où il arriva à la fin de l'année, le roi de Suède l'ayant fait conduire par ses gentilshommes et officiers jusques à Götheborg[1], frontière maritime de son État.

Il représenta audit roi de Danemark que, s'il vouloit, non pas faire la guerre, à laquelle il ne le convioit point, mais seulement assembler ses officiers, armer ses frontières de deux ou trois régiments et demander la restitution des États des ducs de Mecklembourg et de Poméranie, ses voisins et parents, et la liberté des villes opprimées, l'Empereur, dans le doute où il étoit des armes de Suède et la grande diversion que celles du Roi lui donnoient en Italie, lui donneroit certainement satisfaction, ce qui lui tourneroit à grande gloire, et il ne courroit aucune fortune de rompre la paix avec l'Empereur pour cela. Mais, il le trouva si abattu de courage qu'il n'osoit prêter l'oreille à aucune de ces raisons, mais lui répondit seulement qu'il ne craignoit point les armes de l'Empereur; que, pour la conservation de ses États, il ne faisoit point d'état des forces de terre; que l'expérience lui avoit fait voir que le Holstein ne se pouvoit conserver sans être maître de la mer, en laquelle étant le plus fort, comme il étoit, il ne redoutoit point l'Empereur, quoi qu'il pût faire, ni sa nouvelle amirauté sur la mer Baltique, laquelle il réduiroit à rien quand il lui plairoit, et, partant, qu'il ne se vouloit point intéresser en toutes ces

1. Ou Gothenbourg, ville de la Suède méridionale, bâtie sur le Kattegat.

affaires, desquelles il s'étoit une fois déporté en la paix de Lubeck.

Il fit aussi parler au duc Ulrik, son jeune fils[1], pour savoir s'il se voudroit joindre avec ceux qui entreroient en Allemagne, pour rentrer dans son évêché de Schwerin en Mecklembourg, et que, s'il pouvoit faire que le roi de Danemark, sans faire semblant de s'en mêler, lui entretînt un régiment de cavalerie et un d'infanterie, on lui en bailleroit encore un autre, avec assurance qu'on ne feroit point la paix qu'il n'eût contentement. Ce jeune prince l'eût bien désiré, mais le respect qu'il portoit à son père, qui en étoit entièrement éloigné, l'en empêcha.

Ces choses étant ainsi, il ne restoit que le seul roi de Suède, sur lequel et l'Allemagne et les princes voisins pussent jeter les yeux pour s'opposer à la tyrannie naissante de la maison d'Autriche à l'Empire : ce qu'il fit en l'année suivante, comme nous verrons.

Voilà ce qui se passoit en Allemagne et aux pays septentrionaux[2].

Quant à la Flandre, les Hollandois, voyant les Espagnols occupés en Italie à s'opposer aux armes du Roi,

1. Fils de Christian IV et d'Anne-Catherine de Brandebourg, né en 1611, il avait été élu coadjuteur de l'évêque de Schwerin, puis devint évêque de cette ville en 1624. La prise de Lubeck (1629) ayant enlevé à Christian IV ses possessions allemandes, Ulrik avait été obligé d'abandonner son évêché de Schwerin. Il fut tué en août 1633, en Allemagne, dans un combat contre les Croates.

2. Avec ce paragraphe se termine le passage des *Mémoires*, commençant à la p. 139, qui ne figure pas dans le manuscrit A (cf. p. 139, n. 1). Le paragraphe suivant est dans le manuscrit A, au fol. 68.

avoient pris le temps de faire quelque effort de leur côté, et, dès le 1ᵉʳ de mai, assiégèrent la ville de Bois-le-Duc, sise sur la rivière de Dieze¹, à dix lieues de Bruxelles et quatorze d'Anvers, place par eux souvent muguetée et dont autrefois le feu prince d'Orange avoit entrepris le siège et été contraint de le lever sans rien faire².

La nuit du 3ᵉ au 4ᵉ mai, auparavant que les approches fussent encore bien faites, huit cents mousquetaires, Bourguignons, Wallons et Allemands, de la garnison de Bréda, y furent envoyés pour secours, et y entrèrent.

Le prince d'Orange fit telle diligence que, dès le 26ᵉ dudit mois, la circonvallation, qui avoit plus de six heures de chemin, et tous ses forts et retranchements, ensemble les digues, tant pour dessécher les marais que pour arrêter les inondations qui pouvoient arriver du débordement de la Meuse en cette saison après la fonte des neiges, furent en tel état qu'il les pouvoit désirer pour obvier à toute sorte d'efforts du dehors et du dedans, d'où jusques alors on lui avoit donné peu ou point d'empêchement.

Il surprit des lettres de l'Infante au gouverneur³ (homme infâme et indigne d'être nommé, pour le

1. Les manuscrits A et B portent *Draize*. Le Dommel, affluent de gauche de la Meuse, se grossit, à Bois-le-Duc, de la rivière l'Aa d'Helmond et prend alors le nom de Dieze.

2. Richelieu fait probablement allusion à l'échec de Maurice de Nassau en 1625 contre la ville d'Anvers.

3. Antoine Schets, comte de Grobbendonck, baron de Wezemael, maréchal de Brabant, fils de Gaspard Schets de Grobbendonck et de Catherine d'Ursel, était gouverneur de Bois-le-Duc.

meurtre de sang-froid qu'il avoit méchamment commis en la personne du sieur de Bréauté, son prisonnier de guerre)[1], par lesquelles elle l'assuroit de lui donner secours, mais non si tôt[2].

Ce siège travailloit beaucoup son esprit, et principalement à cause des nouvelles que Rubens[3], retourné de Madrid depuis peu de jours, lui apportoit que le comte Olivarès vouloit remuer de nouveau en Italie.

1. Pierre de Bréauté (1580-1600), mestre de camp au régiment de Normandie, étant en garnison à Gertruydenberg, eut une querelle avec le lieutenant du gouverneur de Bois-le-Duc, qui était alors Grobbendonck; ils décidèrent de se battre « vingt contre vingt »; dans ce combat, Bréauté tua le lieutenant du gouverneur, mais les soldats de celui-ci le firent prisonnier, ainsi qu'un de ses cousins, et les emmenèrent à Bois-le-Duc, où Grobbendonck les fit assassiner (7 février 1600). Adrien de Bréauté, fils de Pierre et de Charlotte de Harlay (1599-1624), écuyer de Marie de Médicis, voulut, alors qu'il était au siège de Bréda (octobre 1624), venger le meurtre de son père sur le fils de Grobbendonck, qui servait alors sous Spinola; il se mesura avec lui dans un combat singulier où les adversaires étaient en nombre égal; il y fut tué.

2. L'Infante Isabelle répondit aux demandes d'argent du gouverneur de Bois-le-Duc par une lettre du 15 mai (*Mercure françois*, t. XV, p. 664-665).

3. Pierre-Paul Rubens (1577-1640), le célèbre peintre anversois, avait été chargé de missions diplomatiques dès 1603. En 1621, il avait reçu commande des tableaux de la galerie du palais du Luxembourg; lorsqu'il revint en France en 1623, apportant une partie de ses compositions, il s'employa à rapprocher l'Espagne et la France; en 1625, de retour à Paris, il renoua les négociations commencées et les continua en 1626; en 1628 et 1629, il fut chargé de missions diplomatiques en Espagne, en France et en Angleterre. En 1631 et 1632, il négocia à nouveau avec l'Espagne et la France. Après 1635, il se retira au château de Steen. — Rubens quitta l'Espagne, où il avait été en mission, le 29 avril 1629 : il passa par Paris et Bruxelles avant d'aller à Londres.

A peu de jours de là, savoir est la nuit du 25ᵉ au 26ᵉ, le prince d'Orange commença à faire mettre la main à bon escient aux approches qui furent réparties entre les François et les Anglois. Le maréchal de Châtillon, commandant aux premiers comme colonel général, prit la gauche pour tirer, par un terrain assez facile à remuer, à la pointe d'une grande corne qui couvroit l'avenue du fort principal, que l'on nommoit de Vught, lequel étoit secondé d'un autre petit plus proche de Bois-le-Duc[1]; car il falloit enlever ces deux pièces avant que de passer plus outre : le premier n'étoit pas estimé de moindre considération que Grol[2] en ce qu'il contenoit. Le capitaine Aiguebère[3], du régiment de Candale[4], avec deux cents hommes, avança deux redoutes, et les assiégés sortirent pour l'empêcher; mais ils furent incontinent repoussés, si bien que, à deux heures après minuit, elles furent en défense

---

1. Le fort de Vught ou de Sainte-Élisabeth était situé au sud de Bois-le-Duc; il faisait partie, avec trois autres forts, du système fortifié de la ville; chacun de ces grands forts était flanqué d'un autre fort carré, de moindre importance, élevé entre le grand fort et la ville; le petit fort du fort de Vught s'appelait Saint-Antoine.

2. Grænlo ou Grol, ville de la province de Gueldre, que le prince d'Orange avait prise en 1627.

3. Ou Aigueberre. C'est probablement ce gentilhomme qui servit d'agent de liaison en 1637 entre Richelieu, dont il avait la confiance, et le prince d'Orange; il aurait été alors « aide de camp et sergent-major ». En 1638, il fut fait prisonnier par les troupes impériales et Richelieu s'occupa de traiter de sa rançon.

4. Le régiment de Candale, levé en 1621 par Henri de Nogaret, duc de Candale, avait été donné en avril 1629 à Jean-Antoine de Saint-Simon, marquis de Courtomer, tué au siège de Bois-le-Duc. Le régiment fut licencié la même année.

et la ligne de l'une à l'autre faite. La même nuit, Douchant[1], lieutenant-colonel du sieur de Châtillon, ouvrit et avança une tranchée environ de cent pas, et fit une redoute. Le lendemain, la Maisonneuve[2], lieutenant-colonel de Courtomer[3], en fit autant, et, la nuit du 28ᵉ au 29ᵉ, le marquis de Leuville[4], lieutenant-colonel de Hauterive[5], fit commencer les batteries, qui

1. Ou d'Ouchant; c'est le personnage cité dans notre t. IV, p. 17. Il était sous les ordres du maréchal de Châtillon.
2. Ce gentilhomme, de la maison de Rechignevoisin, ne doit pas être confondu avec Jean de Rechignevoisin, seigneur de Guron, gouverneur de Marans en 1626, maréchal de camp en 1627, introducteur des ambassadeurs en 1631, et dont les *Mémoires* ont déjà parlé. La Maisonneuve était probablement cousin de ce Guron.
3. Jean-Antoine de Saint-Simon, marquis de Courtomer en 1620, était fils de Arthur de Saint-Simon, seigneur de Sainte-Mère-Église, et d'Éléonore de Beauvoisin, dame de Courtomer. Il avait été gouverneur d'Argentan, puis fut créé maréchal de camp en juillet 1620. Il leva en 1629 un régiment d'infanterie et arriva devant Bois-le-Duc, le 1ᵉʳ mai; il fut tué, le 1ᵉʳ septembre 1629, sous les murs de cette ville.
4. Louis Olivier, marquis de Leuville (1601-1663), fils de Jean Olivier, baron de Leuville, et de Madeleine de l'Aubespine, prit part, depuis le siège de la Rochelle jusqu'en avril 1631, à toutes les campagnes de l'armée française; mestre de camp en mars 1631. Enveloppé dans la disgrâce du garde des sceaux de Châteauneuf, son oncle, il fut embastillé en 1633 et se démit de son régiment en 1634; à sa sortie de la Bastille, il obtint une compagnie de chevau-légers incorporée dans le régiment de Guiche et servit jusqu'en 1651; il fut nommé maréchal de camp en 1646 et lieutenant général en novembre 1650. Sa terre de Leuville fut érigée en marquisat en juillet 1650.
5. François de l'Aubespine, marquis d'Hauterive, fils de Guillaume de l'Aubespine, baron de Châteauneuf, et de Marie de la Chastre, avait levé son régiment en 1629; il fut lieutenant général en Hollande, gouverneur de Bréda, maréchal de camp en

furent, le 30°, en état d'y loger l'artillerie. Les assiégés tâchèrent par trois fois d'élever un petit ouvrage de gazon devant le travail des François qui les en empêchèrent. Les Anglois firent aussi les approches, poussés de courage et d'émulation, et les batteries des comtes Ernest et Guillaume de Nassau[1] obligèrent les assiégés de leur répondre sans épargner la poudre. Il ne se remarqua néanmoins aucune autre perte pour les assiégeants que d'un lieutenant, d'un enseigne et quelques sergents anglois, outre le sieur Alphonse Pallotta, Piémontois, lequel eut le bras emporté d'une volée de canon[2]; il s'étoit mis volontaire dans les troupes françoises et servoit, en Hollande, auparavant, le duc de Savoie comme d'agent secret.

La continuation des vents d'amont favorisa grandement ce siège, en ce qu'elle servit à dessécher les marais qui enferment Bois-le-Duc, lesquels ne délaissèrent pas de ressentir un peu du débordement de la Meuse, ce qui donna le plus de peine, jusques à ce que vinrent les sécheresses des mois de juillet et août.

L'Infante fit tous ses efforts en cette occasion ; elle demanda secours à l'Empereur, qui le lui envoya avec

---

1632; il essaya de se réfugier en Hollande en 1633, lorsque son frère le marquis de Châteauneuf, garde des sceaux, fut disgracié. Il avait été chargé en 1630 et 1632 de missions diplomatiques en Hollande. Son régiment fut licencié en 1650 et il mourut en 1670.

1. Il s'agit ici de Ernest-Casimir, comte de Nassau (1573-1632), neveu de Guillaume d'Orange, dit le Taciturne, et de son fils Guillaume-Frédéric (1613-1640); le comte Ernest-Casimir avait épousé une fille du duc de Brunswick.

2. En tête du feuillet 70 du manuscrit A, Sancy a écrit : « pour la feuille 41 »; les feuillets 70 à 73 r° semblent avoir été ajoutés.

grand soin; elle le demanda aussi à la ligue catholique d'Allemagne et pria le duc de Bavière, qui en étoit le chef, de joindre les forces de ladite ligue catholique avec celles que l'Empereur lui envoyoit sous la conduite du comte de Montecuculli[1], pour secourir cette ville si importante non seulement à la Flandre, mais à tout le parti catholique.

Bavière s'en excusa et apporta pour raison que, s'il le faisoit, il avoit peur que cela fût préjudiciable à plusieurs catholiques d'Allemagne qui confinoient avec les Hollandois et n'étoient point molestés par eux.

Cette réponse étonna et fâcha les Espagnols, qui, pour détacher Bavière d'avec la France, lui firent entendre qu'elle étoit étroitement réunie avec l'Angleterre, ce qui ne pouvoit être qu'à ses dépens et avec dessein de le dépouiller de l'électorat pour le rendre au roi de Bohême : ce qui fit bien, du commencement, de l'impression dans son esprit, mais toutefois non pas telle qu'il ne se laissât éclaircir de la vérité par les ministres du Roi et ne perdit toute la défiance qu'on lui avoit voulu donner de S. M.

L'Infante, éconduite de ce côté-là, mit sur pied, de sa part, sous le commandement du comte Henri de Berg[2], une armée composée de dix-huit mille hommes de pied et cent cornettes de cavalerie.

1. Ernest de Montecuccoli, oncle du célèbre général Raymond de Montecuccoli qu'il avait alors sous ses ordres, commandait 14,000 Impériaux au siège de Bois-le-Duc; mort en 1633.

2. Ce personnage est le même que le comte de Bergues, mentionné précédemment, mais dont nous avons mal orthographié le nom. Cf. Serrure, *Histoire de la souveraineté de 'S Heerenberg* (La Haye et Paris, 1860, in-4°), p. 73-75.

Le 28ᵉ, que les assiégés n'avoient pas encore perdu un pouce de terre, il vint loger à trois lieues des assiégeants, lesquels il trouva si bien retranchés qu'il eut peu d'espérance de les pouvoir forcer. Néanmoins, la nuit du 3ᵉ au 4ᵉ juillet, il voulut tenter s'il pourroit faire quelque chose et, donnant une alarme générale par tous les quartiers, il fit faire deux attaques, l'une au quartier du prince d'Orange, l'autre en celui de Brederode[1] ; mais il fut si bien reçu que les chariots, qu'il avoit amenés pleins d'instruments pour remuer la terre, retournèrent chargés de morts.

Il se mit encore, la nuit du 7ᵉ, en devoir de chercher le passage par une île qui étoit au milieu de la digue; mais il fut encore contraint de se retirer sans effet, ce qui donna grand cœur aux assiégeants et l'ôta à ceux de la ville.

Henri de Berg, croyant sa demeure être là davantage inutile, se retira, le 17ᵉ du mois, et tourna tête vers Wesel pour se joindre avec les troupes qui devoient venir, de la part de l'Empereur, pour une entreprise, la plus importante et la plus hardie qui fut jamais faite contre les Hollandois, par laquelle il espéroit les forcer à lever le siège pour venir s'opposer à lui.

Il avoit dessein d'entrer dans la Veluwe, qui est le cœur de la Hollande, dans lequel sont de grandes villes, mais non fortifiées, et lesquelles n'avoient jamais vu la guerre chez elle.

1. Reinoud van Brederode (1567-1633), baron de Wezemberg, fils de Lancelot van Brederode et de Adriana van Treslong, avait été envoyé en mission en Suède et en Russie (1615); il commandait, au siège de Bois-le-Duc, un régiment de quatorze compagnies.

Ce dessein lui réussissoit heureusement, si la mauvaise fortune d'Espagne ne l'eût traversé, car il jeta un pont sur le Rhin près de Xanten[1] et y fit passer son armée.

Le secours de l'Empereur, qui étoit grand, passa la rivière d'Yssel près d'Arnhem[2], et vint joindre Cairo[3], auquel Henri de Berg avoit donné six mille hommes pour s'opposer aux garnisons d'Emmerich[4] et de Reis[5], qui eussent pu surprendre les convois qui venoient de Wesel; puis il s'achemina en personne vers la Veluwe, par un pont qu'il mit sur l'Yssel, et, y demeurant avec le gros de son armée, envoya le comte de Montecuculli avec huit mille hommes de pied, trente cornettes de cavalerie et huit canons, aux portes d'Amersfoort[6], qui étoit une ville pleine de vivres et de grains que les villageois y avoient apportés de la campagne pour les mettre en sûreté; mais, dès que les troupes ennemies approchèrent, elle se rendit sans résistance pour se rédimer du pillage.

Il envoya quant et quant, avec d'autres troupes, Dulcken[7], ci-devant gouverneur de Grol pour les Es-

---

1. Ville de la Prusse rhénane, district de Dusseldorf.
2. Chef-lieu de la province de Gueldre, sur le Rhin.
3. Lucas Cairo, gouverneur de Lingen, aurait, d'après certains auteurs, commandé seulement à 2,000 hommes.
4. Ville de la Prusse rhénane, sur le Rhin, station du chemin de fer de Wesel à Utrecht.
5. Ville située sur le Rhin, à treize kilomètres d'Emmerich et à soixante-cinq kilomètres nord-ouest de Dusseldorf.
6. Située sur l'Eem, à vingt-deux kilomètres nord-est d'Utrecht, au pied des collines de l'Amersfoortschenberg.
7. Gentilhomme, originaire de la région de Grol, dont le prince d'Orange, dans ses *Mémoires* (p. 43), loue les talents militaires.

pagnols, pour assiéger Hattem[1], petite ville tirant vers le Zuyderzée, et y fit une grande brèche; mais les assiégés se défendirent et les repoussèrent.

Dès que la nouvelle de la prise d'Amersfoort et du siège de Hattem fut arrivée à la Haye, elle apporta une consternation générale parmi tout le peuple; mais Messieurs les États prirent un conseil généreux en leur assemblée, sur-le-champ, le jour même, qui étoit le 14ᵉ après midi.

Premièrement, ils ne voulurent pas ouïr parler de lever le siège de Bois-le-Duc, puis ne se contentèrent pas d'envoyer du secours dans la ville d'Utrecht, grande ville dans la Veluwe, non fortifiée, très importante, de la conservation de laquelle dépendoit celle de tout le pays, mais prirent résolution de s'y transporter tous conjointement, sans aucun délai, avec tout le conseil d'État, afin de donner ordre aux choses nécessaires pour arrêter l'effroi et empêcher l'invasion : ce qu'ils firent, et sans cela n'eussent jamais retenu l'esprit de ces peuples, tant ils étoient épouvantés. Il y avoit trois semaines qu'ils étoient sollicités et pressés de ladite ville de faire ce voyage.

Au sortir de l'assemblée, chaque député se retira chez lui pour se disposer au partement, qui se fit ce soir-là même : dont ils firent aussitôt donner avis à l'ambassadeur du Roi par leur greffier, s'excusant de ne lui avoir pas envoyé deux de leur corps, suivant leur coutume, n'en ayant pas eu loisir à cause de la soudaineté de leur départ.

Dès qu'ils furent arrivés, ils logèrent huit mille

1. Sur l'Yssel, près de Zwolle (province de Gueldre).

hommes au dehors, sous la charge de Waardenburg[1], que ceux de la compagnie des Indes occidentales avoient fait revenir de Venise pour commander une partie de leur armement avec l'amiral Loncq[2].

Quelque bonne mine qu'ils fissent, l'étonnement étoit grand parmi eux; et, quoiqu'ils le cachassent, ils ne laissoient pas de le faire paroître, et étoit bien à craindre que, si la chose duroit, il ne s'éclatât quelque mésintelligence et division intestine, les peuples étant touchés d'appréhension et ne sachant sur quoi fonder leur espérance, l'ennemi étant bien avant dans l'État et eux ne se voyant assistés d'aucuns de leurs alliés.

Dès que l'ambassadeur d'Espagne sut à Paris le passage du comte Henri de Berg dans la Veluwe, il en fit des feux de joie publiquement, comme ils firent aussi en la ville de Madrid en Espagne.

Les Hollandois, au contraire, envoyèrent en grande diligence demander secours à tous leurs alliés.

Ils eurent quelques troupes du roi de Suède, les compagnies des Indes orientales et occidentales, outre dix à douze mille hommes que le roi de Danemark étoit contraint de licencier, lesquels ils reçurent à leur solde.

1. Les *Mémoires* portent *Waremberg*. Cependant, il est question ici du colonel Waardenburg qui, en 1630, fit débarquer un corps de troupes, sous les ordres de l'amiral Loncq, aux Indes occidentales, et s'empara d'Olinda, ville du Brésil de la province de Pernambouc (possession portugaise). Waardenburg fut ensuite nommé commandant militaire de la côte du Brésil.

2. Hendrik Loncq, né en 1568, fils de Cornelis Loncq van Roozendaal, avait été à Alger, en 1624, lieutenant-amiral de l'amiral Haultain, puis vice-amiral sous les ordres de Piet Heim; il combattit, comme il est dit à la note précédente, aux Indes occidentales. La fin de sa vie n'est pas connue.

Ils dépêchèrent particulièrement au Roi pour le supplier de leur donner une assistance d'argent extraordinaire, considérant qu'ils avoient tout le poids de la maison d'Autriche à soutenir, la paix ayant été aussitôt faite que la guerre commencée en Italie, et le roi de Danemark s'étant aussi accommodé avec l'Empereur; que le comte Henri de Berg avoit laissé seize mille hommes pour la garde du pont de la rivière d'Yssel; [que,] ayant partagé son armée en deux bandes, chacune de quinze à seize mille hommes, [il] marchoit droit au pays d'Utrecht.

Et bien que le comte Ernest de Nassau fût là aux environs avec une armée de vingt-six mille hommes, si est-ce qu'il ne pouvoit pas empêcher tous les desseins de l'ennemi, à cause qu'il étoit obligé de garder la Betuwe[1] tout le long de la rivière du Rhin, depuis Arnhem jusques à plus bas encore que Wyk[2], pour ce que Henri de Berg avoit dessein de passer dans ladite Betuwe : ce qu'étant, le prince d'Orange seroit forcé de quitter le siège de Bois-le-Duc, et ce d'autant plus assurément que le gouverneur de Bréda[3] avoit encore mis ensemble une armée de plus de dix mille

1. Ile comprise entre les deux grands bras du Rhin inférieur le Vaal et le Lek, depuis Arnhem et Nimègue à l'est jusqu'à Dordrecht à l'ouest; elle a quatre-vingt-dix kilomètres de long et entre cinq et dix kilomètres de large.
2. Wyk-by-Duurstede, village de l'arrondissement d'Amersfoort (province d'Utrecht), situé sur le Rhin au point où le Kromme Rijn se sépare du Lek.
3. C'était le baron de Balançon. — Christophe de Rye, mort en 1623, avait eu d'Éléonore Chabot, Simon, baron de Balançon, et Claude, également baron de Balançon, qui fut général de l'artillerie aux Pays-Bas et gouverneur de Namur.

hommes, qui avoit fait montre le 15ᵉ août à Herenthals[1], à laquelle se devoient joindre six régiments de l'armée de Wallenstein, qui étoit déjà arrivée à Rheinberg[2] avec du canon, et avoient dessein de tenter quelque exploit sur les îles de Zélande, et principalement sur celle de Tholen[3].

Le Roi en envoya, en grande diligence, donner avis au Cardinal, qui manda au sieur Bouthillier, le 21ᵉ août[4], qu'il avoit vu ce qu'il lui mandoit de l'affaire de Hollande; qu'il ne falloit ni s'y précipiter, ni la négliger; [que] les Hollandois, ayant autrefois failli prendre Grol et manqué à secourir Lingen[5], avoient fait la trêve, y étant contraints par leur nécessité; qu'il étoit à craindre que, si Bois-le-Duc manquoit à être pris, ils n'en fissent autant; auquel cas, la paix étant faite avec Danemark, nos affaires n'iroient pas bien; qu'il se fal-

1. Chef-lieu de canton de l'arrondissement de Turnhout, sur la Petite-Nèthe, sous-affluent de l'Escaut.
2. Ville fortifiée du cercle de Mœrs, district de Dusseldorf, située à environ trois kilomètres du Rhin.
3. Les *Mémoires* écrivent *Tertolen*. L'île de Tholen, en Zélande, s'étend entre les détroits de Keeten, Mastgat, Mosselkreek et Eendracht.
4. Ce paragraphe est emprunté presque textuellement à la lettre du Roi, donnée intégralement dans le manuscrit A, fol. 75. — En haut du feuillet 75 du manuscrit A, Sancy a écrit : « après la p[age] 12 du cahier 41. »; le feuillet 75 est, en effet, intercalé dans le 41ᵉ cahier de l'année 1629 (qui commence au feuillet 66).
5. Ville du district d'Osnabrück (Westphalie), sur l'Ems. Charles-Quint avait acheté le comté de Lingen et l'avait transmis à Philippe II. Le prince Maurice d'Orange s'en était emparé en 1597 et l'occupa jusqu'en 1605, date à laquelle les Espagnols le reprirent jusqu'en 1632, où il passa définitivement à la maison d'Orange.

loit, à son avis, servir du temps et de la nécessité des Hollandois, leur donner de bonnes paroles et leur dire nettement que, s'ils vouloient signer le traité, passant l'article contesté par le tempérament raisonnable qu'on y avoit trouvé, qui est qu'il seroit dit qu'ils ne pourroient faire la trêve sans l'avis, conseil et agrément du Roi, S. M. signeroit présentement le traité et les secourroit d'argent ; qu'il le prioit d'en parler au Roi, mais sans que le cardinal de Bérulle et le garde des sceaux sussent que cela vînt de lui ; qu'après, ayant le consentement du Roi, il parlât à l'ambassadeur[1] et lui dît que, s'ils vouloient, le traité se signeroit et s'exécuteroit fidèlement, et cependant qu'il falloit, par nécessité, attendre son retour, parce qu'il en savoit mieux les particularités que personne.

Incontinent après son retour à la cour, dès le 18e de septembre[2], il fit agréer au Roi qu'il fût fait réponse, au nom de S. M., aux instances pressantes que faisoit l'ambassadeur de Hollande en cette occurrence[3] ; que S. M. étoit toute prête d'assister Messieurs les États ès grandes dépenses qu'elle voyoit qu'ils avoient à faire, mais que, d'autant qu'elle avoit accoutumé de ne les secourir d'argent qu'ensuite des traités d'alliance faits

1. Le diplomate hollandais François d'Aersens.
2. D'après les documents, c'est le 8 septembre, et non le 18, que la réponse dont il est question ci-dessous fut donnée à l'ambassadeur hollandais.
3. Ce qui suit jusqu'à la p. 211 (aux mots « et quant à la difficulté de l'Angleterre... ») est emprunté à la « Réponse donnée par Mgr le Cardinal à l'ambassadeur de Hollande, le 8e septembre 1629, à Fontainebleau » ; au dos du document Charpentier a écrit « Employé » (Aff. étr., corresp. politique, Hollande 12, fol. 150, 151).

avec eux, elle attendoit la ratification de celui qui avoit été signé, il y avoit deux ans, par leur ambassadeur, après quoi elle feroit délivrer le secours qu'elle accordoit par ledit traité ; qu'on ne pouvoit dire qu'il y eût en icelui aucunes choses qui blessassent Messieurs les États, pour trois raisons : la première, parce qu'ils s'obligeoient à ne faire point la paix ni la trêve, sans le consentement ou gré du Roi ; le Roi s'obligeoit aussi de ne faire aucun traité avec Espagne, qui l'empêchât de secourir Messieurs les États, ainsi qu'il le promettoit par ledit traité, ce qui faisoit que la condition étoit réciproque ; la seconde, parce que, le traité portant que, s'ils venoient à manquer à la condition ci-dessus, faisant la trêve ou la paix sans le consentement du Roi, ils seroient obligés de rendre à S. M. tout l'argent qu'il leur auroit donné, comme s'ils l'avoient reçu par prêt, il leur étoit donc libre de faire la paix ou la trêve comme bon leur sembleroit, pourvu qu'ils voulussent rendre l'argent qu'ils auroient reçu ; la troisième, que le sieur Aersens, étant ici ambassadeur extraordinaire, avoit donnée, par écrit signé de sa main, au Cardinal, [à savoir] que Messieurs les États s'obligeroient à ne faire ni paix ni trêve sans le consentement du Roi, ce qu'il n'eût pas fait, étant habile homme comme il étoit, si cela eût contrevenu à la souveraineté et liberté de Messieurs les États[1] ; et quant à la difficulté de l'Angleterre, avec laquelle nous étions ci-devant en guerre, et dont la considération étoit lors mise en avant par les États pour s'excuser de consentir

---

1. La fin de ce paragraphe a été écrite en marge du manuscrit A, fol. 76 v°. Elle ne figure pas dans la réponse donnée à l'ambassadeur de Hollande.

à ce désir de S. M., elle étoit levée maintenant par la paix et très bonne intelligence qui étoit entre ces deux couronnes.

Tandis que le comte Henri de Berg étoit avec tant d'armées puissantes dans la Veluwe et qu'il étoit sur le point d'assiéger Arnhem et réduire les Hollandois, qui ne s'y étoient pas préparés, à l'extrémité, il reçoit, le 19ᵉ août, la nouvelle de la prise de Wesel, qui, la nuit précédente, avoit été surprise, avec l'intelligence d'un des habitants, par le gouverneur d'Emmerich[1], avec onze cents mousquetaires et huit cornettes de cavalerie. Il y entra par le trou d'un bastion et, sans aucune résistance, se rendit maître de la ville, les habitants répondant aux Espagnols, qui les appeloient à leur secours, qu'ils ne les pouvoient aider pour ce qu'il les avoit désarmés.

Les Hollandois y trouvèrent deux cornettes de cavalerie et seize enseignes d'infanterie qu'on y avoit laissés en garnison[2], desquels ils tuèrent la plupart et firent les autres prisonniers, et, entre eux, celui qui commandoit en la place.

Le comte Henri de Berg y perdit l'argent pour la montre d'un mois de toute son armée, l'équipage d'une partie de sa cavalerie et quantité de munitions de gueule et de guerre.

Cette nouvelle n'attrista pas seulement l'armée dudit comte, mais lui ôta tout moyen de faire aucun effet,

1. Otto van Gent, seigneur de Dieden et d'Oyen, qui avait été, en 1593, page de Frédéric-Henri de Nassau, prince d'Orange, était gouverneur d'Emmerich.

2. Première rédaction du manuscrit A, fol. 77, pour la fin de ce paragraphe : « lesquels ils firent tous prisonniers ».

vu que cette ville étoit leur magasin et leur étape, ce qui les contraignit de se retirer incontinent.

Cependant Bois-le-Duc demeuroit assiégé et prêt à se rendre; les assiégeants leur jetoient des grenades de cent quatre-vingts à deux cents livres, qui enlevoient souvent en l'air plusieurs maisons à la fois, gagnèrent la contrescarpe, passèrent leurs galeries dans le fossé, la principale desquelles étoit à l'épreuve du canon et si large que quatre chariots y alloient de front.

Le gouverneur, se voyant si pressé, commença à parlementer et demanda terme de six jours pour pouvoir envoyer à l'Infante.

Cela lui étant refusé, la ville et lui envoyèrent leurs députés, le 12ᵉ septembre, au prince d'Orange, et se rendirent à composition, ne prenant pour terme de sortir de la ville que le dix-septième jour dudit mois.

Il fut convenu entre eux que, dans le terme de deux mois, tous les ecclésiastiques sortiroient de la ville et qu'ils jouiroient, leur vie durant, de tous leurs revenus; quant aux religieuses, qu'elles pourroient demeurer dans la ville et y seroient alimentées, durant leur vie, des revenus de leurs couvents.

Mais, peu après, les Hollandois allant au contraire de ces promesses et traitant mal les catholiques, le Roi, plein de compassion des injures qu'ils recevoient, en écrivit aux États et au prince d'Orange, avec tant d'affection et leur représentant si vivement l'avantage qu'ils auroient de les mieux traiter qu'il leur fit donner quelque soulagement[1].

1. Première leçon du manuscrit A, fol. 80, avant les corrections de Charpentier : « [le Roi] en écrivit aux États et au prince d'Orange les lettres suivantes »; venaient ensuite les textes de ces lettres, qui ont été rayés (ms. A, fol. 80-82 rº).

Bautru écrivit de Bruxelles qu'un chacun avoit eu un grand ressentiment de la piété du Roi en cette action et que l'évêque de Bois-le-Duc[1] étoit venu lui-même en cérémonie l'en remercier.

Ce siège fini en septembre, les armées furent séparées et mises dans les garnisons; les Hollandois donnèrent à leurs Allemands et Flamands le pays de la Mark[2] pour y hiverner, à condition qu'ils s'entretiendroient des contributions, sans autre solde. Mais, ce logement étant proche des terres de l'électeur de Cologne[3] et autres Électeurs ecclésiastiques, l'ambassadeur du Roi fit nouvel office envers les États et le prince d'Orange pour l'observation de la neutralité avec lesdits Électeurs : de quoi l'on lui donna toute assurance.

Le comte Henri de Berg, qui avoit si bien servi les Espagnols et que la seule mauvaise fortune qui accompagnoit leurs affaires, à cause de leurs injustices et violences, avoit empêché de venir à bout de l'entreprise importante dont nous avons parlé ci-dessus, fut, en récompense, calomnié d'eux comme un traître ou comme un homme sans expérience, qui avoit fait ce dessein afin d'y employer toutes leurs forces pour les y ruiner, ou ne l'avoit su ou voulu conduire avec la dextérité qu'il le devoit être pour réussir heureuse-

1. Michaël Ophove, dominicain, fut évêque de Bois-le-Duc, de juillet 1626 à sa mort en novembre 1637.

2. Le comté de la Mark, qui a Hamm pour capitale, est situé entre les duchés de Berg, de Clèves, de Westphalie, le comté de Recklinghausen et l'évêché de Munster.

3. Ferdinand de Bavière, fils du duc Guillaume de Bavière et de Renée de Lorraine (1577-1650), archevêque de Cologne en 1612, de Paderborn en 1619; il était le frère de l'électeur de Bavière Maximilien.

ment; ce qui fit que, après avoir salué l'Infante, il s'éloigna de la cour et se retira dans son gouvernement de Gueldre.

Les Hollandois, élevés par ces succès, ne voulurent plus ouïr parler de ratifier le traité avec le Roi, qui avoit été arrêté par leurs ambassadeurs, il y avoit deux ans[1], et dont nous avons dit ci-dessus que le Cardinal leur avoit demandé la ratification, s'ils vouloient que le Roi leur donnât l'assistance qu'ils désiroient de S. M.

Ils répondirent au sieur de Baugy, qui leur en parla, que la trêve qui alors se traitoit avec Espagne ne leur donnoit plus le moyen d'y pouvoir répondre. Vosberghen[2] lui dit, avec plus de franchise, qu'ils ne pouvoient rien dire de plus sur cette proposition que ce que Aersens et lui en avoient dit en France.

Leur ambassadeur[3] proposa depuis au Cardinal que, si le Roi vouloit rompre avec Espagne, ils feroient ce que S. M. voudroit.

Il lui demanda s'il avoit pouvoir particulier de traiter sur ce sujet, et, sur ce que ledit ambassadeur lui répondit que non, il lui répliqua : « Puisque vous

1. Cf. notre t. VII, p. 86-89.
2. L'un des ambassadeurs extraordinaires de Hollande en France.
3. Ce qui suit jusqu'à la p. 218 (au paragraphe commençant par : « On fit au sieur de Baugy une autre dépêche sur ce sujet le 17e octobre... ») est tiré d'une copie de « lettre écrite par l'ambassadeur d'Hollande à Messieurs les États »; cette note a été écrite par Richelieu au dos du document (Aff. étr., corresp. politique, Hollande 12, fol. 203, 204); au revers de la pièce Charpentier a écrit « Employé », et Sancy : « Cela est environ en septembre ou octobre 1629. »

n'avez pas pouvoir, il sera inutile de passer outre en ce discours. Tout ce que je vous puis dire est que, si vous aviez pouvoir vous seul, ou quelque autre avec vous bien instruit sur ce sujet, nous ne serions pas quatre jours sans vous rendre réponse et prendre une prompte et forte résolution qui vous contenteroit, et comme le Roi ne voudroit pas détourner Messieurs les États d'une trêve avantageuse, ainsi qu'elle seroit si les Espagnols effectuoient les offres qu'on vous a mandé qu'ils faisoient de donner Bréda, Lingen, et plusieurs autres conditions que je n'ai jamais crues, aussi est-il en volonté assurée de les assister si la guerre se continue, et rien ne l'en a empêché, depuis quelque temps, que la difficulté qui s'est trouvée au traité sur un mot, sur lequel nous attendons réponse de Messieurs les États. Quand nous verrons ce que vous répondrez entre vous sur l'assemblée que vous faites pour la trêve, vous trouverez le Roi en la disposition que vous pouvez désirer et nous vous parlerons clairement. »

L'ambassadeur lui dit que, si les Hollandois se portoient à la guerre, peut-être la France agiroit-elle alors plus froidement : à quoi le Cardinal répondit que ce n'étoit pas son procédé et qu'en ce cas, dans quatre jours, on lui rendroit volontiers beaucoup meilleure réponse qu'il ne pensoit et que, dès cette heure, ils pouvoient être assurés que le Roi ne les abandonneroit jamais.

Ensuite l'ambassadeur lui parla de l'affaire d'Orange; sur quoi le Cardinal, sans s'engager, ni à nier ce qui étoit fait, ni à promettre ce que le service du Roi ne permettoit pas que l'on eût tenu, répondit avec dextérité que le prince d'Orange pouvoit bien croire qu'un grand roi comme S. M. ne pouvoit avoir de dessein de le priver d'une chose qui lui appartenoit; que, si Orange étoit encore au même état qu'il étoit du temps du feu Roi, S. M. le remettroit entre les mains de son seigneur; qu'elle en avoit augmenté le revenu avec contentement pour l'utilité qu'en recevoit le prince d'Orange, qu'il aimoit et estimoit grandement, mais qu'il étoit impossible d'empêcher le tiers et le quart de dire qu'il seroit à désirer que cette place ne fût point fortifiée et que, tant s'en falloit qu'elle fût utile pour la conservation de la principauté du prince d'Orange, S. M. la conserveroit bien plus soigneusement si elle étoit en l'état auquel elle étoit par le passé que comme elle étoit alors; en un mot, qu'il pouvoit être assuré que le Roi, pour rien du monde, ne voudroit faire aucun tort au prince d'Orange.

Ledit ambassadeur manda toutes ces choses aux États, et particulièrement touchant l'affaire du traité entre le Roi et la Hollande.

Il leur manda que le Cardinal, ayant accoutumé de parler en sorte que les effets passoient ce dont il donnoit espérance, il jugeoit, de l'aversion qu'il avoit remarquée en ses paroles contre les Espagnols, qu'on pensoit à la guerre; que, si les affaires en Hollande alloient à la guerre, ils avoient plus à espérer de la France qu'ils n'avoient jamais osé croire jusques alors, les choses étant en tel point que facilement entreroit-on en rupture avec Espagne; et que, si les États lui vouloient donner pouvoir de traiter ou lui envoyer quelqu'un pour traiter conjointement de cette affaire avec le Cardinal, il en espéroit bonne issue, lui ayant été souventes fois dit par ledit Cardinal, sur les instances qu'il lui faisoit de lui déclarer l'intention du Roi, que, si ledit ambassadeur avoit pouvoir, il lui parleroit franchement, mais qu'il falloit voir auparavant ce qu'ils feroient pour la trêve ou pour la guerre. Mais ils ne voulurent point faire de réponse à la lettre dudit ambassadeur, ayant désir qu'on traitât de cette affaire à la Haye, afin qu'eux tous ensemble la pussent plus mûrement considérer.

On fit au sieur de Baugy une autre dépêche sur ce sujet le 17ᵉ octobre, afin de le tenir informé de tout, et qu'il sût particulièrement l'intention de S. M.

On lui mandoit[1] que le mémoire qu'on lui avoit envoyé, en septembre dernier, satisfaisoit clairement à l'imaginaire difficulté que les Hollandois faisoient au traité qui leur étoit proposé, sur ce que le Roi désiroit que Messieurs les États s'obligeassent de ne faire point la paix ni la trêve sans son consentement, eux prétendant, par opiniâtreté, que cela préjudicioit à leur souveraineté et liberté.

Et cependant, pour accourcir le temps, le Roi trouva bon que l'on donnât avis audit sieur de Baugy de deux autres expédients qu'il y avoit de sortir d'affaire, desquels ledit sieur de Baugy n'useroit qu'en cas qu'il n'obtînt le premier, et en useroit en sorte que, s'il y avoit moyen, il fît que Messieurs les États les lui proposassent; ce qui ne seroit pas difficile, puisque, en effet, ils étoient tels que l'on savoit par diverses voies qu'ils les désiroient : le premier étoit que l'on ôtât du traité ce mot de consentement et agrément, qui déplaisoit à

---

1. Ce paragraphe et le suivant sont empruntés à un mémoire destiné à être communiqué à Baugy (Aff. étr., corresp. politique, Hollande 12, fol. 233).

Messieurs les États, et que, sous main, ils donnassent une lettre reversale particulière, laquelle même ne parleroit point qu'ils ne pussent faire la paix ou la trêve sans le consentement ou agrément du Roi, mais déclareroit à S. M. qu'ils ne feroient la paix ni la trêve, de trois ans, avec le roi d'Espagne ; le second étoit qu'il ne fût point parlé dans le traité de ne pouvoir faire ni paix ni trêve sans le consentement du Roi, qui étoit ce qui blessoit l'imagination de Messieurs les États, S. M. se contentant seulement de ce qui étoit porté par icelui traité, que Messieurs les États seroient tenus de lui rendre l'argent qu'il leur auroit donné, au cas qu'ils vinssent à faire la trêve ou la paix sans son consentement[1].

Tandis que toutes ces choses se passent en Hollande, que Bois-le-Duc s'assiège et se prend, que les Espagnols les sollicitent de faire la trêve ou la paix, et le Roi les invite à renouveler avec lui une alliance avec conditions raisonnables, dont ils sont de jour à autre retenus par la disposition qu'ils pensent voir dans les affaires à la rupture entre les deux couronnes, le roi d'Angleterre jure la paix, signée le 24e avril, et publiée, dans les deux royaumes de France et d'Angleterre, le 20e mai[2], et tandis qu'il traite et convient avec

1. Le manuscrit A portait d'abord (fol. 86) : « Puis enfin, vers le 20e décembre, on lui envoya un pouvoir de passer secrètement avec lesdits États les articles suivants pour le renouvellement de l'alliance. » Suit dans le manuscrit (fol. 86-90) le texte du traité proposé, accompagné de commentaires qui devaient servir comme d'instructions à Baugy ; le tout a été rayé. Ce document est aux Aff. étr., corresp. politique, Hollande 12, fol. 255, 256.

2. On trouvera les textes du traité aux Aff. étr., corresp. politique, Angleterre 43, fol. 144-148.

Châteauneuf, notre ambassadeur extraordinaire, de plusieurs articles concernant particulièrement la maison de la reine sa femme, et fait semblant de chercher avec lui un moyen de défendre la liberté de l'Allemagne et rétablir son beau-frère dans le Palatinat, il écoute honteusement les propositions que les Espagnols lui font pour la paix et va au-devant, abandonnant le bien commun de la chrétienté et le sien propre pour se défendre de son parlement et essayer de le ranger, à quelque prix que ce soit, sous son autorité.

Châteauneuf partit de Paris au mois de juin et arriva, au commencement de juillet, à Londres[1].

A son arrivée et à sa première audience, il trouva qu'ils changeoient beaucoup de ce qu'ils avoient accoutumé d'user et de ce qu'ils avoient fait envers le maréchal de Bassompierre; mais, comme ils mettent toute leur grandeur en cérémonies, qu'ils pratiquent, disent-ils, avec mûre délibération résolue en leur Conseil, il crut les devoir dissimuler et n'en point parler.

Entre autres choses, le roi lui parla, par truchement, en anglois, qui étoit une façon extraordinaire et non usitée par lui ni par le feu roi son père, ni par la reine Élisabeth jusques alors, parce qu'ils parloient tous trois très bon françois.

Il continua encore, depuis, cette façon de faire quand il le vit en audience, lui faisant réponse en anglois: mais, les autres fois qu'il le vit en particulier, allant saluer la reine, il lui parla françois et traita avec plus de privauté et de liberté.

1. Ses instructions, signées sous les murs de Privas, sont du 20 mai; une minute en est conservée aux Aff. étr., corresp. politique, Angleterre 43, fol. 140-143. Cf. notre t. IX, p. 243.

La lettre aussi qu'ils écrivirent au Roi par leur ambassadeur Edmunds étoit écrite en latin, contre ce qui étoit accoutumé depuis la reine Élisabeth, ayant voulu en cela reprendre l'ancienne forme dont usoient les rois d'Angleterre[1].

Et, pour ce que, en ce temps-là, le titre de Majesté n'étoit pas en usage entre les rois, ils ne le donnèrent pas aussi au Roi en leur lettre, mais seulement celui de Sérénité, pour ce que anciennement on usoit de ce seul titre-là et de celui de Grandeur, sans considérer les changements des temps et les innovations qui s'étoient apportées aux titres en ce siècle dernier, depuis que l'Empire avoit été conjoint à l'Espagne et que la gloire allemande et espagnole, unies ensemble, avoient recherché des titres nouveaux, leur vanité ne pouvant pas demeurer resserrée dans ceux dont ils avoient accoutumé d'user.

Depuis ce temps-là le nom de Majesté, qui ne se donnoit qu'à l'Empereur par ses sujets seulement, fut usurpé par la maison d'Espagne; les rois, qui sont empereurs en France, s'en firent aussi appeler et ensuite les autres rois de la chrétienté, et se donnèrent tous, les uns aux autres, cette qualité, et les moindres princes semblablement en usèrent, écrivant ou parlant à eux, excepté les princes de l'Empire, qui ne voulurent jamais changer leur façon ordinaire d'écrire au Roi, qui est : Votre Royale Dignité.

Et, sur quelques plaintes qu'ils firent du temps du

---

1. Voyez pour la rédaction de ce paragraphe et des suivants un « Mémoire sur la forme d'écrire entre les rois de France et d'Angleterre » (Aff. étr., corresp. politique, Angleterre 43, fol. 256-260).

feu Roi, qu'il ne faisoit pas, en France, couvrir leurs ambassadeurs, bien que ceux des princes d'Italie, beaucoup inférieurs à eux, se couvrissent devant S. M., il leur fit dire qu'aussi lui donnoient-ils le titre de Majesté, ce qu'eux ne faisoient pas; qu'ils parlassent comme eux et qu'on les traiteroit de même.

Ils en demeurèrent sur cette réponse et n'en parlèrent davantage, hormis Bavière, qui, depuis quelque temps en çà, donnant au Roi le titre de Majesté, demanda que son ambassadeur parlât couvert : ce qu'on ne trouva pas à propos, si cette résolution n'étoit faite par un commun accord des Électeurs, afin qu'elle ne fût point changée à l'avenir.

Quant à l'Empereur, qui est celui qui, vraisemblablement, retient les Électeurs de rendre cet honneur à nos rois, à plus forte raison refusa-t-il de le leur rendre aussi, et eux, de leur part, ne lui donnèrent non plus jamais le titre de Majesté, jusques à ce que, du temps de la minorité du Roi, les ministres, par foiblesse et peu d'affection à la conservation de la dignité de cette couronne, s'y laissèrent aller, sous prétexte que l'ambassadeur d'Espagne leur donnoit à entendre que l'Empereur en feroit de même, qui ne le fit toutefois pas, mais ne donne encore au Roi que le titre de Sérénité, bien que, depuis dix ans en çà, il l'ait donné aux ducs de Saxe et de Bavière (qui l'extorquèrent de lui en la nécessité qu'il eut de leur assistance en Bohême contre le Palatin) et qu'il ait pris encore un titre plus élevé que celui de la simple Majesté, se faisant appeler Sacrée Majesté, en quoi l'Espagne l'a imité, se faisant aussi traiter de même, ne leur restant plus rien à usurper que celui de Majesté

Divine, en quoi il n'y auroit point de prince sage qui les voulût imiter.

Le roi d'Angleterre encore défendit à Edmunds, son ambassadeur, qu'il envoya en France pour la paix, d'aller voir le Cardinal, ne lui donnant pas la main en sa maison, mais le précédant, selon qu'il est usité en la chrétienté, afin qu'il ne semblât reconnoître, en quelque manière, le Pape et avouer, comme il dit lui-même depuis à Châteauneuf, la doctrine de Bellarmin, qui écrit que les cardinaux sont plus grands que les rois : en quoi il étoit d'autant plus pointilleux que les papes prétendent avoir quelque droit sur le royaume d'Angleterre et qu'il relève d'eux depuis que Jean sans Terre[1] le leur soumit pour, par l'autorité du Saint-Siège, chasser le dauphin Louis, fils de Philippe-Auguste[2], qui avoit été appelé et élu par les États au royaume d'Angleterre et en avoit pris possession[3].

1. Né en 1166, roi d'Angleterre de 1199 à sa mort (1216), fils de Henri II d'Angleterre et d'Éléonore d'Aquitaine.

2. Philippe-Auguste, roi de France de 1180 à 1223, eut d'Isabelle de Hainaut, Louis VIII, né en 1187, roi de France de 1223 à 1226.

3. Les vassaux du roi d'Angleterre Jean sans Terre ayant, dit-on, envoyé au roi de France une adresse où ils lui promettaient la couronne s'il venait la prendre (1212), Philippe-Auguste prépara une armée pour descendre en Angleterre et son fils Louis fut désigné comme successeur de Jean sans Terre (1213). Pour parer à ce danger, le roi d'Angleterre, qui avait été en conflit avec la papauté et excommunié à l'occasion de la nomination de l'archevêque de Cantorbéry, fit sa soumission, prêta serment de fidélité à Dieu et à l'Église, et résigna sa couronne entre les mains du légat (13 mai 1214). Le 20 juillet suivant, il était relevé d'excommunication ; enfin, le 13 octobre, il abandonnait au Saint-Siège le royaume d'Angleterre et d'Ir-

Un conseil, composé de six conseillers, établi de nouveau par le roi d'Angleterre pour les affaires d'État, causoit tous ces changements, en partie pour lui montrer par là qu'ils avoient soin de sa grandeur et du rétablissement de son autorité, mais principalement pour ce qu'aucuns d'entre eux, portés à la paix d'Espagne, espéroient que tant moins bien les deux rois seroient ensemble, tant plus auroient-ils d'avantage pour avancer ladite paix et qu'eux tous ensemble convenoient à une extrême jalousie de la grandeur de la France, qui leur sembloit donner amoindrissement à la leur, et, pour ce sujet, nourrissoient et fomentoient toutes les difficultés et aigreurs qui se rencontrent toujours dans les affaires, leur semblant que, formant des difficultés sur tout, ils prenoient autant d'avantage sur nous et se relevoient de la honte qu'ils avoient reçue.

Il leur fut aisé de faire trouver bons ces changements au roi d'Angleterre, lequel avoit si peu d'application aux grandes affaires et s'occupoit si fort aux petites et à celles qui regardoient le particulier de sa maison, qu'ils le conduisoient aux grandes à peu près selon leur volonté, pourvu qu'ils se donnassent de garde qu'il ne s'en aperçût ; car, s'il eût découvert qu'ils eussent eu intention de le gouverner, il n'eût rien fait de tout ce qu'ils lui eussent conseillé et eussent perdu tout crédit auprès de lui.

Cette pensée fit perdre beaucoup d'autorité au comte de Carlisle, qui étoit celui qui, d'entre eux, avoit le plus de connoissance des affaires étrangères

lande, se déclarant vassal du Pape et promettant un tribut annuel de mille marcs.

et y avoit été le plus employé du temps du feu roi Jacques et de celui-ci même; car ce roi, craignant qu'on ne pensât qu'il fît toutes choses par son avis, suivoit moins ordinairement les conseils qu'il lui donnoit.

Il étoit entré aussi en quelque semblable jalousie du grand trésorier[1] et en parla[2] une fois ou deux à Châteauneuf, lui disant qu'il ne le gouvernoit point, et conjura même la reine, une fois qu'elle étoit présente, que, si elle l'aimoit, elle détrompât ledit Châteauneuf de cette créance; mais ledit trésorier étoit si avisé et se conduisoit avec telle adresse qu'il ne permettoit pas que ce soupçon pût prendre racine en son esprit.

Davantage, ce conseil y avoit rencontré l'esprit dudit roi porté, car il étoit glorieux et désireux d'honneur, facile à se dépiter et à croire qu'on le méprisoit, et principalement de la part de la France, non seulement à cause des anciennes jalousies et querelles entre les deux royaumes, mais de l'envie qu'il portoit à la gloire du Roi, qui l'élevoit au-dessus de tous les princes de la chrétienté, et du regret qu'il avoit des avantages et victoires que S. M. avoit remportés sur lui, dont il conservoit la mémoire avec un d'autant plus grand déplaisir qu'il ne s'en pouvoit relever et ne se voyoit pas en état de s'en pouvoir venger.

1. Richard Weston, premier comte de Portland (1577-1635), entra au Parlement en 1601, fut chargé d'une mission diplomatique à Bruxelles (1621), nommé chancelier et sous-trésorier de l'Échiquier (1621), envoyé en mission à Bruxelles, et créé grand trésorier en 1628. Il succéda à Buckingham dans la confiance du roi. En 1633, il fut créé comte de Portland.

2. Cette fin de paragraphe est tirée d'une dépêche de Châteauneuf, du 24 septembre (Aff. étr., corresp. politique, Angleterre 43, fol. 270).

Cette maladie d'esprit, qui se faisoit voir dans toutes les grandes affaires qu'il avoit avec la France, ou en celles èsquelles elle avoit quelque intérêt, se fit particulièrement connoître en deux occasions légères et qui ne méritoient pas d'être considérées.

Il témoigna[1] un sensible déplaisir de ce que l'on avoit fait imprimer en France le livre des suscriptions de l'entrée du Roi dans Paris après la prise de la Rochelle[2], d'autant qu'en icelles il étoit fait mention de leurs entreprises de Ré et secours de la Rochelle, qui ne leur avoit pas succédé heureusement.

Mais, particulièrement, il ne se pouvoit taire entre ses affidés des enseignes gagnées en Ré, lesquelles le Roi fit mettre dans l'église Notre-Dame de Paris, non pour ériger un trophée à ses victoires, mais pour les reconnoître de la bonté de Dieu et de l'intercession de la Vierge.

Il dit à la reine sa femme, sur ce sujet et le précédent, que, s'il n'eût été chrétien, ces deux actions-là l'eussent empêché de se réconcilier jamais avec le Roi, qui, pour un peu de mésintelligence qui avoit été entre eux, sembloit vouloir, par ces choses, déshonorer à jamais la nation angloise; ce qu'après lui avoir dit, il lui fit défense très expresse d'en parler à Châteauneuf, de peur que, si on le savoit, le Roi s'en glorifiât encore plus et ne prît un nouvel avantage sur lui du déplaisir qu'il en ressentoit.

1. Ce paragraphe et les trois suivants sont tirés d'une dépêche de Châteauneuf, du 7 octobre (Aff. étr., corresp. politique, Angleterre 43, fol. 285).

2. Il est probablement question ici de l'opuscule, publié sans lieu ni date, intitulé *Traduction françoise des inscriptions et devises faites pour l'entrée du Roi*.

De sorte que l'ambassadeur, qui ne laissa pas d'en donner avis à la cour, conseilloit que si on vouloit en cela donner satisfaction au roi d'Angleterre, il suffisoit d'ôter simplement ces enseignes de Notre-Dame et non les lui envoyer, craignant qu'il prît cela à un nouvel affront et qu'on lui voulût faire une nouvelle reproche[1] de l'avoir vaincu.

Le Cardinal, en ayant avis, manda à Châteauneuf qu'il en avoit parlé au Roi, qui faisoit grande difficulté de les ôter, cela ne se pratiquant point lorsqu'il y avoit eu guerre ouverte; cependant, s'il connoissoit que cela importât tant au contentement du roi d'Angleterre qu'il voulût procéder de bonne foi avec la France et donner actuelle satisfaction de ce qu'il poursuivoit, comme de l'évêque, médecin, vaisseau de Toiras, et du commerce, il pouvoit promettre qu'elles seroient ôtées[2].

Tous ces changements susdits d'écrire au Roi en latin, de ne lui pas donner de la Majesté, ne vouloir pas que leur ambassadeur visitât le Cardinal, étoient choses auxquelles il étoit d'autant plus difficile à remédier qu'ils sont glorieux et opiniâtres et croient que nous les méprisons quand nous les faisons départir de leurs résolutions, qu'ils prennent bien souvent sans les considérer, et veulent faire croire que c'est par prudence et après y avoir mûrement pensé. Aussi, si on leur en eût parlé comme de chose à laquelle on avoit grande affection, on n'y eût jamais rien gagné. Mais Château-

---

1. Le mot *reproche* a été du féminin. Malherbe écrit : « On ne se pique point d'*une* reproche qu'on peut faire à tout le monde » (*Traité des bienfaits de Sénèque*, t. III, p. 16).

2. Paragraphe écrit à la marge du manuscrit A, fol. 95 v°.

neuf prit tout un autre chemin et leur en parla à reprises comme de chose indifférente, ce qui fit qu'avec la patience il en vint à bout.

Il leur remontra[1] premièrement l'impertinence et l'incivilité qu'ils commettoient en usant du mot de Sérénité au lieu de Majesté, du titre de laquelle il n'y avoit point de différend entre eux et nous. Ils dirent que c'étoit une méprise et qu'ils avoient bien résolu d'écrire à l'avenir au Roi en latin, mais qu'ils n'avoient pas considéré la forme, laquelle avoit été remise au secrétaire d'État, qui avoit suivi les vieux registres sans avoir considéré l'usage; en conséquence de cela, ils avisèrent à envoyer une autre lettre à Edmunds, avec charge de retirer du sieur Bouthillier celle qu'il avoit portée. En cette lettre nouvelle ils ajoutèrent au titre de Sérénissime celui de Très Puissant et usèrent, dans le contexte de la lettre, de celui de Majesté, croyant que le Roi leur donneroit les mêmes titres qu'il[2] leur donnoit : en quoi ils se trompèrent, en ce que la langue latine, qui, par un long usage de plusieurs siècles en çà, ne peut plus user de la seconde personne qu'avec mépris, est obligée de se servir de la troisième, auquel cas il faut ajouter un titre en qualité, ce que la langue françoise ne souffre pas, l'usage de la seconde personne étant toujours demeuré honorable et partant n'obligeant point à donner aucune qualité.

De là, il passa[3] à ce qu'ils n'appeloient le Roi que

1. Les deux premières phrases de ce paragraphe sont tirées d'un « Mémoire sur la forme d'écrire entre les rois de France et d'Angleterre » (Aff. étr., corresp. politique, Angleterre 43, fol. 257).

2. C'est-à-dire : Châteauneuf.

3. Paragraphe tiré du « Mémoire sur la forme d'écrire entre

Très Chrétien et ne le qualifioient pas Roi de France et de Navarre : de France, prétendant qu'ils feroient tort à la qualité qu'ils prennent de roi de France; de Navarre, pour faire plaisir aux Espagnols. Il leur remontra que, quant au titre de *Francorum Rex*, les rois d'Angleterre l'avoient donné de tout temps aux prédécesseurs de S. M.; quant à celui de Navarre, il n'avoit aussi jamais été dénié par les rois d'Angleterre depuis que le feu roi Henri IVe vint à la couronne, qui est celui qui y a apporté la Navarre.

Il vint, puis après, au titre[1] que le roi d'Angleterre, écrivant à S. M., vouloit prendre de Roi d'Irlande et Défenseur de la Foi, titres nouveaux, non jamais reconnus par le Roi et que nous ne devons ni ne pouvons approuver, l'Irlande n'étant point un royaume, mais une simple seigneurie et de laquelle les rois d'Angleterre, depuis trois cents ans qu'ils la possèdent, ne se sont jamais qualifiés que seigneurs, la reine Marie[2], étant mariée à Philippe IIe, roi d'Espagne[3], ayant été la première qui, pour augmenter ses titres, s'en qualifia reine. Il est vrai que ses ambassadeurs furent reçus à Rome en cette qualité, mais cela ne faisoit rien contre nous, tant pour ce qu'ils n'y furent pas reçus avec consentement et approbation de l'Empereur et autres rois de la chrétienté, que pour ce même que,

les rois de France et d'Angleterre » (Aff. étr., corresp. politique, Angleterre 43, fol. 259).

1. Cf. pour la rédaction de ce paragraphe le « Mémoire sur la forme d'écrire... », précité (Ibid., fol. 257).

2. Marie Tudor (1515-1558), reine d'Angleterre en 1553, avait épousé, en 1554, Philippe II, fils de Charles-Quint.

3. Philippe II (1527-1598) devint en 1556 roi d'Espagne, à la suite de l'abdication de son père Charles-Quint.

quatre ans après, tous les actes faits par la reine Marie à Rome furent révoqués.

Quant à celui de Défenseur de la Foi, c'est un titre qui ne commença que depuis le roi Charles VIIIe et, en l'état présent du schisme et de l'hérésie de toute l'Angleterre, il seroit honteux à tous les princes de la chrétienté de l'avouer[1].

Enfin, après en avoir plusieurs fois conféré amiablement ensemble, il obtint premièrement d'eux qu'ils ôteroient les titres de Roi de France et Défenseur de la Foi, puis enfin qu'ils reprendroient le style ordinaire et écriroient en françois.

La visite de leur ambassadeur Edmunds vers le Cardinal étoit une affaire plus malaisée à ajuster, Edmunds étant un hérétique envenimé et d'une humeur aigre et de difficile accommodement.

Châteauneuf, pour entamer cette affaire, prit une occasion qui se présenta à propos. Il y avoit quelques jours[2] que le roi, à son retour de la chasse, l'avoit envoyé quérir chez la reine, où il étoit, et fait venir en cabinet, et le pria de vouloir écrire au Roi et à la Reine sa mère, à ce qu'il leur plût rétablir la duchesse de Chevreuse dedans la cour; qu'elle étoit sa parente[3],

---

1. Les derniers mots de ce paragraphe ont peut-être été tirés du « Mémoire sur la forme d'écrire entre les rois de France et d'Angleterre », précité (Aff. étr., corresp. politique, Angleterre 43, fol. 258).

2. Ce paragraphe est emprunté à une dépêche de Châteauneuf, du 10 septembre (Aff. étr., corresp. politique, Angleterre 43, fol. 253). C'est à la fin d'août que le roi d'Angleterre présenta à Châteauneuf sa requête en faveur de la duchesse de Chevreuse.

3. Claude de Lorraine, duc de Chevreuse, avait eu pour arrière-grand-père Claude de Lorraine, duc de Guise, dont la

qu'elle avoit souffert pour l'amour de lui, qu'il se sentoit obligé à l'assister et faire cette prière à LL. MM. en sa faveur, qu'il en donneroit charge à son ambassadeur, et le prioit cependant de leur écrire les instances qu'il lui en avoit faites, qu'il se promettoit cela de leur amitié envers lui.

Il en étoit sollicité de plusieurs lieux et par quelques-uns de ses plus favoris qui y prenoient intérêt, et par le duc de Lorraine qui y étoit passionné, et, du côté de France, par personne[1] à laquelle il désiroit encore davantage donner satisfaction[2].

Deux ou trois jours après[3], Châteauneuf étant chez la reine, ledit roi lui fit encore les mêmes instances et ajouta que, aussitôt qu'il sauroit le retour du Cardinal auprès du Roi, il dépêcheroit un gentilhomme exprès vers le Roi et la Reine pour les en supplier et lui aussi ; néanmoins, qu'il prioit ledit Châteauneuf de le conseiller en cela et qu'il ne se voudroit engager en cette prière si expresse pour être refusé et n'en recevoir la satisfaction qu'il se promettoit de l'amitié de LL. MM. et de celle du Cardinal, qu'il désiroit.

sœur, Marie de Lorraine, épouse de Jacques V, roi d'Écosse, père de Marie Stuart, était l'arrière-grand'mère de Charles Ier, roi d'Angleterre.

1. La « personne » de France, ainsi désignée ici, est vraisemblablement la reine Anne d'Autriche, dont l'amitié pour Mme de Chevreuse est bien connue.

2. Voyez pour la rédaction de ce paragraphe le début d'une dépêche de Châteauneuf du 7 octobre (Aff. étr., corresp. politique, Angleterre 43, fol. 283).

3. Paragraphe tiré de la dépêche précitée de Châteauneuf (Aff. étr., corresp. politique, Angleterre 43, fol. 253), revue et corrigée par Sancy en vue de son utilisation partielle dans les *Mémoires*.

Châteauneuf lui représenta qu'il y trouvoit grande difficulté, que c'étoit une femme de qui la malice surpassoit celle de son sexe, quelque malicieux qu'il soit, et qu'on avoit éprouvé que plusieurs personnes de condition et de puissance se détournoient du service du Roi pour adhérer à ses passions.

Il le remercia de ce qu'il lui en parloit avec franchise et lui dit que, le duc de Lorraine ayant envoyé exprès un gentilhomme pour l'en supplier, il ne savoit comment faire pour se démêler de sa prière; qu'il pensoit envoyer pour cela Montaigu en France, qu'il[1] étoit serviteur particulier et obligé du Cardinal, comme en vérité il parloit très dignement de lui et de la France en toutes occasions.

Néanmoins, après y avoir davantage pensé, il dit qu'il se contenteroit d'envoyer Saint-Remy en Lorraine et lui donneroit charge d'en parler au Roi en passant; au pis aller, il feroit l'office qu'on désiroit de lui et en recevroit telle réponse qu'il plairoit au Roi lui donner. Il ajouta qu'on lui avoit voulu faire croire que le Cardinal n'aimoit ni son État ni sa personne, mais qu'il donnoit cela au temps passé et au malentendu qui avoit été entre les deux couronnes et vouloit honorer sa vertu et sa personne, comme du plus illustre homme qui fût aujourd'hui, pour les grandes actions et signalés services qu'il avoit rendus au Roi son maître et à toute la chrétienté[2].

---

1. La fin du paragraphe est empruntée au document précité (Aff. étr., corresp. politique, Angleterre 43, fol. 253 v°).

2. Deux paragraphes du manuscrit A, fol. 101 v°, ont ici été rayés. Le feuillet 102 du manuscrit A a été intercalé dans la première rédaction de ce manuscrit, ainsi, du reste, que Sancy

Le Cardinal, ayant eu avis de ces choses par Châteauneuf, lui manda, sur le sujet de Mme de Chevreuse, qu'il avoit fait voir l'article de sa lettre au Roi et à la Reine sa mère, qui lui avoient répondu qu'ils s'étonnoient comme le roi de la Grande-Bretagne, donnant si peu de contentement sur les choses à quoi il étoit obligé par bons contrats, vouloit demander des choses si contraires au sentiment de LL. MM. que le Roi avoit dit ces propres termes : « Il fait difficulté d'une dame de lit qu'il ne connoit pas et qu'on choisiroit de bonne et douce humeur, parce qu'il dit que cela troubleroit le repos de sa maison et l'intelligence d'entre lui et la reine, et veut que j'en prenne une que je connois trop et qui a toujours troublé ma maison » ; qu'en un mot, pour plusieurs raisons trop longues à écrire, il le prioit détourner l'ambassade qu'on lui vouloit faire sur ce sujet, pour ce qu'il n'y trouveroit ni le compte de la reine ni le sien.

Sur ce que le roi de la Grande-Bretagne lui avoit dit que le Cardinal étoit mal incliné vers lui et son

l'avait indiqué par ces mots : « cahier 44 après p[age] 4. », le 44e cahier de 1629 commençant au feuillet 99; ce feuillet supplémentaire a été écrit par Isaac Cherré, secrétaire de l'évêque de Saint-Malo. Noter qu'avant les corrections de Sancy et de Charpentier, ce feuillet 102 était rédigé à la troisième et à la première personne du singulier; c'est ainsi qu'on lisait : « Le Cardinal ayant eu avis de ces choses par Châteauneuf, lui manda, sur le sujet de Madame de Chevreuse, qu'il avoit fait voir l'article de sa lettre au Roi et à la Reine sa mère qui m'ont répondu qu'ils s'étonnoient comme le roi de la Grande-Bretagne... » Le présent paragraphe est tiré de la dépêche précitée de Châteauneuf (Aff. étr., corresp. politique, Angleterre 43, fol. 253); corrections de Sancy sur le document ayant servi de source.

État, il manda audit Châteauneuf qu'il n'y avoit que des malins et imposteurs qui eussent pu persuader au roi de la Grande-Bretagne qu'il n'honorât pas sa personne et n'affectionnât pas ses États ; qu'il le prioit de lui témoigner qu'il respectoit en lui non seulement son sceptre, mais les grandes qualités qui étoient en sa personne ; qu'il désiroit sa gloire et y contribueroit toujours par souhait s'il ne le pouvoit faire autrement ; qu'il ne tiendroit qu'à lui de la porter à un haut point, formant de bons desseins pour la conservation des alliés de ces deux couronnes et les poursuivant fortement ; qu'il s'assuroit que, si dans la mauvaise intelligence passée entre les deux royaumes, il avoit fait ce qu'il avoit pu pour le service du Roi, il l'en estimeroit davantage, puisque en cela il avoit fait ce qu'il devoit ; mais qu'à l'avenir il ne satisferoit pas aux volontés du Roi s'il ne le servoit comme lui-même ; qu'il le prioit de lui donner cette assurance de son affection et de son très humble service.

Châteauneuf fit lesdites réponses audit roi d'Angleterre et ajouta que ces rapports, qui lui avoient été faits, étoient des calomnies qui venoient de l'abbé Scaglia et de son maître[1] et de quelques siens ministres, lui désignant le comte de Carlisle, qu'il savoit certainement être un de ceux qui lui avoient donné ces impressions pour l'aliéner de la France et l'empêcher d'y prendre confiance et le porter du côté d'Espagne ; puis il[2] dit, comme de lui-même, qu'il voyoit bien que le-

1. Le duc de Savoie.
2. Châteauneuf. — Ce paragraphe et le suivant sont tirés d'une dépêche de Châteauneuf du 7 octobre (Aff. étr., corresp. politique, Angleterre 43, fol. 283 v° et 284).

dit Cardinal étoit en-peine de ne pouvoir témoigner à son ambassadeur le désir qu'il avoit de le servir et entretenir une bonne intelligence entre le Roi et lui, pour l'intérêt des deux couronnes; mais que, ledit ambassadeur ne l'ayant point vu, il avoit prié Châteauneuf de lui donner des assurances de son service et de son affection. Sur quoi il[1] lui répondit que ce n'étoit pas la faute de son ambassadeur, qu'il lui avoit ordonné d'user avec les cardinaux comme avec les autres princes et seigneurs de la cour, néanmoins qu'il faisoit tant d'état et d'estime du Cardinal pour ses grands mérites et vertus et pour être si bon serviteur du Roi son frère, qu'il vouloit changer cette résolution en sa personne.

Le lendemain Carlton, le venant voir, lui dit que le roi, considérant le mérite et la personne particulière du Cardinal, ordonnoit à Edmunds de l'aller saluer de sa part et ne prétendre rien de lui que ce qu'il lui plairoit; mais aussi qu'il prioit ledit Cardinal de ne le point conduire que jusques à la porte de sa chambre, afin de ne faire point de conséquence pour les autres cardinaux : ce qu'il disoit afin que cela passât pour une visite d'Edmunds, gentilhomme particulier, au Cardinal, et non pas d'Edmunds ambassadeur, lequel, en qualité d'ambassadeur, il conduiroit plus avant.

Edmunds ensuite envoya, à quelque temps de là, son secrétaire au Cardinal, pour lui demander audience et voulut stipuler quelque chose avec lui.

Il lui répondit qu'il ne verroit jamais d'ambassadeur d'Angleterre, s'ils ne traitoient avec lui comme avoient

---

1. Le roi d'Angleterre.

fait le duc de Buckingham, le comte de Holland et Carlton, et qu'il savoit que le comte de Bristol[1] et le milord Aston[2], qui avoient été longtemps ambassadeurs en Espagne, en avoient ainsi usé envers les cardinaux de Lerme[3] et Zapata[4], lesdits cardinaux ayant toujours pris la main droite sur eux en toutes occasions, tant en lieu tiers que chez eux-mêmes.

Le roi d'Angleterre, ayant eu avis de cette réponse par son ambassadeur[5], qui le lui manda, selon son naturel, avec aigreur, dit à Châteauneuf qu'il étoit marri que le Cardinal ne s'étoit contenté de recevoir la visite en cette sorte ; que la difficulté qu'il avoit faite jusques ici qu'Edmunds le visitât comme les autres ambassadeurs, ne regardoit point sa personne, mais la dignité qu'il tenoit du Pape, qu'il ne pouvoit ni vouloit reconnoître, pour ne consentir à l'opinion de Bellarmin, qui dit que les cardinaux sont plus que les rois, et que, encore qu'il eût refusé la visite, néanmoins il

1. John Digby (1580-1654), comte de Bristol en 1622, fut ambassadeur en Espagne, à différentes reprises, de 1611 à 1624, puis encourut la disgrâce de Buckingham.

2. Walter Aston, baron Aston of Forfar en 1627, fut ambassadeur en Espagne de 1620 à 1622, et conjointement avec le futur comte de Bristol de 1622 à 1625 ; il fut à nouveau ambassadeur à Madrid de 1635 à 1638 et mourut en 1639.

3. François de Sandoval et Roxas, duc de Lerme (cf. notre t. III, p. 203), avait été nommé cardinal en mars 1618.

4. Antoine Zapata et Cisneros, évêque de Cadix de 1587 à 1596, de Pampelune (1596-1600), archevêque de Burgos de 1600 à 1605, cardinal en 1603, fut vice-roi de Naples et grand inquisiteur d'Espagne. Il mourut en 1635.

5. Ce paragraphe et le suivant sont empruntés à une dépêche de Châteauneuf, du 18 novembre (Aff. étr., corresp. politique, Angleterre 43, fol. 314 v°) ; les corrections ont été faites sur le document par Sancy.

commanderoit à Edmunds que, toutes et quantes fois qu'il l'auroit agréable, il l'allât trouver.

Châteauneuf lui représenta que cette raison d'une prétendue reconnoissance envers le Pape, que les siens lui donnoient à entendre, étoit mauvaise et reconnue pour telle de tous les autres princes protestants de l'Europe, tous les ambassadeurs desquels ne faisoient point de difficulté de visiter le Cardinal, à la dignité et personne duquel il faisoit tort contre son intention, puisqu'il témoignoit l'aimer et estimer.

Edmunds, au lieu de se servir de ce second commandement, comme il le devoit, voulut mettre la chose en traité et en parla au sieur Bouthillier, secrétaire d'État, et à Bonneuil, conducteur des ambassadeurs[1], désirant qu'il fût arrêté entre eux qu'il ne l'iroit voir que comme gentilhomme particulier et ne seroit conduit par lui que jusques à la porte de sa chambre.

Châteauneuf s'étoit accordé à cela : ce dont le Cardinal le blâma, lui mandant que c'étoit chose à laquelle il devoit avoir jugé qu'il ne voudroit pas consentir, cet expédient n'étant pas expédient, mais purement l'effet de ce que les Anglois prétendoient, et, partant, qu'il détrompât nettement, une fois pour toutes, le conseil d'Angleterre sur ce sujet, après quoi les ambassadeurs d'Angleterre le verroient ou ne le verroient point, comme bon leur sembleroit.

Le roi d'Angleterre, ayant eu avis de cette dernière action de son ambassadeur, dit qu'il ne prétendoit pas qu'il en dût user avec tant de recherche et de précaution ; qu'il lui avoit bien fait entendre[2] qu'il ne dési-

---

1. René de Thou, seigneur de Bonneuil et de Cély.
2. Le début de ce paragraphe et le précédent sont à la marge

roit pas que le Cardinal le reçût, ni l'accompagnât au sortir, mais, quand il en auroit usé autrement, que c'eût été à la personne d'un gentilhomme à qui il eût rendu cet honneur, non à son ambassadeur; car, en qualité d'ambassadeur, ce seroit reconnoître l'autorité du Pape, ce que ses prédécesseurs n'avoient jamais fait. Mais, puisque l'affaire étoit maintenant publiée et venue en contestation entre son ambassadeur, un maitre des cérémonies et un secrétaire d'État, il ne pouvoit consentir à cette préséance en faveur des cardinaux et qu'il falloit que cela s'accommodât en une autre occasion et avec une autre personne plus sage et moins pointilleuse que ledit Edmunds.

A quoi Châteauneuf lui répondit, de la part du Cardinal, que la même considération de S. S. qui retenoit ledit roi obligeoit le Cardinal à ne se point relâcher de ce qui étoit dû à sa dignité, et dont lui et ses semblables étoient en possession avec les empereurs, rois et princes de la chrétienté, même avec lui et feu son père, que le comte de Nithsdal étoit là présent, qui avoit porté commandement, de la part de feu son père, aux comtes de Carlisle et Holland à Compiègne de lui donner la main partout, et, depuis, avoit été ainsi pratiqué par eux et par le duc de Buckingham et Carlton, de son su et consentement.

Il lui dit qu'il étoit vrai, mais que, lorsque le duc de Buckingham partit, il lui dit qu'il trouvoit bon qu'il

---

du manuscrit A, fol. 104 v°. Ce qui suit (jusqu'à la p. 239, au paragraphe commençant par : « Voilà les difficultés et pointilles que Châteauneuf trouva en Angleterre à son arrivée... ») est tiré d'une dépêche de Châteauneuf du 20 novembre (Aff. étr., corresp. politique, Angleterre 43, fol. 319 r° et v°).

visitât ledit Cardinal et lui donnât la main, comme seigneur particulier, et non comme ambassadeur, et que c'étoit la même chose que le feu roi son père avoit ordonnée aux comtes de Carlisle et Holland.

Châteauneuf lui dit qu'Edmunds en pouvoit et devoit donc en avoir usé de même et que le Cardinal n'eût point recherché l'interprétation de ses intentions.

Voilà les difficultés et pointilles que Châteauneuf trouva en Angleterre à son arrivée[1], et comme elles furent terminées.

Le principal dessein public de son ambassade étoit pour faire jurer la paix[2].

Les deux rois étoient convenus que cette action se feroit le 16ᵉ septembre. Le Roi y satisfit à Fontainebleau, avec toute la magnificence qui se put. Et, afin que cette action fût plus solennelle et que tous les princes et seigneurs y assistassent, S. M. fit un règlement provisionnel sur les rangs, séance et ordre de marcher entre lesdits princes et seigneurs, et spécialement entre ceux qui sont issus du sang de France comme enfants naturels, et ceux qui descendent des maisons des princes souverains voisins de cet État,

---

1. Notez que Châteauneuf arriva en Angleterre au commencement de juillet et que le récit des événements rapportés aux pages précédentes est tiré en partie des dépêches datées de septembre, octobre et novembre.

2. La première rédaction du manuscrit A, fol. 105 v°, portait en outre : « Ce que le roi d'Angleterre fit en septembre au jour ordonné par les deux couronnes et avec toutes les cérémonies requises en tel cas et témoignage de la vouloir observer de bonne foi. » On lui a substitué la rédaction du paragraphe suivant, écrite par Charpentier en marge du manuscrit A, fol. 105 v°.

ordonnant que, jusques à ce que, sur les titres et pièces justificatives d'un chacun, il y fût pourvu plus à plein, ils prendroient cependant séance en tous actes publics et solennels, selon l'âge et antiquité de chacun d'eux, sans distinction toutefois d'aînés ou puînés, et en fit expédier un brevet du 15ᵉ dudit mois. Le roi d'Angleterre fit le même, audit jour ordonné, et avec toutes les cérémonies requises en tel cas et témoignage de la vouloir observer de bonne foi.

Les autres fins de son voyage étoient pour convenir de plusieurs choses qui étoient nécessaires pour l'exécution et entretènement de la paix, savoir est du rétablissement des prêtres en la maison de la reine, de quelques officiers pour son service, de quelques articles importants à la liberté du commerce, et de la restitution du vaisseau de Toiras.

La fin secrète étoit pour prendre avec ledit roi une forte et courageuse résolution pour la défense de la liberté d'Allemagne et le bien public de la chrétienté.

Quant à ce qui concernoit la maison particulière de la reine, il avoit charge de demander un grand aumônier évêque, un nombre de prêtres suffisant pour desservir la chapelle de la reine et y faire l'office, une dame de la chambre du lit, un médecin, et quelques autres officiers françois que la reine d'Angleterre lui diroit qu'elle désireroit.

Le roi[1], quant aux prêtres, lui en accorda six, sans le confesseur de la reine et son compagnon, et un grand

1. Voir, pour la rédaction de ce paragraphe, une dépêche de Châteauneuf, du 18 octobre (Aff. étr., corresp. politique, Angleterre 43, fol. 299), dont les rédacteurs des *Mémoires* se sont peut-être inspirés.

aumônier, mais qui ne fût point évêque, à la charge qu'il n'auroit pas la liberté d'entrer dans la chambre du lit de la reine à toutes heures, comme l'évêque de Mende avoit accoutumé de faire.

Il disoit à la reine sa femme que c'étoit un gouverneur qu'on lui vouloit donner, qu'il se falloit bien garder de le tenir comme tel et qu'elle étoit assez sage pour se gouverner elle-même.

Elle aussi, de son côté, craignoit qu'il ne voulût prendre autorité sur elle et en parla à Châteauneuf, le priant de bien instruire celui qui devoit venir comme il devoit vivre avec elle et avec le roi, qui ne vouloit souffrir qu'il eût l'entrée de sa chambre qu'à l'heure qu'elle alloit à l'église et à celle des repas[1].

Les ministres et conseillers secrets du roi les entretenoient l'un et l'autre en cette pensée, pour leur propre intérêt, craignant que, si la reine étoit conseillée par un homme de jugement, elle se servît de l'amitié que le roi lui portoit pour prendre peu à peu quelque autorité dans les affaires[2], car le roi vivoit avec elle avec de grands témoignages d'amitié et de tendresse et se plaisoit tellement en sa compagnie que ses conseillers se plaignoient de n'avoir quasi pas d'heure pour parler à lui, étant toujours chez elle lorsqu'il étoit de retour de la chasse.

Il lui disoit souvent, comme elle rapporta audit Châteauneuf, qu'il voudroit qu'ils fussent toujours en-

1. Cf. la dépêche précitée de Châteauneuf, du 18 octobre (Ibid., fol. 300).
2. La fin du paragraphe est tirée d'une dépêche de Châteauneuf, du 10 septembre (Aff. étr., corresp. politique, Angleterre 43, fol. 250 v°).

semble et même qu'elle vînt au Conseil avec lui, s'il ne craignoit que les Anglois diroient qu'une femme gouverneroit et se mêleroit d'affaires[1].

Elle ne s'en soucioit nullement, se contentant de posséder son affection, sans prendre aucune part dans le gouvernement, et même ne sachant pas parler d'affaires; et, quand on la prioit de quelque chose, pour petite qu'elle fût, elle appréhendoit tellement d'importuner le roi qu'elle fuyoit de lui en parler, et, quand elle lui en parloit, c'étoit si froidement que cela ne faisoit aucun effet[2].

Le Cardinal, en ayant avis, manda audit Châteauneuf qu'elle faisoit bien de se ménager avec le roi, si elle le faisoit par prudence. Tout ce qu'il craignoit étoit que ce fût par négligence des affaires, souvent naturelle aux jeunes princesses pour le peu d'expérience qu'elles y ont, à cause de leur âge qui ne leur permet pas de s'y appliquer sérieusement; qu'en celui où elle étoit, elle seroit plus louable que blâmable de faire semblant de se contenter de posséder les bonnes grâces du roi, comme il lui mandoit qu'elle faisoit, pourvu qu'elle ne permît pas que l'on persécutât les catholiques, d'autant qu'il lui seroit honteux d'abandonner ceux de qui elle étoit obligée d'embrasser la protection[3].

1. Paragraphe emprunté à une dépêche de Châteauneuf, du 27 août (Aff. étr., corresp. politique, Angleterre 43, fol. 218 v°-219).
2. Ce paragraphe est tiré d'une dépêche de Châteauneuf, du 10 juillet (Aff. étr., corresp. politique, Angleterre 43, fol. 340 v°).
3. Ce paragraphe a été écrit en marge du manuscrit A, fol. 107.

Le roi et les siens l'entretenoient si bien qu'ils la conduisoient où ils vouloient et lui faisoient approuver sans peine les difficultés qu'ils apportoient aux choses qu'elle avoit désirées pour les refuser : ce qui faisoit[1] qu'elle n'étoit tenue parmi ses serviteurs, même anglois, en aucune considération de leur pouvoir faire du bien, mais seulement de faire du mal à qui elle voudroit.

Ce que Châteauneuf lui ayant remontré, elle lui dit que la cause étoit qu'elle n'avoit personne en qui elle pût se fier et parler et qui l'instruisît des choses qu'elle devoit faire, dont le roi et ses ministres s'étant bien avisés craignoient que l'évêque qu'on lui vouloit envoyer fût un homme choisi pour faire cet office-là, sachant bien qu'il trouveroit assez d'Anglois qui l'aideroient et se joindroient à lui pour faire que la reine s'autorisât auprès du roi son mari ; c'est pourquoi ils ne vouloient point que ce grand aumônier fût évêque, qui est une qualité qui porte respect, mais un simple bénéficier qui n'eût point entrée dans la chambre du lit.

A cette raison ils ajoutèrent encore que les évêques d'Angleterre faisoient une clameur sur ce point-là. La faction espagnole et celle des moines, qui étoient jaloux de cet établissement, les y animèrent encore beaucoup davantage qu'ils n'eussent été d'eux-mêmes.

La crainte du parlement retenoit aussi beaucoup le roi, qui désiroit le contenter pour tirer, par leur moyen, l'assistance qu'il vouloit de ses peuples, et il savoit qu'ils étoient, pour la plupart, puritains, et, partant, plus ennemis de la religion catholique.

1. Ce paragraphe et le suivant sont tirés d'une dépêche de Châteauneuf, du 27 août (Aff. étr., corresp. politique, Angleterre 43, fol. 219).

Toutes ces choses firent que, quelque instance que lui pût faire l'ambassadeur, lui représentant le respect qui étoit dû au contrat de mariage, par lequel il avoit promis que la reine auroit un évêque pour son grand aumônier, la grandeur de la reine qui le requéroit ainsi, et le désir qu'en avoit la Reine mère, il ne put jamais gagner autre chose du roi, sinon qu'il ne pouvoit souffrir que ce fût un évêque qui vînt avec ses habits pontificaux contrecarrer ceux du pays, qui ne le pourroient endurer; que cela devoit être indifférent au Roi; qu'à lui il étoit préjudiciable et prioit qu'on ne l'en pressât pas davantage[1].

Quant aux prêtres, il en accordoit huit; qu'on lui feroit plaisir de lui en envoyer plutôt de séculiers que de réguliers. Quant aux réguliers, qu'on lui en envoyât de tels qu'on voudroit, pourvu qu'ils ne fussent point jésuites; néanmoins qu'il désiroit que ce fût plutôt des Bénédictins que d'autres[2]. Pour les prêtres de l'Oratoire, il n'en vouloit point avoir d'autres que celui qu'il avoit déjà, qui étoit confesseur de la reine, et son compagnon.

La reine ensuite dit à Châteauneuf que le roi son mari avoit raison et que cela feroit trop crier les évêques du pays, qui étoient puissants dans le parlement et faisoient déjà assez de plaintes du nombre de prêtres qui avoit été accordé, et du bâtiment de l'église et du cimetière qu'on leur accordoit.

1. Paragraphe tiré d'une dépêche de Châteauneuf, du 6 août (Aff. étr., corresp. politique, Angleterre 43, fol. 207).

2. Cf. pour la rédaction de ce paragraphe une dépêche de Châteauneuf, du 23 juillet (Aff. étr., corresp. politique, Angleterre 43, fol. 197 v°, 201).

Le Roi, voyant que la reine sa sœur le désiroit ainsi, s'en contenta et, jugeant qu'il étoit mieux séant que les prêtres qu'il lui enverroit fussent réguliers, il en choisit de l'ordre des Capucins pour y envoyer[1].

Quant aux autres officiers de la maison de la reine, le roi d'Angleterre remit absolument l'ambassadeur à en parler à la reine sa femme, disant qu'il remettoit cette affaire à sa volonté[2].

Il la trouva fort froide à l'établissement d'aucuns d'eux, de peu de volonté d'une dame du lit, disant en avoir déjà assez d'autres et que toutes les places étant prises et les tables de sa maison données aux dames qu'elle avoit, celle qu'on enverroit de France se trouveroit bien étonnée, n'ayant rien à faire en sa maison et bien empêchée à soutenir toute la dépense qu'il lui faudroit faire, n'ayant aucun secours d'Angleterre pour cela.

Ces discours[3] lui avoient été mis dans l'esprit par le

1. Première leçon du manuscrit A, fol. 111, avant les corrections de Sancy : « Le Roi Très Chrétien, voyant que la reine sa sœur le désiroit ainsi, s'en contenta. Et quant aux prêtres, jugeant qu'il étoit mieux séant qu'ils fussent réguliers, afin qu'ils vécussent avec plus de retenue et d'édification, [en] choisit de l'ordre des Capucins pour y en envoyer. » La reine d'Angleterre avait eu jusqu'alors des Oratoriens; on comprend que Sancy, oratorien lui-même, et qui avait suivi Henriette-Marie en Angleterre, lors de son mariage, pour être son confesseur, ait effacé avec un soin particulier cette remarque blessante : « Afin qu'ils vécussent avec plus de retenue et d'édification. »

2. Voyez la dépêche précitée de Châteauneuf, du 23 juillet, fol. 199.

3. Cf. pour la rédaction de ce paragraphe et du précédent la dépêche précitée de Châteauneuf (Aff. étr., corresp. politique, Angleterre 43, fol. 199, 201).

roi son mari, qui craignoit fort qu'il lui en fût donné une, de peur que, étant seule françoise de qualité auprès d'elle, elle y prît confiance et écoutât souventefois ses conseils pour s'y laisser conduire en toutes occasions.

Si elle se soucioit si peu d'une dame du lit, elle avoit bien moins de souci encore d'avoir d'autres officiers françois; seulement s'arrêta-t-elle à un médecin qu'elle dit désirer qui lui fût envoyé, non pour tenir le lieu de premier, qui étoit affecté à Mayerne[1], dont elle étoit contente, mais pour servir après lui, ajoutant qu'elle feroit plaisir au roi son mari de ne mettre point plus grand nombre de François en sa maison, qu'il désiroit cela avec une particulière affection, et ce d'autant plus opiniâtrément qu'il disoit n'avoir gagné que ce seul point par la guerre, le Roi ayant eu tous les autres avantages de son côté.

C'étoit une chose bien étrange de la gloire qu'il mettoit à avoir une absolue disposition de la maison de la reine sa femme; il voulut que jusques aux moindres et plus vils officiers, ils y fussent de sa main et Anglois, et, pour cela seul, si on s'y fût voulu affermir,

1. Théodore Turquet de Mayerne, dont la famille était d'origine piémontaise, mais le père et la mère protestants français, était né à Mayerne près de Genève en 1573; docteur de la Faculté de médecine de Montpellier (1597), il fut nommé médecin du Roi en 1600; il était partisan de la médication par les substances chimiques et, comme tel, fut condamné par le collège des médecins de l'Université de Paris (1603). Ayant guéri à Paris, en 1606, un pair anglais, celui-ci l'emmena en Angleterre et le présenta au roi qui le nomma médecin de la reine. Cette même année, il fut reçu docteur en médecine à Oxford. Baron d'Aubonne (près Lausanne), premier médecin de Charles Ier d'Angleterre et de la reine, il devint ensuite médecin de Charles II, puis se retira à Chelsea où il mourut en 1655.

eût continué la guerre et ne se fût pas soucié de mettre son État en hasard, tant il est vrai qu'il faut que l'objet soit proportionné pour mouvoir la puissance et que les grandes âmes sont mues seulement par des objets relevés, et les plus foibles par des considérations légères et de néant[1].

Néanmoins, il fut enfin accordé que la Reine lui enverroit une dame du lit, telle qu'elle sauroit être propre à lui être envoyée; mais ce choix étant de telle importance qu'il ne pouvoit être fait si tôt, cela fut remis au temps que ladite Reine mère jugeroit à propos.

Les articles concernant le rétablissement et la liberté du commerce furent plus difficiles à accorder, pour ce que, outre l'intérêt général et la coutume ancienne des Anglois à pirater, cela regardoit encore le particulier de tous les grands et ceux du conseil d'Angleterre, qui étoient tous en part avec les corsaires.

Le sieur de Châteauneuf[2] demanda aux commissaires, qui furent nommés par le roi pour traiter avec lui, qu'on renouvelât les anciennes alliances entre les deux couronnes et qu'on les gardât inviolablement avec ouverture de commerce sûr et libre; que la loi

1. Venait ici, sur le manuscrit A, un paragraphe suivi d'une lettre de la reine d'Angleterre à sa mère, qui l'un et l'autre ont été rayés (fol. 112-113).

2. Ce paragraphe est un résumé succinct des feuillets 114 v° à 120 r° du manuscrit A, qui contiennent le texte des demandes présentées par Châteauneuf, au nom de la France, aux commissaires anglais chargés d'élaborer avec lui les clauses d'exécution de la paix; ce paragraphe avait été d'abord rédigé sur une feuille de corrections, ainsi que l'indiquent ces mots de Sancy écrits au bas du feuillet 114 r° : « V[oir] correction feuille 5. »

et statut, qui porte confiscation des vins de France qui seront apportés dans les navires françois, soient révoqués et qu'il soit permis aux François de porter et transporter dans leurs vaisseaux toutes sortes de marchandises non prohibées et aborder librement les ports et quais d'Angleterre, conformément au cinquième article du traité de 1606[1], et en général que toutes les choses pour le commerce entre les sujets des deux royaumes fussent réglées selon les traités et accords faits en 1518, 1546 et 1559[2].

Toutes ces choses qu'il demandoit étoient justes et devoient être accordées par des personnes équitables ; mais leur intérêt particulier et les pirateries dont ils étoient depuis un si long temps accoutumés d'user impunément, à cause des continuelles guerres entre la France et l'Espagne, qu'ils les tenoient pour un droit acquis, les empêchèrent de vouloir jamais venir à un règlement général, joint que, encore qu'ils soient barbares et hardis à refuser les choses raisonnables s'ils n'y sont contraints par la force, néanmoins l'injustice de leur procédé étoit si manifeste que, leur étant représentée, ils ne la pouvoient nier, et toutefois ils n'y

---

1. L'article 5 du traité du 24 février 1606, ratifié le 26 mai, était ainsi rédigé : « A été aussi accordé que les marchands françois trafiquants en Angleterre ne seront contraints bailler autre caution de leur vente et emplois de leur marchandise, entre autres, que leur caution juratoire, ni d'obtenir aucunes prolongations, ni décharges, ni faire aucun frais et dépens pour ce regard. »

2. Le traité du 4 octobre 1518 était relatif à la piraterie, celui du 7 juin 1546, art. 3, établissait la liberté de naviguer sans sauf-conduit et abolissait les lettres de marque; ceux des 12 mars et 2 avril 1559 confirmaient, aux articles 5 et 6, le précédent traité.

vouloient pas remédier : de sorte que Châteauneuf fut contraint, pour avancer quelque chose avec eux, de venir à traiter des torts particuliers que nos marchands avoient reçus d'eux, afin d'en tirer quelque raison.

Il leur demanda la restitution de quinze ou vingt vaisseaux qu'ils avoient pris depuis le 24ᵉ avril, jour auquel la paix avoit été signée, jusques en juillet, auquel ledit Châteauneuf arriva de delà.

Sur quoi il reçut par ces commissaires et par les commandements du Roi tous les ordres qu'il pouvoit désirer; mais les officiers de l'amirauté y apportoient tous les jours de nouvelles difficultés et longueurs, pour ennuyer les marchands; ce dont l'ambassadeur se plaignant, et le roi plusieurs fois ayant fait semblant de s'offenser de l'inexécution de ses commandements, enfin le grand trésorier, les comtes d'Arundel[1] et de Carlisle et Carlton s'assemblèrent avec l'ambassadeur pour y mettre une fin et y firent trouver les officiers de l'amirauté, pour rendre compte des difficultés qu'ils apportoient. Pour réponse, ils firent voir un placard du roi leur maître, par lequel il déclaroit de bonne prise tous les vaisseaux de ses amis qui se trouveroient allant et venant d'Espagne, et que, jusques

1. Thomas Howard, comte d'Arundel (1586-1646), avait été fait chevalier de la Jarretière en 1611; il était entré en 1616 dans le conseil privé et était nommé en 1621 comte-maréchal d'Angleterre; étant devenu l'adversaire déclaré de Buckingham, il fut emprisonné en 1626 et libéré peu après; rentré en grâce en 1628, il redevint comte-maréchal en 1630. En 1640, il était nommé grand maître d'hôtel; en 1640, le roi le créait duc de Norfolk. En 1642, il quittait l'Angleterre, accompagnant Henriette de France, puis voyageait et se fixait à Padoue; ses biens avaient été alors séquestrés par ordre du parlement.

à ce qu'il fût révoqué, ils ne pouvoient relâcher huit desdits vaisseaux qui avoient été pris allant en Espagne ; pour les autres, il leur fut ordonné de les faire relâcher, et que, pour le surplus, il en falloit parler au roi[1].

Quelques raisons que notre ambassadeur pût mettre en avant contre eux et quelques foibles et ridicules que fussent leurs réponses, si n'eût-il jamais pu obtenir la restitution de ces vaisseaux, qu'ils avoient déjà jugés de bonne prise, s'ils n'eussent reçu nouvelle qu'un vaisseau de guerre du Roi, nommé [*Saint-Michel*][2], commandé[3] par le capitaine Bontemps[4], avoit pris à la côte de Barbarie deux de leurs vaisseaux, l'un desquels étoit chargé de munitions de guerre qu'ils portoient aux Infidèles, et les avoit amenés à Dieppe.

1. Les feuillets 121 à 126 v° du manuscrit A, relatifs aux discussions de Châteauneuf avec les commissaires anglais sur les conditions du trafic et de la liberté du commerce sur mer, ont été rayés et remplacés par les quelques lignes du début du paragraphe suivant, primitivement écrites sur une « feuille de corrections » à laquelle renvoyait, du reste, Sancy (fol. 121). A noter, au feuillet 126 v°, la forme personnelle du style de ces lignes, faisant partie du passage supprimé : « J'ai raconté ces choses au long pour montrer la stupidité, mais malicieuse, des Anglois... »

2. Les *Mémoires* ne donnent pas le nom de ce vaisseau.

3. Reprise, avec ces mots, du texte du manuscrit A, fol. 126 v°.

4. Le Dieppois Jacob Bontemps, qui avait été gouverneur d'un fort dans l'île Saint-Christophe, s'empara en juin 1629 du navire anglais *James*, qui reçut un équipage français ; puis, avec l'aide de ce vaisseau, monté lui-même sur le *Saint-Michel*, il se rendit maître, un peu plus tard, du navire anglais *Bénédiction* qu'il ramena à Dieppe, ayant pris aux Anglais deux vaisseaux, neuf cents nègres et trois cent mille livres. Bontemps fut anobli en 1647.

Il y en avoit un grand bruit en la ville de Londres, les marchands faisant des plaintes publiques de l'injuste rigueur qu'ils exerçoient contre les nôtres pour favoriser les pirates.

Ces deux vaisseaux étoient fort riches et nous ne nous fussions pas accordés à la mutuelle restitution de nos huit vaisseaux et de ceux-là, sans la nouvelle qui arriva[1] que les Écossois avoient, depuis la publication de la paix, fait descente en Canada et s'étoient saisis de Québec et autres places que tenoient les nôtres, et de leurs marchandises, ayant renvoyé les personnes en Angleterre[2].

L'ambassadeur, en ayant eu avis, en fit plainte et fit, du consentement du Roi, saisir toutes les marchandises qui en avoient été apportées.

Le Roi, du commencement, promit absolument d'en faire faire raison à l'ambassadeur.

Depuis, ils lui donnèrent une impression que ces pays appartenoient aux Écossois qui les avoient découverts et s'y étoient habitués les premiers; que les François les en avoient chassés et qu'il étoit libre à un chacun, soit en temps de paix ou de guerre, de reprendre le sien où il pouvoit. Mais, sans vouloir venir à l'éclaircissement de toutes ces choses, où il y eût eu de la contention de part et d'autre, Châteauneuf eut

1. Ce début de paragraphe a été écrit par Charpentier en marge du manuscrit A, fol. 127, les feuillets 127 à 131 v° du manuscrit A, relatifs aux négociations sur la restitution réciproque des vaisseaux français et anglais capturés, ayant été rayés.

2. Québec capitula le 19 juillet 1629, à bout de résistance, et son défenseur Champlain en sortit le lendemain avec armes et bagages.

ordre de représenter simplement que c'étoit une prise faite depuis la paix et, partant, qu'elle devoit être rendue de bonne foi : ce que nous verrons ci-après avoir été exécuté, bien que non si tôt et avec beaucoup de peine[1].

Au même temps qu'arriva en Angleterre la nouvelle de la prise de (sic) Canada, en arriva une autre d'un notable désavantage qu'ils avoient eu en l'île Saint-Christophe contre nous[2].

Depuis quelques années, les François et les Anglois s'y étoient habitués en divers lieux, chacun d'eux possédant une partie de l'île, et y vivoient en assez bonne intelligence, jusques à ce que, du temps de la guerre entre les deux couronnes, les Anglois surprirent les François, qui ne s'en donnoient de garde, les chas-

1. C'est le 29 mars 1632 que l'Angleterre nous restitua par traité le Canada. Cette partie des *Mémoires* n'a donc été écrite que postérieurement à cette date, ce qui est conforme aux conclusions des éditeurs des *Mémoires* dans leurs études des *Rapports et notices*.

2. Cette île des Petites-Antilles avait été visitée avant 1626 par des Français qui y avaient laissé un petit poste; le capitaine Urbain de Roissey de Chardouville, après un combat malheureux contre un navire qu'il voulait capturer, se réfugia dans le port de ce poste et y fonda un établissement (1624). En 1626, il obtint le privilège exclusif de coloniser l'île de Saint-Christophe et, la même année, il devenait l'agent de la Compagnie de Saint-Christophe, fondée pour coloniser l'île et dont Richelieu était l'âme. Les Anglais étaient déjà installés dans quelques parties de l'île; contre les Caraïbes, Français et Anglais s'unirent d'abord (1627); mais la guerre ayant été déclarée entre les deux couronnes, les Anglais s'emparèrent des Iles-sous-le-Vent et chassèrent les Français d'une partie de leurs possessions. Cahusac fut alors chargé de s'entendre amiablement avec les Anglais ou de reconquérir l'île; c'est ce qu'expliquent les *Mémoires* aux paragraphes suivants.

sèrent de quelques forts qu'ils attaquèrent les premiers et, ne le pouvant pas faire des autres, firent un accord avec eux, mais injuste et désavantageux pour les nôtres.

Le Cardinal en ayant eu avis, pour montrer aux Anglois qu'ils n'étoient pas rois de la mer, et [que], si par le passé ils s'étoient qualifiés de ce vain titre, ce n'avoit été que par la négligence et peu de courage de leurs voisins et que le Roi s'étoit mis en état de ne plus souffrir cette honte pour la France, fit équiper une flotte de dix voiles, laquelle il fit partir sous le commandement du sieur de Cahusac, au mois de juin, deux mois après la paix faite entre les deux couronnes, avec charge de remettre les choses en l'état qu'elles étoient auparavant, ou par amitié, ou par la voie de la force.

Ils partirent du Havre-de-Grâce, le 5ᵉ de juin, et arrivèrent à la fin de juillet à l'île de Saint-Christophe, au fort que les François tenoient encore, dont Roissey[1] étoit gouverneur.

Cahusac écrivit au gouverneur des forts des Anglois[2], lui donnant avis de la paix entre les deux couronnes, qui portoit que toutes choses devoient être remises au

1. Les *Mémoires* écrivent *Rossé*. Il s'agit ici du Dieppois Urbain de Roissey de Chardouville. Il avait un frère Claude, sieur de la Trenettière. Dès la constitution de la « Compagnie des Iles de l'Amérique » en 1626, Roissey et le sieur Belain d'Esnambuc avaient reçu pouvoir de coloniser l'île Saint-Christophe, les Barbades et autres îles; ils arrivèrent à l'île Saint-Christophe le 24 février 1627 et se la partagèrent en mai avec le gouverneur anglais Warner.

2. Thomas Warner, gentilhomme du Suffolk, avait été capitaine des gardes du roi Jacques Iᵉʳ; il avait commencé à coloniser en 1624 l'île Saint-Christophe; lieutenant du roi en 1625, il fut nommé gouverneur de l'île en 1627. Il mourut en 1649.

même état qu'elles étoient auparavant la guerre : à quoi[1] l'Anglois ayant répondu incivilement, Cahusac va droit vers leur fort, éloigné à trois lieues de notre rade avant le vent. Sa flotte ne consistoit lors qu'en cinq vaisseaux, partie des autres, séparés par la tempête, n'étant pas encore venus, et partie étant demeurés devant le fort des François en ladite ile. Ils attaquèrent d'abord cinq grands navires qu'ils trouvèrent devant leur fort, en prirent quatre, le cinquième se sauva à force de voiles[2].

Notre flotte étant, dès le même jour, retournée victorieuse à notre rade, une barque angloise, dès le lendemain 3ᵉ [août], vint avec l'enseigne blanche de la part du gouverneur, dans laquelle étoient son beaufrère et quelques autres des principaux d'entre eux. Il demanda quelle chose Cahusac désiroit d'eux, afin qu'on regardât s'il y avoit moyen de lui donner satisfaction. Cahusac lui dit qu'il avoit charge de ne point partir de là que les François ne fussent satisfaits par les Anglois des torts qu'ils leur avoient faits pendant que la guerre étoit entre les deux rois et qu'ils étoient plus forts qu'eux, et que les choses ne fussent remises au premier état qu'elles étoient devant la guerre : ce qui, après plusieurs contestations de part et d'autre, fut ainsi arrêté et exécuté; et Cahusac s'en revint[3].

1. Les rédacteurs des *Mémoires* ont abrégé le texte primitif du manuscrit A par la suppression d'une vingtaine de lignes de ce manuscrit (fol. 133 rᵒ et vᵒ).

2. Quelques détails de ce combat, figurant dans le manuscrit A, fol. 133 vᵒ et 134, y ont été rayés, mais ont été utilisés partiellement pour la rédaction du paragraphe suivant.

3. Ce que les *Mémoires* ne disent pas ici, c'est que, le 11 août, Cahusac avait planté le pavillon français dans l'île Saint-Eus-

Ledit Cahusac, s'en retournant, vit, le 9ᵉ novembre, près de l'île Saint-Dominique, sur les huit heures du soir, au milieu d'une obscurité très grande, une grande lueur qui parut au ciel et, au même temps, tomba d'en haut dans la mer une flamme très grande, le bas de laquelle étoit en forme d'étoile, qui paroissoit plus grande que le soleil ; la queue en étoit très grande en longueur et largeur ; elle donna, en tombant, une clarté si lumineuse que celle du soleil en plein midi ne lui sembloit pas la surpasser, mais, dès qu'elle fut tombée dans la mer, ils ne se connoissoient pas l'un l'autre, tant les ténèbres de la nuit étoient épaisses.

Le 29ᵉ décembre, il fut de retour en France, et aborda à Honfleur.

Dès le mois de septembre, ils eurent avis en Angleterre de ce qui s'étoit passé entre les nôtres et eux audit Saint-Christophe, mais le racontèrent bien d'une autre manière au roi leur maître, pour lui faire trouver mauvais tout ce qui s'y étoit passé.

Carlisle, à qui le feu roi d'Angleterre avoit donné

---

tache et y avait fait construire un fort. Malheureusement une flotte espagnole de cinquante-trois vaisseaux, commandée par Frédéric de Tolède, parut au début de septembre en vue de l'île Saint-Christophe ; il fallut réembarquer au plus vite sur deux vaisseaux seulement, les autres ayant été malencontreusement envoyés au loin. Entre temps, malgré un début d'héroïque résistance, la panique s'était emparée de la garnison de Saint-Christophe ; Roissey ne paraît pas avoir été à la hauteur de sa tâche. Les Espagnols prenaient pied le 18 septembre dans l'île qui n'était plus défendue. Cahusac, abandonnant définitivement l'île Saint-Eustache le 24 septembre, cinglait vers l'Europe. A son retour, il était mis à la Bastille. Ces détails intéressants, le manuscrit A les donnait en partie aux feuillets 135 à 140 v°, mais ils y furent rayés.

toute cette nouvelle colonie et le revenu qui en provenoit, comme il avoit aussi, d'autre part, la charge de fournir à la dépense nécessaire pour l'entretenir, dit audit roi qu'on avoit pris l'île et tué quatre mille Anglois qui y étoient, dont les veuves et orphelins faisoient grande clameur dans la ville de Londres.

Edmunds manda aussi qu'il avoit fait faire plainte par Bonneuil de cet excès et que le Cardinal lui avoit répondu qu'il avoit donné ce commandement à Cahusac, en échange de ce que les Anglois avoient fait au Canada. Mais cette réponse fut reconnue être de l'invention de Bonneuil ou de l'ambassadeur, quand on considéra que les nouvelles de la prise du Canada n'étoient pas venues que deux mois après le partement de Cahusac[1].

Or, quelque temps après, arriva, dans un vaisseau de Hambourg, le gouverneur, pour les Anglois, de l'île Saint-Christophe avec trois cents de ses gens, qui, leur ayant raconté la vérité du fait, changea leurs plaintes en louanges du bon traitement qu'ils avoient reçu de Cahusac.

Le roi d'Angleterre, cependant, ne laissa pas, parlant de ce voyage, de dire à Châteauneuf que le Roi ne lui pouvoit mieux témoigner désirer vivre en paix et bonne amitié avec lui que se départant du dessein qu'on lui disoit qu'il avoit de se rendre maître de la mer; qu'il se trouvoit dans les trésors de sa chancel-

1. Une page du manuscrit A (fol. 141 v°) a été rayée ici; à noter seulement la forme personnelle du style : « Je raconte toutes ces particularités pour montrer combien tous les ministres du roi d'Angleterre essaient de l'aigrir sur les affaires de la mer... »

lerie une instruction de la feue reine Élisabeth, par laquelle elle ordonna à un sien ambassadeur de dissuader ce dessein au roi Henri IV°, même de lui déclarer la guerre par mer, au cas qu'il s'y voulût fortifier davantage; que ses États étoient si grands et si puissants par terre, si opportuns en leur assiette que, s'il se rendoit aussi puissant par mer que par terre, il donneroit jalousie à tous ses voisins : en quoi ce roi faisoit bien paroître et sa foiblesse et l'envie qu'il portoit à la grandeur du Roi, et la crainte qu'il avoit de la prospérité de ses armes.

Châteauneuf n'eut pas peine à lui répondre que la grandeur du Roi ne lui donneroit jamais de jalousie; que ses armes seroient toujours pour son assistance et défense contre ses ennemis, mais qu'il ne croyoit pas qu'il y eût prince au monde, ni qui dût raisonnablement, ni qui pût l'empêcher de se fortifier dedans ses États, soit par mer, soit par terre, comme bon lui sembleroit; que ses desseins étoient tous justes et pleins de modération; qu'il n'useroit jamais des forces et des puissances que Dieu lui avoit mises en main pour faire tort à personne, mais pour la défense publique contre ceux qui aspiroient à la monarchie et pour la conservation de ses peuples et États, qui, depuis plusieurs années en çà, avoient trop été en proie à leurs voisins par le peu de forces que ses prédécesseurs et lui avoient eu sur la mer; que, ayant reconnu ce défaut, il le vouloit réparer maintenant.

Ledit roi, non content d'en avoir parlé au sieur de Châteauneuf, envoya quérir le comte de Nithsdale[1]. Il

1. Cette phrase a été écrite par Sancy en marge du manuscrit A, fol. 143.

proposa en leur Conseil un règlement de mer, que le Cardinal lui avoit envoyé[1], et qu'il étoit à propos de faire entre les deux couronnes, pour remédier à plusieurs accidents qui pouvoient être cause de troubles ou de refroidissement entre eux.

Mais il ne lui fut pas possible de leur faire agréer aucune des propositions, ne voulant pas condescendre à aucune égalité entre le pavillon du Roi et le leur; et, pour ce qu'ils voyoient bien ne le pouvoir disputer à l'avenir[2], à cause que le Roi s'étoit fortifié sur mer, ils en ressentoient un extrême déplaisir dont ils ne se pouvoient taire. Et ce roi avoit cela si à cœur qu'il envoya quérir le comte de Nithsdale, qui étoit celui auquel il avoit donné charge particulière de traiter la paix dernière avec le Roi, et lui dit qu'il lui reprochoit toujours que, s'il y avoit de la froideur entre les deux couronnes, la faute venoit de son côté, ne faisant pas tout ce qu'il devoit pour entretenir une bonne intelligence entre elles; mais que, au contraire, c'étoit le Roi qui le forçoit de vivre ainsi, n'étant pas possible qu'ils pussent être amis, s'armant si puissamment par mer comme il faisoit; puis il lui donna charge d'en parler à Châteauneuf comme de lui-même. Le comte lui fit la même réponse qu'il en avoit déjà ouïe du sieur de Châteauneuf; car il lui dit que, s'il lui commandoit de lui

---

1. Le texte du « Règlement pour empêcher la mauvaise intelligence qui pourroit arriver en la mer entre les vaisseaux de France et d'Angleterre et faire que le commerce des uns et des autres ne puisse être troublé par les pointilles d'honneur » figurait dans le manuscrit A, fol. 143-145, où il a été barré.

2. La fin de ce paragraphe est tirée d'une dépêche de Châteauneuf, du 21 novembre (Aff. étr., corresp. politique, Angleterre 43, fol. 334 v° et 335).

en parler de sa part, il le feroit, mais qu'il trouvoit la proposition et la plainte qu'il faisoit si injustes que, comme de lui-même, il n'en oseroit parler, pour ce qu'on se moqueroit de lui de vouloir empêcher un grand roi de faire ce qu'il lui plait dedans son État, et que c'étoit un mauvais conseil qu'on lui donnoit.

Cette jalousie ne fut pas un des moindres empêchements à Châteauneuf de recevoir contentement de la demande qu'il fit du vaisseau de Toiras. Quand il le demanda aux ministres, ils le remirent au roi ; quand il en parla au roi, il le refusa absolument : ce[1] qui l'obligea de dire aux ministres que, jusques ici, il l'avoit prétendu par la prière de la reine et par gratification que le roi de la Grande-Bretagne lui feroit ; mais, puisque absolument l'on le refusoit, il estimoit que le Roi avoit droit de le prétendre comme chose qui faisoit partie du traité de paix, bien qu'il n'y en eût rien d'écrit, mais qu'il y en avoit eu parole donnée, sur laquelle nous nous étions fiés de bonne foi, comme il se fait souvent en semblables traités, où il y a des choses particulières que l'on ne veut être écrites et qui se remettent à la courtoisie des parties, sous assurance néanmoins que, en étant priés, ils les accorderont ; qu'ainsi il en a été fait en cette occasion où le comte de Nithsdale et le religieux Scot[2], tous deux leurs sujets, qui s'entremettoient du traité, ont assuré, et de paroles et par lettres, que, la paix étant faite, la Reine

1. Ce paragraphe est emprunté à une dépêche de Châteauneuf du 18 octobre (Aff. étr., corresp. politique, Angleterre 43, fol. 301 v°-302).

2. La source portait : « ... et le religieux écosse (sic) » ; Sancy a écrit « Scot » (Angleterre 43, fol. 302).

mère demandant le vaisseau de Toiras, l'on le lui rendroit; ce que le trésorier et Carlton lui ayant dénié, il mande le comte de Nithsdale et ledit religieux, lesquels déclarent en plein Conseil, et depuis au roi, que lesdits trésorier et Carlton leur avoient donné cette assurance et permis de le mander en France, et qu'ils croyoient, en étant enquis par ledit ambassadeur, devoir dire la vérité.

Ceux du Conseil qui n'avoient point eu de part au traité de la paix de France, insistèrent opiniâtrément à retenir le vaisseau, blâmant les autres de l'avoir promis, attendu la grandeur et qualité du vaisseau, la perte duquel affoiblissoit toujours d'autant la force maritime du roi.

Le comte Nithsdale et le religieux furent menacés d'être mis prisonniers dans la Tour, pour avoir soutenu, devant le roi et son Conseil, la vérité de cette affaire, le roi niant absolument lui avoir jamais donné la permission de le promettre, soit qu'il fût vrai ou qu'il s'en repentît[1] : ce qui est assez ordinaire à cette nation, qui est hardie à nier la vérité sans honte, voit la raison et a peine de s'y laisser conduire, est impuissante au bien et au mal et brûle d'envie et de jalousie contre la France, avec laquelle elle avoit fait la paix par impuissance de pouvoir faire la guerre, non par amitié ni considération de bien particulier ou public.

Le grand trésorier, néanmoins, sur quelque instance que Châteauneuf continua à lui faire encore depuis sur la restitution dudit vaisseau, lui dit qu'il ne falloit

1. Le début de ce paragraphe est tiré d'une dépêche de Châteauneuf du 20 octobre (Aff. étr., corresp. politique, Angleterre 43, fol. 305 v°).

point en rien espérer que par amitié, puis s'expliquant, dit : « Comment peut-on dire que l'amitié soit parfaite entre ces deux couronnes, tandis que les enseignes prises en Ré demeureront en l'église Notre-Dame? »

Le comte de Nithsdale eut aussi commandement du roi son maître de lui en parler comme de lui, tant le témoignage de leur honte et mauvais succès en leur injuste entreprise contre la France leur étoit à cœur.

Le dessein secret, mais principal, de l'envoi de Châteauneuf, qui étoit de convenir d'un moyen puissant pour s'opposer à l'ambition de la maison d'Autriche, conserver la liberté d'Allemagne et rétablir le Palatin, bien qu'il leur fût le plus important, ne fut pas mis néanmoins par eux en beaucoup de considération.

La paix de Danemark étant arrêtée avec l'Empereur, il ne restoit plus que le roi de Suède qui fût capable d'être chef de cette entreprise : il étoit prince courageux et armé, qui ne demandoit qu'une raisonnable assistance pour cela.

Il avoit envoyé un ambassadeur en Angleterre[1], où il leva mille Écossois et trois mille Anglois[2] qu'il envoya à son maître, sollicitant le roi de la Grande-Bretagne et les États de lui donner le même secours d'argent qu'ils donnoient à Danemark.

Châteauneuf en parla et offrit, de la part du Roi, toute l'assistance qui pourroit raisonnablement être demandée de S. M.

1. C'était sir James Spence, qui était agent de la Suède en Angleterre depuis 1626.
2. La dépêche de Châteauneuf du 10 juillet, qui a servi à la rédaction de ce paragraphe, porte : « 3,000 Écossois et mille Anglois » (Aff. étr., corresp. politique, Angleterre 43, fol. 343).

Le roi d'Angleterre s'offrit en paroles générales à tout ce qu'on voudroit ; mais quand ce vint au particulier, il dit qu'il valoit mieux commencer à aider à faire la paix avec le roi de Pologne, et dépêcha un ambassadeur vers lui pour y intervenir avec Charnacé, que le Roi y avoit envoyé longtemps auparavant.

Il n'étoit point chiche[1] d'envoyer des ambassadeurs partout, pour ce que cela lui coûtoit peu et ne le mettoit en aucune mauvaise intelligence vers ses voisins, mais, de venir à un secours effectif d'argent et d'entrer en part avec ses alliés pour l'entreprise d'une guerre, il ne le vouloit ni ne le pouvoit. Ses États sont divisés en une faction de religion qui les affoiblit beaucoup et nourrit des haines si envenimées entre ses sujets, de quelque condition qu'ils soient, qu'il ne les peut faire tous conspirer au bien de son État.

Davantage, le parlement étoit directement bandé contre lui et ses principaux ministres, particulièrement son grand trésorier, lequel il demandoit qu'il fût démis de sa charge et se purgeât des accusations qui étoient proposées contre lui. Ainsi il n'osoit assembler son parlement, qui lui dénioit non seulement un secours extraordinaire, mais les daces et péages ordinaires du royaume, qu'ils prétendoient ne pouvoir être levés sans leur consentement, qui devoit être renouvelé à chaque avènement de roi à la couronne ; ce que celui-ci ne leur ayant demandé, ils avoient fait défense aux marchands de les payer et fait fermer les bureaux qui étoient établis pour cela. Ainsi il avoit été contraint de lever ce droit par force, en la mer, avec des vais-

1. Ce paragraphe et le suivant sont tirés de la dépêche de Châteauneuf, précitée (10 juillet, Ibid., fol. 343 v°).

seaux qu'il tenoit à l'entrée et sortie des ports, qui en diminuoit de beaucoup la perception et troubloit tout leur commerce.

Le grand trésorier en parla à Châteauneuf et lui dit qu'il voyoit bien le mauvais procédé du parlement, qui vouloit réduire l'autorité du roi à néant; que leur cour et les grands étoient partagés en opinions; qu'aucuns avoient vu ledit Châteauneuf, pour pressentir quel jugement il faisoit de ces mouvements; que cidevant Blainville avoit pris ce parti-là et voulu donner des espérances à ces factieux de l'assistance de la Reine par la puissance du Roi; mais que les auteurs de cette faction étoient puritains, ennemis des monarques, et, le Roi étant si juste et si chrétien et en bonne intelligence avec son maître, il vouloit espérer qu'il rejetteroit ces propositions et feroit sentir aux ambassadeurs de Venise[1] et de Hollande, qui étoient républicains, que la France n'appuieroit jamais ces gens-là : de quoi il l'assura aussitôt et, de plus, qu'en toutes occasions où son maître auroit besoin de l'assistance du Roi pour la manutention de son État, de sa dignité et de sa grandeur, qu'il pouvoit faire état de son amitié, de ses forces et de ses moyens.

Le roi lui en parla aussi lui-même à quelques jours de là et lui dit qu'il acceptoit la bonne volonté du Roi

1. L'ambassadeur de Venise à Londres était le chevalier Alvise Contarini (1597-1651), qui avait été ambassadeur à Madrid (mars-juillet 1624) et à la Haye (mai 1624-août 1626). Il était ambassadeur en Angleterre depuis juillet 1626 et le resta jusqu'en juillet 1629. D'août 1629 à avril 1632 il fut ambassadeur en France, puis à Rome (1632-1635), ensuite à Constantinople (1636-1641), enfin à Utrecht et à Münster (1643-1650). Il mourut en 1651.

son maître et espéroit, avec son assistance et entremise, venir à bout de son parlement.

Châteauneuf lui confirma les assurances de l'affection du Roi son maître en termes généraux et de compliment, parce que cela n'engageoit à rien et servoit à le maintenir en respect avec S. M.

Cette foiblesse, qu'ils reconnoissoient en eux, leur faisoit désirer de s'accommoder avec Espagne, avec laquelle ils avoient honte d'avoir commencé la guerre et ne la pouvoir pas soutenir.

La plupart de ceux de leur Conseil, intéressés avec les marchands, les y portoient encore.

Leur jalousie contre la France, la crainte qu'ils avoient des vaisseaux que le Roi faisoit construire, l'échec qu'ils avoient reçu en l'île Saint-Christophe, où l'on leur avoit montré qu'on avoit le courage et la force de s'opposer à leur puissance maritime, les y confirmoient. Ils n'étoient point retenus par aucune considération du bien public, pour ce que, d'une part, ils avoient éprouvé que leurs forces sont de nulle considération en toutes les guerres qui sont hors de leur île et que, d'autre part, ils se croient si forts en icelle qu'il leur semble n'y pouvoir être avec effet attaqués par aucun ennemi, et, pour cette considération, estiment avoir peu d'intérêt aux affaires de la chrétienté.

Celui qui mettoit en avant la paix d'Espagne étoit le grand trésorier, homme qui, étant pacifique de sa nature, nouvellement élevé en cette dignité, envié de tous, haï du parlement, croyoit ne se pouvoir maintenir qu'en évitant les occasions d'assembler un parlement, dont le roi son maître ne se pouvoit passer qu'ayant la paix avec tous ses voisins, en laquelle seule il pouvoit chercher les moyens de se délivrer de cette tyrannie et soumettre ce corps à son autorité.

Plusieurs dans le Conseil s'opposoient à lui, plus pour le contrarier que pour autre raison[1].

Les principaux du peuple et les parlementaires, toujours ennemis de ceux qui gouvernent, alloient tout haut blâmant en cela la procédure du roi, leur maître, et de son Conseil, disant qu'il devoit embrasser l'amitié de la France, s'unir étroitement avec elle et continuer la guerre contre l'Espagne ; et, publiant les victoires du Roi et l'état glorieux auquel il se trouvoit, disoient qu'on ne devoit pas laisser partir Châteauneuf sans résoudre quelque bonne alliance pour la conservation des États alliés contre la maison d'Autriche.

Des personnes de qualité venoient voir Châteauneuf et lui tenoient ces discours, qu'il écoutoit sans s'ouvrir avec eux, qui, dans les divisions dans lesquelles ils se retrouvoient, étoient incapables d'aucun conseil.

Le grand trésorier, non tant pour les contenter que par précaution, afin que, s'il étoit trompé par les Espagnols en ce traité et qu'il ne réussit, il trouvât de quoi s'excuser et défendre, sachant bien que, en étant le seul auteur, l'événement en tomberoit tout sur lui, disoit que la France y auroit tout pouvoir, qu'il ne s'y passeroit rien sans elle et qu'elle seroit maîtresse de la paix ou de la guerre.

Rubens[2], peintre flamand, étoit celui qui, de la part

1. Une page du manuscrit A a été rayée ici (fol. 152 v°) ; elle avait trait à l'opposition que le comte de Holland faisait à la politique du grand trésorier d'Angleterre.

2. Ce paragraphe et le suivant sont empruntés à une dépêche de Châteauneuf du 10 juillet (Aff. étr., corresp. politique, Angleterre 43, fol. 341 v° et 342).

d'Espagne, la traitoit en Angleterre, où ce roi lui avoit donné quatre commissaires de son Conseil, dont les trois étoient tenus pour catholiques et le quatrième pour grand puritain. Il leur proposa de faire comme ils avoient fait avec nous, de ne point parler du passé, mais confirmer les derniers traités et après députer des commissaires de part et d'autre pour traiter du trafic aux Indes et des moyens de rétablir le Palatin dedans ses États, leur offrant, dès à présent, de remettre entre les mains du roi de la Grande-Bretagne les places que le roi d'Espagne tenoit dedans le Palatinat, pourvu que ledit sieur roi lui fît voir les moyens qu'il avoit de les conserver contre l'Empereur et le duc de Bavière, desquels il disoit que l'agrandissement lui étoit suspect et que, aussitôt qu'il les lui auroit remises entre les mains, l'un ou l'autre les attaqueroit, ce qu'il ne pourroit souffrir.

Il s'y rencontroit encore une troisième difficulté, qui étoit le traité de ligue qui étoit entre ce roi et les États, qui portoit qu'ils ne traiteroient point de paix avec le roi d'Espagne sans le su et consentement l'un de l'autre ; sur quoi ledit Rubens insistoit que ledit roi s'entremît de la paix ou de la trêve entre son maître et lesdits États et qu'il fît l'un et l'autre conjointement, et envoyât au plus tôt vers lesdits États et l'Infante pour cela.

Le grand trésorier en parla à Châteauneuf[1], qui lui dit que le Roi estimeroit toujours la paix entre les princes ses amis et alliés, comme il la désiroit chez lui; qu'ils étoient si sages et si prudents qu'ils la sau-

1. Les propos du grand trésorier d'Angleterre, relatifs aux propositions de Rubens sur le Palatinat, figuraient sur le manuscrit A, fol. 154 v°, où ils ont été barrés.

roient bien faire, avec conditions si bonnes et si sûres que toute la chrétienté s'en sentiroit, et particulièrement leurs neveux[1], qui seuls souffroient le plus des entreprises de la maison d'Autriche[2].

Le grand trésorier lui répliqua qu'il devoit tenir pour certain qu'ils ne feroient jamais la paix sans la restitution du Palatinat ou du moins une partie, et une condition assurée pour remettre à l'avenir les enfants du Palatin dedans le surplus de leur État et la dignité électorale, laquelle ils consentiroient volontiers que Bavière possédât sa vie durant; en quoi il savoit que S. M. pouvoit beaucoup aider pour la créance que Bavière avoit en lui, qui l'avoit, le premier des rois et princes, reconnu pour Électeur[3]; enfin, ou qu'ils feroient la paix bonne ou feroient la guerre, et l'une et l'autre par le conseil et assistance de la France : à quoi on pouvoit répondre que le séjour de Rubens en Angleterre étoit le principal effet de sa négociation; qu'il suffisoit aux Espagnols de donner jalousie à tous leurs voisins d'un traité qu'ils faisoient avec l'Angleterre, pour les faire penser à leurs intérêts et à leur sûreté, quand ils se verroient abandonnés de ceux qui étoient les plus intéressés à leur conservation; ainsi, que la longueur de la négociation, et d'en différer la résolution, sembloit préjudiciable aux affaires publiques et à celles de son maître.

1. Le manuscrit A (fol. 155) portait d'abord « gendre » au lieu de neveux, désignant ainsi l'Électeur palatin.
2. Là encore (manuscrit A, fol. 155) il était question du Palatinat et de la restitution de cinq villes de cet électorat par le roi d'Espagne; mais le passage a été biffé.
3. Le manuscrit A (fol. 155 v°) parlait à nouveau de la restitution des cinq villes du Palatinat; le passage a été rayé.

Ledit Rubens, pour entretenir ou avancer son traité, proposa qu'il vînt quelqu'un de la part du roi d'Espagne en Angleterre, et qu'il fût de la part d'Angleterre envoyé quelqu'un en Espagne pour traiter mutuellement à la cour l'un de l'autre; que les Espagnols y enverroient Don Carlos Coloma[1], qui commandoit en Flandre en l'absence de Spinola, personnage de qualité, qui lui porteroit toute assurance de la part du roi d'Espagne pour l'entière satisfaction du Palatinat, sans user du mot de restitution au Palatinat.

Châteauneuf dit au roi, qui lui en parla, que cet envoi si qualifié étoit pour le mieux tromper et faire plus éclater le bruit de cette paix, qu'ils ne feroient qu'en négociation, laquelle ils entretiendroient autant qu'ils pourroient pour donner jalousie à tous ses amis et le décréditer avec eux. Mais la passion que ce prince avoit de cette paix lui faisoit concevoir de fausses espérances qu'ils lui donneroient contentement. Il dit à Châteauneuf qu'il en vouloit être éclairci à cette fois, et ce dans quinze jours après l'arrivée de Carlos Coloma; cependant, qu'il falloit que le Roi et lui avisassent[2] ensemble aux moyens d'assister leurs amis, particulièrement les Hollandois qu'il falloit soutenir puissamment et, lesquels s'ils faisoient la trêve, l'Allemagne étoit perdue, les Espagnols y pouvant donner

---

1. Carlos Coloma, marquis d'Espinar, majordome du roi d'Espagne, mestre de camp général en Flandre, ambassadeur en Angleterre en 1623, membre du conseil de guerre puis du conseil d'État à Madrid, mort en 1637.

2. Ce début de phrase et la phrase précédente ont été écrits à la marge du manuscrit A, fol. 157, par Sancy, à la place d'un paragraphe qui a été barré; les *Mémoires* disent que Charles Ier était passionné pour la paix; le texte primitif n'en dit rien.

la loi telle qu'il leur plairoit : à quoi l'ambassadeur lui dit qu'il leur montroit le chemin d'entendre à la paix et que, après l'avoir remercié de la part qu'il lui plaisoit lui donner des propositions que lui faisoient les Espagnols, il ne pouvoit que répéter les mêmes offres qu'il lui avoit faites, à son arrivée, de la part du Roi; qu'il étoit prêt d'aviser avec lui et ceux de son Conseil à tous moyens possibles d'assister les alliés des deux couronnes et empêcher le cours des progrès de la maison d'Autriche, comme il lui avoit déjà dit, et le prioit de ne se laisser tromper par les Espagnols, qui lui donnoient des espérances, maintenant qu'ils se voyoient pressés par le Roi du côté d'Italie et par les Hollandois du côté de Bois-le-Duc, et de vouloir considérer le dégoût que cette négociation donneroit à tous ses amis, de voir qu'il se vouloit laisser encore tromper une seconde fois, comme avoient fait le feu roi Jacques son père et lui, en son voyage d'Espagne[1].

Or, nonobstant toutes ces raisons, ils dépêchèrent Cottington[2] en Espagne, au commencement de novembre, joint qu'il y avoit quelque bruit que la trêve se traitoit, laquelle ils eussent eu à extrême déplaisir et tenu à grand affront qu'elle se fût faite sans leur entremise.

1. Ici, et après le paragraphe suivant, nouvelles suppressions sur le manuscrit A (fol. 160).
2. Francis Cottington (1578-1652), baron Cottington of Hanworth en 1631, avait été consul à Séville en janvier 1612, ambassadeur en Espagne de 1616 à 1618, secrétaire du prince de Galles en 1622, nommé conseiller privé en 1628 et attorney général en mars 1629; il fut ambassadeur en Espagne de 1629 à 1631, nommé chancelier de l'Échiquier en 1636 et ambassadeur extraordinaire en Espagne (1649).

Et, en même temps que, d'une part, ils dépêchèrent Cottington en Espagne, de l'autre part, afin de ne pas tout à fait offenser les Hollandois et n'enfreindre l'article de l'alliance qu'ils avoient avec eux, par lequel ils promettoient de ne faire ni paix ni trêve qu'avec leur consentement, ils dépêchèrent un nommé Vere[1] en Hollande, pour essayer de les porter à un accommodement avec les Espagnols.

Le roi d'Angleterre vouloit absolument faire la paix avec Espagne; et, bien qu'il sût certainement que les Espagnols ou ne lui promettroient rien pour le Palatinat, ou que ce seroit en paroles si obscures qu'ils n'estimeroient pas être obligés de lui en rien tenir, non plus qu'ils n'en avoient pas de volonté, il ne laissoit pas néanmoins d'essayer à se satisfaire, en imagination, des promesses et assurances qu'on lui en donnoit au lieu d'effets, aidant lui-même aux Espagnols à se tromper : ce qui parut[2] bien clairement en ce que son ambassadeur Wake, qu'ils avoient en Savoie, lui ayant mandé que Scaglia, à son retour d'Espagne, lui avoit dit que les Espagnols renverroient la négociation de Cottington au marquis Spinola, qui auroit seul le pouvoir pour la restitution desdites places et de traiter la paix d'Angleterre, ce néanmoins il ne laissa pas d'envoyer ledit Cottington.

1. Robert de Vere (1599-1632), comte d'Oxford en 1626; auparavant il fut capitaine d'infanterie au service de la Hollande et, en 1629, il reçut, au siège de Bois-le-Duc, après la mort de son oncle sir Edward Were, la charge de colonel dans le régiment que commandait son oncle. En 1632, il servit sous les ordres de lord Vere au siège de Maëstricht, où il fut tué.

2. La fin de ce paragraphe est empruntée à une dépêche de Châteauneuf, du 7 octobre (Aff. étr., corresp. politique, Angleterre 43, fol. 287).

Et depuis, ledit Wake lui ayant encore mandé qu'il ne devoit avoir aucune créance à tout ce que lui diroit le sieur Baracèze, secrétaire du duc de Savoie, résidant depuis quelque temps en Angleterre, pour ce que c'étoit un passionné Espagnol[1], et qu'il ne devoit non plus avoir de foi au duc de Savoie, qui ne pensoit qu'à brouiller la chrétienté, tromper la France et l'Espagne, et intéresser tout le monde pour en tirer quelque profit particulier, soit d'argent ou autre chose, et qu'il avoit, depuis peu, reçu de Spinola une notable somme de deniers pour lever des gens pour la défense de ses États contre la France, sans qu'il en eût levé un, qu'il tranchoit des deux côtés et ne tranchoit d'aucun ; et les trois principaux de son conseil d'État (qui n'étoit composé que de six), Pembroke, Holland et Carlton, ayant pris occasion de quelques nouvelles d'Italie, de remontrer audit roi combien[2] il importoit à sa réputation, à son âge, en l'état présent des affaires de la chrétienté, de s'unir avec le Roi et faire puissamment la guerre au roi d'Espagne, qui ne cherchoit qu'à l'amuser jusques à ce qu'il eût fait ses affaires en Italie ou la paix avec nous, laquelle ayant faite, nous ne voudrions plus rentrer en guerre, tout cela ne l'émut point et, pour toute réponse, il dit qu'ils disoient vrai, mais que le pis qu'il lui en pouvoit arriver étoit qu'il auroit la paix en Angleterre et que ce n'étoit pas lui

1. Le début de ce paragraphe a été écrit par Sancy en bas du feuillet 161 r° du manuscrit A ; il a été emprunté en grande partie au feuillet 162 r° ; ce qui suit jusqu'aux mots « combien il importoit à sa réputation, à son âge... », est au feuillet 162 v°, mais fait presque double emploi avec le haut du feuillet 161 v°.

2. La fin du paragraphe est dans le manuscrit A au fol. 161 v°.

qui étoit cause de la perte du Palatinat; qu'il devoit dix millions de livres, qui sont un million de livres sterling; qu'avec le temps et la paix il s'acquitteroit et qu'avec la guerre il seroit toujours en nécessité.

Mais, quoi qu'il pût faire, toute cette année se passa en ce traité, qui ne fut conclu qu'en la suivante, ainsi que nous dirons en son lieu[1].

Nous ajouterons seulement ici que l'ancienne contention s'alluma si fort entre les religieux, et principalement les jésuites, et l'évêque d'Angleterre (qu'avec beaucoup de soin le Cardinal, à la sollicitation du clergé d'Angleterre, avoit obtenu de S. S., pour y envoyer), que Châteauneuf donna avis que, à l'instigation desdits jésuites et religieux, il[2] avoit été proscrit et sa tête mise à prix par le commandement dudit roi.

Le Cardinal, de peur qu'en une si exacte recherche, comme étoit celle qu'on en faisoit, il fût trouvé et courût fortune de la mort, pria Châteauneuf de le retirer secrètement chez lui pour le mettre à l'abri de cet orage, et que, au cas qu'il ne se calmât point, il le fit passer avec lui en France à son retour, ce qu'il fit.

Reprenons[3] maintenant les affaires d'Italie; voyons comme l'on reçoit en Espagne le passage du Roi à Suse et le traité qui y est fait, quelles résolutions ils prennent en ces affaires, les ruses et artifices qu'ils emploient

---

1. Ce paragraphe a été écrit par Sancy au bas du feuillet 161 v° du manuscrit A; les deux paragraphes suivants l'ont été en marge du feuillet 162 v°.

2. L'évêque d'Angleterre.

3. Ce qui suit est dans le manuscrit A au feuillet 162 v° et suivants.

contre S. M. pour, d'une part, essayer de lui faire croire qu'ils veulent la paix, tandis qu'ils se préparent à la guerre, et, de l'autre, persuadent l'Empereur par ses conseillers, leurs pensionnaires, qu'il va de son honneur à cette affaire et qu'ils ne s'y engagent que pour son seul intérêt, enfin, les armées qu'ils font à l'improviste descendre en Italie, pour opprimer le duc de Mantoue et tirer une injuste vengeance de ce qu'il a osé se défendre contre leurs tyranniques prétentions.

Nous avons ci-devant remarqué qu'il y avoit quatre ambassadeurs de Savoie en Espagne, auxquels on avoit, par risée, donné le nom des quatre Évangélistes : le Père Gaetani[1], qui étoit le premier, l'évêque de Vintimille, le président de Monthoux et l'abbé Scaglia.

L'un ne savoit pas ce que l'autre traitoit, et chacun d'eux avoit ses ordres particuliers : ce qui leur donnoit tant de jalousie et d'envie les uns contre les autres qu'ils en étoient en querelle ouverte[2].

Mais, s'ils étoient mal ensemble pour les passions particulières qu'ils avoient les uns contre les autres, ils s'accordoient tous fort bien à promettre, de la part de leur maître, une inviolable fermeté au service d'Espagne et une opiniâtre opposition au passage du Roi pour secourir Casal, et à donner une assurance cer-

1. Christophe Gaetani, né à Anagni, évêque *in partibus* de Laodicée, coadjuteur en 1623, puis, de 1634 à sa mort en 1642, évêque de Foligno; il avait été nonce à Venise de 1626 à 1628.
2. A été effacée sur le manuscrit A, fol. 163 v°, la phrase suivante : « Jusques-là que le président de Monthoux vint lui-même chez l'évêque de Vintimille porter un cartel de défi à un sien cousin qu'il avoit avec lui pour se battre contre un des siens qui y fut tué, dont il y eut un grand bruit à Madrid, qui néanmoins se passa sans effet. »

taine que les forces de leur maître, aidées de celles d'Espagne, ne pouvoient être forcées dans ces montagnes par les troupes du Roi.

Au milieu de ces promesses et assurances[1], il leur arrive tout ensemble à Madrid, le 26ᵉ mars, la nouvelle que le Roi veut entreprendre de passer et entrer en Italie (ce qu'ils n'avoient jamais cru jusques alors), et celle qu'il a forcé les passages et, dans le même jour, s'est rendu maître de la ville de Suse.

Ils tinrent ces nouvelles secrètes, deux jours entiers, entre eux, selon leur coutume ordinaire de ne publier les mauvaises qui leur arrivent que le plus tard qu'ils peuvent.

Lors on commença à murmurer contre Savoie, douter de sa fidélité, disant que, s'il eût voulu faire ce qu'il devoit, il étoit impossible au Roi de faire ce qu'il avoit fait ; mais les ministres n'osoient néanmoins éclater en invectives contre lui, pour quelque reste d'espérance qu'ils avoient ou de le maintenir ou de le regagner, et de peur de le perdre irréconciliablement.

Mais les ambassadeurs se ressentirent de cette secrète mauvaise volonté contre leur maître, par le refroidissement que le comte Olivarès leur témoignoit,

1. Les pages qui suivent jusqu'à la p. 282 (au paragraphe commençant par : « Cette maladie de prophétie est ordinaire aux personnes religieuses... ») sont tirées de deux extraits de lettres du sieur de Lingendes, secrétaire de l'ambassade de France à Madrid : le premier est un extrait de lettres des 6, 7 et 11 avril, et le second est le résumé d'une lettre du 24 avril (Aff. étr., corresp. politique, Espagne 15, fol. 441-443). Les *Mémoires* ont suivi assez fidèlement ces deux textes, mais, dans les dernières pages, les paragraphes des deux extraits ont été alternativement utilisés.

par le moins bon accueil qu'il leur faisoit en leurs visites, qui, par conséquent, furent moins fréquentes, et par une suspension de la nomination que le roi d'Espagne avoit faite du Père Gaetani à un évêché de 4,000 ducats de rente et d'une pension de 1,200 écus[1], promise à l'évêque de Vintimille.

Quand, trois jours après, qui fut le 29ᵉ mars, la nouvelle arriva que Don Gonzalez avoit capitulé et retiré ses armes de Casal, ce fut lors qu'Olivarès se mit au désespoir et dit avec tant de colère au nonce Pamfili qu'il en étoit hors de lui, qu'on avoit mal servi le roi son maître, que la tête de Don Gonzalez en répondroit, et plusieurs autres choses qui témoignoient son sentiment, et qu'il s'en vengeroit cruellement s'il en avoit jamais le moyen.

Néanmoins, en public, il ne parla pas ainsi ; mais lui et les autres ministres tâchoient de sauver la réputation d'Espagne en cet accommodement et charger l'Empereur de la honte qui leur en étoit arrivée, disant que leurs armes n'étoient que sous son nom et que tout l'engagement qu'ils avoient en cette affaire n'étoit qu'au regard du duc de Savoie, lequel étant content en ce traité, ils en demeuroient satisfaits en leur particulier et non intéressés en leur réputation ; que le seul intérêt de celle de l'Empereur en ces succès les fâchoit, mais qu'ils n'en étoient pas coupables, ayant employé ce qu'ils devoient à son alliance, et que si, de sa part, il eût fait ce qu'il devoit, les affaires aujourd'hui seroient en autres termes qu'elles n'étoient.

1. Les *Mémoires* disent « 12,000 écus », mais le document qui a servi de source porte « 1,200 écus » (Aff. étr., corresp. politique, Espagne 15, fol. 441).

Mais ils ne pouvoient voir Lingendes sans rougir de honte, quand ils consideroient qu'au commencement de cette guerre il les avoit ouïs parler avec l'arrogance dont ils ont accoutumé d'autoriser leurs injustes entreprises, et que maintenant, tout à coup baissant de ton, ils parloient si bas.

La faveur d'Olivarès, quoique au dernier point, et l'inapplication du roi son maître en ses affaires, quoique extrême, reçurent atteinte à ce bruit de la prise de Suse, qui, comme un éclat de tonnerre, réveilla ce roi de la profonde léthargie dans laquelle il étoit enseveli ; et, si le Roi eût poussé ses armes jusques à Milan, comme il le pouvoit, le comte Olivarès couroit fortune de tomber le plus grand saut qu'ait jamais fait favori.

Cette affaire d'Italie étoit sienne, et Gonzalez seul, pour le flatter ou autrement, l'y avoit affermi ; tout le Conseil d'Espagne avoit été contraire ; ils se chargeoient maintenant l'un l'autre.

Olivarès disoit que Gonzalez lui avoit promis dès le commencement de ces mouvements, qui fut au printemps de l'année précédente, de se rendre maître de Casal et du Montferrat en quatre mois.

Celui-ci opposoit à l'encontre que le comte ne l'avoit pas secouru d'hommes et d'argent, ni en la quantité, ni au temps qu'il lui avoit promis.

Le roi d'Espagne, cependant, s'en prenoit à celui qui étoit présent, qui étoit le comte, et lui disoit qu'il avoit mis ses États en péril pour son seul caprice : à quoi, tout effrayé, il répliqua que le duc de Savoie ne lui avoit pas tenu parole et que Gonzalez l'avoit trompé.

Le duc de Sessa, ou peu affectionné au comte, ou

zélé au service du roi son maître, donna audit roi, en cette occasion, un discours en forme d'avis[1], dans lequel il parloit avec grande liberté au désavantage du comte.

Ce discours fit quelque impression en l'esprit du roi, mais non tout l'effet qu'il eût désiré; car ledit roi se contenta de faire tenir deux conseils : dans l'un desquels il commanda que, avec toute sorte d'équité et de justice, on vît et on l'informât si quelqu'un de ses ministres avoit, contre l'avis commun des autres, engagé la réputation du roi d'Espagne en l'affaire d'Italie; en l'autre, qu'on considérât celui auquel, pour le bien de son service, il seroit à propos de donner le gouvernement de Milan.

Sur la première demande ils déchargèrent tous le comte Olivarès, sans en prendre néanmoins sur eux ni rejeter aussi le poids sur Gonzalez. Sur la seconde, ils lui proposèrent le duc de Féria, comme celui qu'ils jugeoient le plus digne de ce gouvernement; mais ledit duc, qui ne se tenoit pas beaucoup favorisé de cette charge, répondit au roi son maître : qu'il se sentoit infiniment obligé de la bonne estime qu'il daignoit avoir de lui, mais qu'il ne devoit ni ne pouvoit accepter cette charge que la paix ne se fît, n'étant pas raisonnable qu'il allât hasarder sa réputation pour les fautes d'autrui.

Parmi toutes ces disgrâces, Olivarès ne se pouvoit

1. Le texte en est donné tout au long dans le manuscrit A, fol. 166-172; une copie de cet avis est aux Affaires étrangères (corresp. politique, Espagne 15, fol. 433, 434). C'est ce document que les rédacteurs des *Mémoires* ont utilisé; Sancy a écrit au dos « Employé ». Le reste du paragraphe et le paragraphe suivant sont au feuillet 172.

tenir de dire qu'on lui avoit bien prédit que le Roi forceroit le pas de Suse, mais qu'il ne l'avoit pas cru, et que l'événement lui avoit fait voir que le procédé du Cardinal étoit fort sincère, Bautru, qui étoit en Espagne avec ses ordres, ayant été très véritable en sa négociation.

Il n'y avoit aucun qui ne louàt le procédé de S. M., qui étoit si juste qu'il tiroit des louanges et des approbations de la bouche propre de ses plus cruels ennemis, qui étoient contraints d'avouer qu'il étoit le plus glorieux prince qui eût jamais régné, les uns ayant été renommés pour l'équité et la modération de leur esprit, les autres par les grandes victoires qu'ils avoient remportées sur leurs ennemis, mais le Roi seul s'étant signalé en l'un et l'autre, s'étant su retenir, au milieu du cours le plus violent de ses prospérités, en la modération la plus exacte qui eût pu s'observer dans le repos de la paix, pourvu, disoient-ils, qu'il continue en ce sage conseil qu'il a pris et que l'occasion, si belle et si présente qu'il a, ne lui fasse changer de dessein.

Ces louanges ne plaisoient pas beaucoup au roi d'Espagne et encore moins à son favori, mais néanmoins on ne parloit d'autre chose dans sa chambre. L'ambassadeur d'Allemagne dit tout haut, en la chapelle de S. M., au banc des ambassadeurs, que l'esprit de Dieu accompagnoit et fortifioit le Roi en toutes ses entreprises, toutes les assurances et les forces de ses ennemis s'évanouissant devant lui, les rivières et la mer semblant se dessécher pour lui faire passage, la terre ferme de la France ayant semblé ci-devant porter[1] quant et quant ses armées navales dans l'île de Ré,

1. On lit sur les manuscrits A et B : « passer ». Il est pro-

pour y foudroyer les ennemis de sa gloire, et maintenant les précipices des montagnes s'étant aplanis devant lui pour le laisser passer. Et Spinola dit tout haut, dans l'antichambre du comte-duc, que le Roi avoit fait en soldat et en homme de bien tout ensemble; que ce que tous les historiens flatteurs avoient autrefois feint de leurs princes, qu'ils ont représentés plus excellents qu'ils n'étoient, étoit moindre que ce que S. M. étoit en effet, et que la simple vérité de ce que l'Europe éprouvoit de lui, surpassoit tout l'ambitieux mensonge de leur éloquence, pourvu, ajoutoient-ils toujours, qu'il ne passe pas plus avant et qu'il s'en retourne sans tenter autre chose, se devant contenter d'avoir assuré le duc de Mantoue en ses États.

Ils ajoutoient encore, mais plus secrètement, de peur du comte-duc qui ne leur eût pas pardonné, que le Roi étoit heureux d'avoir un si grand ministre que le Cardinal et que c'étoit la preuve fondamentale de la bénédiction de Dieu en son règne.

Bref, tout le peuple, contre sa coutume ordinaire, donnoit mille bénédictions au Roi, duquel ils exposèrent quantité de portraits en toutes les boutiques des peintres, devant lesquelles un chacun s'arrêtoit par merveille pour le voir, et la dernière de leurs louanges alloit à dire qu'il étoit saint.

Le cœur du seul comte Olivarès étoit atteint d'une douleur mortelle et, jour et nuit, il ruminoit en lui-même tous les moyens qu'il y avoit de relever l'honneur d'Espagne et flétrir la gloire que le Roi avoit acquise en cette action.

bable que Sancy avait écrit « porter » sur la « feuille de rédaction »; le scribe, en recopiant, aura mal lu.

Il publia partout que le roi d'Espagne vouloit la paix et ratifier le traité de Suse, puisque le duc de Savoie (pour la seule défense duquel le roi son maître s'étoit armé) s'en étoit contenté.

Mais quant et quant il publioit aussi qu'il étoit à craindre que l'Empereur, duquel les ministres n'avoient point été appelés en ce traité, n'y voulût pas consentir : auquel cas il étoit raisonnable que S. M. Catholique l'assistât de ses forces, afin qu'il ne succombât en cette cause.

Ensuite de cela il travailloit pour trouver de l'argent, mais avec peu d'espérance, pour ce que tous leurs partisans étoient si épuisés et en telle défiance qu'ils ne vouloient plus entrer en avance sans assignations assurées.

Ils suspendirent tous les biens domaniaux du roi, dont la plupart appartenoient aux Génois auxquels on les avoit aliénés. Ils envoyèrent appeler les uns et les autres des habitants de Madrid, chacun séparément, pour les obliger à quelque contribution; les François mêmes n'en étoient pas exempts. Ils demandèrent secours aux églises; le chapitre de Tolède, s'étant assemblé à ce sujet, fit réponse que l'Église ne pouvoit, en conscience, rien fournir pour cette guerre, mais que, si les États du roi d'Espagne étoient attaqués, ils vendroient jusques aux calices pour les défendre. Ce refus n'empêcha pas qu'on ne persistât en la demande, mais en vain.

Tout cela épouvantoit le peuple et, comme gens qui se voyoient exposés à nouvelles contraintes, ils murmuroient et se plaignoient des maux qu'ils soupçonnoient et qu'on ne pensoit pas encore leur faire endurer[1].

Cependant la nouvelle se confirme que le Roi se contente d'avoir assuré les États du duc de Mantoue et qu'il n'a point de dessein de passer plus avant.

Le duc de Féria, néanmoins, recule de jour en jour de partir pour son gouvernement; et, pour donner couleur à son retardement, il faisoit des demandes si excessives, tant pour son ameublement que pour son entretènement, qu'il faisoit baisser la lance à ceux qui gouvernoient.

Le marquis Spinola, de son côté, refusoit de partir pour aller en Italie, s'il ne recevoit et ne conduisoit avec lui l'argent dont il disoit avoir besoin, et ne s'en fioit pas aux promesses du comte, qui en eut de grandes paroles avec lui. Néanmoins, pour couvrir la nécessité du roi son maitre, il feignoit de retarder le partement dudit Spinola, comme étant sa présence nécessaire pour la trève qui se traitoit lors, par Rubens, avec Hollande.

Le roi d'Espagne, durant toutes ces difficultés, étoit en peine et en une si profonde mélancolie que la prieure du couvent de l'Incarnation de Madrid[2] dit à une per-

1. Ce paragraphe était encadré dans le manuscrit A de deux courts passages, qui ont été barrés, fol. 176 r° et v°; à noter cette phrase parmi celles qui ont été supprimées : « ... n'y ayant désormais chose si inique qui, en un si grand nombre de théologiens qu'il y a maintenant et de tant de sortes, ne trouve son approbateur » (fol. 176 r°).
2. Le couvent de l'Incarnation, de l'ordre de Saint-Benoît, fondé quelques années auparavant, avait pour prieure Thérèse de Silva. Deux religieuses de ce couvent et la prieure avaient été exorcisées en 1628; l'Inquisition fit une enquête en 1631 et

sonne de confiance que, étant audit couvent, où il alloit à couvert par une galerie, il fut si pensif qu'une religieuse s'étant approchée de lui pour le divertir, il la pria de le recommander à Dieu, pour ce qu'il étoit en la plus grande anxiété d'esprit où il eût jamais été, et qu'une prophétie le menaçoit, en l'an 1630, de la perte de tous ses États d'Italie.

Cette maladie de prophétie est ordinaire aux personnes religieuses, qui, se présentant devant Dieu avec quelque inclination qu'elles ne reconnoissent pas, reçoivent, pour paroles de sa part, les désirs qui naissent en elles du bon succès vers ce qu'elles affectionnent, avec pensée que c'est pour l'amour de lui.

Le Roi en eut plusieurs semblables durant le siège de la Rochelle, et de bonnes âmes religieuses eurent, ce disoient-elles, des vues de l'heureux succès de ce siége, qui ne devoit pas, ajoutoient-elles, provenir de la part de la digue, ni des autres moyens humains desquels le Roi se servoit, mais de la main foudroyante de Dieu[1], qui devoit tirer de cette ville une punition exemplaire, comme de la capitale d'Égypte du temps de Pharaon. Mais, si le Roi eût abandonné le travail de la digue, qui, de leur pensée, étoit inutile, l'effet de la prise de la ville ne se fût pas ensuivi et l'armée angloise l'eût renvitaillée nonobstant tous les efforts de l'armée de S. M.

fit mettre toutes les religieuses en prison et, en 1633, la prieure fut déposée. Celle-ci en appela au Conseil suprême qui, après une nouvelle instruction, prononça, en octobre 1638, une sentence d'absolution.

1. Allusion probable aux prédictions contenues dans les lettres du cardinal de Bérulle.

Ensuite de ce qu'ils résolurent de donner toutes les apparences qu'ils pouvoient de vouloir la paix, ils envoyèrent, en quelque façon, la ratification du traité de Suse en ce qui les concernoit, ne s'éloignant pas beaucoup de la substance des choses qui y étoient contenues, mais y changeant néanmoins des paroles, pour ce qu'ils font un point de réputation de ne passer par les résolutions de France, disant qu'ils ne peuvent souffrir qu'on leur prescrive des lois ; mais, en suite aussi de ce qu'ils vouloient, à quelque prix que ce fût, renouveler la guerre pour essayer de la terminer avec plus d'avantage pour eux[1], ils ajoutèrent en cette ratification une chose qu'ils savoient bien que le Roi ne passeroit pas, qui étoit qu'ils obligeoient S. M. de rendre Suse premièrement et retirer ses troupes d'Italie, comme si eux, qui n'avoient jamais voulu déchoir de l'injuste entreprise de la spoliation du duc de Mantoue que par la force des armes du Roi, en pouvoient être empêchés que par la crainte et présence d'icelles.

D'autre côté, ils sollicitèrent l'Empereur de ne souffrir que le Roi fût en effet l'arbitre de l'Italie, comme il l'étoit par le traité passé, encore qu'en apparence il y eût conservé l'honneur dû à sa qualité ; pour à quoi l'obliger davantage, ils pressèrent extraordinairement les fiançailles de la reine de Hongrie[2], espérant, par

1. Ce qui précède (depuis : « pour ce qu'ils font un point de réputation de ne passer par les résolutions de France... ») est emprunté à un extrait de dépêche de Lingendes du 26 mai (Aff. étr., corresp. politique, Espagne 15, fol. 467).
2. Marie-Anne (1606-1646), fille du roi d'Espagne Philippe III, épousa seulement en 1631 le futur empereur Ferdinand III, roi de Hongrie en 1625, fils de Ferdinand II.

ce moyen, l'inciter à épouser plus facilement leurs passions.

Il ne leur fut pas difficile, l'Empereur étant environné de leurs pensionnaires au lieu de conseillers. Il étoit armé de long temps, à raison des guerres d'Allemagne ; il appela une partie de ses troupes, leur fit tourner tête vers l'Italie et, les ayant fait arrêter quelque temps à l'entour de Lindau[1] et autres lieux frontières aux Grisons, il les fit entrer dans leur pays sans leur en donner aucun avis auparavant et, passant le Steich[2] le 27ᵉ jour de mai, ils prirent les postes dont l'armée de France s'étoit saisie en 1624, qui sont les ponts supérieur et inférieur qui traversent le Rhin[3] et qu'il faut nécessairement que toutes les troupes passent qui veulent aller des Suisses en l'État de Venise, et, par ce moyen, ils séparèrent les Suisses des Grisons. Davantage, ils prirent encore un château en la seigneurie de Mayenfeld[4], nommé Raffa[5], pour ôter entièrement le passage aux Suisses qui étoient du parti contraire au leur.

Les Grisons, étonnés de cette surprise, députèrent quelques-uns des leurs vers le comte de Mérode[6], qui

1. Ville de Bavière située dans une île du lac de Constance.
2. Ou Steig, aujourd'hui Luziensteig, sur la rive droite du Rhin, au nord de Mayenfeld.
3. Ces ponts sur le Rhin étaient situés près de Mayenfeld ; ils avaient donné leur nom à la localité voisine, appelée Pont-du-Rhin.
4. Mayenfeld, à vingt kilomètres de Coire, sur la rive droite du Rhin, canton des Grisons.
5. Ou plutôt Ragatz.
6. Jean, comte de Mérode (1588?-1633), fils de Jean de Mérode, comte du Saint-Empire en 1622, et de Marguerite Mouton de Harchies, servit dans les troupes impériales ; capitaine

commandoit ces troupes, pour savoir à quel dessein ils étoient entrés sur leurs terres et s'étoient saisis de leurs places, sans que S. M. Impériale eût reçu de leur part aucun sujet d'offense.

Mérode leur envoie une lettre de l'Empereur, du 18ᵉ avril, par laquelle il leur demandoit le passage et leur exposoit la cause pour laquelle il en avoit besoin[1], leur promettant que, incontinent que ces mouvements seroient passés, il les leur rendroit et les remettroit en leur puissance comme ils étoient auparavant.

Les Grisons, sur cette lettre, accordèrent ce qu'ils ne pouvoient refuser, permirent le passage qui étoit déjà pris, faisant de nécessité vertu, essayèrent de faire attribuer à leur courtoisie ce que la force avoit extorqué d'eux auparavant que de leur être demandé.

Il n'y eut sortes de violences et de cruautés que ces troupes ne fissent, n'ayant pour solde que l'extorsion qu'elles pouvoient faire dans les pays par où elles passoient.

Et pour montrer la bonne foi d'Espagne, il y avoit des commissaires de la part de Don Gonzalez avec

---

en 1618, colonel en 1626; en avril 1629 il combattit en Italie sous les ordres de Gallas. En 1631, il fut nommé général-vaguemestre; au cours de l'hiver de 1631-1632, il recruta des troupes et, malgré des ordres de licenciement de sept régiments, il gagna à leur tête la Westphalie et entra en 1632 à Wolfenbüttel, mais il ne put participer à la bataille de Lutzen et fit retraite avec Wallenstein en Bohême. Comme général d'artillerie et sous les ordres du comte de Gronsfeld, il combattit à Hameln, y fut blessé et mourut à Cologne des suites de ses blessures.

1. Le sommaire de la plus grande partie de cette lettre de Mérode à l'Empereur, donné par le manuscrit A, fol. 181 v°, y a été barré.

elles ; et l'achat de plusieurs grains, qu'il leur convint faire en ces pays stériles n'étant pas capables de les nourrir, fut fait aux dépens dudit Gonzalez, auquel ils envoyèrent en diligence donner avis de l'acheminement desdites troupes dans les Grisons dès qu'elles y passèrent.

Arrivant à Coire, ils arrêtèrent Mesmin[1] en sa maison et se saisirent de ses papiers, faisant semblant d'ignorer la qualité en laquelle il étoit de la part du Roi. Il fut, peu après, remis en liberté par l'ordre qui en vint de l'Empereur.

Les Suisses, ayant appris cette violence, s'émurent un peu, mais leur colère ne passa pas les paroles de plaintes et ils furent bien aises, pour se décharger de l'obligation de venger cette injure, de mettre en avant, pour excuse, que les Grisons, au préjudice de leurs sollicitations et prières, n'avoient jamais voulu, les années précédentes, recevoir le traité de Monçon, ni même encore en la présente année, quelques mois auparavant, nonobstant les instances que Mesmin leur en avoit faites de la part du Roi.

En même temps parut une déclaration de l'Empereur, du 5ᵉ juin, en laquelle, publiant les causes de la descente de ses armes en Italie, il ordonna que toutes les parties prétendantes aux duchés de Mantoue et de

1. Jacques Mesmin, secrétaire du marquis de Cœuvres en 1624, secrétaire général de l'armée de Valteline (1624-1627), ambassadeur ordinaire aux Lignes grises (mars 1627-juillet 1629) ; il se retira en Suisse de juillet à septembre 1629, résida à Paris de septembre 1629 à janvier 1630 et fut à nouveau ambassadeur en Suisse de juillet 1630 à février 1631 ; il devint alors surintendant des Vendôme de 1631 à 1638, date à laquelle il mourut.

Montferrat vinssent ou envoyassent faire apparoir de leurs droits en sa cour impériale, où, dans un bref temps, ils seroient écoutés, et seroit fait droit et la justice rendue à qui il appartiendroit, cependant qu'il prioit le roi d'Espagne de faire pourvoir de vivres, munitions et autres choses nécessaires à ses troupes, selon qu'il lui avoit promis et que la juste intention de ses armes méritoit.

Ces apparences étoient fort belles; il ne se parloit que de justice et faire droit à un chacun; mais les desseins d'Espagne étoient tout évidents : ils ne renouveloient pas cette guerre à meilleure intention qu'ils l'avoient commencée.

La[1] duchesse douairière de Lorraine[2] donna avis qu'un ambassadeur d'Espagne étoit venu traiter avec elle pour les droits par elle prétendus ès duchés de Mantoue et du Montferrat, et lui offrir avec la protection de son maître telles terres qu'elle voudroit choisir en Luxembourg, Franche-Comté ou autre pays voisin de la Lorraine, en échange et récompense d'iceux; mais, comme très sage princesse, elle ne répondit autre chose à ses instances que des remerciments généraux, avec témoignage de vouloir remettre toutes ses prétentions au jugement et protection du Roi et de la Reine sa mère.

L'évêque de Mantoue écrivoit de Vienne qu'il n'étoit

1. Ce paragraphe, écrit à la marge du manuscrit A (fol. 183) par Isaac Cherré, le secrétaire de Sancy, et qui porte des corrections de Sancy et de Charpentier, est le développement d'un paragraphe de ce manuscrit.
2. Marguerite de Gonzague, fille de Vincent Ier, duc de Mantoue et de Montferrat, et d'Éléonore de Médicis; veuve en 1624 de Henri II, duc de Lorraine; morte en février 1632.

pas jusques au triumvirat, composé de l'ambassadeur d'Espagne, Ekemberg[1] et Collalto[2], qui n'eussent en cette guerre de grandes espérances de faire des acquêts en Italie pour eux et leurs successeurs, à l'exemple de Wallenstein en Allemagne. Mais ils disoient tous qu'il lui falloit donner le nom de guerre impériale, pour fuir la rencontre de la haine que le nom espagnol porte avec soi, et induire les Électeurs à y prêter assistance et y joindre leurs forces.

S. S. en étoit bien avertie et, un jour que Béthune étoit à l'audience, on lui apporta un billet qu'on venoit de déchiffrer d'un confident qu'elle a près l'archiduc Léopold, qui lui mandoit que l'intention de ce prince étoit de se rendre maître des Grisons à l'aide de l'Empereur et des Espagnols. Le Pape, lui montrant librement ce billet, lui fit une bonne réflexion là-dessus, lui disant qu'il considérât de quel pied marchoient les Espagnols, qu'il falloit écouter leurs propos de paix et ne s'y pas fier.

S. S. avoit grande raison de ne pas se fier à eux, car ils étoient déjà si résolus qu'ils commençoient à parler de réformer l'Église et le Pape, qui ne pensoit,

1. Jean-Ulrich, baron puis prince d'Eggenberg (1568-1634), fut successivement capitaine au service d'Espagne aux Pays-Bas, premier chambellan de l'archiduchesse d'Autriche, gouverneur de Carniole en 1602, chargé de mission à Madrid (1605), premier ministre et gouverneur de Gratz (1616), premier ministre de Ferdinand II, grand maréchal héréditaire d'Autriche (1628-1633).

2. Rambaldo XIII, comte de Collalto-Perreti (1575-1630), colonel au service de l'Empereur en 1618, feld-maréchal, conseiller privé et chambellan de l'Empereur, président de son conseil de guerre en 1624, commandant supérieur des forces impériales et plénipotentiaire en Italie.

disoient-ils, qu'à s'enrichir, lever des armées et fortifier des places, au lieu que sa charge est de prier Dieu.

M. de Mantoue envoya en diligence avertir le Roi du passage desdites troupes, lui demanda secours, lui manda que les Vénitiens étoient étonnés; qu'il n'en pouvoit espérer une aide si puissante qu'il eût été à désirer, d'autant qu'ils avoient à défendre cent lieues de frontière contre la maison d'Autriche; que la prise de ces passages leur ôtoit la communication d'Allemagne et que tout le poids de la guerre tomboit sur eux; cependant, que rien ne l'affligeoit davantage que de voir l'artifice de ses ennemis, qui, par une captieuse paix qu'ils publioient désirer, endormoient les peuples et les princes qui étoient moins sur leurs gardes, tandis qu'en même temps ils aspiroient à l'exterminer et le dépouiller de ses États et à éteindre la gloire que le Roi avoit acquise en son dernier passage d'Italie; que toute son espérance étoit au Cardinal, lequel il savoit qui ne permettroit pas que le Roi fût trompé, et que ni intérêt, ni manque de générosité ne lui feroit donner au Roi autres conseils que ceux qui seroient conformes et proportionnés à la grandeur de son nom.

Le duc de Savoie étoit le principal boute-feu de cette guerre; il n'avoit traité avec le Roi que l'épée à la gorge et crevoit de dépit d'y avoir été forcé.

L'expérience du passé vers les siens, et du présent en son endroit, le devroit avoir éclairci combien il pouvoit recevoir de bien de la France et de mal d'Espagne; mais, ayant toujours grandement affecté la vanité d'être estimé avoir entre ses mains la paix et la guerre d'Italie, à cause de ses passages, qu'il donnoit à entendre ne pouvoir être forcés, il ne pouvoit se remettre de ce que le Roi, ayant détrompé le monde de cette créance-là, l'avoit aussi fait déchoir de cette grande estime en laquelle il étoit pour cela.

Il avoit le premier animé l'Empereur et demandé d'être lieutenant général de ses armes en Italie[1] et lui donnoit avis et invention d'attaquer la Bourgogne, la Bresse ou la Champagne et les Évêchés. En Espagne il avoit fait le même par les quatre Évangélistes[2] qu'il y avoit.

Dès que les troupes allemandes furent entrées dans les pays des Grisons, les vivandiers qui venoient en l'armée de Suse n'eurent incontinent plus la même liberté qu'ils avoient accoutumé, étoient retenus à Avigliane[3] par le comte de Verrue, et le maréchal de Créquy eut peine à faire rétablir cette première liberté.

Ledit duc envoya aussi, en même temps, des troupes à Javenne[4] près de la vallée de Pragelas[5], ce qui nous mit en jalousie et nous obligea d'y envoyer promptement garnison, et[6] commença à fortifier la vallée de Saint-Pierre et la Pérouse[7], sans discontinuer un seul jour celle d'Avigliane.

---

1. La fin de la phrase a été écrite à la marge du manuscrit A, fol. 185, par Isaac Cherré, le secrétaire de Sancy, qui fut aussi, on le sait, l'un des scribes des *Mémoires*.

2. Voyez plus haut, p. 273.

3. Avigliana ; en français Veillane.

4. En italien Giaveno, village de la vallée du Sangone, affluent du Pô.

5. En italien Pragelato, village arrosé par le Chisone, affluent du Pô.

6. La fin de la phrase a été écrite par Isaac Cherré en marge du manuscrit A, fol. 185 v°.

7. San Pietro, village à deux kilomètres nord de Pignerol.
— Perosa Argentina, sur le Chisone, à environ quinze kilomètres au nord-ouest de Pignerol.

D'Angleterre, le Roi avoit eu avis que, de sa part, on empêchoit la bonne intelligence entre les deux couronnes ; qu'il tâchoit, par tous moyens, d'unir l'Angleterre à l'Espagne, publiant que le Roi faisoit tous les offices possibles pour empêcher cette paix.

De Hollande, le Roi étoit averti par Baugy qu'il y promouvoit l'accommodement avec Espagne, leur facilitant les moyens de venir à une trève.

En Italie, il ne faisoit rien de ce qu'il avoit promis au Roi ; il continuoit à faire tout le pis qu'il pouvoit contre le duc de Mantoue. Il supportoit contre lui le marquis de Grana, et à peine le maréchal de Créquy le lui put faire abandonner pour crainte des armes du Roi[1].

Sur l'évaluation des terres de Montferrat, il faisoit naître tous les jours mille difficultés et tenoit des rigueurs injustes au duc de Mantoue.

Il faisoit des extorsions inouïes sur les Montferrins habitant dans les terres dont, par le traité de Suse, il demeuroit en possession jusques à ce que S. M. eût déterminé ce qui lui demeureroit.

Il y tenoit des garnisons qui pilloient le reste du Montferrat, lesquelles il y faisoit vivre à discrétion, contre ce qui avoit été convenu entre eux.

Il ne voulut jamais permettre qu'il en fût porté un grain de blé dans Casal, mais le fit tout porter dans les terres de son obéissance.

Il tira de Novare[2] grande quantité d'armes qu'il fit

---

1. C'est ce qu'annonçait Créquy à Richelieu, dans sa lettre de Suse, du 16 juin (Aff. étr., corresp. politique, Piémont 9, fol. 359). Au dos de ce document, fol. 361 v°, Sancy a écrit « Employé ».

2. Ce paragraphe est emprunté à un « Mémoire pour les af-

passer à Verceil et dans le Milanois ; on disoit publiquement qu'elles serviroient à chasser les François de Suse. Créquy s'en étant plaint, il dit que c'étoit des armes qu'il avoit prêtées à Don Gonzalez, qu'il retiroit en ayant besoin, et qu'il estimoit avoir servi le Roi, les ayant retirées d'entre les mains de personnes qui lui pouvoient être suspectes.

Bref, en toutes choses il se montroit de cœur double et faisoit tout au contraire de ce qu'il avoit promis au Roi, auquel il donnoit de belles paroles, mais les effets témoignoient que le cœur étoit très envenimé.

Clausel revenant d'Espagne avec promesse de recevoir argent contre le service de S. M. par l'entremise du duc, il ne tint pas à lui que Don Gonzalez ne lui en fît délivrer ; car, encore que la prudence l'obligeât à retenir, pour sa conservation, ce qu'on lui demandoit pour autrui, ce bon prince eût été fort content s'il lui eût vu hasarder les États de son maître pour incommoder la France, le plus grand souhait qu'il fît au monde étant de voir un coup qui, tout d'un temps, abaissât ces deux couronnes pour élever et augmenter la sienne, qui n'étoit pas assez pesante à son gré. Mais il est vrai que Don Gonzalez, pour un Espagnol, fut fort sage en cette occasion, étant certain qu'il n'eût su être moins souple et moins adroit à ployer par la courtoisie sans hasarder les États du roi son maître.

Le Cardinal lui[1] manda qu'il estimoit devoir avertir qu'on avoit surpris de nouveaux paquets ; que Clausel,

faires de Suse envoyé par M. de Créquy », mémoire qui a été « employé » par les rédacteurs des *Mémoires* (Aff. étr., corresp. politique, Piémont 10, fol. 462-465) ; le passage utilisé ici est au fol. 463 ; il porte des corrections de la main de Sancy.

1. Au duc de Savoie.

qui étoit auprès de lui, écrivoit au duc de Rohan pour le convier à faire des merveilles contre le Roi, vu les grandes espérances qu'il avoit de secours de divers côtés; qu'il jugeroit bien qu'il étoit à désirer, pour la bonne intelligence qu'il vouloit avoir avec le Roi, que ces négociations ne fussent point faites chez lui par personnes sur qui il avoit du pouvoir; que le Roi ayant lors entre ses mains un de ses frères, qui avoit été pris à Privas, sa bonté avoit été si grande qu'il ne l'avoit pas traité comme il méritoit.

Mais sur cela le prince et lui[1] s'excusèrent qu'il[2] étoit en la maison de l'ambassadeur d'Angleterre et qu'ils ne l'avoient vu ni ne lui avoient parlé, ces réponses étant faites avec autant d'effronterie et d'assurance que si elles eussent été vraisemblables[3].

Le duc envoya quérir le maréchal de Créquy, qui lors étoit à Turin, pour lui donner la nouvelle de l'entrée des troupes de l'Empereur dans les Grisons, que l'abbé de la Torre[4], qu'il tenoit comme son ambassadeur à Milan, lui avoit lui-même apportée, avec des lettres de Don Gonzalez, qui, selon que disoit ledit duc, n'approuvoit pas le dessein de l'Empereur.

Le maréchal lui témoigna de la joie de cette nouvelle, puisque cela l'engageoit infailliblement à tenir sa parole pour joindre ses armes avec celles du Roi pour la liberté de l'Italie.

1. Le prince de Piémont et le duc de Savoie.
2. Clausel.
3. Un paragraphe du manuscrit A (fol. 187 v°) a ici été rayé. — Le présent paragraphe est tiré d'une lettre du prince de Piémont à Richelieu, du 8 juin (Aff. étr., corresp. politique, Piémont 9, fol. 343).
4. L'abbé Torre était encore ambassadeur du duc de Savoie à Milan en 1631.

Il assura effrontément qu'il le feroit, au cas que l'Empereur avec ses armes apportât aucune altération au traité qu'il avoit signé avec le Roi, mais qu'il estimoit que cette armée se retireroit aussitôt qu'elle auroit su la ratification qui étoit venue d'Espagne[1].

A peu de jours de là il ne parloit plus ainsi et, plus on alloit en avant, plus il parloit obscurément sur ce sujet, dont S. M. étant avertie, elle dépêcha un courrier au maréchal de Créquy pour tirer de lui une réponse formelle et savoir précisément s'il tiendroit pas le traité qu'il lui avoit promis et joindroit pas ses armes avec les siennes pour s'opposer à qui que ce fût qui entreprît de troubler M. de Mantoue en ses États, avec ordre de ne le presser de rien, sinon simplement de déclarer sa volonté.

Cet ordre arriva au maréchal le 22º juin, conformément auquel il parla au duc et lui demanda sa résolution. Le duc, qui désiroit, s'il pouvoit, être neutre et tirer avantage de l'un et l'autre parti, mais inclinoit davantage à l'Espagne, tant pour la haine qu'il portoit à la France que pour ce qu'il espéroit par la crainte des armes d'Autriche retirer Suse d'entre les mains du Roi, répondit en paroles ambiguës ou générales, tantôt disant qu'il ne manqueroit jamais à sa foi, tantôt que M. de Mantoue n'étoit pas encore attaqué en ses États, que l'Espagne ne demandoit que la paix et l'Empereur sauver sa réputation; et, quoique le maréchal de Créquy le pressât, il ne vouloit point venir à une explication plus particulière et, pour l'esquiver avec

1. Ce paragraphe et les deux précédents sont tirés d'une lettre de Créquy à Richelieu, de Turin, le 8 juin 1629 (Aff. étr., corresp. politique, Piémont 9, fol. 345).

plus de facilité, il lui donnoit audience rarement, tantôt feignant qu'il étoit malade, tantôt mettant en avant l'absence du prince de Piémont, sans l'avis duquel il disoit ne vouloir traiter.

Enfin le maréchal le pressa tant de lui parler plus nettement qu'il fut forcé à s'ouvrir davantage et lui dit[1] qu'il ne croyoit pas être tenu à aucune chose qu'on ne lui eût rendu Suse, vu qu'il avoit accompli les conditions pour l'exécution desquelles elle avoit été mise en dépôt, c'est-à-dire qu'il avoit fait lever le siège de Casal, qu'il l'avoit avitaillé et qu'il avoit envoyé au Roi la ratification d'Espagne.

A cela le duc de Créquy fit réponse que les affaires n'étoient plus en état qu'il dût prétendre la reddition de Suse, pour ce que l'Espagnol, sous le nom de l'Empereur, ayant occupé les Grisons pour entrer en Italie, il iroit trop de l'honneur de S. M. d'en retirer ses armes et d'abandonner ses alliés qui s'assuroient sur sa protection; que, encore que ce fussent les armes de l'Empereur, il étoit aisé de voir que les Espagnols les avoient appelées, et partant que, ayant violé le traité, il étoit obligé de s'y opposer. Et sans le presser à lui faire une réponse plutôt que l'autre, comme les ayant toutes indifférentes, il lui fit comprendre que S. M. vouloit savoir son intention, afin de prendre là-dessus ses mesures pour les affaires d'Italie, où elle vouloit défendre et soutenir puissamment ses alliés.

1. Ce qui suit jusqu'à la p. 299 au paragraphe commençant par : « Le lendemain, arrive l'abbé Torre... », est tiré d'un mémoire de Créquy, daté de Suse le 5 juillet 1629, au dos duquel Charpentier a écrit « Employé » et Sancy ces mots : « peu devant et incontinent après la paix de Languedoc; pour la feuille 8e » (Aff. étr., corresp. politique, Piémont 10, fol. 18-22).

A ce mot il demanda deux ou trois jours de terme pour y délibérer; et cependant lui et le prince de Piémont dirent au duc de Créquy qu'il pouvoit assurer S. M. que leur maison étoit toute pleine d'affection pour son service et qu'ils ne se départiroient jamais des choses qu'ils avoient traitées avec elle.

Ils tombèrent d'accord avec lui que Mantoue ou Casal venant à être assiégés, c'étoit une manifeste rupture des Espagnols, mais que le traité ne les obligeoit pas pourtant de prendre les armes pour la défense de M. de Mantoue, jusques à ce qu'il leur eût librement laissé le partage qu'ils demandoient.

Le duc de Créquy leur répliqua qu'il ne tenoit point à M. de Mantoue, lequel il croyoit près d'acquiescer au jugement qu'en feroit le Roi, qui seroit autant à l'avantage du duc de Savoie que la raison le pourroit permettre, et que S. M. procéderoit audit jugement après avoir vu le procès-verbal de l'évaluation des terres.

Le duc de Savoie répondit que, cela étant et la restitution de Suse faite, il se confessoit obligé à la défense des États de M. de Mantoue, qu'il ne donnoit pas cela pour une dernière réponse et que, dans le terme demandé, il en résoudroit clairement ledit duc de Créquy.

Le lundi suivant, 25° dudit mois, M. de Créquy faisant instance pour avoir réponse, le duc envoya vers lui Carron[1], son secrétaire d'État, pour se réjouir des heureux succès des armes de S. M. en Languedoc et pour supplier ledit sieur de Créquy, de la part de son

1. Jean Carron, seigneur de Saint-Thomas-de-Cœur et de Buttigliera, fils de Claude Carron, gentilhomme du Bugey, était premier secrétaire et conseiller d'État; il mourut en 1649.

maître, de prolonger le délai jusques au mercredi suivant, afin qu'il pût lui donner une plus claire réponse.

Depuis, quelque soin que ledit sieur de Créquy sût prendre d'avoir audience, il ne la put obtenir que le vendredi 29° dudit mois, auquel il fut conduit au château par le comte de Cumiane[1], maître des cérémonies, où le duc de Savoie et le prince de Piémont étant, ils lui dirent, pour réponse, qu'il pouvoit assurer S. M., de leur part, qu'ils exécuteroient fidèlement et ponctuellement les traités de Bussolleno et de Suse, espérant que S. M. en feroit de même de son côté, priant au surplus le duc de Créquy de faire entendre à S. M. que, si elle désiroit quelque chose d'eux en dehors desdits traités, ils n'oublieroient rien de leur affection accoutumée pour son service.

Créquy ayant dit là-dessus que les traités étoient violés et pressant le duc de lui déclarer s'il ne vouloit pas, dès à présent, joindre ses armes à celles de S. M., au cas qu'elle le requit, il ne répondit autre chose si ce n'est qu'il satisferoit ponctuellement à tout ce qui étoit porté par lesdits traités, S. M. y satisfaisant de sa part, sans vouloir s'en expliquer plus clairement, excepté qu'il ajouta qu'il n'étoit pas obligé à la défense des Vénitiens, Grisons, Valtelins et autres alliés de S. M.

Davantage, il dit qu'il avoit des lettres du président Montfalcon, son ambassadeur auprès de S. M.[2],

---

1. François Canalis, comte de Cumiane, fut premier maître d'hôtel du duc de Savoie, ambassadeur en France en 1631 et 1648; plus tard ambassadeur à Rome. C'est peut-être ce personnage qui est nommé ici.

2. Les négociations de l'ambassadeur piémontais ayant échoué, celui-ci fut disgracié.

par lesquelles il avoit appris que, sur l'instance que ledit président faisoit pour la restitution de Suse, le Cardinal lui avoit fait réponse définitive qu'il ne devoit pas l'espérer, jusques à ce que les Impérialistes eussent quitté les passages qu'ils avoient occupés sur les Grisons[1]; et que, ledit sieur président ayant remontré qu'il y alloit bien avant de l'intérêt de son maître que les Impérialistes se retirassent, pour ce que de là dépendoit la restitution de Suse, et ayant ensuite supplié ledit Cardinal de trouver bon que sondit maître s'employât pour cet effet, le Cardinal avoit, au nom du Roi, agréé cette entremise, à laquelle il vouloit apporter tous ses soins, et que de nouvelles déclarations le rendroient suspect et lui ôteroient le moyen de traiter de cette affaire; c'est pourquoi il[2] n'en pouvoit faire d'autre ni de plus expresse que celles qui étoient portées par le traité de Suse, concluant qu'il n'y avoit rien que S. M. ne dût espérer de son service après la restitution de Suse.

La susdite réponse fut donnée le vendredi 29ᵉ bien tard, et le lendemain la nouvelle de la paix du Languedoc arrivant par le retour du gentilhomme que le duc de Créquy avoit envoyé au Roi, il estima la devoir faire entendre au duc de Savoie et au prince de Piémont, lesquels changèrent bien de façon de parler : car le maréchal de Créquy, qui étoit prêt de partir mal content à cause de ses réponses ambiguës, fut prié de la part du duc de demeurer encore un jour à Tu-

---

1. Cette réponse du Cardinal est reproduite dans une minute de lettre de Richelieu à Créquy, du 26 juin (Aff. étr., corresp. politique, Piémont 9, fol. 367).

2. Le duc de Savoie.

rin, qu'il attendoit des nouvelles de Don Gonzalez, après lesquelles il essaieroit de lui donner contentement.

Le lendemain arrive l'abbé Torre et, incontinent qu'il est arrivé, le duc envoie quérir, à dix heures du soir, le maréchal de Créquy[1], et lui dit, en présence du prince de Piémont, qu'il l'avoit arrêté pour témoigner au Roi qu'il n'y avoit point d'artifice de son côté aux délais qu'il lui avoit demandés; que, n'ayant point la réponse de Don Gonzalez et ayant été trop pressé par lui, il lui avoit fait une réponse un peu incertaine; que, maintenant que l'abbé Torre lui avoit apporté les intentions de l'Empereur, dont Don Gonzalez lui répondoit, il assuroit S. M. que les troupes d'Allemagne ni celles d'Espagne n'entreprendroient rien directement ni indirectement contre les États du duc de Mantoue et que, en cas que les uns ou les autres le trompassent de ce côté-là, il joindroit sans difficulté ses armes avec le Roi et le serviroit de sa personne et de celle du prince son fils.

Il les voulut presser et savoir d'eux si les Impériaux et Espagnols ne lui avoient pas donné les mêmes assurances de n'attaquer point les Vénitiens. Ils lui répondirent qu'ils ne feroient aucune innovation en Italie.

Cette nouvelle fit le même effet envers l'Empereur, dont les troupes ne s'avancèrent pas davantage, mais s'arrêtèrent aux Grisons avec beaucoup d'incommodité, pour le manquement de vivres qu'elles trouvoient.

1. C'est le 2 juillet, au soir, qu'eut lieu cette entrevue. Ce paragraphe et le suivant sont empruntés à une dépêche de Créquy à Richelieu du 4 juillet (Aff. étr., corresp. politique, Piémont 10, fol. 15).

Et, en Espagne, elle fit changer les ordres qu'ils avoient résolu de donner à Spinola, qu'ils envoyèrent en Italie, et lui en donnèrent d'autres plus modérés et tendant à un accommodement.

Les Espagnols voulurent médire de cette paix à S. S., disant que c'étoit bien un témoignage que les armes du Roi n'avoient pas eu dessein d'éteindre l'hérésie et qu'elle n'étoit pas éteinte pour ce que S. M. avoit fait en Languedoc, où il la laissoit avec autant de liberté d'exercice qu'elle avoit auparavant. Mais S. S., qui regardoit les choses sans passion et savoit bien que c'étoit l'avoir ruinée que de lui avoir ôté la puissance par le rasement de leurs fortifications et destruction du corps du parti huguenot dans le royaume, répondit hautement que ce que le Roi avoit fait en Languedoc étoit glorieux et avantageux à la religion catholique, mais non pas la paix de Danemark, qui étoit honteuse, par laquelle les places fortes étoient remises entre les mains des hérétiques pour y entretenir ou rétablir leur hérésie comme ils voudroient.

Mais si la paix avoit étonné les Espagnols, le départ du Roi, qui s'en alla incontinent à Paris, et depuis encore l'éloignement du Cardinal, qui l'y alla nécessairement trouver pour prendre résolution sur ses affaires, leur relevèrent incontinent le courage et leur firent concevoir de nouvelles espérances de regagner l'honneur qu'ils avoient perdu.

Il y avoit quelque temps que Mirabel sollicitoit le cardinal de Bérulle de faire que S. M. envoyât un ambassadeur à l'Empereur pour lui demander l'investiture pour M. de Mantoue, l'assurant que, s'il la demandoit, il l'obtiendroit.

L'évêque de Mantoue, au premier avis de la paix de

Languedoc, écrivit la même chose et mandoit que l'Empereur ne cherchoit qu'un prétexte de sortir à son honneur de tous ces mouvements.

Le Roi, bien qu'il sût ne pouvoir prendre assurance sur quoi que disent les Espagnols en cette affaire, pour ce que, n'y ayant aucune sincère intention, mais y étant portés d'un pur désir de s'y avantager, ils changeoient de conseils à tous moments selon les diverses occurrences des choses qui survenoient et leur donnoient de la crainte ou de l'espérance, néanmoins, sur tant de sollicitations qui lui en étoient faites de toutes parts, hormis de la seule république de Venise, qui le déconseilloit, de crainte que le Roi en fût moins vigilant à se préparer à la guerre, dépêcha Sabran vers S. M. Impériale pour la prier de vouloir recevoir M. de Mantoue en sa grâce et lui donner l'investiture des duchés de Mantoue et Montferrat, dont il étoit légitime héritier[1].

A son arrivée à Vienne, il fut visité de tous les ambassadeurs, hormis de ceux d'Espagne et celui de Savoie, qui protestoit hautement que son maître vouloit demeurer attaché à la maison d'Autriche et qui avoit de longues et fréquentes audiences d'Ekemberg.

Après avoir salué l'Empereur, il lui présenta ses demandes par écrit[2], le 20ᵉ juillet, en langue italienne[3].

1. Une minute de ses instructions, données au camp d'Alais le 15 juin 1629, est conservée aux Affaires étrangères, corresp. politique, Autriche 14, fol. 143-146.

2. Première rédaction du manuscrit A, fol. 196 vº : « ... en un mémoire qui, selon son instruction, contenoit les choses suivantes. » Venait ensuite, fol. 199-201 vº, le texte de ce mémoire. Il a été rayé.

3. Le texte des pages suivantes des *Mémoires*, jusqu'à la p. 310, diffère très sensiblement de la première rédaction du

A quatre jours de là, qui fut le 24ᵉ, on lui donna une réponse fort déraisonnable, qui concluoit à ce que le Roi retirât premièrement ses armes d'Italie et rendît les places qu'il y tenoit; que l'Empereur étoit résolu de faire justice[1], selon les lois de l'Empire, en cette affaire qui appartenoit à sa seule juridiction ; [qu'il] espéroit que le Roi y acquesceroit, rappelleroit ses forces d'Italie et n'empêcheroit l'exécution de sa justice, pour éviter, par ce moyen, une guerre pernicieuse à la chrétienté et affermir l'amitié et la paix entre les plus

---

manuscrit A ; nous noterons les plus importantes modifications, qui toutes ont été indiquées sur le manuscrit A de la main de Sancy ; voici, d'ailleurs, comment les rédacteurs des *Mémoires* les ont indiquées au fol. 196 vº du manuscrit A (p. 988 de la pagination, du temps des *Mémoires*) : Charpentier y écrit : « A quatre jours de là, qui fut le 24ᵉ, on lui donna une réponse fort déraisonnable qui concluoit à ce que le Roi retirât premièrement ses armes d'Italie et rendît les places qu'il y tenoit, que l'Empereur étoit résolu de faire justice. *Vide* cahier fol. 997 FF jusqu'à GG. Qu'il ne s'étoit point saisi des passages des Grisons que par leur volonté et qu'il avoit fait délivrer Mesmin avec ses hardes et papiers, dès qu'il avoit su qu'il étoit à S. M. Il y eut deux ou trois répliques entre Sabran et les commissaires de l'Empereur, mais elles n'aboutirent qu'à la même chose. » Sancy prend la plume et écrit immédiatement à la suite : « Dès que les Vénitiens *V[ide]* ici f[olio] 1021 S jusqu'à T. L'Empereur étoit très bien intentionné, mais son Conseil étoit tout espagnol qui lui faisoit faire les réponses que le Conseil d'Espagne vouloit, toutes les résolutions venant d'Espagne toutes faites. *V[ide]* cahier f[olio] 1007 Q. » Les pages 997, 1021 et 1007 mentionnées dans les précédentes citations sont actuellement et respectivement les feuillets 202 rº, 216 rº, 209 rº du manuscrit A.

1. La fin de la phrase est au fol. 202 du manuscrit A ; celle qui commence par : « Qu'il ne s'étoit point saisi des passages des Grisons... », et le paragraphe qui suit sont au fol. 196 vº ; voyez la note précédente.

grands princes chrétiens; qu'il ne s'étoit point saisi des passages des Grisons que par leur volonté et qu'il avoit fait délivrer Mesmin, avec ses hardes et papiers, dès qu'il avoit su qu'il étoit à S. M.

Il y eut deux ou trois répliques entre Sabran et les commissaires de l'Empereur, mais elles n'aboutirent qu'à la même chose.

Dès que les Vénitiens[1] eurent su ladite réponse que l'Empereur avoit donnée à Sabran, ils la tinrent pour une secrète déclaration de guerre et ordonnèrent incontinent un grand emprunt sur Venise, commettant des gentilshommes par les quartiers pour cotiser toutes les maisons, chose qui ne s'y est jamais pratiquée qu'une fois en un siècle et dans le temps le plus périlleux.

Ils ont cette coutume, et très sagement instituée, qu'ils n'attendent pas à tirer secours de leurs peuples quand ils sont réduits à l'extrémité par le mauvais succès de leurs affaires; mais, dès qu'ils prévoient la tempête, auparavant qu'elle soit arrivée, ils exigent d'eux l'assistance qu'ils jugent leur être nécessaire, pour ce qu'alors leur autorité vers leurs peuples et le respect et l'affection de leurs peuples vers eux est encore en leur entier, où, au contraire, les disgrâces qui arrivent font les peuples insolents, leur font mépriser l'autorité souveraine et rendent leur secours moindre, moins volontaire et plus difficile à tirer d'eux.

L'Empereur étoit très bien intentionné, mais son Conseil étoit tout espagnol, qui lui faisoit faire les réponses que le Conseil d'Espagne vouloit, toutes les ré-

---

1. Ce paragraphe et le suivant sont au fol. 216 du manuscrit A; cf. p. 301, n. 3.

solutions venant d'Espagne toutes faites[1], l'Empereur ne les pouvant changer sans y envoyer et en recevoir des avis.

Outre que Sabran eut à combattre trois ambassadeurs, tant ordinaires qu'extraordinaires, d'Espagne et autant de Savoie, et que la paix de Danemark et les passages des Grisons occupés leur haussoient le courage et leur sembloient donner gain de cause[2], S. S. dit à Béthune, ambassadeur du Roi près d'elle, qu'elle avoit bien toujours cru que l'Empereur ne répondroit que généralement, demeurant dans ses termes premiers, pour en laisser après l'application aux Espagnols, selon qu'ils estimeroient que le requerroit leur intérêt ; et que son nonce d'Allemagne lui avoit mandé que l'on avoit dépêché un courrier en Espagne aussitôt que Sabran eut fait ses propositions ; et que, si le Conseil de l'Empereur ne se fût point trouvé engagé à celui d'Espagne de ne rien faire sans son consentement, dès lors l'Empereur fût entré en une réponse plus admissible que celle qu'il avoit faite ; et que, en témoignage de cette vérité que le seul roi d'Espagne émouvoit cette guerre, ledit roi, au même temps que ledit Sabran fut dépêché de France, lui avoit écrit[3]

---

1. Le début de ce paragraphe est au fol. 196 v° du manuscrit A et la fin au fol. 209.

2. Le début de ce paragraphe est au fol. 209 du manuscrit A et la suite au fol. 214.

3. Les mots qui précèdent, depuis « et qu'en témoignage de cette vérité... », ont été écrits en marge du feuillet 214 du manuscrit A. Abandonnant ici le fol. 214, les rédacteurs des *Mémoires* passent au fol. 216 v° qu'ils utilisent, ainsi que le feuillet 217 et le recto du feuillet 218, pour la rédaction de la fin de ce paragraphe et des deux paragraphes suivants.

qu'il ne s'étoit laissé aller à employer ses armes au Montferrat que pour empêcher que d'autres étrangers n'y fussent établis au grand préjudice de la religion; qu'il avoit voulu que le siége de Casal fût conduit lentement, expressément pour donner temps de parvenir à quelque bon accord; que, ayant vu que son dessein ne réussissoit pas par la dureté des parties intéressées, il avoit remis courtoisement les places que ses armes avoient occupées en cet État; mais que le duc de Nevers, ayant abusé de sa modération et appelé ensuite le Roi Très Chrétien, qui ne s'étoit pas contenté des fins qu'il avoit publiées, ains avoit laissé des garnisons au Montferrat et à Suse, l'Empereur, voyant ce mauvais procédé, envoyoit de puissantes armées en Italie pour réparer le tort qu'avoit reçu son autorité impériale; qu'il ne pouvoit manquer de l'assister, tant à cause de l'étroite parenté qui existoit entre eux que, principalement, à cause de l'intérêt de la religion, qui étoit, par la grâce de Dieu, ce qui le touchoit le plus; que, les choses étant en cet état, il estimoit être obligé d'avertir S. S. que, la résistance aux commandements de l'Empire étant la seule cause des maux qui menaçoient de nouveau l'Italie, le vrai moyen de les éviter étoit qu'il persuadât au duc de Nevers d'obéir à la justice et se soumettre aux volontés de l'Empereur, au roi de France de retirer toutes ses armes d'Italie, et aux princes qui assistoient le duc de Nevers de ne s'intéresser plus en cette affaire, comme il avoit fait dire à S. S. par ses ambassadeurs; que, cela étant, les différends du Montferrat et de Mantoue se termineroient juridiquement, le duc de Nevers pouvant espérer que l'Empereur, par une extraordinaire clémence, déposeroit l'impression qu'il avoit justement conçue contre lui, en quoi il s'emploieroit volontiers, sinon qu'il se déchargeoit du sang chrétien qui, à son grand regret, se répandroit pour nos péchés, et protestoit n'avoir rien oublié de ce qu'il avoit pu pour procurer la paix.

S. S. ajouta qu'elle n'avoit pas voulu répondre à cette lettre qu'avec l'avis des plus anciens cardinaux du consistoire, qui jugèrent tous que la lettre étoit sans art, franche et ingénue, selon le naturel du pays, puisque le roi d'Espagne y couvroit ses intérêts de ceux de la religion, professoit n'avoir autre fin que le repos de l'Italie qu'il troubloit actuellement, publioit vouloir faire conserver, par justice, les États d'un prince qu'il en dépouilloit effectivement par armes, se vantoit d'une grande modération, où les aveugles reconnoissoient une extraordinaire violence, disoit qu'il avoit alenti les progrès de ses armes qu'il n'avoit pu avancer davantage, qu'il avoit rendu libéralement ce qu'on lui avoit fait laisser par crainte et par force, qu'il se déchargeoit du sang chrétien, de l'effusion duquel il étoit seul cause, enfin, conseilloit au duc de Mantoue de remettre ses États ès mains de l'Empereur, pour espérer qu'il perdît la mémoire et le sentiment de ce que plus tôt il ne l'avoit fait.

Bien que cette auguste compagnie remarquât les divers points d'une si injuste procédure, ils estimèrent que la réponse de S. S. devoit être avec la modération d'un vrai père.

Cependant l'Empereur, bien que doux et modéré par inclination naturelle, étoit si animé par les artifices d'Espagne à cette guerre que, incontinent après ses réponses données à Sabran, il écrivit à tous les princes d'Allemagne[1] pour la leur faire agréer, disant qu'il ne l'entreprenoit que pour défendre les droits de l'Empire qui étoient violés par le Roi ; mais, un chacun sachant bien le contraire, elles furent sans effet. Il commanda à Wallenstein de terminer, à quelque prix que ce fût, les mouvements de Magdebourg, pour y porter une partie de ses forces et envoyer l'autre[2] pour fortifier les troupes qu'il y avoit longtemps que, à l'instigation des mêmes Espagnols, il avoit envoyées deçà le Rhin pour donner jalousie au Roi du côté des Trois-Évêchés et de la Champagne : ce qui ayant été exécuté avec diligence, le Roi fut contraint de faire un grand corps d'armée en la Champagne, que Marillac, par hasard, commanda, cette armée ayant été destinée pour être commandée par Monsieur et y devant servir sous lui comme maréchal de camp. Mais les conseillers de Monsieur l'ayant fait éloigner de la cour, Marillac, à son défaut, se trouva en être le chef et tellement que, étant fait maréchal de France, il fut bien assez hardi de vouloir avoir la qualité de général de ladite armée et fit instance d'avoir des lettres du Roi à toutes les troupes pour le reconnoître comme cela et demandoit encore une grande somme pour son ameublement.

1. Le début de ce paragraphe a été écrit par Sancy au feuillet 218 r° du manuscrit A en un espace laissé en blanc. La suite (jusqu'à : « et envoyer l'autre pour fortifier les troupes ») est empruntée au feuillet 213.

2. Selon une indication de Sancy écrite au feuillet 218 r°, la fin du paragraphe et les deux suivants, jusqu'à : « Le Cardinal néanmoins ne le conseilla pas... », ont été empruntés au feuillet 210 r° et v°.

Sur quoi le maréchal de Schönberg manda au Cardinal son opinion, qui n'étoit pas qu'on lui accordât cette demande, d'autant que les gens de guerre pouvoient bien recevoir commandement de lui obéir sans lui donner cette qualité-là et qu'il n'avoit pas besoin d'emmeublement pour aller à la charge qu'il avoit de lieutenant de Roi auxdits Trois-Évêchés.

Bien que le Roi eût cette grande armée en Champagne et que, sur les nouvelles qu'il reçut de ce rude et, s'il se peut dire ainsi, barbare procédé de l'Empereur envers Sabran, qui l'étoit allé trouver de sa part pour lui faire des propositions si justes et si équitables, il fut conseillé de plusieurs d'employer cette armée en quelque entreprise sur l'Alsace, pour primer son ennemi et l'attaquer chez lui auparavant que ses forces fussent amassées en plus grand nombre pour nous faire du mal. Le Cardinal néanmoins[1] ne le conseilla pas, afin de conserver du côté du Roi l'exacte justice, laquelle il avoit toujours eue en ses actions, qui étoit de ne jamais attaquer, mais toujours se défendre des entreprises de ses ennemis, suivant laquelle Dieu est avec nous; et les païens mêmes ont remarqué qu'Hercule, faisant ainsi, a toujours remporté la victoire de ce qu'il a entrepris.

Cependant Sabran partit de la cour de l'Empereur avant la mi-août[2] sans avoir pu rien avancer en apparence; mais, en n'avançant rien, il n'avança pas peu, en ce que son voyage fit reconnoître à tout le monde

1. La fin du paragraphe et les onze premiers mots du paragraphe suivant sont tirés du fol. 213 du manuscrit A.

2. Ce qui suit jusqu'aux mots : « ... qui se montra en ce que le Pape... » est emprunté au fol. 209 v° du manuscrit A.

la sincérité des intentions du Roi et la justice de son procédé et, au contraire, la violence et mauvaise foi des Espagnols, qui se montra en ce que S. S.[1] ayant fait faire office, par son nonce en Allemagne et par un bref exprès en Espagne, quelque temps auparavant, à ce que l'Empereur voulût donner un pouvoir à quelqu'un des siens pour traiter de cette affaire à Rome et que le roi d'Espagne donnât aussi un semblable pouvoir de sa part à Monterey, son ambassadeur près S. S., l'Empereur l'en refusa nettement et répondit qu'il ne se vouloit point compromettre[2], pour ce qu'il n'étoit point partie; qu'il étoit seigneur des États de Mantoue et du Montferrat; que c'étoit à lui à faire justice et qu'il n'y avoit point de milieu; que, en quelque façon que ce fût, il vouloit être obéi de ses vassaux et

1. Notez que l'évêque de Saint-Malo avait écrit : « qui se montra que S. S. ayant fait faire... »; le scribe du manuscrit B (fol. 261 v°) avait d'abord mis : « qui se montra qu'en septembre ayant fait faire », ayant lu « en septembre » au lieu de « Sa Sainteté », mots que Sancy avait écrits en abrégé. Charpentier a corrigé, mettant : « qui se montra en ce que le Pape en septembre. » La véritable leçon serait : « qui se montra en ce que S. S. ayant fait faire... »; c'est celle que nous adoptons, car on lit au feuillet 214 du manuscrit A : « Sa dite Sainteté ayant, dès longtemps auparavant, fait faire office par son nonce près de lui [l'Empereur], de vouloir donner un pouvoir à quelqu'un des siens pour traiter de cette affaire à Rome, à quoi il répondit qu'il ne vouloit point [se] compromettre, etc. » (ces lignes ont été barrées sur le manuscrit). Cette démarche du Pape avait donc été faite « dès longtemps auparavant » et non pas en septembre, un mois après le départ de Sabran de la cour de l'Empereur. — Ce qui suit, jusqu'à « [l'Empereur] répondit qu'il ne se vouloit point compromettre », est au feuillet 209 v° du manuscrit A, écrit en marge par Sancy.

2. La fin du paragraphe est au fol. 214 v° du manuscrit A.

employer la force pour faire retirer les François d'Italie, s'ils ne le vouloient faire de leur bon gré.

Et le roi d'Espagne donna à son nonce une réponse de paroles[1] qui ne signifioient rien, de laquelle, demandant puis après l'explication, ils dirent nettement que ce roi enverroit bien pouvoir audit Monterey de traiter, mais non de rien conclure sans lui avoir premièrement mandé en Espagne ce qui se proposeroit et reçu sa réponse et résolution là-dessus : ce qui étoit un pouvoir de ne rien faire.

Cependant Spinola, destiné pour venir en Italie, part de Madrid en juillet, va s'embarquer à Barcelone[2] dans les galères d'Espagne avec le duc de Lerme, qui vient pour être mestre de camp de deux régiments espagnols, le marquis de Sainte-Croix, pour être lieutenant du général de la mer et demeurer à Gênes sans y servir, et l'abbé Scaglia, qui est de tous leurs conseils.

Au bruit de son départ d'Espagne les Allemands demandèrent à Gonzalez quelque lieu dans le Milanois où se pouvoir retirer et être tout prêts à ses commandements, outre qu'ils ne pouvoient plus vivre dans les Grisons ; mais il les remit à sa venue, disant qu'il étoit plus expédient qu'ils attendissent jusques alors.

M. de Mantoue envoya aussi le duc du Maine[3], son

1. Le début de ce paragraphe a été écrit par Sancy entre les lignes du manuscrit A, fol. 214 v°, et la fin est au fol. 215.

2. Le début de ce paragraphe a été écrit par Sancy au fol. 215 r° et la fin en est au fol. 220 r°. Ici se terminent les très importants remaniements apportés à cette partie des *Mémoires;* cf. la note 3 de la p. 301.

3. Ferdinand de Gonzague, troisième fils de Charles Ier, duc de Nevers et de Mantoue, et de Catherine de Lorraine, appelé

fils, à Casal pour le défendre en cas de siége; mais, le faisant passer par le Milanois, assuré sur la foi publique et la liberté du commerce entre ses États et le Milanois, laquelle avoit été publiée ensuite du traité de Suse, Gonzalez le fit arrêter et le faisoit mener prisonnier dans un château de Milan. Mais, comme il fut arrivé en un lieu nommé Voghera[1], la nuit de devant qu'arrivât Don Alvaro de Losada[2] pour le conduire audit château, il se sauva avec le lieutenant du capitaine Croix, qui l'avoit arrêté[3], et un prêtre chez qui il étoit logé, et gagna Casal sans pouvoir être rencontré par tous ceux qu'on envoya après lui pour le reprendre[4].

Le duc de Savoie, pour ne manquer à aucune infidélité de son côté, sentant proche la venue de Spinola, commença à munir de garnisons toutes les places qu'il avoit voisines des troupes françoises, travailla, outre l'ordinaire, à la fortification d'Avigliane, et fit une instance fort pressante à l'ambassadeur du Roi, le 27ᵉ juillet, sur la restitution de Suse, disant qu'il étoit en im-

duc de Mayenne ou du Maine en 1621, à la mort de son oncle le duc de Mayenne, mourut en 1631.

1. Sur la Stoffora, affluent du Pô, à vingt-quatre kilomètres au sud de Pavie.

2. Peut-être Alvaro de Luzara, agent de Gonzalès de Cordova.

3. Le duc du Maine fut arrêté peut-être par le marquis de Malespine, lieutenant du capitaine Croix; Créquy, rendant compte de l'incident, parle du capitaine Gras (Aff. étr., corresp. politique, Piémont 10, fol. 31).

4. Ce paragraphe a été rédigé à l'aide de plusieurs documents : 1° une dépêche de Créquy du 14 juillet (Aff. étr., corresp. politique, Piémont 10, fol. 31); 2° une dépêche en italien de même date (Aff. étr., corresp. politique, Mantoue 2, fol. 618).

patience de recevoir une réponse favorable de S. M. aux supplications qu'il lui en avoit faites auparavant.

Cette si grande impatience provenoit de ce qu'il eût bien voulu par cette place être en état de se faire courtiser de nouveau des deux couronnes, faire croire aux Espagnols qu'il avoit fait l'impossible pour eux en cette occasion et leur donner espérance de nouvel embarquement contre la France : ce que S. M. voulut empêcher, se tenant en état, par la conservation d'une porte d'Italie, d'entreprendre sur ceux qui voudroient attenter quelque chose contre elle.

Le duc disoit pour ses raisons[1] qu'il avoit exécuté ce qu'il avoit promis par le traité de Suse et qu'il attendoit en bref la réponse du secrétaire qu'il avoit envoyé à l'Empereur pour solliciter la concession de l'investiture des duchés de Mantoue et du Montferrat (c'est celui dont nous avons parlé ci-devant, qui faisoit des offices tout contraires), et finalement que Don Gonzalez s'étoit déclaré vouloir aussi, de son côté, effectuer le traité, et que, réellement et de fait, il retenoit les passages des troupes impériales afin qu'elles ne s'avançassent pas en Italie.

Marini, après lui avoir répondu ce qu'il devoit, ajouta que non seulement les troupes allemandes ne s'avanceroient pas en Italie, mais se retireroient et que les Espagnols mêmes désarmeroient, s'il vouloit marcher d'un bon pied en cette affaire et leur faire une telle déclaration qu'ils pussent connoître et assu-

1. D'ici à la p. 313, au paragraphe commençant par : « Mais, si le duc de Savoie, au bruit de la venue de Spinola... », les *Mémoires* ont utilisé une dépêche de Marini à Bouthillier, du 28 juillet (Aff. étr., Piémont 10, fol. 50-52).

rément croire qu'il n'approuvoit point ces mouvements et ces jalousies, mais qu'il entendoit que le traité fût accompli de bonne foi en toutes ses parties, parce qu'il y alloit de sa réputation, afin de détromper le monde qui pensoit que ce fût lui qui étoit auteur de toutes ces nouveautés et qu'il contrevenoit à ce qu'il avoit promis.

Le prince de Piémont répondit à cela qu'il y avoit de la difficulté à faire retirer ces troupes, d'autant que les Espagnols et Allemands se soucieroient peu que Suse demeurât au Roi, pourvu que les passages des Grisons leur demeurassent à eux.

Marini lui répliqua que c'étoit ce qui le devoit davantage porter à pacifier ces mouvements, parce que, dès qu'ils le seroient, le Roi leur rendroit cette place, laquelle ils ne devoient jamais espérer de retirer de S. M. par la crainte des Espagnols.

Le duc lui voulut faire paroître leurs troupes être en beaucoup plus grand nombre qu'elles n'étoient et lui en donner crainte; mais il lui répondit qu'il étoit difficile d'en faire un état certain, d'autant qu'elles se débandoient tous les jours faute de vivres et d'argent et n'étoient redoutables qu'en la pensée de ceux à qui la peur figure les choses autrement qu'elles ne sont.

Mais, si le duc de Savoie, au bruit de la venue de Spinola, s'inclinoit aux Espagnols, la république de Gênes, au contraire, s'encourageoit pour ne se laisser suppéditer[1] à leur puissance et témoignoit porter, si elle l'eût osé, affection aux François et soupçonner les Espagnols.

1. Soumettre.

Quelque nombre de ceux qui étoient passionnés ou intéressés pour l'Espagne furent obligés, par les divers manquements qu'on leur fit, de manquer eux-mêmes et s'absenter de la ville : ce qui remit le gouvernement de la ville entre les mains de personnes moins intéressées ou, pour le moins, en diminua le nombre, d'où il advint que l'élection du duc fut faite contre le gré des Espagnols, quoiqu'il fût de la famille de Spinola[1], mais il étoit allié de Fiesque[2], homme de bien et porté à la liberté de son pays[3].

Ils firent un décret[4] que nuls vaisseaux étrangers n'entreroient au port de Gênes et qu'ils déchargeroient aux autres ports qui sont en l'étendue des terres de la seigneurie, lequel décret fut fait pour les Espagnols, qui furent contraints d'envoyer par d'autres ports au Milanois leurs soldats napolitains et toutes les munitions de bouche et de guerre pour l'armée qu'ils y assembloient.

1. André Spinola fut doge ou duc de Gênes du 29 juin 1629 au 30 juin 1631.
2. Hugues de Fiesque servit contre les Huguenots en France, fut au siège de Montauban (1621), puis passa à la cour de l'Empereur Ferdinand II. De retour à Gênes, dont sa famille, l'une des plus illustres de l'Italie, était originaire, il fut chargé par la République d'emplois importants, fut ambassadeur en Angleterre, général des galères, et commanda sur mer, en 1654, contre les corsaires de Barbarie.
3. La fin de ce paragraphe est empruntée à une dépêche d'Abel Servien, datée de Casal le 31 juillet (Aff. étr., corresp. politique, Piémont 10, fol. 61).
4. Une partie de ce paragraphe est empruntée à un « Mémoire pour les affaires de Suse envoyé par M. de Créquy », juin 1629, et utilisé pour la rédaction des *Mémoires* (Aff. étr., corresp. politique, Piémont 10, fol. 462-465); le paragraphe employé est au fol. 463 v°.

Le duc d'Alcala[1] passa lors à Gênes, mais sans y relâcher, à cause du refus que lui fit la République de donner aux galères de Malte, qui le portoient, la place honorable dans son port, quoique le roi d'Espagne eût fait un décret contraire qui donnoit la préséance à celles de Malte, dont la République fut si offensée, que, ayant cru que les galères de Sicile, qui s'y rencontrèrent en même temps dans le port, vouloient exécuter ce décret et avoient pour ce sujet saisi le poste accoutumé de la capitane des galères de la République, elle leur envoya dire que, si elles ne se retiroient, elle feroit tirer sur elles l'artillerie de ses bastions et armeroit contre elles ses galères et toutes ses forces pour ne souffrir pas un affront dans sa maison : ce qui obligea le général de celles de Sicile de les retirer à la main gauche et donna moyen, le lendemain, au général de celles de la République de donner la main droite aux trois galères de France qui arrivèrent, sur lesquelles étoit le duc de Rohan, quoiqu'elles ne portassent point d'étendard, et cela à la vue de celles de Sicile, où toute l'escadre étoit avec l'étendard d'Espagne.

Ce n'étoit pas là un témoignage qui nous dût faire croire que nous eussions plus de puissance à Gênes que l'Espagne, mais bien que, nonobstant l'autorité que l'Espagne y avoit, la réputation des armes du Roi

1. Ce qui suit jusqu'à la p. 317, au paragraphe commençant par : « Le Cardinal reçut avis aussi qu'on avoit porté à Casal... », est emprunté à la dépêche précitée de Servien, que Sancy a revue et corrigée pour l'utiliser ici (Aff. étr., corresp. politique, Piémont 10, fol. 61 v°, 62). — Le duc d'Alcala, que nomment ici les *Mémoires*, est peut-être Fernand Enriquez de Ribera y Giron, troisième duc d'Alcala, marquis de Tarifa.

étoit si grande que, sur l'espérance de sa protection, ils oseroient bien entreprendre de défendre leur liberté contre les Espagnols.

Ce fut une chose glorieuse au Roi de voir là arriver le duc de Rohan, hors de France où il s'étoit maintenu dans la rébellion si longtemps.

On le considéroit avec grande curiosité, comme un des trophées du Roi, duquel il n'étoit pas besoin d'exagérer la gloire et les victoires, qui étoient plus admirées des étrangers que des François mêmes, n'y en ayant pas un qui n'enviât le bonheur que nous possédions de vivre sous la domination d'un si grand monarque, duquel les affaires étoient, par la bénédiction de Dieu, conduites avec tant d'heur et de majesté.

Chacun, voyant ledit Rohan, étoit obligé d'avouer qu'il n'y avoit plus de corps d'hérétiques en France, puisqu'il avoit été décapité, et que l'on voyoit le chef comme porté en triomphe par les ports d'Italie.

Les Espagnols, qui ne pouvoient souffrir que nos affaires se relevassent avec tant d'éclat, autant que les leurs alloient en décadence, publioient que l'exil de Rohan étoit une feinte et un prétexte pour l'envoyer contre eux servir les Vénitiens. Mais, quand cela eût été, on ne laissoit pas de reconnoitre la dignité avec laquelle les affaires du Roi étoient conduites, puisque S. M. faisoit sortir de son royaume celui qui en avoit troublé le repos jusques ici, outre que personne ne doutoit que ce ne fût une action de très grande prudence de nous servir de nos ennemis contre nos ennemis et d'employer contre les Espagnols avec justice celui duquel ils s'étoient injustement voulu servir contre nous.

Le Cardinal reçut avis aussi qu'on avoit porté à Casal quantité de munitions de bouche et de guerre qu'il avoit eu depuis longtemps le soin de faire préparer pour cela. Ceux du Conseil d'État du Montferrat le lui mandèrent, en rendant grâces très humbles à S. M. par leurs lettres du 2ᵉ jour d'août ; cela lui donna du repos dans l'appréhension qu'il avoit que Spinola, trouvant à son arrivée cette place dépourvue, ne prît sur-le-champ conseil de l'attaquer, ce qu'il n'eût pas fait autrement.

Peu après Spinola arriva ; il se débarqua à Gênes le 19ᵉ jour d'août avec huit galères. Sa qualité étoit de gouverneur et capitaine général en l'État de Milan, avec un pouvoir particulier de faire quelque négociation, que ce fût pour la paix et pour la guerre, sans en donner part à l'Espagne. Il portoit avec lui trois millions de livres, qui étoit tout ce qu'ils avoient pu tirer d'Espagne ou plutôt épreindre[1] des Génois par les extorsions qu'ils leur firent, lesquelles contraignirent les plus intéressés avec eux de faire banqueroute.

Cette petite provision d'argent faisoit croire à tout le monde qu'ils recherchoient les moyens de faire la paix, d'autant que les Espagnols, ayant perdu le crédit, ne pourroient plus trouver d'argent, celui-là étant employé.

Ce n'étoit pas une somme suffisante pour cette guerre, pour peu qu'elle durât, joint qu'il sembloit qu'il[2] désiroit retourner en Flandre, y ayant retenu toutes charges, et qu'il y devoit souhaiter retourner et le roi son maître l'y renvoyer pour la grande réputation qu'il y

1. Vieux mot qui signifie tirer, extorquer (de *exprimere*).
2. Spinola.

avoit acquise, l'estime en laquelle il y étoit des peuples, la crainte que son nom causoit aux ennemis et la longue expérience par laquelle il y réussissoit à l'avantage du service de son maître : ce qui peut-être ne seroit pas en Italie, qui est un pays entièrement différent de celui des Pays-Bas, et contre des François, ennemis nouveaux qu'il n'avoit pas encore éprouvés.

Mais ou la destinée, ou la mauvaise conduite d'Espagne, ou son ambition particulière, qui lui faisoit espérer remporter de la gloire en une guerre contre la nation la plus belliqueuse, le royaume le plus florissant, le prince le plus renommé et mieux conseillé de l'Europe, lui firent prendre ce conseil.

Le duc de Mantoue, à la nouvelle de sa venue, redoubla ses instances vers S. S. afin qu'elle se voulût déclarer contre les parties contraires à la paix d'Italie; les Vénitiens l'en sollicitoient aussi, mais leurs sollicitations étoient peu efficaces, parce qu'ils étoient en différend avec elle sur le sujet de l'évêché de Padoue, auquel S. S. promut le cardinal Cornaro, fils du doge[1] : ce que la République ne voulut pas souffrir, disant que cela étoit contre la loi par laquelle il est défendu aux fils du doge de recevoir aucune gratification des princes étrangers.

1. Frédéric Cornaro, né en 1575, fils de Jean Cornaro (doge de Venise de décembre 1624 à décembre 1629, date de sa mort), fut nommé évêque de Bergame en 1623, cardinal en 1626, évêque de Vicence en février 1627, transféré à Bergame, puis à Padoue le 30 avril 1629, patriarche de Venise en juin 1632 (l'évêché de Padoue fut donné à son neveu Marc-Antoine Cornaro). Malade, il se démit du patriarcat de Venise en 1644, et mourut à Rome le 5 juin 1653, après avoir été nommé évêque d'Albano en 1652.

S. S., dès incontinent après que ledit doge fut venu à cette dignité, éleva sondit fils au cardinalat, dont la République lui rendit grâces, et, outre cela encore, le transféra de l'évêché de Bergame à celui de Vicence, ce que la République encore agréa, interprétant bénignement que la loi ne devoit s'entendre que d'un nouveau bénéfice, non du passage d'un bénéfice à un autre; mais, de lui avoir encore donné celui de Padoue, elle ne le pouvoit souffrir et s'y opposa avec une telle fermeté qu'elle ne s'y vouloit relâcher en aucune façon, quelque instance qu'en fit S. S. et témoignage qu'elle lui donnât de mécontentement.

S. M., à la prière de S. S., fit faire office, par son ambassadeur à Venise[1], sur ce sujet; il leur représenta que c'étoit la même chose qu'ils avoient déjà trouvée bonne en l'évêché de Vicence; que le Pape, père commun, ne devoit pas, en l'administration des choses de l'Église et distribution des prélatures, tomber sous le nom de prince étranger dont les gratifications sont défendues; qu'ils devoient considérer, à la part que le Pape prenoit en cette affaire et à l'intérêt qu'avoit la République, pour son bien propre, en ces mouvements de la maison d'Autriche en Italie, et le repos de toute la chrétienté, de se conserver avec S. S. en bonne intelligence, principalement en ce temps que la République recherchoit le Saint-Père et prioit le Roi de le rechercher d'entrer en la ligue pour la liberté de l'Italie.

Il ajoutoit encore la considération de S. M., qui les en prioit avec instance et auroit à obligation particuliére le consentement qu'ils y donneroient et leur ren-

1. Claude de Mesmes, comte d'Avaux, ambassadeur à Venise de 1627 à 1632.

droit l'échange ou toute autre chose qu'ils pourroient désirer d'elle, et que, si c'étoit une affaire qu'ils eussent à cœur, il croyoit néanmoins avoir droit de les prier de s'y relâcher pour l'amour d'elle, principalement en cette conjoncture de guerre en laquelle ils étoient les plus intéressés et où S. M. n'étoit entrée que pour l'intérêt du bien public, puisque, pour l'amour d'eux et pour la même considération, il avoit consenti à faire la paix d'Angleterre et s'y étoit relâché en beaucoup de choses importantes et qui le touchoient d'autant plus qu'elles concernoient le contentement et le service de la reine sa sœur.

Mais tous ces offices ne servirent à autre chose qu'à faire paroître au Pape l'affection et observance de S. M. vers S. S., qui sut qu'elle n'avoit rien oublié en cela de tout ce qu'il avoit pu désirer de sa part, et la dureté et inflexibilité, je ne dirai pas tant de la république de Venise que de toute république, qui n'a point de sentiment d'affection ni de reconnoissance, ni aucun égard au bien public dans lequel ils sont compris, quand il y va tant soit peu de leur intérêt particulier, et qui, sans honte, refusent les choses les plus raisonnables qui leur sont demandées, croyant que la honte n'en peut être imputée à aucun d'eux en particulier, voire même qu'ils croient qu'on devroit, non seulement recevoir en bonne part leur refus, mais encore les en remercier, bien que l'on ait occasion de s'en plaindre.

Ils répondirent qu'ils savoient que le Roi, prié du Pape, les prioit, mais non de son mouvement propre; que, ayant appris que S. S. en devoit solliciter S. M., ils l'avoient suppliée, par leur ambassadeur[1], de ne leur en point faire d'instance et qu'elle étoit demeurée satisfaite de leurs raisons, lesquelles, partant, ils n'avoient besoin de redire ni d'entrer dans le mérite de la cause, leur suffisant d'assurer, avec vérité, qu'il alloit en cette affaire du salut de la République, des lois fondamentales de l'État et de la forme du gouvernement, qui ne leur permettoit, en façon du monde, de consentir à la provision du Pape.

Ils adoucirent tout cela avec toutes les belles paroles qui pouvoient accompagner un refus.

L'ambassadeur de S. M. répliqua ce qu'il dut[2]; mais un d'eux lui répondit absolument que cette affaire étoit plus difficile que le rappel de Baduero[3], ni que le

1. Angelo Contarini (1581-1657), fils de Jules Contarini, sénateur et procurateur de Saint-Marc, fut nommé ambassadeur ordinaire de Venise à Rome en décembre 1626, ne prit réellement possession de ses fonctions qu'en mai 1627 et les quitta en août 1629. Il avait été, en 1605, ambassadeur extraordinaire en Angleterre et fut à nouveau ambassadeur à Rome de 1640 à 1646, puis ambassadeur à Vienne.
2. La réplique de l'ambassadeur était résumée en deux paragraphes du manuscrit A, fol. 230, qui ont été rayés.
3. Albert Baduero ou Baduario, issu d'une des plus illustres familles vénitiennes, avait été, avant 1582, ambassadeur à Vienne; en 1589, il était ambassadeur ordinaire à Rome. Les *Mémoires* semblent confondre le rappel par le pape Sixte V, en 1589, du nonce à Venise (cette République ayant pris parti pour Henri IV que le Pape se refusait à absoudre) avec le rappel, en 1606, de l'ambassadeur extraordinaire de Venise à Rome, le chevalier Duodo, suivi du rappel du nonce à Venise et du congé donné par le Pape à l'ambassadeur vénitien, le chevalier Nani, incidents provoqués par l'interdit lancé, peu auparavant, par Paul V contre Venise pour avoir promulgué des lois contraires aux libertés des ecclésiastiques; cette af-

rétablissement des jésuites, et qu'ils demandent une grâce au Pape pour le patriarcat d'Aquilée[1] et, néanmoins, sont résolus, à quelque prix que ce soit, de lui refuser celle-ci : telle est la fermeté des républiques aux résolutions qu'elles ont prises et tant il est difficile d'obtenir d'elles aucune chose, par amitié, contre ce qu'elles ont une fois arrêté.

Le même ambassadeur l'avoit déjà éprouvé en deux ou trois affaires précédentes.

Il avoit fait office pour délivrer de trois ans de prison, restant d'une condamnation plus grande, Baptiste Delphin, neveu du dernier cardinal de ce nom, qui avoit été très affectionné à la couronne de France[2] : le Roi en avoit écrit avec affection, mais on ne put jamais obtenir, non seulement la conclusion de cette affaire, mais même qu'aucun la voulût proposer au Sénat, bien que S. M. se contentât qu'on lui commuât cette peine en une autre.

Il avoit fait semblablement instance pour le duc de Rohan, homme d'expérience en la guerre, que S. M. désiroit que la République employât en cette occasion, sans que jamais la République y eût voulu consentir.

Or, ils ne laissoient pas de prier et de presser S. S. de se déclarer pour M. de Mantoue, et S. S. favorisoit

---

faire fut terminée par l'entremise d'Henri IV et des cardinaux de Joyeuse et du Perron (1607).

1. Le temporel du patriarcat d'Aquilée relevant de l'Empire avait été saisi en 1445 par la république de Venise; en 1497, le Frioul autrichien fut ajouté au territoire du patriarcat.

2. Il s'agit peut-être ici d'un neveu du cardinal Jean Delphinus, noble vénitien, ambassadeur de Venise à Rome, entré ensuite dans les ordres, évêque de Vicence en 1603, cardinal en 1604, mort en 1622.

bien ce parti-là et avoit désir de l'appuyer à l'extrémité, mais elle retardoit, tant qu'elle pouvoit, d'y venir, tant de crainte de s'engager en une guerre qui pourroit être de durée qu'afin de se conserver toujours en état de pouvoir moyenner la paix par son entremise.

Spinola parloit fort modestement de cette guerre et fort respectueusement des François, disant ne venir que pour affermir la paix et hâter l'exécution du traité de Suse. Cette façon de parler nuisoit au bien des affaires du Roi; car, outre qu'elle rejetoit, dans l'opinion des peuples, la cause de la guerre sur les François, elle faisoit douter les alliés du Roi qu'il y eût, sur ce sujet, quelque traité secret entre les deux couronnes et les refroidissoit à apporter l'assistance qu'ils devoient en cette commune guerre. Ce même discours, que Spinola tenoit en Italie, étoit tenu par les Espagnols en Espagne, où il fut ouvertement dit à l'ambassadeur de Venise[1], qui en écrivit au Sénat de ladite République.

Cela faisoit qu'aucuns à Venise disoient que, puisque la France tenoit la paix assurée, ils n'avoient que faire de se procurer la guerre contre l'Espagne en se déclarant en cette conjoncture.

Or, nonobstant tous ces discours, les principaux d'autour Spinola disoient sous main aux officiers du duc de Mantoue qu'il falloit qu'il se déclarât s'il vouloit adhérer à l'Espagne, comme les autres princes d'Italie, abandonner la France et démolir la citadelle

1. Alvise Mocenigo, fils de Thomas Mocenigo et de Lucrèce de Girolamo, podestat de Feltre avant 1625, sénateur, puis ambassadeur en Espagne de 1626 à 1630; mort en 1644.

de Casal, ou bien qu'il se résolût à mettre tous ses États en dépôt entre les mains de l'Empereur.

Le duc de Savoie n'avoit pas cette proposition agréable, craignant que, si Casal étoit démantelé, on l'obligeât d'en faire autant de Trino; mais il proposoit, au contraire, que l'Espagne lui devoit laisser tout ce qu'il possédoit du Montferrat, afin que ce qui en resteroit au duc de Mantoue fût si peu de chose qu'il n'eût pas moyen, à l'avenir, d'entretenir la garnison de Casal et fût contraint de remettre cette place entre leurs mains; et que les François vouloient retirer Trino de lui pour le donner au duc de Mantoue, qui étoit convenu avec eux de le leur remettre incontinent qu'il l'auroit en sa puissance; et, sur ce prétexte, il demanda à Spinola assistance d'argent pour le fortifier, et il en reçut.

Spinola, en ces entrefaites, donnoit les ordres requis pour assembler le plus de troupes qu'il pourroit et se munir de toutes les provisions nécessaires à la guerre. Il avoit avec lui quatre mille Espagnols, six mille Italiens et quinze cents chevaux, sans le déluge d'Allemands qu'il espéroit faire joindre à ses troupes.

Tout cela, joint à la réputation de Spinola, élevoit le cœur aux partisans d'Espagne en Italie, et principalement étant, en même temps, venue la nouvelle de la maladie du Cardinal en Languedoc, où il fut atteint de quatre ou cinq accès de fièvre[1].

---

1. Le Cardinal avait été pris à Pezenas, vers le 1ᵉʳ août, d'une fièvre tierce dont il eut cinq accès, mais qui avait disparu le 5 août et qui, malgré la « langueur » qui lui en était restée, ne l'empêchait pas de compter partir pour Béziers le 6. Cette maladie avait fort inquiété les siens et particulièrement Mᵐᵉ de Combalet, sa nièce, qui en avait pleuré. Richelieu était cepen-

Cette maladie, arrivée en une province et une saison si ardente et en un temps de peste qui étoit par tout le Languedoc, étoit crue par eux beaucoup plus grande qu'elle ne fut en effet.

Scaglia disoit tout haut que les Espagnols vouloient la guerre si le Roi ne sortoit d'Italie; il le dit à Madame[1] même, et qu'il conseilloit au duc son maitre de suivre leur parti, quelque danger que courussent ses États; que Spinola, par prudence, ne parloit pas ainsi; mais les Allemands, plus grossiers, se vantoient tout hautement qu'ils chasseroient les François jusques au delà les Alpes.

Le duc de Savoie[2] commença à arrêter nos courriers qui alloient en Italie ou venoient en France, prenant son prétexte sur la peste, mais n'étant en effet que pour empêcher que S. S., les Vénitiens et le duc de Mantoue n'eussent à temps des nouvelles du Roi en cette conjoncture, en laquelle il étoit plus nécessaire qu'ils en reçussent.

Il manda aussi au prince Thomas qu'il arrêtât à Chambéry les courriers du maréchal de Créquy, afin qu'il ne donnât et ne reçût à propos les nouvelles qu'il lui étoit nécessaire de donner et recevoir : ce qui obligea le Roi à penser à remettre la poste de Lyon à

dant sujet à ces accès de fièvre, dont le premier un peu sérieux semble remonter à 1608; en 1611, il avait eu la fièvre quarte; en 1628, la fièvre tierce l'avait repris; ces accès de fièvre ne devaient jamais le quitter et, comme il l'écrivit souvent, « la ligne » de sa santé était « courte ».

1. Christine de France, princesse de Piémont, sœur de Louis XIII.

2. Ce paragraphe et le suivant sont empruntés à une dépêche de Créquy, du 3 septembre (Aff. étr., corresp. politique, Piémont 10, fol. 112, 113).

Suse par le Dauphiné et la détourner du chemin de Savoie.

Cependant il redemandoit toujours Suse et disoit que c'étoit la pierre d'achoppement entre lui et le Roi ; mais S. M. pouvoit juger des fréquents changements de son procédé, sa mauvaise inclination au service de S. M., puisqu'il étoit prêt à joindre ses armes aux siennes quand il étoit au Languedoc, au lieu que, maintenant qu'il en étoit éloigné et Spinola arrivé en Italie, il ne parloit que des forces de l'Empereur et du tort qu'on lui faisoit de retenir Suse.

Et, pour montrer encore plus clairement aux Espagnols la mauvaise intelligence en laquelle il vouloit être avec la France, il fit prendre Pomeuse, gentilhomme de Madame, sur le chemin du Montferrat, et le fit mener prisonnier à Ivrée.

Ils avoient à peine satisfait Madame de l'injure qu'ils lui avoient faite, l'assassinant par le chemin lorsqu'elle l'envoyoit trouver le Roi[1], qu'ils lui font derechef celle-ci de gaîté de cœur, sans qu'il eût fait[2] autre mal que de s'être mis, travesti, en chemin pour aller à Casal servir le Roi, ce que le duc et le prince son fils ne vouloient pas. Ils s'échappèrent à dire à Madame qu'elle avoit été jusques alors françoise, qu'il falloit que, de là en avant, elle fût piémontoise, qu'ils lui vouloient ôter le reste de ses François ; et même ils ne voulurent plus permettre qu'elle se servît d'un bon

---

1. Cf. notre tome IX, p. 225-228.

2. Le début de ce paragraphe a été écrit en marge du fol. 235 v° du manuscrit A par l'un des scribes des *Mémoires* appelé probablement Nicolas (cf. p. 350, n. 1) ; ce n'est pas lui qui écrivit cette partie des *Mémoires*, mais le scribe habituel.

Père feuillant que la Reine sa mère lui avoit envoyé pour son confesseur, au lieu du P. Monod, jésuite, qu'ils lui avoient donné et qu'elle avoit éloigné d'elle après quelques années, mais lui dirent qu'elle n'en auroit point d'autre que piémontois, que ce seroit un espion au lieu d'un confesseur et qu'ils ne le vouloient pas souffrir.

Quant à Pomeuse, d'Ivrée ils le firent passer en Savoie, quoique, à la prière de Madame, ils eussent promis de lui donner liberté; mais, comme elle manda au Roi, il n'y avoit point de merveille que, où il n'y avoit que de la passion au lieu de raison, il n'y eût point de parole ni de foi.

Il firent proposer au maréchal de Créquy par l'ambassadeur d'Angleterre[1], mais comme de lui-même et non de leur part, qu'il se faisoit fort de rendre ledit duc à jamais serviteur fidèle de la France et qu'il s'obligeroit à lui ouvrir ses passages en toutes occasions de guerre, si on lui vouloit rendre Suse, et que le roi son maître en seroit garant[2].

Créquy leur répondit qu'il n'avoit charge que de garder cette place et la défendre contre les armes de qui que ce fût qui la voulût attaquer, non d'écouter aucune négociation, ni traiter pour la rendre.

Spinola, après avoir demeuré dix jours à Gênes, en partit à la hâte, à cause d'une émotion qui s'éleva à Milan au départ de Don Gonzalez, lequel s'en allant avec équipage et argent et réputation d'en avoir beaucoup davantage et de l'avoir gagné dans son gouver-

---

1. Isaac Wacke, déjà nommé.
2. Paragraphe tiré d'une dépêche de Créquy, du 31 août (Aff. étr., corresp. politique, Piémont 10, fol. 108 v°).

nement, ceux de Milan, ennemis, comme sont tous les peuples, de cette richesse qu'ils croient être de leur substance, se soulevèrent contre lui, lui jetèrent des pierres, blessèrent quelques-uns des siens, en tuèrent deux, lui-même fut blessé au visage, et crioient à haute voix : « Vive France ! »

La république de Gênes envoya avec lui Opicio Spinola[1] pour traiter la paix avec le duc de Savoie : ce qui néanmoins réussit à rien, la République n'y trouvant pas son compte, pour ce que les Espagnols vouloient acheter l'amitié dudit duc à leurs dépens. Et, pour ce que la demeure du marquis de Sainte-Croix à Gênes leur pesoit beaucoup, d'autant qu'elle leur sembloit être une nouvelle sujétion aux Espagnols, dont elle leur donnoit horreur, Spinola lui donna charge de le venir trouver incontinent à Milan : ce qu'il fit trois jours après.

Collalto y vint aussi incontinent. Spinola se trouvoit empêché, au petit nombre de gens de guerre qu'il avoit, de recevoir toutes les troupes allemandes qui lui étoient offertes, car, n'ayant que dix mille hommes, tant Espagnols qu'Italiens, en son armée, il lui fâchoit d'y joindre un plus grand nombre de troupes auxiliaires qu'il n'avoit de sujets de son maître, de peur de devenir, de général d'armée, capitaine sous un autre général, et de rendre les Allemands seigneurs d'Italie au lieu d'en chasser les François. Mais aussi, en gardant cette proportion, il se trouvoit foible pour faire la guerre : ce qui le retint longtemps en incertitude ; et ce délai lui fit perdre beaucoup de réputa-

1. Ce personnage était probablement proche parent du doge de Gênes, André Spinola.

tion, son peu d'argent se consommant, la saison s'avançant et un chacun jugeant qu'il ne pouvoit rien faire qui valût le reste de ladite année.

A cela s'ajouta la nouvelle de la guérison du Cardinal, de l'obéissance de Montauban et de tout le reste des villes rebelles, les serviteurs du Roi répondant lors sans crainte aux rodomontades espagnoles et allemandes que, Dieu ayant conservé au Roi celui qu'il lui avoit donné pour abaisser leur orgueil, ils étoient assurés qu'il montreroit, à leurs dépens, qu'il avoit encore le même courage et la même fidélité pour le Roi son maître qu'il avoit eus à la Rochelle et au pas de Suse.

La prise de Rocque-Vignale[1] aida encore à la réputation de France et à la diminution de celle d'Espagne. Toiras, par la résolution du Conseil de Casal, et par ordre exprès du duc de Mantoue, l'avoit assiégée le 20ᵉ août et la prit au commencement de septembre, avec perte de moins de cinquante hommes, sans que Spinola l'osât secourir; ce qui fit dire à plusieurs qu'ils croyoient bien qu'assurément la paix se feroit en Italie, puisque les Espagnols qui vouloient la guerre ne la pouvoient faire et ne l'osoient entreprendre et que les François qui la pouvoient ne la vouloient pas.

Personne ne jugea cette entreprise avoir été faite avec jugement, vu le peu de troupes de Toiras, le mauvais état de Casal, les grandes forces d'Espagne et de l'Empereur et l'intérêt qu'avoit le Roi, en son éloignement, de ne point hâter la guerre; mais l'événement la fit agréer.

1. Roccavignale.

Dans le Conseil de Gênes, on fit une action de courage qui fâcha encore fort les Espagnols.

Il s'y proposoit quelque chose, de leur part, qu'Augustin Pallavicino, qui avoit été envoyé ambassadeur de la République au Roi, étant à Suse, improuvoit et déconseilloit avec beaucoup de liberté; il lui fut commandé par le Sénat de dire son avis simplement sans haranguer. Il répondit que ce commandement étoit contre la liberté de la République et qu'il diroit son avis avec les meilleurs termes et les plus fortes raisons qu'il pourroit : ce qu'il fit, et fut suivi en son opinion par le plus de voix du Conseil.

Cependant à Casal on se munissoit de vivres le plus que la mauvaise année et leur peu de moyens le pouvoient permettre. Ils firent amener en leur ville tous les bestiaux et les vivres qu'ils purent trouver à la campagne. L'incertitude de l'état dans lequel ils se trouvoient leur étoit bien pire que n'eût été la guerre déclarée, d'autant que les ennemis exerçoient envers eux toutes sortes d'hostilités, hormis l'apparence d'un siége. Ils faisoient des courses à la campagne pour empêcher qu'il ne leur vînt aucuns vivres, et eux, de leur part, n'osoient rien entreprendre sur leurs ennemis pour s'avantager de quelque chose.

Toiras eut ordre du Cardinal de mettre quelque nombre de gens de guerre dans Nice-de-la-Paille et Poussonne[1], mais il s'excusa d'y en envoyer sur le peu de vivres qu'il disoit y avoir dans ces places.

Cependant quatre mille lansquenets et mille chevaux des troupes impériales entrèrent vers Côme et s'avancèrent dans le Milanois, sans l'ordre ni la permission

1. Nizza-Monferrato et Ponzone.

de Spinola; mais ils s'excusèrent que la nécessité qu'ils enduroient en ces montagnes stériles les avoit contraints de ce faire : c'étoit un commencement qui donnoit à penser et à craindre.

Le duc de Savoie envoya quérir Marini, le nonce[1] et l'ambassadeur de Venise, tous trois ensemble; le dernier desquels ne put pas assister en cette audience, n'étant pas dans la ville.

Il leur communiqua premièrement les avis qu'il avoit d'Allemagne et d'Espagne, savoir est : que le nonce résidant près l'Empereur avoit fait de très vives instances pour la paix d'Italie et représenté que S. S. y contribueroit volontiers de son sang et s'en entremettroit, pourvu qu'il n'eût point à recevoir de dépôt de places ni d'États, ni à arbitrer ou proposer expédients, mais seulement employer ses offices paternels; que l'Empereur lui avoit répondu qu'il envoyoit Collalto, son général d'armée, avec pleine autorité et ordre de communiquer le tout à S. A. de Savoie; que le roi Catholique avoit aussi témoigné ne vouloir prendre aucun intérêt en cette affaire du Montferrat, ensuite de quoi il avoit donné plein pouvoir à Spinola pour consentir à la paix; que, ces choses étant ainsi, S. A., comme prince très désireux de la tranquillité publique et d'y contribuer tout ce qui étoit en sa puissance, avoit estimé nécessaire de faire part auxdits ambassadeurs de la bonne intention du Pape et de S. M. Catholique, afin que chacun contribuât de sa part ce qu'il pourroit pour le bien public, et principalement de l'Italie; et pour ce, il leur fit instance que,

1. Louis Galli, évêque d'Ancône de 1622 à sa mort en 1657, fut nonce à Turin en 1628 et 1629.

s'ils avoient pouvoir ou autorité, qu'ils trouvassent quelque expédient pour la paix, lequel seroit plus facile à réussir tandis que les troupes impériales n'étoient pas entrées en Italie que lorsqu'ils auroient la main à l'épée et auroient déjà emporté quelque avantage qui les animeroit à continuer; que, puisqu'il voyoit qu'ils n'avoient pas d'autorité pour cela, il seroit bien à propos qu'ils expédiassent à leurs maîtres, afin de leur envoyer pouvoir de traiter et conduire la paix; qu'il savoit que les forces de S. M. étoient grandes, mais que celles de l'Empereur étoient formidables, ne se parlant pas de moins que de quarante à cinquante mille hommes de pied qu'il destinoit pour l'Italie, sans les autres; que la bienséance vouloit que le Roi ne s'ingérât à faire aucun jugement ès choses concernant l'Empire; qu'il tenoit pour certain que la trève ou la paix étoit faite avec la Hollande; que toutes ces considérations lui sembloient devoir faire incliner à la paix et, enfin, que S. M. devoit presser que M. de Mantoue reçût l'effet et l'essentiel de sa protection, sans se soucier si les apparences étoient du côté de l'Empereur.

Le nonce se restreignit à dire qu'il attendroit les ordres de Rome.

Marini dit que S. A. avoit raison de procurer la paix pour son propre intérêt; qu'elle la pouvoit faciliter, se déclarant pour le Roi et quittant cette neutralité fâcheuse; que S. M. n'avoit fait que défendre son allié contre les armes d'Espagne; que cela lui étoit permis par la paix de Cambrai et de Vervins : à quoi le duc répliqua que, pourvu que Suse lui fût restitué, il n'auroit plus sujet de se plaindre.

Marini lui dit qu'il lui seroit restitué dès que le différend avec le duc de Mantoue seroit ajusté.

« Mais j'ai, dit le duc, accompli de ma part tout ce à quoi j'étois obligé »; puis il ajouta qu'il n'en vouloit pas pour lors faire davantage d'instance, mais que, après qu'il auroit fait connoître à tout le monde avoir contribué tout ce qui auroit été du sien pour le bien de la paix et accompli tout ce qui avoit été promis de sa part, que personne ne pourroit trouver étrange qu'il tentât tous les moyens de ravoir le sien.

Scaglia le vit encore le lendemain et lui dit qu'il croyoit que l'Espagne s'accorderoit facilement à ce que le duc de Mantoue reçût en dépôt, de la part de l'Empereur, ses deux duchés, avec une promesse secrète par écrit de S. M. Impériale qu'elle en donneroit, dans un temps bref et préfix, l'investiture audit duc et que cependant toutes les troupes, tant françoises qu'autres, se retirassent d'Italie.

Au même temps que Spinola proposoit ces voies d'accommodement à Turin, il essayoit, par un autre traité tout contraire, à tromper M. de Mantoue, lui promettant plus qu'il ne pouvoit demander et qu'on n'avoit envie de lui tenir, s'il vouloit traiter sans la participation du Roi et mettre des Allemands dans la citadelle de Casal, employant un nombre infini de mensonges pour le lui persuader.

Le Cardinal reçut cet avis de Marini étant à Effiat, en retournant de Languedoc, où, après avoir terminé les affaires à la gloire du Roi, il en alloit rendre compte à S. M., et lui manda que[1], bien qu'il ne lui pût pas

1. Ce qui suit jusqu'à la p. 337, au paragraphe commençant par : « Cette dépêche étant arrivée à Marini... », est tiré d'une

si particulièrement écrire la volonté du Roi sur toutes les occurrences, parce qu'il n'avoit pas l'honneur d'être encore auprès de lui, néanmoins, par la connoissance générale qu'il avoit de ses intentions et de la suite qu'il donnoit à ses affaires, il lui mandoit qu'il pouvoit tenir pour chose assurée que S. M. ne lairroit point attaquer M. de Mantoue, sans prendre fortement sa défense en temps et lieu, selon que, par sa prudence, il estimeroit plus à propos; que, comme il vouloit empêcher la ruine de ce prince, très certainement il vouloit faire donner à M. de Savoie le partage qu'il lui avoit promis étant à Suse, dedans le Montferrat; que les longueurs de Messieurs les commissaires, tant du Roi que de Savoie et de Mantoue, étoient cause que cette affaire n'étoit pas encore terminée au contentement de M. de Savoie, et que, incontinent que M. Servien seroit de retour, S. M. y pourvoiroit définitivement, conformément au traité de Suse, et M. de Mantoue y consentiroit sans doute, puisqu'il l'avoit déjà fait au premier traité, en vertu duquel on travailloit maintenant; qu'il ne savoit que lui répondre sur le sujet de la satisfaction qu'on désiroit pour l'Empereur, parce qu'il ne prévoyoit pas quelle elle pût être; que M. de Mantoue lui avoit demandé l'investiture avec respect; son fils y avoit été à cette fin et maltraité tout ensemble; [que] le Roi y avoit envoyé pour le même effet sans en avoir eu aucun contentement, et que cependant la nature des investitures étoit telle que, étant demandée et refusée sans sujet, le refus vaut une con-

copie de lettre de Richelieu à Marini, du 3 septembre, corrigée par Sancy (Aff. étr., corresp. politique, Piémont 10, fol. 114, 115).

cession; que, nonobstant, s'il étoit question de la demander encore, il ne faisoit pas de difficulté que le Roi n'y consentît, et, par ce moyen, l'Empereur devoit demeurer satisfait, puisque, lorsqu'il seroit puissamment armé, on lui feroit cette prière; que la France ne s'éloigneroit assurément d'aucun parti raisonnable; que, s'il en savoit quelques-uns, c'étoit à lui de les mander selon qu'ils lui seroient proposés, et on y feroit prompte réponse; que, après s'être mis en tout devoir d'accommodement, nous prendrions patience s'il falloit venir aux armes; qu'il étoit si mal instruit des affaires d'Espagne qu'il ne savoit pas les quatre millions que le marquis de Spinola avoit apportés, dont l'abbé Scaglia lui a donné avis; qu'il s'enquéroit plus des finances de son maître que de celles d'autrui; qu'assurément nous n'en aurions pas tant en coffre, mais qu'il lui répondoit que le Roi n'en manqueroit point au besoin, quelque guerre qu'il entreprît; qu'il pouvoit aussi s'assurer que, quelque pourparler de paix que l'on fît, il n'empêcheroit point les préparatifs qu'il falloit faire au cas que l'on prît une autre résolution; que le Roi avoit, dès cette heure, vingt-cinq mille hommes en garnison en Languedoc, Provence, Bourgogne, Rouergue et Auvergne; que la France n'alloit pas si lentement que nous ne les eussions assemblés et doublés en douze jours, quand il plairoit à S. M.; [que], devant la fin de ce mois, vingt nouveaux canons auroient passé les montagnes de Dauphiné avec poudre, boulets, mèches et tout ce qui suit, à proportion; que, dès cette heure, il envoyoit ordre, par ce courrier, au sieur d'Emery[1], qui étoit à Lyon, de faire

1. Michel Particelli, sieur d'Émery (ou mieux d'Hémery,

acheter quantité de blés; enfin toutes sortes de préparatifs seroient faits pour la guerre; et toutefois, par la connoissance qu'il avoit de la bonté du Roi, il ne refuseroit aucun parti d'accommodement juste et raisonnable, et il n'y avoit personne, qui eût l'honneur d'être de son Conseil, qui ne lui conseillât plutôt la paix que la guerre, pourvu qu'elle fût sûre et honorable, comme il falloit, de tous côtés; que le vrai chemin de la paix seroit de faire surseoir l'entrée des troupes allemandes en Italie, selon que lui avoit proposé l'abbé Scaglia; [que], quant à l'avis qu'on lui avoit

1596-1650), qui fut, on le sait, contrôleur des finances en 1643, surintendant en 1647 et, la même année, ministre d'État, disgracié en 1648 et rappelé en 1649, était fils de Michel Particelli, originaire de Lucques et établi à Lyon, et d'Aurélia Béguze (*alias* Bigerosa). Hémery était, en 1629, intendant des finances à l'armée d'Italie et, comme tel, chargé de pourvoir aux vivres de cette armée. En 1627, il avait été nommé secrétaire du Roi; il fut chargé, de 1629 à 1631, de plusieurs missions diplomatiques en Savoie; à la fin de 1631, il fut nommé commissaire du Roi auprès des États de Languedoc, avec la mission secrète de surveiller le duc de Montmorency et les menées des partisans de Gaston d'Orléans; emprisonné par Montmorency, qui avait découvert la mission que Richelieu lui avait confiée, il fut libéré peu après (1632). Le Cardinal le nomma, en octobre de la même année, intendant et contrôleur général des finances en Languedoc, puis, de mars à mai 1633, il séjourna en Savoie avec la mission officielle de visiter Pignerol et Casal et celle, secrète, de proposer à Victor-Amédée (ce fut du reste en vain) l'échange de la Savoie contre le Montferrat; à nouveau, il était envoyé en 1635 à Turin pour y surveiller les agissements du duc et était ensuite chargé de pousser les travaux de fortification des côtes de Provence; en août 1635, Richelieu l'envoyait comme ambassadeur en Savoie, où il restait jusqu'en juillet 1639. Hémery avait épousé en 1616 Marie Le Camus, fille de Nicolas, sieur de Beaulieu, conseiller d'État, et de Marie Albert.

donné, on pourroit y apporter quelque tempérament et s'en servir, car, pourvu que l'investiture dût suivre de bien près le dépôt qui seroit donné à M. de Mantoue et qu'il y eût promesse de l'Empereur et du roi d'Espagne fort expresse sur ce sujet, il ne croyoit pas que le Roi s'en éloignât.

Cette dépêche étant arrivée à Marini[1], et une semblable au maréchal de Créquy, le dernier partit de Suse et alla à Turin, où il trouva que l'abbé Scaglia étoit arrivé le jour de devant, qui étoit le 17e septembre, de Milan, où il avoit assisté à la conférence de Spinola et de Collalto.

Le lendemain matin 18e, lui et Marini furent appelés à l'audience, où le duc de Savoie, en présence du prince de Piémont, proposa qu'il tenoit la paix nécessaire et que, comme serviteurs du Roi et partiaux de ses intérêts, ils croyoient que S. M. ne la devoit point refuser, pourvu que trois choses fussent conservées : l'une, qui étoit la première, la gloire que S. M. s'étoit acquise; la seconde, les intérêts de M. le duc de Mantoue; la troisième, que Casal demeureroit entre les mains de mondit sieur de Mantoue, sans courir fortune de tomber en celles de l'Empereur ou du roi d'Espagne, soit par dépôt ou par force; que, pour parvenir à cela, ils jugeoient être nécessaire que l'Empereur eût quelque contentement sur l'offense que le duc de Mantoue lui avoit faite de n'avoir point voulu se sou-

---

1. Les pages qui suivent jusqu'à la p. 340 (au paragraphe commençant par : « La nouvelle de tant de troupes qui se préparaient à entrer en Italie... ») sont empruntées en très grande partie à la dépêche de Créquy et Marini, du 25 septembre (Aff. étr., corresp. politique, Piémont 10, fol. 162, 163).

mettre à son jugement et d'avoir appelé des forces étrangères pour les établir dans le Montferrat, établissement qu'il ne devoit jamais rechercher ni recevoir que de l'Empereur, qui étoit son souverain ; que le moindre contentement que l'on devoit souffrir de prendre à l'Empereur, c'étoit celui que l'on ne lui pouvoit débattre, savoir de loger la plus grande partie de ses troupes dans le Mantouan et Montferrat ; mais qu'ils eussent estimé que cela se fût fait plus à propos par une soumission de M. de Mantoue à l'Empereur, à laquelle le Roi apportât son consentement, que par un acte d'hostilité ouverte, d'autant que, arrivant de la première sorte, l'on pourroit, avec plus de facilité, moyenner, avec l'Empereur ou ses ministres, une suspension qui ne se termineroit que par une paix où chacun trouveroit son contentement, et que, de l'autre façon, il étoit dangereux que l'on en vînt à une rupture, qui traîneroit avec soi de grandes incommodités aux deux rois, dont l'un ne se voudroit jamais départir de la protection de ses alliés, ni l'autre d'assister l'Empereur ; qu'ils croyoient que ce seroit servir le Roi d'acquiescer, de sa part, au premier et plus doux expédient et de conseiller à M. le duc de Mantoue de le prendre.

Ils lui répondirent qu'ils n'avoient aucune charge de conférer avec lui que de l'observation du traité de Suse et se plaindre des contraventions qu'ils y faisoient tous les jours dans le Montferrat, lesquelles ils prioient, de la part de S. M., de faire cesser, et avoient commandement exprès de le convier, en vertu du même traité, de joindre ses armes à celles du Roi, au cas que le Mantouan ou le Montferrat fût attaqué ; que la proposition qu'il faisoit de recevoir dans les deux

États les troupes impériales n'étoit pas un moyen d'accommodement par équité entre les deux parties, mais donnant tout à une et la livrant à la puissance des Espagnols, qui, sous le nom de l'Empereur, commandoient et payoient ses troupes.

Lesdits maréchal de Créquy et Marini, auparavant que d'aller à l'audience, avoient concerté ensemble que, pour porter le duc de Savoie à franchir la parole de joindre ses armes à celles de S. M., il étoit bon de lui témoigner qu'elle prenoit confiance en lui et lui dire qu'elle lui demandoit ses avis sur l'état des affaires présentes et que, pour ce sujet, elle lui avoit commandé de lui donner part des moyens qu'elle avoit préparés pour empêcher que ses alliés ne fussent opprimés en Italie.

Ils lui dirent sur ce sujet tout ce que le Cardinal leur avoit mandé des préparatifs du Roi, qui étoient qu'il y avoit vingt-cinq mille hommes entre Lyon et Suse, en Bresse, Provence et Dauphiné; qu'il étoit arrivé grande quantité de blé à Briançon, vingt canons et trois cents milliers de poudre à Embrun et que le nombre de ces troupes doubleroit incontinent après que celles de l'Empereur auroient commis quelque acte d'hostilité.

Après toutes ces choses, ils lui dirent que, s'il vouloit, ils s'offroient d'écrire au Roi ce qu'il leur avoit dit, n'ayant pas le pouvoir de le résoudre avec lui; qu'il lui importoit plus qu'à aucun autre de voir terminer ces affaires, parce qu'il ne pouvoit éviter que ses États ne portassent une grande partie des incommodités de cette guerre et qu'il ne pouvoit s'excuser de se déclarer aussitôt que le premier coup de canon auroit tiré.

Il leur répondit qu'il les prioit d'écrire ses propositions à S. M. et leur prononça, en paroles très claires, que, si l'Empereur refusoit les justes moyens de paix qu'il proposeroit, il joindroit ses armes avec celles de S. M.

La nouvelle de tant de troupes qui se préparoient à entrer en Italie, laquelle étoit épandue partout par les ambassadeurs de S. M. résidant à Rome et Venise, et particulièrement avoit été dite au duc de Savoie par Créquy et Marini, aida bien à lui faire donner cette parole-là, bien qu'elle ne fût pas entièrement comme on la lui demandoit; mais encore, telle qu'elle étoit, sa malice et l'anxiété de son jugement en affaire si douteuse l'empêchèrent de l'exécuter.

Le Cardinal reçut cette nouvelle à son arrivée de Languedoc près de S. M., qui, par plusieurs courriers et dépêches, hâtoit son retour dès longtemps, pour avoir son avis sur ces affaires, qui, de jour en jour, s'allumoient et se rendoient plus difficiles, pour y prendre une bonne résolution.

Le Cardinal arriva le 14ᵉ septembre à Fontainebleau. Dès le lendemain il lui dit, sur le sujet de ces affaires, qu'il étoit aisé à voir, par le procédé du roi d'Espagne et de l'Empereur, que rien ne les porteroit à la raison que la considération de la force et de la puissance et que, pour y prendre une bonne résolution, il falloit voir en quel état elles étoient maintenant et la suite qu'elles avoient eue depuis que le Roi avoit repassé les monts pour défaire la rébellion de son royaume; que, lorsque S. M. étoit à Suse, les Espagnols avoient toujours témoigné que, si on demandoit l'investiture à l'Empereur, il l'accorderoit volontiers, vu qu'il ne désiroit rien autre chose que sortir de cette affaire avec quelque réputation, laquelle il estimeroit être à couvert si la France lui rendoit cette déférence; que, nonobstant les propositions faites et plusieurs fois réitérées au cardinal de Bérulle par le marquis de Mirabel, lorsqu'on y avoit envoyé Sabran pour demander, avec toutes sortes de civilités et de raisons, cette investiture de la part du Roi et du duc de Nevers dont les agents faisoient la même poursuite, la dignité impériale et la gravité espagnole ne permirent à l'Empereur de faire autre réponse sinon qu'il feroit justice, et qu'il trouvoit bien étrange que le Roi eût voulu porter ses armes en Italie et prendre connoissance de ce qui se passoit au delà des Alpes.

Sabran eut beau représenter que la nature des fiefs impériaux qui sont en Italie est telle que la demande en vaut l'obtention quand elle est refusée, que le duc de Nevers, premier descendant de la maison de Gonzague, pouvoit seul prétendre les duchés de Mantoue et de Montferrat, vu que, par la même nature des fiefs, tout mâle exclut les femelles et que, quand il ne seroit pas ainsi, la femme de son fils, fille du duc François de Mantoue, rendoit les prétentions de l'Impératrice et de Madame de Lorraine de nulle considération, on lui fit voir que la raison avoit aussi peu de force que l'humilité envers la maison d'Autriche, qui n'a autres lois que celle de sa grandeur, qui ne lui permet pas de céder que lorsqu'elle ne peut faire résistance.

Au lieu d'accorder cette investiture, il fit une déclaration qui manifesta la résolution qu'il avoit prise de venir aux armes pour réparer les torts qu'il prétendoit que l'entrée du Roi en Italie avoit faits à son autorité impériale, donnant lieu par ce moyen aux feudataires du Saint-Empire d'espérer protection d'autre puissance que de la sienne, de laquelle il promettoit qu'ils la recevroient, même au fait des duchés de Mantoue et Montferrat, pourvu qu'ils se soumissent et obéissent à ses commandements, desquels le premier étoit de remettre lesdits duchés en ses mains, déposant Mantoue, Casal et autres places principales entre les mains de ses commissaires députés à cet effet; que cependant il avoit fait avancer une puissante armée vers l'Italie, qui, pour premier exploit, étoit entrée dans les Grisons, s'étoit saisie du pont du Rhin et du passage du Steich, et avoit fortifié l'un et l'autre; que, pour prétexte de ces entreprises, ils avoient mis en avant que, puisque nous tenions au passage en Italie par Suse, ils vouloient s'en assurer d'un autre : comme si avoir une porte du consentement du prince à qui elle appartient pour s'opposer à leurs usurpations et à leurs violences leur donnoit droit d'en faire d'autres; qu'ils étoient demeurés jusques au [14°?] de septembre sans s'avancer davantage, mais qu'enfin ils étoient entrés dans le Milanois, où ils attendoient le temps et l'occasion d'entrer dans le Montferrat et le Mantouan.

Il représenta ensuite que, si on ne se préparoit de bonne heure à s'opposer aux injustes desseins de telles gens, ils emporteroient en peu de temps les États du duc de Mantoue, ce qu'ils ne pouvoient faire sans ternir et ravir tout ensemble la gloire du Roi; qu'il étoit d'autant plus à craindre que nous étions bien avertis qu'il y avoit fort peu de vivres dans Casal, la misère du Montferrat ayant été telle que le gouverneur du pays avoit été contraint de vendre une partie de vingt mille sacs de blé que le Roi leur avoit fait fournir pendant son voyage de Suse, et la nécessité du duc de Mantoue si grande que ses officiers en avoient vendu une autre pour fournir aux frais nécessaires pour l'entretien des gens de guerre; que toutes ces considérations obligeoient à prévenir la malice des Espagnols et pourvoir à la nécessité des Montferrins.

Il ajouta que, si on se préparoit fortement à la guerre, assurément nous aurions la paix, l'Espagne, qui venoit de perdre Wesel et étoit prête à en faire autant de Bois-le-Duc, ayant trop d'affaires et trop peu d'argent pour désirer de venir aux mains avec nous, quand ils verroient le Roi, plein de réputation et accompagné de bonheur en toutes ses entreprises, résolu et préparé à leur faire tête, et le duc de Savoie étant trop à découvert au respect de la France pour ne se joindre pas à ses desseins, quand il sauroit qu'une grande armée s'avanceroit vers ses États; qu'au reste la dépense seroit moindre par ce moyen, vu que, si elle étoit grande, elle seroit courte, au lieu que, si l'affaire languissoit (ce qui arriveroit indubitablement si les préparatifs étoient petits), non seulement seroit-elle longue, mais grande et inutile : grande parce qu'enfin il la faudroit telle qu'il la proposoit maintenant; inutile parce que, si par notre négligence nous laissions fortifier les Espagnols aux États du duc de Mantoue, les avantages qu'ils auroient contre nous en Italie rendroient tous nos efforts vains, au lieu que maintenant leur succès étoit assuré.

Après cette déduction, le Roi se résolut d'envoyer le maréchal de la Force, avec dix-huit mille hommes de pied et deux mille chevaux qu'il avoit en Bourgogne, Bresse, frontières de Languedoc, Guyenne et Auvergne, sur la frontière d'Italie ; lui donna ordre d'avancer cette armée si proche des États de M. de Savoie que la crainte qu'il y auroit d'y être attaqué et de les perdre le portât à empêcher par négociation les Espagnols d'entrer en ceux de M. de Mantoue, ou au moins, s'ils ne vouloient consentir à une fin si légitime, à joindre ses armes à celles du Roi pour empêcher, à main armée, ces perturbateurs du repos public de dépouiller un prince qui de soi-même ne se pouvoit défendre. On lui commanda aussi que, étant là, il s'instruisît des moyens d'entrer facilement dans la Savoie[1].

Et, d'autant que le Roi connoissoit les ruses de M. de Savoie et les détours qu'il prenoit d'ordinaire pour n'accomplir pas ses paroles, il commanda expressément audit maréchal de la Force d'entrer en la Savoie avec toute son armée, comme en un pays ennemi, si le duc ne vouloit pas exécuter ce qu'il avoit promis au Roi par le traité de Suse, qui l'obligeoit à se joindre à S. M. pour la défense des États du duc de Mantoue.

D'autre côté, S. M. voulut encore se fortifier d'une levée de Suisses, à quoi il ne se rencontra pas de petites difficultés.

A l'arrivée des Impériaux dans les Grisons, ils avoient fait une assemblée à Bade, pour y prendre une coura-

[1]. Le manuscrit A, fol. 252-256, énumérait ici, avec quelque détail, les quatre principaux passages de France en Savoie et reproduisait l'essentiel des directives données au maréchal de la Force ; ces pages ont été rayées ; elles étaient tirées d'un document conservé aux Affaires étrangères (corresp. politique, Piémont 10, fol. 251, 252), au dos duquel Sancy a écrit : « Pour la feuille 10e. »

geuse résolution de s'unir pour la défense commune et reprendre leurs passages. Mais la lâcheté des Grisons, qui n'y osèrent envoyer leurs ambassadeurs et s'en excusèrent par lettres, consentant de demeurer en leurs misères sans y chercher les remèdes, les refroidit et fit qu'ils ne prirent autre résolution sinon de s'armer chacun chez soi et se tenir sur leurs gardes pour s'opposer aux armes impériales, si elles entreprenoient quelque chose sur eux[1].

Don Gonzalez envoya promptement Charles Casati à Lucerne, en une assemblée que les cantons catholiques y tenoient vers la fin de juillet[2]; et pour les empêcher qu'ils ne prissent, par crainte, quelque résolution contraire au service du roi son maître, il les assura que les troupes de l'Empereur n'avoient autre dessein que de s'assurer des passages qu'elles avoient pris, de peur que les François ne s'en saisissent, et afin que, durant les guerres d'Italie, il y pût faire passer ses troupes sans empêchement. D'autre part, pour les induire, par espérance, à se porter en faveur dudit roi son maître, il leur dit que son désir étoit d'accomplir le renouvellement d'alliance fait avec eux, aussitôt que l'argent qu'on attendoit dans peu de temps d'Espagne seroit arrivé.

1. Voy., sur ce point, Rott, *Histoire de la représentation diplomatique de la France auprès des cantons suisses...*, t. IV, p. 359-361. L'assemblée de Bade eut lieu du 1ᵉʳ au 17 juillet.

2. Charles-Emmanuel Casati, comte de Borgo-Lavizzaro, fils d'Alphonse Casati, piémontais, était résident pour l'Espagne en Suisse; il fut nommé, en 1638, questeur des revenus extraordinaires du Milanais. — C'est à la mi-juillet que Casati s'était installé à Lucerne et y avait combattu l'idée d'une levée de Suisses en faveur de la France. Il n'y eut à Lucerne qu'une conférence et non pas une diète.

Léon Brûlart, pour remédier à cela, fit tenir incontinent après, au mois d'août, à Soleure, une autre assemblée des Treize-Cantons[1], où il leur remontra que ce qui s'étoit passé les années précédentes en la Valteline, d'où les troupes de la maison d'Autriche ne s'étoient retirées que par la force des armes du Roi et n'avoient quitté les forts qu'ils y avoient bâtis qu'à l'extrémité, ne les pouvant plus défendre, leur étoit une preuve certaine du dessein qu'ils avoient encore maintenant, non seulement de se servir en cette guerre des passages desquels ils s'étoient saisis, mais de les munir et les garder, sans jamais les rendre s'ils n'y étoient contraints; que le Roi, qui aimoit et la république générale des cantons et chacun en son particulier, et savoit que ni le particulier ni le général ne pouvoit subsister que par leur union commune, avoit ressenti vivement cette usurpation, à cause du préjudice que les uns et les autres en recevoient, les Grisons n'y étant quasi pas plus intéressés que tout le corps des Suisses, vu que la servitude des Grisons étoit le commencement de la leur, et qu'en tout État, dès que la liberté est entamée, c'en est fait, pour ce que, entre la première décadence de l'autorité souveraine et le précipice, il n'y a point de milieu; joint que cette usurpation desdits passages leur importoit encore d'autant plus que la maison d'Autriche avoit montré qu'elle avoit dessein d'envahir les leurs aussi bien que ceux-là, leur ayant fait instance de lui en faire ouverture avec une même demande, et conçue en mêmes paroles qu'avoit été celle qu'ils en avoient faite aux Grisons, desquels ils s'étoient emparés comme étant les plus foibles,

1. Cette diète s'ouvrit le 27 août et se termina le 3 septembre.

et eussent bien volontiers fait le même des leurs s'ils n'eussent redouté leur puissance; et partant, que le Roi, comme leur meilleur et plus ancien confédéré et qui prenoit plus de part à leur conservation, les exhortoit à prendre en main la défense des Grisons, sans s'arrêter à ce qu'ils n'en étoient pas requis d'eux, d'autant que l'état languissant auquel ils se retrouvoient ne leur laissoit pas le courage de le faire, comme un malade à l'extrémité, qui n'a pas la force de requérir le médecin de le secourir, mais qui sait bien lui en rendre grâces quand il a été par lui remis en santé; que, s'ils prenoient cette bonne résolution, S. M. leur offroit sa puissance pour les fortifier, les assuroit d'argent et d'hommes et leur promettoit de ne les abandonner point jusques à ce qu'ils eussent recouvré toute la gloire de leur généreuse république helvétienne.

Cet office du sieur de Léon, de la part du Roi, fit quelque effet; tous les Treize-Cantons se résolurent à une union générale pour la conservation de leur pays, à renforcer leurs garnisons sur leurs frontières, faire une levée de six mille hommes pour une armée volante où ils en auroient de besoin, et conclurent d'écrire à l'Empereur que le Roi entreprenoit avec eux la défense des Grisons et que, s'il ne les remettoit en leur premier état, ils aviseroient à y pourvoir par les remèdes les plus efficaces qu'ils pourroient.

La ligue Grise reprit un peu courage et promit qu'elle s'aideroit si on lui en donnoit le moyen; la vallée de Mésocco s'offrit aussi.

Mais la bonne résolution de cette assemblée fut bientôt infirmée, au moins de la part des cantons catholiques, auxquels le susdit Casati fut incontinent renvoyé, de la part de Don Gonzalez, en l'assemblée[1] qu'ils tenoient à Weggis[2]. Il leur fit une grande plainte de ce qu'ils s'étoient unis avec les cantons protestants ennemis de Dieu, et avoient pris avec eux la résolution susdite, qui étoit un secret engagement à une guerre ouverte, à laquelle ils viendroient bientôt avec la maison d'Autriche, et que l'armée qu'ils levoient à frais communs étoit un prétexte pour les faire entrer insensiblement en ce jeu-là, vu que pour leur défense, à toute extrémité, ils n'avoient besoin que de mettre quelque renfort de garnisons en leurs frontières, et que l'assistance des forces de S. M. Très Chrétienne leur étoit inutile, n'en ayant aucunement à faire. Cela fit qu'ils déclarèrent au sieur de Léon qu'ils ne pouvoient accepter ladite assistance de S. M. et qu'ils lui en rendoient grâces très humbles.

Et, quoique ledit sieur de Léon leur représentât qu'ils pouvoient bien juger, des choses qui leur avoient été dites de la part du Roi et de celle du roi d'Espagne, lequel des deux étoit leur vrai allié (que l'un leur conseilloit de se séparer de leurs frères, de ne pas veiller à leur salut, de demeurer désarmés et les menaçoit impérieusement s'ils faisoient au contraire, [que] l'autre les convioit à demeurer en bonne union les uns avec les autres, d'être sur leurs gardes, de se tenir armés, de penser à leurs affaires, et offroit toutes ses

1. Le début de ce paragraphe (sauf les sept premiers mots) a été écrit par le scribe des *Mémoires* en marge du manuscrit A, fol. 259.

2. C'est une conférence, et non pas une diète, qui se tint à Weggis, le 8 septembre, sur la demande de Casati.

forces pour les y assister), si ne put-il néanmoins les rappeler à leur devoir. Ils se contentèrent d'armer en leur particulier et munir leurs frontières de gens de guerre.

S. M. ne laissa pas de demander pour son service une levée de six mille Suisses.

Le Roi, pour cet effet, leur envoya[1] le maréchal de Bassompierre, agréable à cette nation à raison de la charge qu'il avoit de colonel général des Suisses servant S. M. en France.

Il eut charge[2] d'échauffer, autant qu'il pourroit, les Suisses à leur défense, à laquelle le susdit sieur de Léon les avoit déjà portés, de lever six mille hommes aux dépens de S. M. et de la république de Venise, qui de cinq parts en payoit deux, de leur faire hâter la levée d'autres six mille hommes qu'ils s'étoient accordés de mettre sur pied à leurs dépens, et, avec l'armée composée de ces deux corps et quatre mille François et huit cents chevaux, voir si l'on pourroit chasser, par entreprise, les ennemis des postes qu'ils

1. Le début de ce paragraphe et le paragraphe précédent ont été écrits en marge du manuscrit A, fol. 260, par Sancy; le reste du fol. 260 et les fol. 261 à 263 v° y ont été barrés; ils donnaient des détails sur les levées que la France et la république de Venise devaient faire à frais communs en Suisse, et sur le renfort de quatre mille fantassins et huit cents chevaux que le Roi pensait envoyer en Italie; le texte résumé de la convention signée par la France et Venise à Fontainebleau, le 23 septembre, figurait également parmi ces pages supprimées.

2. Les instructions données à Bassompierre à Paris, le 12 décembre 1629, sont conservées en copie aux Affaires étrangères (corresp. politique, Suisse 26, fol. 405-408). C'est au début de novembre que Richelieu avait décidé d'envoyer Bassompierre en Suisse.

avoient occupés aux Grisons, S. M. n'estimant pas que, s'ils y étoient grandement fortifiés, il fallût les y attaquer par siége, vu que le pays, la saison de l'hiver et les nouveaux soldats ne le permettoient pas.

Au défaut de ce dessein, on estimoit que le meilleur emploi de cette armée seroit dans les pays de l'archiduc Léopold, et que, y étant entrés, on pourroit ôter aux Impériaux, qui étoient dans les Grisons, et les vivres et la communication d'Allemagne. Quand même on n'eût su venir à bout de ces deux projets, la jalousie que pouvoit donner une telle armée ne devoit pas être peu utile aux affaires de S. M., joint que le maréchal avoit ordre de faire toute sa levée dans les cantons qui n'avoient point d'alliance avec la maison d'Autriche, afin que, s'il s'en falloit servir en Italie, la défense du duché de Milan ne les arrêtât pas.

L'ordre nécessaire pour l'exécution de tout ce que dessus fut donné.

Le Roi dépêcha, dès le même jour, au sieur de Léon en Suisse, lui enjoignant de pourvoir à l'établissement des étapes et au passage des troupes françoises que S. M. se proposoit d'y envoyer, faire un magasin de vivres et voir de combien de canons et munitions de guerre les cantons pourroient assister l'armée, et, quant aux troupes suisses, les obliger par les capitulations de servir où il leur seroit commandé par S. M.

On trouva[1] à ce dernier point quelque difficulté; car,

1. Sur la feuille de garde du 59e cahier de 1629 (fol. 266), qui commence avec ces mots, Sancy a écrit : « Italie 17, 59 » et ces mots « Nicolas 2d ». C'est probablement le nom, le prénom ou le surnom d'un des scribes des *Mémoires*. On constate que le cahier précédent, le 58e, est de la même écriture que ce 59e cahier et que le 57e cahier est d'une autre écriture, celle

Léon ayant envoyé l'interprète Mollondin[1] à Zurich et l'un de ses secrétaires à Berne, pour leur donner avis de l'envoi de delà du maréchal de Bassompierre, avec une bonne armée pour les assister, et se prévaloir de la bonne disposition que ceux de la ligue Grise et de la vallée de Mésocco avoient montrée de se vouloir libérer de l'oppression qu'ils recevoient des troupes de l'Empereur, ayant ledit sieur de Léon usé de toutes sortes de persuasions pour les induire à prendre part à ce dessein, sous la conduite dudit maréchal, lesdits cantons répondirent : qu'ils ne craignoient rien du côté de l'Empereur; qu'ils rétabliroient en leur premier état les Grisons lorsque les affaires d'Italie seroient terminées; que les cantons catholiques et eux, dès l'heure qu'ils virent le mépris que faisoient les Grisons de leur secours, s'étoient promis les uns aux autres de ne se mêler en sorte du monde de leurs affaires ; que de contrevenir à cette résolution, ce seroit jeter division parmi eux; qu'ils ne croyoient point que les Grisons eussent la pensée ni le courage de se relever de la ser-

du scribe qui a écrit en grande partie le manuscrit A et en entier le manuscrit B. — En haut et à gauche du fol. 267, Sancy a écrit « avant le p[remie]r feuillet du cahier 59 ».

1. Jacques de Stavay-Mollondin (1601-1664) était secrétaire-interprète du Roi aux Ligues suisses depuis 1624 et le resta jusqu'en 1648; en 1624, il avait été contrôleur extraordinaire des guerres dans l'armée de Valteline; en 1625, il avait été chargé d'une mission dans le Valais et la Suisse catholique; en 1628, il fut nommé conseiller de l'État de Neuchâtel; il commanda, comme colonel, un régiment suisse au service de la France, de 1635 à 1645; en 1638, il était capitaine au régiment des gardes suisses; en 1642, membre du grand Conseil de Soleure; en 1643, capitaine de Valangin, maréchal de camp en 1645, puis, de 1645 à 1664, gouverneur et lieutenant général des comtés de Neuchâtel et Valangin.

vitude dans laquelle ils s'étoient plongés, mais, au contraire, qu'ils avoient avis qu'ils étoient résolus de joindre leurs armes avec celles de l'Empereur contre tous ceux qui les voudroient attaquer; et que, pour le regard de la levée de six mille hommes accordée en l'assemblée de Soleure, qu'elle ne pouvoit servir à autre dessein que de la simple défense de leur pays et que, si S. M. désiroit qu'ils la servissent suivant le traité d'alliance, il faudroit convoquer une autre assemblée générale pour le leur demander.

Il fallut enfin en passer par là et, quelque presse que pût faire l'ambassadeur, toute cette année se passa sans faire aucun effet, qui fut réservé à la suivante.

S. M., au même temps, envoya faire porter plus grande quantité de blé encore à Briançon et à Suse, afin que ses armées, qui passeroient là, ne se trouvassent pas incommodées, comme elles avoient été l'année précédente. Elle usa de la même prévoyance pour celles qui auroient occasion d'entrer en Savoie. Elle fit aussi passer force munitions de guerre et force canons en tous les lieux où elle pouvoit avoir besoin de s'en servir, et ainsi se disposa à la guerre pour avoir la paix.

Le Roi accorda en outre la levée de deux mille hommes de pied françois aux Vénitiens, qui en demandoient bien davantage, et trouva bon que le chevalier de la Valette[1], bâtard du duc d'Épernon, les embar-

---

1. Jean-Louis, dit le chevalier de la Valette, enfant naturel du duc d'Épernon, fut mestre de camp d'un régiment d'infanterie en 1621, eut une compagnie aux Gardes françaises en 1622; gouverneur de Bergerac (1623), maréchal de camp (1625), il servit, comme précédemment, sous les ordres de son père jusqu'en janvier 1627, où il se démit de son régiment d'infan-

quât à Marseille en des vaisseaux ronds, équipés en guerre, pour les leur mener par mer.

Cependant on dépêcha au maréchal de Créquy pour l'avertir de ces résolutions et le charger expressément de savoir clairement du duc de Savoie ce qu'il vouloit faire, lui représentant nettement que les contraventions qu'il faisoit tous les jours au traité de Suse, les oppressions que les siens continuoient à faire dans le Montferrat, non sans ses ordres secrets, l'assistance de blés qu'après tant de promesses il dénioit en effet de donner à Casal, donnoient sujet au Roi de douter de lui; qu'il falloit, par nécessité, qu'il se résolût à de trois choses l'une : ou à se déclarer pour les Espagnols contre la France, ce que ses intérêts, sa parole et les traités faits à Suse avec le Roi ne lui pouvoient permettre; ou à demeurer neutre, qui étoit indubitablement ce qu'il désiroit et que le Roi ne pouvoit souffrir sans le tenir pour ennemi, vu qu'il étoit obligé à davantage; ou à joindre ses armes avec la France, ce qu'il avoit promis et ce que le Roi attendoit de lui en cette occasion; cependant, que S. M. ne vouloit point qu'il se contraignît, ains suivit ce qu'il estimeroit lui

terie pour passer au service de Venise. En 1630, abandonné par les Vénitiens en fuite, il était fait prisonnier à l'attaque de Villebonne. En 1632, il se démit de sa compagnie aux Gardes. Lors de la disgrâce du duc de la Valette, son frère, il fut emprisonné, mais momentanément, son innocence ayant été reconnue; il alla servir les Vénitiens contre les Turcs et était, en 1645, lieutenant général de l'armée navale vénitienne. A son retour, il fut, en 1648, créé lieutenant général des armées du Roi et servit en Italie, puis en Guyenne (1649). Pendant les troubles de Guyenne, en défendant une île de la Garonne, l'île Saint-Georges, il reçut une blessure dont il mourut (1650).

être plus utile, lui remettant très volontiers en cela tout ce à quoi il s'étoit obligé envers elle, afin que, librement, il se portât à ce qu'il estimeroit lui être plus avantageux.

Les préparatifs et le procédé du Roi lui firent tenir un humble et sage langage et se mettre sur les civilités qu'il avoit quelquefois oubliées depuis le partement du Roi de Suse. Il promit, non de joindre ses armes à celles de S. M., mais plus qu'il n'avoit promis jusques alors, savoir est : de leur donner toujours libre passage pour aller au Montferrat, de le dénier aux Espagnols dans ses États, s'ils vouloient attaquer quelque lieu où il y eût des troupes françoises, et de faire jeter quatre mille sacs de blé dans Casal aux dépens de S. M.

Cependant, quelques promesses que le duc fit de bouche, son cœur, mal disposé pour la France et pour tout le genre humain, à raison de son ambition démesurée, ne lui permettoit pas d'accomplir ses paroles. Il trouvoit toujours des obstacles et de l'explication à ses paroles, qui empêchoient que Casal ne pût être secouru ; la rage qu'il avoit contre la France, pour les avantages que le Roi avoit remportés sur lui, lui faisoit user de cette procédure et, d'autre part, la crainte qu'il avoit d'un nouvel orage de sa part empêchoit qu'il ne voulût rompre.

A peu de jours de là, Spinola leva le masque, fit entrer toutes les troupes de l'Empereur en Italie, dans le Crémonois, et envoya celles d'Espagne dans le Mantouan se saisir d'un passage sur la rivière de l'Oglio, nommé Ostiano, et commença à s'y fortifier[1].

1. Le village d'Ostiano, situé presque au confluent de l'Oglio et de la Mella, est à vingt kilomètres nord-est de Crémone.

Il écrivit au duc de Savoie qu'il l'assuroit que cette place n'étoit pas dans le Mantouan, mais appartenoit au prince de Bozzolo[1], qui ne relève que de l'Empire, bien que le contraire soit tout évident ; mais ils n'ont point de honte d'assurer une chose, pour fausse qu'elle puisse être, ne pensant pas pouvoir mentir en rien qu'ils puissent dire pour leur utilité, croyant que, pour leur avantage, la nature des choses doive changer et, pour ce qu'ils ne veulent pas qu'elle soit dans le Mantouan, qu'elle cesse d'y être.

Il parut, à peu de jours de là, un décret impérial, desquels l'Empereur ne fut pas chiche durant tout le cours de cette guerre. En ce décret il répétoit à peu près les mêmes choses qui étoient portées par les autres, disant que, après le décès du duc Vincent, étant survenu du trouble entre les prétendants au duché de Mantoue et de Montferrat, et les parties prêtes d'en venir aux armes, S. M. Impériale auroit mis lesdits duchés en séquestre, et que, pendant qu'il vaquoit à rendre à un chacun le droit qui lui appartenoit, l'armée françoise et le Roi lui-même seroit entré dans l'Italie, où il auroit ravagé, mis garnison et imposé des lois ès pays étant de l'obéissance et juridiction de l'Empire,

---

1. Bozzolo, bourg entre Crémone et Mantoue, non loin de l'Oglio et situé à vingt-six kilomètres de Mantoue, avait donné son nom à une principauté, à laquelle avait été réuni, en 1620, le marquisat d'Ostiano, en faveur de Scipion de Gonzague, fils de Ferrante, prince de Bozzolo, et d'Isabelle de Gonzague-Novellara. Ce prince laissa prendre Bozzolo par les Impériaux, en 1629, après avoir repoussé l'offre du duc de Mantoue d'y mettre une garnison. Il remplit différentes missions diplomatiques comme représentant de l'Empereur à Rome, où il fut ambassadeur de 1635 à 1641, et à la diète de Ratisbonne (1641). Il mourut en 1670, âgé de soixante-quatorze ans.

et s'y seroit voulu rendre arbitre absolu de tout. Pour lesquels progrès empêcher, il auroit dépêché quelques troupes de sa milice pour maintenir son autorité contre la violence et puissance de l'étranger et procurer la paix de l'Italie; ordonnoit aux prétendants auxdits duchés de n'attendre de protection et justice que de S. M. Impériale, qui la leur vouloit rendre bonne et briève.

Le duc de Mantoue et les Vénitiens écrivirent incontinent au Roi qu'ils ne pouvoient pas soutenir un si grand effort s'il ne les assistoit promptement; néanmoins le duc disoit avoir donné bon ordre à munir Mantoue et n'avoir peur de Casal.

Striggi manda de Mantoue au Cardinal qu'il eût jugé à propos que le Roi eût écrit une lettre au duc son maître, par laquelle il lui eût promis secours, d'autant que les Mantouans, nés dans la commodité, nourris dans l'oisiveté et l'aise, et accoutumés à une perpétuelle paix, avoient besoin de quelque chose qui les animât et les réveillât, comme cette lettre qu'on pourroit montrer, qui feroit naître en leur cœur un mouvement et une affection contraire à celle qu'y engendrent les menaces des Impériaux et la présence de leurs armes : ce qu'il demandoit pouvoit être à l'intention qu'il disoit, mais plus encore pensant obliger par là davantage le Roi à les secourir.

Casal n'étoit pas si muni qu'il eût été sans le manque de foi du duc de Savoie; néanmoins, ils avoient des vivres pour plus de quatre mois et espérance en la puissance du Roi, qui leur fortifioit le courage.

A Suse, les troupes étoient belles, les fortifications ordonnées par le Cardinal étoient parachevées et ils ne manquoient point de munitions de guerre ni de vivres.

Et pour ce que les moulins qui étoient au dedans des retranchements, et lesquels on pouvoit facilement garder, n'étoient pas suffisants à nourrir toute l'armée, ils avoient fait convertir une partie des blés en farine; et, de peur que les ennemis ne fissent couper l'eau desdits moulins, on les avoit fait accommoder pour pouvoir travailler avec des chevaux.

Cependant Spinola passe outre, il fait ouvertement attaquer le Mantouan par Collalto, et il envoie ses troupes espagnoles dans le Montferrat, se saisit, le 10ᵉ octobre, de Pouzzonne, et assiège Nice-de-la-Paille, places où il n'avoit pu être envoyé de garnison françoise, faute de vivres, dont les malices du duc de Savoie ne leur avoient pas permis de se pouvoir munir comme ils eussent fait.

Les troupes de Collalto allèrent droit à Canneto[1], qui se rendit sans tirer un coup; Viadana[2], où elles allèrent de là, ne se défendit qu'un jour; de là, elles allèrent au pont du fleuve Chiese[3], qui ne fut défendu que deux jours par la poltronnerie de l'infanterie vénitienne, qui s'enfuit au premier coup de canon; de là, elles allèrent droit à Mantoue.

Créquy manda ces nouvelles au Roi, le 12ᵉ, et, quant et quant, qu'il avoit gagné, par argent, un confident

---

1. Village sur l'Oglio, près du confluent de cette rivière et du Chiese, à quelques kilomètres de Bozzolo.
2. Sur la rive gauche du Pô, à trente-trois kilomètres sud-ouest de Mantoue.
3. Affluent de gauche de l'Oglio, qui se jette dans cette rivière près de Bozzolo.

de Spinola, nommé La Roque, qui, lorsque le résident de Milan à Turin étoit malade, en faisoit la charge et écrivoit tous les secrets d'Espagne, que les Espagnols croyoient être leur sujet navarrois, mais étoit de la Navarre françoise, avoit néanmoins servi le roi d'Espagne depuis quinze ans en toutes menées avec ceux de la Religion prétendue;

Que ce La Roque lui avoit découvert qu'un nommé Verbuisson avoit été dépêché des huguenots de Languedoc et étoit parti ce jour-là de Turin pour aller trouver Spinola et lui communiquer, de la part desdits huguenots de Languedoc, la résolution qu'ils prenoient de faire, avec l'assistance d'Espagne, un corps protestant; qu'ils étoient sur la difficulté de se résoudre si le gouvernement seroit aristocratique ou démocratique, mais étoient tous résolus que ce fût un corps de république hors de dessous la domination du Roi, dont Aubais[1] et Savignac, qui étoient les chefs de cette entreprise, se faisoient forts de venir à bout, pourvu que le roi d'Espagne se déclarât leur protecteur; que les théologiens étoient d'avis que ledit roi le pourroit faire en conscience et qu'eux promettoient que, aussitôt qu'il se seroit déclaré, ils commenceroient à lever l'étendard de rébellion;

Qu'ils croyoient que ceux de Genève, qui soupçonnoient que le Roi les eût voulu abandonner au duc de

---

1. Louis de Baschi, baron d'Aubais (1595-1646), reçut du Roi, le 14 octobre 1629, une compagnie de cinquante chevau-légers; il empêcha Nîmes, en 1632, de prendre le parti du duc de Montmorency, prit part à la bataille d'Avein (1635), fut mestre de camp d'un régiment de cavalerie en 1638, mestre de camp général de la cavalerie de l'armée de Catalogne (1642), maréchal de camp, la même année; mort en 1646.

Savoie, se mettroient pour eux et penseroient que les Suisses protestants les aideroient;

Que le duc de Savoie avoit proposé à Spinola d'essayer d'y faire joindre ceux du Dauphiné, ce qui couperoit au Roi le passage en Italie, et que, cela étant, ils prendroient Suse dans quatre jours;

Que les Espagnols avoient désir d'embrasser cette occasion, laquelle ils pensoient qui rendroit les protestants d'Allemagne moins mal affectionnés, mais ils vouloient savoir, auparavant, quel moyen avoient les huguenots (désarmés comme ils étoient, et leurs fortifications, par un consentement universel des peuples, démantelées ou prêtes de l'être) de mettre en exécution ce qu'ils promettoient, en quoi le roi d'Espagne ne vouloit engager sa réputation mal à propos.

Cet avis faisoit voir la bonne volonté d'Espagne et fit prendre garde, plus exactement, au comportement des hérétiques du Languedoc.

On retira Aubais au service du Roi, comme on fit aussi de Saivre, qui étoit un des principaux de ceux qu'ils employoient en ce travail.

Peu après vint avis que Toiras, avec quinze cents hommes, tant de pied que de cheval, de la garnison de Casal, avoit fait une course dans le Milanois, en laquelle il avoit tué quelques hommes, emmené plusieurs prisonniers, parmi lesquels se trouvoit le marquis de Langousque, et emporté quantité de butin de Candia[1] et deux ou trois autres villages qu'il avoit ravagés, dont le prince témoigna avoir sujet de faire

1. Candia-Lomellina, à quarante-sept kilomètres de Turin, située à l'est de Casale, sur la rive gauche de la Sesia, affluent du Pô.

plainte, pour son intérêt, que l'on eût passé sur ses États pour faire cette exécution sans lui en avoir donné avis.

Nous avons dit que Spinola, entrant dans le Montferrat, avoit attaqué Nice et Pouzzonne, les premières, avec son armée, bien que les Espagnols eussent promis au duc de ne les point attaquer; mais ils gardèrent leur fidélité accoutumée, parce qu'ils apprirent qu'il n'y avoit aucune garnison françoise et que les habitants n'étoient pas en état de se défendre ni les places être défendues.

Maintenant le duc, qui avoit assuré le maréchal de Créquy et le Roi, par son ambassadeur, que les Espagnols ne feroient pas telle entreprise, se trouva en peine et témoigna être piqué de cette action; mais, son dessein étant de se conserver neutre autant qu'il lui seroit possible, il fit des propositions d'accord, et lui et le sieur Mazarini[1], qui s'entremettoit de la part du Pape, pressèrent le maréchal de Créquy d'y entendre.

Ils lui proposèrent que les Espagnols sortiroient entièrement du Montferrat, qu'en leur place les troupes impériales y entreroient jusques au nombre de cinq mille hommes; que Nice-de-la-Paille et Pouzzonne seroient remises comme ils étoient auparavant; que les troupes impériales logeroient au delà du Tanaro, particulièrement à Saint-Salvador[2] et Saint-Sabine[3],

1. La vie du cardinal Mazarin (1602-1661) est trop connue pour qu'il soit utile de la rappeler ici. Disons seulement qu'il était fils de Pierre Mazarini, « camérier » du connétable Colonna, et d'Hortense Buffalini.

2. San-Salvatore-Monferrato, localité située à environ vingt kilomètres au sud de Casal.

3. Peut-être Fubine, à dix kilomètres à l'ouest de San-Salvatore.

qui leur seroient données pour garnison au lieu de Nice et de Pouzzonne; que, pendant un mois, il y auroit suspension d'armes, et que, durant ce temps, on pourroit porter, de part et d'autre, des vivres, munitions et autres choses en tous les lieux où on voudroit, et qu'on travailleroit à accommoder définitivement le fond des affaires qui avoient mis les armes en main à ces deux couronnes.

Le maréchal de Créquy et Marini avoient mandé plusieurs fois à S. M. qu'on pouvoit retenir M. de Savoie dans son service si on l'agréoit pour médiateur de quelque accommodement, d'autant que, par ce moyen, il estimoit mieux trouver son compte et espéroit se dégager d'entrer en rupture avec l'une ou l'autre couronne, ce qu'il craignoit extrêmement. S. M. leur donna ordre de lui dire qu'elle l'avoit agréable, dont il la remercia très humblement par une dépêche expresse; ensuite, elle leur prescrivit les conditions avec lesquelles elle entendoit qu'ils traitassent, et leur envoya, le 8ᵉ octobre, trois ou quatre partis équitables[1], auxquels elle leur donnoit pouvoir de conclure la paix d'Italie avec Spinola ou autre de la part de l'Empereur, s'ils y condescendoient, leur enjoignant particulièrement de ne rien faire en tous ces traités qu'avec la participation de M. de Mantoue[2] et de la république de

1. Les quatre conditions auxquelles Créquy et Marini pouvaient conclure la paix en Italie étaient indiquées et développées dans le manuscrit A (fol. 274 à 279), mais y ont été barrées. Le document qui a servi à la rédaction de ce passage est aux Affaires étrangères (corresp. politique, Piémont 10, fol. 182-184).

2. Suivaient ces lignes sur le manuscrit A, fol. 279, qui ont été rayées : « En sorte néanmoins que, s'il ne vouloit pas ac-

Venise, à qui le sieur de Créquy pourroit faire voir les avantages que la République en pouvoit tirer.

Mais[1], bien que S. M. leur eût prescrit les conditions susdites pour traiter selon icelles, ils ne laissèrent pas d'accorder les autres que nous avons rapportées ci-dessus, bien qu'elles ne fussent pas con-

cepter l'un de ces quatre partis, on ne laisse pas de conclure le traité, si on juge que le marquis de Spinola et les Espagnols y marchent de bon pied. Il ne faut rien faire aussi en ce traité sans la participation de Venise..., etc. »

1. Les Affaires étrangères conservent dans le volume 10 de la correspondance politique, fonds Piémont (fol. 234-235), une copie de dépêche de Créquy, du 29 octobre, qui a servi à la rédaction des pages suivantes des *Mémoires* jusqu'à la p. 366 (au paragraphe commençant par « Le duc de Créquy et Marini mandèrent, pour excuse de ce qu'ils avoient fait... »), et aussi à la rédaction du paragraphe de la p. 369, commençant par : « Les raisons du maréchal de Créquy et ce qu'il avoit fait fut approuvé... » Nous trouvons dans ce document, en particulier au feuillet 235, un exemple des méthodes suivies quelquefois par les rédacteurs des *Mémoires*: voici ce qu'on y lit (fol. 235 r°) : « M. le Maréchal insistant toujours à ces points et ne s'en voulant départir, M. de Savoie reçut les demandes qui avoient été faites par lesdits sieurs maréchal et ambassadeur en la première forme et, ce même jour, écrivit à S. M. la lettre dont la copie est ci-jointe. » Ici, renvoi à la marge du document, où Sancy a écrit : « V[oyez] feuille marquée [signe graphique], tout entière » (elle reproduisait le texte de la lettre du duc de Savoie au Roi; voyez, à ce sujet, la note 1 de la page suivante), puis Sancy continue à écrire, à la suite, en marge : « Où il est à remarquer que ledit duc ne donne au Roi que paroles générales, lesquelles, etc. V[oyez] lettre d'Hémery du 28 oct[obre], p[age] 3, depuis g jusqu'à h. » (La lettre d'Hémery ainsi désignée est dans le même volume 10 du fonds Piémont, aux fol. 227-228 ; le passage à y prendre (marqué par les lettres g et h, écrites à la marge, en tête et à la fin de l'extrait à faire) a été corrigé par Sancy. Il figure ici à la p. 364 ; c'est le paragraphe commençant par : « Où il est à remarquer que ledit duc ne don-

formes à celles-là. Il est vrai[1] qu'ils ne les acceptèrent qu'en cas que M. de Mantoue et la république de Venise les eussent préalablement agréables, et protestèrent n'y vouloir entendre que Spinola et Collalto ne l'eussent agréé et qu'eux n'en fussent requis par le duc de Mantoue.

Le duc de Savoie, étant pressé par eux de s'obliger à se déclarer pour le Roi et joindre ses armes aux siennes en cas que, dans le temps de cette suspension,

noit au Roi que paroles générales... ».) Revenons au texte même de la dépêche de Créquy; on y lit : « Mais la lettre étant relative au traité de Suse et ne parlant point de l'investiture de M. de Mantoue et de la sortie des troupes de l'Empereur hors des Grisons, M. le maréchal fit entendre à M. de Savoie que ces termes généraux ne contenteraient pas S. M. et qu'il n'en pouvoit être satisfait en son nom. » (Cette phrase a été employée pour la rédaction du paragraphe de la p. 365, commençant par : « Mais cette lettre étoit relative au traité de Suse... ».) Ici, sur notre document, Sancy a pris la plume et écrit : « Les raisons pour lesquelles le duc en usoit ainsi n'étoient pas petites : premièrement, ne faisant sa promesse, etc. V[oyez] feuille ξ depuis a jusqu'à b. » (Cette feuille est une lettre de Servien à Richelieu, comme il est expliqué p. 365, note 2.) La dépêche de Créquy continue ainsi : « Ce même jour, on a conclu le traité des 4,000 sacs de blé pour faire porter à Casal, dont M. de Savoie s'est chargé aux conditions qui seront écrites par M. d'Hémery. C'est ce qui s'est passé en cette négociation. » (Ce paragraphe n'a pas été utilisé par les *Mémoires*.) Le paragraphe suivant de la dépêche de Créquy (Piémont 10, fol. 235 v°) a été utilisé p. 369, au paragraphe commençant par : « Les raisons du maréchal de Créquy et ce qu'il avoit fait fut approuvé... »

1. Ce qui suit (jusqu'aux mots : « S'il en falloit venir aux mains, il assureroit S. M. qu'en volonté et désir de la servir... ») a été écrit par Sancy en marge du feuillet 279 v° du manuscrit A; c'est un résumé très succinct des feuillets 279 v° à 283 de ce manuscrit.

les affaires ne se terminassent par une bonne paix, esquiva, tant qu'il put, de s'expliquer formellement et écrivit au Roi en termes qui n'étoient pas si précis, comme il eût été à désirer, mandant[1] simplement à S. M. que, s'il en falloit venir aux armes, il assuroit S. M. que, en volonté et désir de la servir, il ne cédoit à personne du monde et que tout ce qui se pourroit faire pour réduire les choses au point que S. M. désiroit pour sa gloire et sûreté de M. de Nevers et des alliés de S. M., il ne manqueroit de s'y employer, et, n'y pouvant parvenir, il se déclaroit de nouveau en conformité du traité qu'il avoit eu l'honneur de faire avec S. M. à Suse, espérant aussi, par sa bonté, qu'elle se resouviendroit de le faire jouir des promesses qu'elle lui avoit faites, et si souvent réitérées, sur ces mêmes affaires.

Où il est à remarquer[2] que ledit duc ne donnoit au Roi que paroles générales, lesquelles il accommodoit au traité de Suse, dont il se réservoit l'interprétation, laissant ce doute si cette neutralité qu'il avoit faite venoit de crainte qu'il avoit ou de mauvaise volonté : ce qui étoit obliger à tenir toujours l'armée de Bresse en état et d'en faire une autre pour paroître à la frontière pour faire la paix avantageuse.

---

1. La fin du paragraphe est tirée de la lettre du duc de Savoie, dont le texte intégral est donné dans le manuscrit A (fol. 283 v° et 284 r°), d'après une copie de cette même lettre conservée aux Affaires étrangères (corresp. politique, Piémont, 10, fol. 233), au dos de laquelle on lit : « Copie de la lettre de M. de Savoie au Roi [main de Bullion]; Marini vivoit encore. Pour la feuille 10me [main de Sancy]. »

2. Voyez la note 1 de la p. 362.

Mais[1] cette lettre étoit relative au traité de Suse et ne parloit point de l'investiture de M. de Mantoue et de la sortie des troupes de l'Empereur hors des Grisons, ce qui étoit contre l'intention du Roi.

Les raisons pour lesquelles le duc en usoit ainsi n'étoient pas petites :

Premièrement[2], ne faisant sa promesse qu'en termes généraux, il vouloit, par ce moyen, en demeurer l'interprète et juge des conditions de paix qui seroient proposées par les Espagnols, lesquelles étant jugées par lui raisonnables pour la réputation de S. M. et sûreté de ses alliés, encore qu'elles ne fussent pas estimées telles par S. M., il pourroit néanmoins dire qu'il n'étoit pas obligé de se déclarer;

Secondement, il appréhendoit qu'on ne se servît dudit écrit pour le ruiner avec l'Empereur et les Espagnols, s'il tomboit entre leurs mains ; c'est pourquoi il n'avoit point voulu parler de joindre ses armes et ne s'étoit servi que de promesses générales de servir S. M. et se déclarer pour elle, afin que, si on lui en faisoit reproche, il pût dire qu'il n'avoit entendu, en se déclarant, faire autre chose que donner passage aux troupes de S. M., et, en la servant, que l'assister de vivres et commodités de ses États, qui étoit ce que les Espagnols mêmes consentoient qu'il fît, croyant

1. Cf. la note 1 de la p. 362.

2. Ce paragraphe et les trois suivants sont tirés d'une lettre de Servien à Richelieu datée de Turin, le 29 octobre (Aff. étr., corresp. politique, Piémont 10, fol. 236); au dos, Sancy a écrit : « Pour la feuille 10me. » Voyez p. 362, note 1. Pour la rédaction du paragraphe précédent, voir la même note.

qu'il faisoit beaucoup pour eux en ne faisant que cela, puisqu'il étoit obligé à davantage;

Troisièmement, il avoit fait connoître qu'il avoit dessein de faire proposer quelque échange des États de M. de Mantoue, dans lequel il croyoit qu'il pourroit mieux trouver sa sûreté; et c'étoit la raison pour laquelle il n'avoit point voulu parler dans son écrit de l'investiture, quelque instance qui lui en eût été faite;

Quatrièmement, il ajoutoit que S. M. le feroit jouir de l'effet du traité de Suse; en quoi il entendoit la restitution de cette place, de la vallée de Cérisy[1] et du pont de Gresin[2]; et, si on ne le faisoit, il croyoit n'être pas obligé de rien faire de son côté et d'être dispensé de l'exécution d'un traité qu'il disoit que l'on ne lui observoit pas de la part de S. M.

Le duc de Créquy et Marini mandèrent, pour excuse[3] de ce qu'ils avoient fait, qu'ils n'avoient rien accordé qu'à la charge qu'elles agréassent au duc de Mantoue, à qui ils avoient envoyé un gentilhomme pour ce sujet, afin de savoir de lui s'il les jugeoit avantageuses pour parvenir à une paix à laquelle S. M. ne consentiroit jamais qu'il n'eût son investiture et la possession de ses États entièrement libre, hors la part qui seroit adjugée au duc de Savoie. Ils protes-

---

1. En réalité Chézery, village de l'arr. de Gex (Ain), situé à vingt-huit kilomètres de Collonges, sur la Valserine.

2. Pont sur le Rhône, à Gresin (aujourd'hui cant. de Saint-Genix-sur-Guier, arr. de Chambéry).

3. Le manuscrit A, qui a été légèrement corrigé ici par Sancy, portait d'abord : « Et [ils] mandèrent pour raison qu'ils ne l'accordoient qu'à la charge... »

tèrent aussi que, encore qu'ils envoyassent savoir la volonté du duc de Mantoue et qu'il les agréât, ils ne les accepteroient néanmoins pas que les ministres de l'Empereur et d'Espagne ne les eussent acceptées et que le duc ne s'engageât au Roi de joindre ses armes aux siennes, au cas que, dans le mois de la trêve, l'Empereur refusât d'accorder les conditions nécessaires pour la gloire et réputation du Roi et la paix de ses alliés.

Ils mandoient encore au Roi, pour leur justification, que l'Empereur, ayant publié de vouloir absolument deux choses (l'une le dépôt des États de M. de Mantoue, l'autre de faire sortir les François du Montferrat et des autres lieux de l'Italie dépendant de l'Empire), n'obtenoit ni l'un ni l'autre et accordoit tout le contraire par icelui, demeurant, et de son consentement, autant de François que d'Impériaux dans le Montferrat, et les deux places principales et villes capitales des deux États ne sortant point du pouvoir de S. M. ou de celui de M. de Mantoue, si bien que, en recevant partie des troupes impériales, on pouvoit dire que c'étoit plutôt par respect de vassal envers son supérieur que pour consentir à aucun dépôt, et ainsi l'Empereur restoit privé de son intention;

Que le Roi, faisant paroître son armée sur la frontière, avoit la gloire de faire sortir pour la seconde fois du Montferrat les troupes du roi Catholique;

Que l'on limitoit celles de l'Empereur, qui logeroient dans lesdits États, en un temps auquel l'on ne pourroit pas empêcher par force que toutes y entrassent;

Que, par la suspension, les armes de l'Empereur et

du roi d'Espagne étant sur les lieux, demeuroient inutiles sans faire les progrès qu'elles eussent pu faire avant l'hiver, celles de France n'étant pas encore sur les lieux pour s'y opposer, et même, par ce moyen, le passage de la rivière demeuroit libre, qui eût pu être saisi par les ennemis, et l'envitaillement de Casal empêché;

Que S. M. avoit le temps de faire passer à loisir les monts à son armée, laquelle, ne pouvant pas si tôt s'opposer aux ennemis, les lairroit en état de faire quelque entreprise, s'ils n'avoient les mains liées par la suspension qui arrêtoit tous leurs desseins et non point ceux de S. M.; que les Espagnols témoignoient tant d'appréhension de l'entrée des forces de S. M. dans l'Italie qu'ils faisoient la suspension à la seule ombre de ses armes, avant même qu'elles parussent;

Enfin que, moyennant cette suspension, le duc de Savoie s'obligeoit à se déclarer, conjointement avec S. M., contre les Espagnols et Impériaux, s'ils ne vouloient pas condescendre effectivement à un bon accord, et que le duc promettoit de lui fournir pour de l'argent quatre mille sacs de blé et les faire porter dans Casal; que, pour cet effet, il avoit reçu 72,000 livres dont ils étoient convenus pour le prix dudit blé, et que le prince de Piémont s'étoit chargé de faire entrer ce renvitaillement à ses périls et fortunes, ce qu'il pouvoit bien promettre assurément, tant à cause de l'intelligence qu'il avoit avec les Espagnols, qui ne vouloient pas rompre avec lui, que parce aussi qu'il tenoit Trino, qui en étoit si proche qu'il leur eût été impossible de l'empêcher.

Les raisons[1] du maréchal de Créquy et ce qu'il avoit fait fut approuvé; ils avoient aussi demandé la volonté et l'intention de S. M. sur les places d'Ast, Verceil ou autres des États de M. de Savoie qui seroient pris, pour faire la conférence avec Spinola, comme aussi sur l'ordre qui avoit été pris, savoir : que Spinola arriveroit à la ville qui auroit été choisie et que, le jour d'après, le maréchal s'y rendroit; que, le jour même, M. de Savoie et Spinola visiteroient le maréchal, qui, ce jour-là, donneroit dans son logis la main droite à Spinola; le lendemain, le maréchal, conduit par M. de Savoie, rendroit la visite à Spinola, qui, dans son logis, lui donneroit la main droite; que la conférence se feroit alternativement au logis du maréchal et en celui de Spinola, chacun donnant la main droite en son logis à celui qui y viendroit; que la première conférence seroit tenue chez M. le maréchal. Il restoit à savoir si Marini précéderoit Spinola au logis dudit Spinola, car il y avoit apparence qu'il y avoit de la difficulté sur ce point, d'autant que Spinola seroit précédé par deux.

On leur manda qu'on laissoit à leur choix les villes d'Ast et de Verceil pour s'aboucher et faire la conférence avec Spinola, laquelle le Roi avoit agréable pour la satisfaction de S. S., qui lui en faisoit faire instance par son nonce, et celle du duc de Savoie qui la désiroit tant, puisque Spinola se laissoit porter à condescendre d'y rendre aux ministres du Roi la déférence que la couronne de son maître devoit à celle de France, visitant le maréchal de Créquy le premier et com-

1. Voyez, pour la rédaction de ce paragraphe, la note 1 *in fine* de la p. 362.

mençant en outre la conférence dans son logis; quant à la personne de Marini, que Spinola ne vouloit pas qui le précédât en son logis, disant que c'étoit trop d'être précédé de deux, qu'ils lui devoient représenter que cela ne pouvoit être autrement et que, du temps du feu roi Henri-le-Grand, en Flandre, à la signature de la trêve[1], non seulement le président Jeannin le précéda-t-il, mais aussi Boissise, qui étoit lors ambassadeur ordinaire du Roi en Hollande.

Mais cette dispute fut bientôt vidée, car, tandis qu'on l'agitoit, Marini mourut le 2ᵉ novembre à Turin, de sorte qu'il ne tint pas à lui que ladite conférence ne se tînt.

On lui[2] manda aussi qu'il fît soigneusement exécuter la fourniture des quatre mille sacs de blé pour Casal, au fonds desquels on pourvoyoit, et qu'il en fît encore acheter autant, afin que, si les Espagnols vouloient tirer les affaires en longueur, nous pussions, sans nécessité et contrainte du temps, prendre notre pair et notre avantage[3].

Le duc vouloit survendre ce blé au triple. On lui dit que le prix qu'il en demanderoit lui seroit donné, mais qu'on croyoit le devoir avertir que, s'il en demandoit un prix déraisonnable et vouloit survendre au Roi son entremise en cette nécessité, cela ne seroit pas reçu en bonne part de S. M.; ce qui fit que, pour cette fois,

1. Trêve de douze ans, signée le 9 avril 1609, par laquelle l'Espagne reconnaissait l'indépendance des Provinces-Unies.
2. A Créquy.
3. Ce paragraphe et le précédent semblent être le développement d'une dépêche de Richelieu à Créquy, du 8 novembre, dont la minute a été « employée » par les rédacteurs des *Mémoires* (Aff. étr., corresp. politique, Piémont 10, fol. 242-243).

il se contenta de la raison. Pour empêcher que le désordre, qui étoit une fois arrivé dans Casal, ne survînt de nouveau, qui est de vendre leurs blés pour avoir de l'argent, on donna avis à Toiras de faire un magasin particulier de ses blés pour les troupes du Roi, lesquels il ne devoit ouvrir qu'en cas de siège.

Ce traité de suspension d'armes fut porté par Mazarin et l'abbé Scaglia à Spinola pour le signer : ce qu'il fit sans difficulté ; mais ils en trouvèrent bien en Collalto, quand ils passèrent jusques à lui pour le lui présenter ; car le refroidissement de l'affection des Mantouans vers leur duc et la lâcheté des troupes vénitiennes qui avoient rendu en ses mains, sans coup férir, toutes les places du Mantouan où le duc de Mantoue les avoit mises, et les Suisses qui s'étoient rendus avec leurs drapeaux dans son armée, lui donnoient espérance de venir bientôt à bout de Mantoue ou obliger le duc à venir par crainte à un traité particulier avec lui sans participation du Roi.

Mazarin n'y pouvant rien faire, Panzirole, nonce du Pape[1], reprit en novembre cette négociation, de laquelle il donnoit, de jour en jour, bonne espérance ; mais on voyoit bien que les Impérialistes n'y marchoient pas de bon pied, car ils ne parloient jamais de l'investiture et ne disoient avoir pouvoir de la promettre à quelque condition que ce fût, donnant à entendre qu'ils vouloient parler d'échange et donner le Crémonois pour le Montferrat.

Cependant, dès le mois d'octobre, le nonce du Pape

1. Jean-Jacques Panzirolo avait été auditeur de nonciature à Madrid et fut nonce extraordinaire dans le Milanais de 1629 à 1631.

et l'ambassadeur de Savoie firent une instante prière au Roi, que, pour ne perdre l'occasion présente de la volonté que les Espagnols témoignoient avoir d'accommoder les affaires, il plût à S. M. donner un pouvoir plus ample au maréchal de Créquy d'accorder la surséance d'armes pour un mois ou six semaines avec les troupes de l'Empereur et du roi d'Espagne, et en sollicitèrent avec tant de presse et d'affection[1] que S. M. le leur accorda et envoya ledit pouvoir au maréchal de sa part, et lui écrivit[2], le 28e octobre, qu'il pouvoit entrer en négociation avec M. de Savoie sur ce sujet, puisqu'il le désiroit si ardemment, et que, s'il voyoit lieu à ladite surséance, en sorte que la réputation du Roi y fût conservée et la sûreté de M. de Mantoue, il la pouvoit arrêter, pourvu que, pendant la surséance, il fût permis de porter toutes sortes de vivres à Casal, et autres conditions qu'il estimeroit raisonnables[3], se

1. Première leçon du manuscrit A, fol. 292 : « ... avec tant de presse et d'affection qu'ils en écrivirent au Cardinal les lettres suivantes... »; suivait le texte de ces lettres, datées de Paris, du 27 octobre, et qui ont été barrées. La lettre de Montfalcon, l'ambassadeur de Savoie, est en original aux Affaires étrangères (corresp. politique, Piémont 10, fol. 221). Au dos, Sancy a écrit : « Employé; pour la feuille 4e » (fol. 222).

2. C'est en réalité le Cardinal qui écrivit au maréchal de Créquy, comme l'indiquait primitivement le manuscrit A, fol. 293 v°. Copie de cette lettre, de la main de Charpentier, est aux Affaires étrangères (corresp. politique, Piémont 10, fol. 226); elle est du 28 octobre et a servi à la rédaction de la fin de ce paragraphe. Au dos de ce document, Charpentier a écrit : « Pour la feuille 11e » et Sancy : « Surséance d'armes pour un mois désirée du nonce pourvu que cependant on puisse passer vivres à Casal. »

3. Les mots « se resouvenant surtout », qui suivent, ont été écrits par Sancy, en marge du manuscrit A, fol. 293 v°; le

resouvenant surtout de suivre, en ce qu'il pourroit, la teneur du pouvoir qui lui avoit été envoyé, et que S. M. ne vouloit en aucune façon que la restitution de Suse fût comprise en aucun traité, vu qu'elle le vouloit rendre par la vertu de sa parole et non par l'intervention des Espagnols; que, cependant, les troupes s'avanceroient, et on n'oublieroit rien de ce qu'il faudroit pour rendre ses forces en état de considération.

Il lui fut aussi, à la requête des mêmes, donné un pouvoir absolu de passer outre au traité de la paix, le Cardinal lui mandant[1], de la part du Roi, au même temps, que, sur ladite instance, qui avoit été faite à Sadite M., de permettre audit maréchal de Créquy de s'étendre un peu davantage que les partis que S. M. lui avoit envoyés pour la paix ne lui en donnoient pouvoir, pour parvenir à un bon accommodement, l'affection et le jugement que le Roi reconnoissoit audit maréchal faisoient que, s'il jugeoit que les affaires pussent venir à une véritable paix, en accordant que les troupes ennemies demeurassent en plus grand nombre et plus longtemps dans le Montferrat qu'il n'étoit porté dans les premiers partis qui lui avoient été envoyés, il les pouvoit accorder en prenant toutes

---

reste de la phrase jusqu'à « que cependant » (qui a été écrit par Sancy, en marge) a été écrit également en marge, mais par Charpentier, à la suite des mots « se resouvenant surtout ». Nous avons là un exemple de la manière dont les *Mémoires* sont rédigés ou corrigés, Sancy prenant la plume, la passant à Charpentier et la reprenant pour terminer la correction.

1. La fin du paragraphe est tirée d'une copie de lettre du Cardinal à Créquy, datée de Fleury le 24 octobre, que Sancy a corrigée pour son entrée dans les *Mémoires* (Aff. étr., corresp. politique, Piémont 10, fol. 220).

précautions qu'il pourroit contre les infidélités d'Espagne et les détours qui se pratiquent d'ordinaire au pays ou il étoit[1].

On envoya donc un pouvoir général au maréchal de Créquy et au sieur Marini, ambassadeur ordinaire du Roi, de traiter la paix, les Espagnols ayant désiré que son pouvoir fût semblable à celui du marquis de Spinola, qui avoit pleine puissance pour l'accommodement des affaires d'Italie; mais, comme ledit marquis savoit particulièrement à quelles conditions l'Espagne vouloit consentir la paix par instruction particulière, le pouvoir du maréchal l'obligeoit à tirer assurance du marquis de Spinola que, dans un mois ou six semaines, on donneroit l'investiture au duc de Mantoue de ses États de Mantoue et Montferrat, à la prière des deux Rois et supplication du duc de Mantoue; que, le temps étant venu de l'accomplissement de cette promesse, l'investiture seroit consignée entre les mains du Pape avec une promesse de l'Empereur et du roi d'Espagne, par laquelle ils s'obligeroient de n'attaquer et ne faire jamais attaquer les États du duc de Mantoue, sous quelque prétexte que ce pût être, ains le laisser en repos.

Le maréchal avoit pouvoir de faire retirer les troupes du Roi du Montferrat, pourvu qu'ensuite l'Empereur retirât toutes les siennes de l'Italie, Valteline et Grisons, qui seroient remis en leur liberté, tous les forts faits par les Impériaux en leurs États étant démolis et

1. Une page environ du manuscrit A, fol. 294 r° et v°, a été ici barrée; elle avait trait à une question de préséance entre Spinola et Marini, notre ambassadeur à Turin, à régler avant les conférences de paix.

rasés, et que les troupes d'Espagne demeurassent en Italie, au nombre et en la forme qu'elles avoient accoutumé d'y être d'ordinaire.

S. M. consentit encore que les troupes de l'Empereur demeurassent dans le Montferrat et le Mantouan aux conditions proposées, pourvu qu'en ce cas ils en sortissent au même temps que les siennes se retireroient du Montferrat.

Elle trouva bon aussi de faire entendre clairement que, sans qu'il fût parlé de la restitution de Suse en ce traité, elle le rendroit effectivement à M. de Savoie en vertu de celui qui avoit été fait lorsqu'elle étoit en personne en ses États.

Tout ce que dessus fut résolu avec la participation des ambassadeurs de Venise, et le maréchal de Créquy eut ordre de ne rien faire à l'insu de celui de Savoie.

Au même temps, Mirabel proposa à Paris un autre moyen d'accommodement[1], qui étoit d'envoyer un ambassadeur extraordinaire, de la part du Roi, demander à l'Empereur l'investiture pour M. de Mantoue : ce qui étoit un grand avantage pour l'Empereur, qui étoit lors le plus fort en Italie. En suite de cette demande l'Empereur donneroit l'investiture, après quoi le Roi retireroit le sieur de Toiras et les troupes françoises qui étoient au Montferrat, et, incontinent après, l'Empereur retireroit ses troupes de la Valteline et des Grisons, qu'il laisseroit libres comme ils avoient toujours

---

1. Ce paragraphe et le suivant sont tirés d'un mémoire de Richelieu adressé, en septembre, à M. de Barrault, ambassadeur de France à Madrid (Aff. étr., corresp. politique, Espagne 15, fol. 554).

été. Ainsi l'affaire seroit terminée et nous demeurerions amis pour jamais.

Le nonce étoit auteur de ladite proposition. Il eût désiré encore que, au lieu que nous demandions que l'Empereur donnât, à la requête de l'ambassadeur qui lui seroit envoyé, actuellement et sans délai, l'investiture à M. de Mantoue, nous nous contentassions qu'il la mît en dépôt entre les mains du Pape, pour la délivrer seulement à M. de Mantoue après que M. de Toiras et les troupes de France se seroient retirés du Montferrat : en cela l'avantage de l'Empereur eût été du tout évident.

Le Roi, envoyant en ce temps-là Barrault ambassadeur ordinaire en Espagne[1], lui commanda d'agréer cette proposition-là, si on la lui faisoit, et le Cardinal lui donna particulière charge, après qu'il auroit assuré le roi Catholique de la bonne intelligence que S. M. vouloit entretenir avec lui, ne désirant rien davantage qu'une bonne et solide paix, et avoir donné la même assurance au comte Olivarès, qu'il l'assurât particulièrement de son affection et de son service et qu'il n'avoit point de plus grand dessein que de voir ces deux couronnes en la paix que l'on devoit souhaiter entre elles, non seulement pour leur commun bien, mais en

1. Antoine de Jaubert, comte de Barrault (1577-1635), sénéchal et gouverneur du Bazadais, vice-amiral de Guyenne, gouverneur de Lorraine et de Foix, fut ambassadeur en Espagne, d'octobre 1629 à janvier 1635. — Une copie des instructions données à cet ambassadeur, le 1ᵉʳ juillet 1629, est aux Affaires étrangères (corresp. politique, Espagne 15, fol. 473-482). Ce qui suit, jusqu'au paragraphe (p. 378) commençant par « Mais Barrault ne trouva pas le comte d'Olivarès en cette disposition-là... », est emprunté au mémoire de Richelieu à Barrault (Aff. étr., corresp. politique, Espagne 15, fol. 554).

outre celui de la chrétienté; que le marquis de Mirabel lui avoit témoigné la même chose de sa part : ce qui lui faisoit croire qu'il n'y avoit qu'à se bien entendre ; que tous nos différends étoient venus à raison de l'affaire de Mantoue, qu'il étoit question de terminer nettement pous nous ôter tout sujet de brouillerie ; que, pour cet effet, le Roi ne vouloit rien empiéter sur ses voisins, mais seulement maintenir ses alliés ; que le Cardinal avoit tenu divers discours sur ce sujet avec ledit marquis de Mirabel, qui témoignoit désirer quelque moyen de sortir de cette affaire avec la satisfaction de l'Empereur, qu'il disoit seul y avoir intérêt ; que ce qui avoit été proposé par ledit marquis y satisfaisoit abondamment; qu'on ne parloit point de Suse en cette affaire, pour ce que nous étions particulièrement obligés à M. de Savoie de le lui restituer, ce que nous voulions faire très certainement, en vertu du traité que nous avions fait avec lui, du tout séparé de l'autre; [que,] au reste, il ne pouvoit pas être en doute de cette restitution, puisque, par ledit traité, il tenoit en dépôt Albe, Moncalieri et plusieurs autres lieux du Montferrat qui valoient beaucoup mieux que Suse, lesquels il ne devoit rendre qu'alors qu'on lui auroit restitué cette place ; qu'il n'étoit question que de formalités en cette affaire ; que les plus fins étoient ceux qui s'y arrêtoient le moins, quand on les pouvoit passer sans notable préjudice, qui ne se trouveroit point pour l'Espagne en la proposition ci-dessus, puisque, en effet, nous étions requérants et demandions l'investiture les premiers et faisions sortir du Montferrat nos troupes, devant que celles de l'Empereur sortissent de la Valteline et des Grisons.

Mais Barrault[1] ne trouva pas le comte Olivarès en cette disposition-là, mais en fureur des disgrâces que l'Espagne avoit reçues en Italie et en Flandre.

Il lui fit reproche qu'il s'étoit beaucoup engagé pour étreindre quelque amitié entre le Cardinal et lui, mais que le Cardinal l'avoit payé de mauvais effets; que c'étoit la vérité de ses sentiments, lesquels il ne pouvoit pas nier; mais que, néanmoins, connoissant comme lui l'utilité de la paix entre LL. MM., il correspondoit à ce bon désir et se réjouiroit infiniment que cela succédât à bien; que les démonstrations que l'Espagne avoit faites au regard de la France, par l'envoi de l'armée navale qui fut devant la Rochelle, ne méritoient des revanches telles que celle de l'entrée du Roi en Italie.

Barrault ne le laissa pas passer plus avant et lui dit qu'il ne doutoit point qu'il ne sût bien que cet armement nous avoit été du tout inutile, nous ayant apporté beaucoup de dépense, et que, après être arrivé tard et que les Anglois eurent été chassés de l'île de Ré par les seules armes du Roi, l'on avoit trouvé bien étrange le refus que Don Frédéric de Tolède fit de vouloir attendre les Anglois ou bien de vouloir entreprendre quelque chose en commun, en exécution du traité d'union qu'il y avoit entre les deux couronnes.

Il[2] lui répliqua qu'il n'étoit pas possible de se résoudre à une attaque de réputation, n'ayant pas des forces égales à celles de l'ennemi.

1. Ce qui suit (jusqu'à la p. 380 au paragraphe commençant par « Nous sûmes de bonne part qu'un des ministres d'Espagne s'étant ouvert tant soit peu... ») est tiré d'une dépêche de Barrault à Richelieu, du 24 octobre, corrigée par Sancy (Aff. étr., corresp. politique, Espagne 15, fol. 560-564).

2. Olivarès.

A quoi il lui répondit pourquoi ils étoient venus, et si c'étoit sans dessein de combattre : ce qui lui ferma tellement la bouche qu'il ne sut que lui dire.

Puis, changeant de discours, il[1] revint sur les affaires d'Italie et dit qu'un bon accommodement eût bien mieux valu que le passage du Roi en cette province et même que, s'il n'y eût envoyé un de ses généraux d'armée, la chose eût été moins difficile à accorder qu'elle n'étoit lors, d'autant que le roi d'Espagne avoit une telle émulation de valeur qu'il ne le vouloit céder ni en réalité ni en apparence à prince quel qu'il fût au monde; que ce n'étoit pas qu'il ne crût que la chose ne se pût terminer à une paix, mais que l'intérieur demeureroit toujours offensé.

Barrault ne manqua de lui répondre la vérité des choses passées, qui témoignoient que le Roi n'avoit manqué de rechercher ni d'accepter tous les moyens d'accommodement raisonnable, auparavant que de se résoudre de passer en Italie, où il avoit été contraint par la pure nécessité à laquelle toutes considérations cessent et toutes personnes cèdent.

Sur quoi Olivarès dit que la paix étoit une chose facile, mais que l'amitié étoit une affaire à part.

Barrault lui repartit que l'amitié suivoit d'ordinaire la paix.

Ces paroles d'Olivarès montroient bien qu'il avoit le cœur ulcéré et qu'il ne vouloit venir à aucune résolution d'accommodement qu'il n'eût premièrement tenté tous les moyens de tirer quelque avantage par la guerre.

1. Olivarès.

Nous sûmes¹, de bonne part, que, un des ministres d'Espagne s'étant ouvert tant soit peu dans le désir d'accommodement avec nous, il répondit qu'il falloit faire la paix avec tout le monde pour nous faire la guerre; que la réputation du roi son maître y étoit engagée et qu'on ne pouvoit, sans l'offenser, parler d'autre chose que des moyens de nous détruire ; qu'ils ne combattoient plus maintenant pour le Montferrat, que c'étoit pour l'honneur et pour se fortifier davantage, ajoutant que l'Espagne n'en pouvoit trouver une meilleure occasion, et [que] tout ce qu'on avoit dit jusques ici des forces de France étoit faux.

Comme ce traité, qui se proposoit par le nonce et par Mirabel, n'étoit pas reçu en Espagne sincèrement, aussi peu le fut des Allemands celui qui leur étoit proposé, au camp devant Mantoue, par le nonce Panzirole.

Le 2ᵉ décembre, il vint un avis à Suse que Casal étoit assiégé : sur quoi le maréchal de Créquy, suivant ses ordres, se résolut de laisser Suse avec mille hommes et la garnison de ladite citadelle, et s'en alla loger à Pondesture avec cinq mille hommes de pied, cinq cents chevaux et quatre moyennes² et le secours des troupes du duc de Savoie au prorata de celles du Roi, selon qu'il y étoit obligé par la ligue; lesquelles troupes, les lui ayant demandées, il n'osa refuser.

Il acheta aussi deux mille charges de blé pour porter avec lui, envoya demander cinq cents chevaux de

1. Ce paragraphe est tiré d'une lettre de Lingendes au Cardinal, du 6 novembre (Aff. étr., corresp. politique, Espagne 15, fol. 568).
2. Pièce d'artillerie tirant cinq à six livres de balles.

l'armée du maréchal de la Force et un des vieux régiments qui étoit en Dauphiné.

La nouvelle de ces préparatifs arrivant aussi promptement à Milan qu'au maréchal de Créquy celle que l'avis qu'on lui avoit donné étoit faux donna à penser à Spinola et le fit aller plus lentement à cette entreprise, qu'il ruminoit en son esprit il y avoit longtemps.

Cependant[1], le parlement de Dauphiné jugeant, à son compte, que la subsistance ou la perte de l'armée du Roi en Italie n'étoit pas de grande importance, bien que la connoissance de la traite des blés ne leur appartienne point, néanmoins, parce qu'ils ne trouvoient pas bon que ce que l'on en envoyoit en Italie leur enchérit le pain, ils osèrent donner des arrêts par lesquels ils persécutoient les marchands qui avoient traité avec Hémery pour lesdits blés, leur ôtoient les moyens de les livrer et enfin firent ouvrir les greniers où ils les amassoient, donnèrent hardiesse au peuple de se soulever pour empêcher la traite et de prendre avec violence et piller mille charges de blé destinées pour la nourriture de l'armée; de sorte que si, par hasard, on n'eût trouvé quelque quantité de blé dans les montagnes pour suppléer à ce défaut, l'armée du Roi eût été réduite à la faim.

Hémery, qui avoit la charge des finances en l'armée de Suse, partit incontinent, alla en Dauphiné et fut contraint de traiter avec les députés du Dauphiné pour

1. Ce paragraphe et une partie du suivant ont probablement été rédigés à l'aide de deux lettres de Créquy à Richelieu, du 27 novembre (Aff. étr., corresp. politique, Piémont 10, fol. 291-292).

laisser passer librement dix mille charges de blé, afin que ceux du parlement de Grenoble, qui disoient n'avoir autre intérêt que celui de la province, n'eussent point de raison d'en empêcher le passage à l'avenir. Ce retardement fut fort préjudiciable, pour ce que ces montagnes se fermoient déjà à cause de l'hiver, et les voitures étoient difficiles.

Le Cardinal, afin que, à tout événement, l'armée que le Roi avoit et celle qu'il pourroit encore se résoudre de faire passer en Italie ne pâtissent point faute de blés, donna ordre[1] d'en acheter quantité à la Camargue et d'autres en Bourgogne, d'où on les feroit descendre à Arles, pour, de là, les mener à Nice et les consigner aux officiers de M. de Savoie, qui promettoit d'en fournir autant par tout son État qu'on lui en bailleroit là; mais, d'autre côté, pour ne dépendre pas absolument de M. de Savoie, il ordonna qu'on en fît un autre grand magasin à Briançon, afin que, si M. de Savoie manquoit de foi, comme il avoit déjà fait une fois, il n'eût pas tous nos blés entre ses mains.

Or, parce que le maréchal de Créquy et Marini mandoient qu'il ne falloit rien espérer des négociations, si l'on ne voyoit une armée puissante sur la frontière, où la personne du Roi ou celles de ses créatures feroient un effet indicible, parce, en outre, que le Pape et les Vénitiens pressoient extraordinairement S. M.

---

1. La teneur de cet ordre avait probablement été suggérée au Cardinal par un exposé qu'Hémery avait fait de l'état des approvisionnements en blé, dans sa lettre à Richelieu datée de Turin le 20 novembre; c'est cette lettre qui a servi ici pour la rédaction de la fin du paragraphe (Aff. étr., corresp. politique, Piémont 10, fol. 304): au dos, Sancy a écrit « Employé ».

d'y envoyer le Cardinal, si les affaires ne lui pouvoient permettre d'y aller, la connoissance du naturel des Espagnols et du duc de Savoie, qui ne font rien que par nécessité et par force, porta le Roi à mettre en délibération ce qu'il devoit faire sur ce sujet.

Le Cardinal lui représenta que, comme son voyage vers l'Italie seroit très utile aux affaires qu'il avoit à y démêler, il seroit très préjudiciable au désir qu'il avoit de revoir Monsieur auprès de lui; que la peste étoit si violente en Lyonnois, Languedoc et Dauphiné et tous les lieux par où il falloit passer pour y aller, que, le mal ne respectant point les rois plus que les autres hommes, on ne pouvoit lui conseiller de se résoudre à un tel voyage; que, n'ayant point d'enfants, il n'y avoit point d'apparence qu'il s'embarquât à de si grandes et périlleuses entreprises, qui ôteroient l'espérance de ce que toute la France désiroit avec passion; que, pour son particulier, il n'y avoit rien qu'il désirât moins que de s'absenter de sa personne; que toutes sortes de raisons l'en devoient empêcher; que les mauvais offices, que fraîchement on lui avoit rendus auprès de la Reine sa mère, faisoient voir clairement qu'il ne pouvoit entreprendre un tel voyage sans péril; que le marquis Spinola, homme de réputation et d'effet, étoit fort en Italie, où il y avoit plus de trente mille hommes, Espagnols ou Impériaux; cependant, que, ayant toujours fait état de ne se considérer en aucune façon où il seroit question de son service, il n'y auroit ni péril, ni disgrâce, ni peste, ni hasard de mauvais succès qui le pût empêcher d'obéir à ses commandements et le servir en cette occasion avec le même zèle qu'il avoit fait en toutes les passées, mais que, s'il avoit cette pensée, il estimoit qu'il falloit, devant, offrir cet emploi à Monsieur, qui avoit témoigné le désirer, tant parce que peut-être seroit-ce un moyen de le remettre en son devoir que parce aussi qu'autrement il prendroit nouveau sujet de plainte, diroit qu'il lui auroit ravi cette occasion, bien qu'il ne pût l'accepter sans s'exposer à sa ruine pour le bien de l'État et la gloire de S. M.

Le Roi approuva cette proposition, qui fut suivie du refus de Monsieur, lequel témoigna au maréchal de Marillac ne pouvoir accepter cet emploi, sur des prétextes imaginaires que les siens lui firent prendre comme nous avons dit ci-devant[1].

Cependant les Impériaux s'avançoient toujours dans le Mantouan, traitant de suspension et de paix. Ils prirent presque toutes les places de ce duché. Elles étoient fournies de gens de guerre de la république de Venise; mais, comme leurs armes ont toujours été jugées meilleures pour paroître en une montre générale que pour venir aux mains, pour l'apparence que pour l'effet, à peine eurent-elles patience d'attendre les ennemis, aux lieux où ils étoient en garnison, et ceux qu'on persuada d'y demeurer persuadèrent ceux qui les devoient garder et défendre à se rendre sans aucune résistance[2].

Il en arriva ainsi dans Gazole[3], où il y avoit deux mille hommes de guerre, qui à peine se résolurent de

1. Voyez ci-dessus, p. 114 et suiv.
2. Ce paragraphe est le développement d'un passage d'une lettre de Créquy à Richelieu, du 13 novembre, au dos de laquelle Sancy a écrit « Employé » (Aff. étr., corresp. politique, Piémont 10, fol. 279-280).
3. Gazzuolo, ville sur l'Oglio à huit kilomètres sud-est de Bozzolo.

voir le canon, ainsi se rendirent avec tant de lâcheté que trois compagnies de Suisses de six cents hommes passèrent entières à la solde de l'Empereur, et la plus grande part du reste des troupes vénitiennes firent en détail ce que les autres avoient fait en corps.

Ainsi l'étonnement de ceux qui se pouvoient facilement défendre fut tel que, en quinze jours, les Impériaux furent maîtres de la plus grande partie du Mantouan et resserrèrent le duc dans Mantoue, bloquant la ville et se logeant, pour cet effet, dans l'un des faubourgs, sans résistance.

Le duc, devant l'arrivée des armes de l'Empereur, avoit fait toute instance pour obtenir des Vénitiens huit mille hommes qu'ils lui avoient donnés effectivement, avec lesquels il n'avoit pu faire aucun effet, et lors il ne s'épargna pas à faire de nouvelles dépêches, soit à Venise, soit en France, pour demander nouveau secours.

Au lieu de défendre les dehors de sa ville, de pendre ceux qui le trahissoient actuellement et en chasser d'autres qui justement lui étoient suspects, il exagéroit par ses dépêches les cruautés et les impiétés des ennemis, qui, en effet, étoient telles qu'ils n'épargnèrent âge ni sexe. Les violements y furent fréquents, les brûlements et les meurtres ordinaires, et l'abomination jusques à tel point que, en divers endroits, les gens de guerre, qui étoient de toutes religions, frottèrent leurs bottes des saintes huiles, rompirent les images de la Vierge, tirèrent des mousquetades aux crucifix, polluèrent les églises par divers genres d'impiétés exécrables et foulèrent le Saint-Sacrement aux pieds.

M. de Savoie et Spinola continuoient toujours à parler

de paix et de suspension, mais Collalto la refusoit. Les Vénitiens, ayant connoissance de ce jeu et voyant que le feu s'augmentoit de telle sorte en la maison de leur voisin qu'il étoit impossible qu'ils n'en ressentissent la chaleur et l'incommodité tout ensemble, déclamèrent ouvertement contre la suspension et disoient hautement qu'il suffisoit de savoir que le duc de Savoie, qui n'agissoit jamais sincèrement, étoit auteur de cette proposition pour l'avoir en aussi grande horreur que sa vie et ses actions le devoient être à tout le monde.

Le Roi, ayant ces mauvaises nouvelles, se résolut lors d'armer puissamment de toutes parts et, pour cet effet, envoya au Liége y lever trois mille hommes de pied et mille chevaux, en Allemagne deux mille chevaux et quatre mille lansquenets, en Écosse un régiment de deux mille hommes, qui lui étoit offert par le marquis de Huntly[1], hâta en Suisse la levée de six mille hommes des cantons qui n'avoient d'alliance avec les Espagnols, particulièrement pour le duché de Milan, dépêcha pour hâter les levées qu'il faisoit faire en son royaume et pressa le maréchal de la Force de s'avancer avec l'armée qu'il commandoit pour exécuter ce qui étoit porté par son instruction.

S. M. prit aussi résolution, non encore de rompre

1. Georges Gordon (1562-1636), comte et, en 1599, marquis de Huntly (les *Mémoires* écrivent : Honcle), fils de Georges Gordon, comte de Huntly, et d'Anne Hamilton, avait épousé Henriette Stuart, fille du duc de Lennox; il était catholique et avait été élevé en France. Son fils Georges, décapité comme rebelle, en 1649, par ordre du parlement d'Écosse, avait été chargé en 1622 d'une mission diplomatique en France, où il resta jusqu'en 1636, y commandant une compagnie de gens d'armes; c'est peut-être lui que les *Mémoires* nomment ici.

avec Espagne, mais de se préparer à la rupture. Pour cet effet elle fit dépêcher vers Messieurs les États, le roi d'Angleterre et le duc de Savoie, qui tous la sollicitoient de rompre avec Espagne, pour savoir ce qu'ils voudroient et pourroient faire, au cas qu'elle se résolût à ce qu'ils désiroient.

On envoya vers le duc de Bavière pour le disposer à porter les armes de la ligue catholique d'Allemagne, dont il étoit le chef, à demeurer neutres si le Roi venoit en rupture ouverte avec la maison d'Autriche, si mieux ils n'aimoient prendre ce temps de contraindre l'Empereur de donner la paix à l'Allemagne et laisser chacun en la possession de ses biens, à condition que nuls protestants ne pourroient être rétablis qu'ils ne consentissent premièrement l'établissement de la religion catholique en leurs États ; que l'électorat qu'il avoit eu de la dépouille du prince Palatin demeureroit perpétuellement en la maison de Bavière, et que le Palatin ne pût rentrer dans ses États sans, premièrement, dédommager ledit duc des frais de la guerre, pour lesquels ils lui demeureroient entre les mains.

On travailla si bien envers les Électeurs[1] que les quatre catholiques se résolurent enfin d'envoyer à l'Empereur une déclaration signée et scellée, par laquelle ils improuvoient, entre autres choses, l'entreprise d'Italie et demandoient que justice fût rendue

1. Les paragraphes qui suivent (jusqu'à la p. 390 au paragraphe commençant par « On n'oublia pas encore d'exciter les villes hanséatiques, princes et potentats d'Allemagne... ») sont empruntés à une relation de Marcheville (Aff. étr., corresp. politique, Allemagne, 6, fol. 300-301), envoyé en Allemagne en janvier 1629 ; ses instructions, du 8 août 1629, sont aux Affaires étrangères, corresp. politique, Allemagne 6, fol. 292-299.

sans violence au duc de Mantoue, la neutralité fût conservée avec les États de Hollande et les alliés du Roi, et les armes de l'Empire déposées, en sorte que tous sujets de jalousie en fussent ôtés à S. M. Très Chrétienne.

En laquelle déclaration est à noter que lesdits Électeurs parloient en cette manière : « Nous voulons que telles choses soient considérées et mises en effet » : façon de parler qui n'avoit point été par eux usitée depuis cent ans et qui montroit assez le dessein arrêté qu'ils avoient de s'opposer aux violences de la maison d'Autriche et ne souffrir ses injustes procédés, non seulement contre les princes de l'Empire, mais contre les rois et autres princes leurs voisins.

L'archevêque de Trèves dit à Marcheville que le Roi avoit envoyé vers eux, que la force de cette déclaration pouvoit aller jusques là que, si l'Empereur n'y avoit égard, ils auroient lieu de se résoudre à le déposer, selon les lois de l'Empire, et en élire un autre.

Ils demandèrent aussi à l'Empereur un convent[1] électoral, auquel lui-même assistât en personne, pour remédier aux nécessités de l'Empire, mais avec promesse et certitude de sa part qu'il ne s'y parleroit point de l'élection d'un roi des Romains, et de châtier sévèrement ceux des siens qui en feroient ouverture, d'autant qu'il n'étoit pas raisonnable d'en parler que les Électeurs n'eussent la liberté entière de leurs suffrages, ce qui ne pouvoit être que l'Empereur ne fût désarmé, la simple proposition d'une telle élection ne se pouvant faire sans que les Électeurs en fussent tombés d'accord dès auparavant, ce que l'Empereur leur

---

1. Les manuscrits A et B portent « couvent ».

promit, et de faire châtier ceux des siens qui en feroient ouverture.

Ils prièrent le Roi d'avoir agréable de faire trouver quelqu'un de sa part audit convent électoral (que l'Empereur avoit fait indiquer à l'année suivante) et qui fût bien instruit des intentions de S. M., afin qu'ils s'y pussent conformer, et qu'il eût pouvoir de traiter avec eux sur le sujet de l'union étroite qu'ils vouloient avoir avec S. M.

Au reste, tous les Électeurs, tant catholiques que protestants, étoient si las de la maison d'Autriche et de ses usurpations qu'ils disoient tout ouvertement qu'ils ne vouloient point du roi de Hongrie pour roi des Romains, pour ce que l'Empereur les avoit trop outrageusement traités, et qu'ils jetoient les yeux sur le Roi, dont ils révéroient la justice, la grandeur de courage, la hardiesse de ses entreprises et la bénédiction perpétuelle que Dieu donnoit à ses sages et incomparables conseils; que, n'ayant point d'enfants, ils ne craindroient point qu'il voulût transférer l'Empire en sa famille et qu'ils n'avoient pas besoin d'une moindre puissance pour le tirer des mains de la maison d'Autriche et le faire, par après, passer entre les mains de quelque prince de l'une de leurs familles.

Ils y étoient si affectionnés qu'ils baillèrent à Marcheville un *Sleiden*[1] et lui dirent qu'il lût les raisons qui avoient été autrefois apportées en faveur de Fran-

1. C'est-à-dire un exemplaire du livre de Sleidan. — Jean Sleidan (1506-1556), né à Sleide, près de Cologne, passa en 1517 en France, se retira à Strasbourg et fut député par les protestants au Concile de Trente; il mourut dans la religion luthérienne. Son ouvrage « De Statu religionis et Reipublicæ, Carolo Quinto Cæsare, commentariorum libri XXVI » est de

çois Iᵉʳ, lorsqu'il aspiroit à l'Empire, et qu'il y ajoutât celles que son esprit pourroit suggérer[1].

On n'oublia pas encore d'exciter les villes hanséatiques, princes et potentats d'Allemagne, mal contents et maltraités : ce qui se fit d'autant plus à propos que déjà plusieurs d'elles avoient député vers le duc de Saxe pour le prier d'être chef d'une ligue et d'une armée de soixante mille hommes qu'ils vouloient faire pour se délivrer des vexations insupportables qu'ils recevoient de l'Empereur.

Enfin, le maréchal de Créquy ayant représenté, par un courrier exprès, les grandes difficultés qui se trouvoient au secours de M. de Mantoue, tant à cause de sa foiblesse, de l'étonnement et mauvaise affection des Mantouans que des mauvais soldats que lui et les Vénitiens avoient (ce qui donnoit lieu à Collalto d'entreprendre hardiment l'attaque de Mantoue, auquel cas il étoit aisé à Spinola, qui avoit dix-huit mille hommes et quatre mille chevaux, de garder les passages des rivières, se mettre à la tête des armes du Roi et les empêcher de faire progrès dans le Milanois, pour ce que, si l'armée étoit forte en Italie, elle n'y trouveroit point de vivres, si elle y venoit foible, elle ne feroit

1555 ; il avait été traduit en français et imprimé à Strasbourg en 1558.

1. Un alinéa du manuscrit A, fol. 308, a été rayé ; il était relatif aux propositions du roi de Suède, qui s'offrait à « entretenir une armée de 30,000 hommes pour s'opposer aux usurpations de l'Empereur et travailler au rétablissement des princes dépouillés, sans préjudice de la religion catholique », à condition que la France prît à sa charge un tiers des dépenses de cette guerre et que les villes hanséatiques en prissent un autre tiers.

rien de considérable, outre que, si le duc de Savoie étoit contre S. M., on ne pouvoit faire autre chose qu'attaquer ses États, ce qui n'empêcheroit pas que l'Empereur et le roi d'Espagne ne demeurassent maîtres de ceux de M. de Mantoue), on lui dépêcha un homme qu'on jugea d'intelligence, pour s'éclaircir sur toutes ces choses et en informer certainement S. M.

Celui qu'on lui envoya fut le sieur de Meaux, auquel on donna le mémoire des points sur lesquels on désiroit que le maréchal de Créquy mandât son avis et les raisons d'icelui[1], afin que promptement on lui pût faire savoir les ordres du Roi définitifs, savoir ce qu'il falloit espérer de M. de Mantoue, ce qu'on pouvoit entreprendre s'il se joignoit aux armes du Roi contre les États du roi d'Espagne, ce qu'on pouvoit aussi, s'il ne s'y joignoit point, savoir si, en ce cas, il falloit attaquer les États du duc ou, le conservant neutre, qui étoit ce qu'il désiroit, passer au Montferrat avec vingt-cinq mille hommes et deux mille chevaux, qui étoit ce que lors on pouvoit mettre ensemble, ce qui n'étoit pas sans inconvénient, d'autant

1. La première rédaction du manuscrit A donnait le texte même du « mémoire » adressé à Créquy, fol. 311 v° à 313 ; il a été utilisé ici, sauf quelques lignes qui sont au fol. 312 r°. et a servi à la rédaction de ce paragraphe et des suivants jusqu'à la p. 393, au paragraphe commençant par « Cependant, on fit nouvelles sollicitations à la république de Venise... ». Le document employé est aux Affaires étrangères (corresp. politique, Piémont 10, fol. 306-307) ; c'est une minute corrigée par Richelieu ; le titre en a été remanié par Sancy ; au dos du document, on lit : « Mémoire envoyé à M. de Créquy par le s^r de Meaux [main de Richelieu] en novembre 1629. II. pour la feuille 11me [main de Sancy]. Employé [peut-être main d'un secrétaire des *Mémoires*]. »

qu'il étoit à craindre que, s'il étoit neutre, il fît ce qu'il pourroit pour fomenter la guerre entre ces deux couronnes et prendre avec le temps son parti, selon ce qu'il verroit plus à propos par l'événement; d'autre part, si l'on attaquoit ses États, ce qui le rendroit du tout contraire, on doutoit qu'on pût sauver Casal, parce qu'il manqueroit de vivres; on se vengeroit bien sur M. de Savoie, qui seroit cause de sa perte, mais M. de Mantoue seroit perdu;

Qu'il falloit voir aussi si, en ces difficultés, il valoit mieux accorder une surséance jusqu'en février, ainsi que le nonce la poursuivoit, ou ne le faire pas; que ledit nonce représentoit que Spinola avoit donné parole à Mazarini de la passer, tant par lui que par Collalto, pour le Montferrat et Mantouan; qu'on voyoit bien que les Espagnols vouloient gagner le printemps, et pour se fortifier de nouvelles troupes, et pour ne pas perdre celles qu'ils avoient par le mauvais temps, qui aussi bien ne permettoit pas d'entreprendre un grand siège, et pour voir, pendant trois mois, s'ils feroient la trêve en Hollande et la paix en Angleterre;

Mais qu'il falloit considérer d'autre part si nous pouvions présentement empêcher le progrès des Espagnols en n'accordant pas cette suspension, et si Mantoue, que nous ne pouvions pas secourir que par diversion, étoit en état de se défendre assez longtemps de soi-même pour que l'injure du temps et la nature des Allemands, qui ne durent guères en corps d'armée, la fît (*sic*) périr;

Que, ainsi que la suspension étoit avantageuse aux Impériaux et Espagnols, il sembloit qu'elle le fût aussi à la France: premièrement, parce que nous n'étions pas encore prêts comme il étoit à désirer; secondement, parce que, pendant cette suspension, qui conservoit le commerce libre, il falloit faire jeter quinze ou seize mille sacs de blé dans Casal et convenir pour cet effet, dès cette heure, avec M. de Savoie, en le payant comptant; en troisième lieu, pour ce qu'il falloit aussi en amasser à Briançon pour le printemps ou voir si, en fournissant des blés au duc de Savoie à Villefranche, ce que nous pouvions faire par mer, le Roi en ayant quantité en Arles, il nous en vouloit fournir dans ses États;

Que la suspension étoit encore utile parce que, pendant ce temps, on pouvoit traiter avec les alliés de la France, pour voir ce qu'ils vouloient faire en cas de rupture avec Espagne et que le Roi feroit des levées étrangères; qu'il y avoit, d'autre part, des inconvénients à prévoir et à craindre; que, si l'on accordoit la suspension, il falloit savoir où l'on devoit tenir l'armée de M. de la Force.

On donna ordre au sieur de Créquy de peser toutes ces choses, et, parce que, étant sur les lieux, il pouvoit voir plus clairement en cette affaire que ceux qui étoient éloignés, de mander promptement son avis, sur lequel S. M. donneroit ses ordres, étant résolue, dès cette heure, de rompre plutôt avec l'Espagne que de laisser périr ses alliés sans s'en ressentir puissamment[1].

Cependant, on fit nouvelles sollicitations à la répu-

---

1. Le manuscrit A, fol. 313 r° et v°, contenait ici un fragment de la réponse que Créquy avait faite, le 3 décembre, au mémoire qui lui avait été envoyé; on l'a barré, la teneur de cette réponse étant donnée tout au long aux pages 395 et suivantes.

blique de Venise de faire des efforts extraordinaires pour soutenir le cœur du duc de Mantoue et secourir ses États et, en effet, elle n'oublia rien de ce qui fut possible à cette fin, s'étant portée jusques à ce point de donner commandement au général de l'armée qu'ils avoient sur pied[1] d'entrer dans le Mantouan avec toutes leurs forces pour s'opposer ouvertement aux Impériaux, les attaquer et les combattre. Cette résolution fut grande ; mais, deux jours après, considérant que leur armée n'étoit pas garnie de chefs et de capitaines fort expérimentés, que leurs soldats n'étoient point aguerris et avoient témoigné peu de cœur aux premières occasions de cette guerre, ils jugèrent qu'ils ne pouvoient hasarder une bataille contre de vieux soldats comme étoient ceux de l'Empereur, qui s'étoient aguerris aux dépens de beaucoup de princes d'Allemagne dont le zèle de la maison d'Autriche avoit causé la ruine, sans hasarder, par même moyen, non seulement les États du duc de Mantoue, mais le leur propre. Ils prirent un meilleur conseil et envoyèrent ordre à leur général d'entrer dans le Mantouan, se saisir des postes avantageux, s'y retrancher et fortifier, en sorte que, sans courre hasard, il pût donner jalousie aux ennemis, rompre leurs convois, entreprendre sur leurs quartiers et enfin les empêcher de continuer leur siège

1. François Erizzo (1566?-1646), d'une illustre famille vénitienne, doge de Venise en 1631, commandait les troupes vénitiennes, composées de 8,500 fantassins et 1,500 chevaux, qui s'étaient jointes à Ostiano à celles du duc de Mantoue, fortes de 5,500 fantassins et 1,200 chevaux. Erizzo reçut en 1645 le commandement de l'armée vénitienne contre les Turcs, mais il mourut entre temps.

à leur aise, comme ils eussent fait sans ce commandement.

Au bout de quinze jours arriva la réponse du maréchal de Créquy, du 3ᵉ décembre, sur des propositions du mémoire qui lui avoit été envoyé[1].

Il manda à S. M. que M. de Savoie ne se résoudroit jamais à exécuter les travaux de la ligue et de Suse, s'il ne voyoit le Roi en état de le ruiner, ayant toujours trouvé quelque excuse à lui dire, lorsqu'il le convioit, de la part de S. M., à y satisfaire, se fondant sur la détention du pont de Gresin et de la vallée de Cisery; néanmoins, quand il le pressoit, il promettoit tout;

Que, si S. M. se résolvoit, avec ses alliés, d'attaquer l'Espagne en plusieurs endroits, le prince de Piémont assuroit que leurs États, leurs personnes et leurs forces seroient au Roi et qu'ils donneroient douze mille hommes de pied et trois mille chevaux que l'on prétendoit qu'il paieroit, et de faire quelques particulières conditions avec S. M., dont il ne vouloit point

---

1. La première rédaction du manuscrit A donnait le texte même de cette dépêche de Créquy du 3 décembre, fol. 314 v°-318; lors de la révision du manuscrit A, Sancy a porté, sur une « feuille » spéciale, les corrections jugées nécessaires, se contentant d'utiliser quelques passages de ce document; il avait écrit, en effet, fol. 314 v°, cette indication : « V[ide] corrections p[age] 2ᵈᵉ », suivie d'un signe de renvoi. Les pages suivantes jusqu'à la p. 398, au paragraphe commençant par « Sur cela le Roi se résolut de hâter son partement... », sont tirées de la dépêche de Créquy, dont l'original, qui a servi aux rédacteurs des *Mémoires*, se trouve aux Affaires étrangères (corresp. politique, Piémont 10, fol. 311-314). Au dos de ce document, Sancy a écrit : « pour la feuille 11ᵐᵉ ».

s'expliquer qu'on ne se fût ouvert entièrement à lui des desseins ;

Que, ledit duc de Savoie se joignant aux armes du Roi et S. M. voulant attaquer le Milanois, il lui sembloit qu'il y avoit trois entreprises à faire : la première, entrer du côté d'Alexandrie et de Tortone ; que celle-là étoit assez forte, mais la dernière se pouvoit emporter aisément ; c'étoit rompre le commerce de Gênes et de la côte à Milan, par conséquent leur ôter l'argent et les blés de Sicile, sans lesquels ils ne sauroient entretenir leurs armes ;

[Qu']on pouvoit entrer du côté de Valence et de Novare et emporter Pavie, qui étoit le lieu où étoient tous les magasins du roi d'Espagne ; que le duc de Savoie désiroit ce dessein et le croyoit le meilleur ; ou aller passer la rivière de Sesia à Romagnan[1], se fortifier à Élerche[2] ; que, de là, on pouvoit courir toute la campagne, ôter l'eau aux navilles[3], qui sont des canaux qui portent les vivres dans Milan, qui, par ce moyen, seroit, dans quinze jours, réduit à la faim et à traiter ;

[Que], pour exécuter un de ces trois desseins, il falloit quinze mille hommes de pied et trois mille chevaux pour se mettre à la tête de Spinola. Cependant le reste de l'armée du Roi, qui seroit au moins de vingt mille hommes de pied et deux mille chevaux, compris les troupes que M. de Savoie y joindroit, feroit son progrès ; [qu']il faudroit aussi que l'armée des Vénitiens entrât dans le Milanois d'un autre côté ;

---

1. La Sesia, affluent de gauche du Pô, passe à Romagnano-Sesia, ville située à vingt-sept kilomètres nord-ouest de Novare.

2. Probablement Oleggio Castello, de la province de Novare, dominé par les ruines d'un château fortifié par les Visconti.

3. En italien : *naviglio*.

Qu'il n'estimoit pas qu'il y eût à délibérer ce qu'on feroit au cas que M. de Savoie joignît ses armes à celles du Roi, d'autant qu'il étoit indubitable qu'il le feroit parce qu'il seroit assurément ruiné s'il y manquoit ; que, cela étant, il croyoit qu'il étoit nécessaire de l'attaquer par la Savoie ; qu'il croyoit que le nonce et Mazarini s'étoient trompés en la proposition d'armes que Collalto avoit refusée si on ne lui donnoit la forteresse de Portes[1], qui étoit la citadelle de Mantoue, avant que d'entrer en aucun traité, promettant, sous cette condition, de moyenner l'investiture ; et que c'est sur cela que ledit maréchal avoit rompu ;

Qu'il étoit certain qu'une suspension d'armes seroit bien avantageuse pour la France en l'état où étoient les affaires d'Italie, et pour les raisons portées par le mémoire, pour ce que, ne venant point à cette suspension, il étoit malaisé de s'opposer promptement aux progrès de l'armée de l'Empereur, encore plus à craindre que M. de Mantoue ne fît pas une longue résistance ; [que] Spinola avoit de quoi empêcher une foible diversion au Milanois, et cependant Mantoue se perdroit ; mais qu'assurément Casal ne se perdroit point faute de blés ; qu'il estimoit que, en cas de rupture, il y faudroit faire la place d'armes de l'armée, et, par conséquent, commander qu'il y fût fait un grand magasin qui ne se pouvoit perdre, puisque les François étoient maîtres de la ville ;

Enfin que, si l'on pouvoit venir à la suspension, il estimoit que l'armée du maréchal de la Force devoit demeurer en Bresse et aux environs, hors du Dauphiné

---

1. Il est probablement question ici du Castello di Corte, le vieux château fort des Gonzague.

qu'il falloit garder pour le passage; mais, quand il n'y auroit plus d'apparence de venir à ladite suspension, il pensoit qu'il fallût la faire passer en Italie, aussitôt qu'il y auroit des blés assurés pour la nourrir : à quoi il falloit diligemment pourvoir, et ne se pouvoit faire que par la mer.

Sur cela le Roi se résolut de hâter son partement; et, pour ce que plusieurs considérations, et particulièrement celle de Monsieur, l'obligeoient d'y apporter encore quelque petit retardement, il se résolut d'envoyer le Cardinal devant.

Si le Cardinal eût suivi son inclination et s'il eût eu égard à ses intérêts, il eût essayé de détourner ce commandement, qu'il savoit bien ne lui pouvoir être que préjudiciable; mais, il ne regardoit qu'au service du Roi et ferma les yeux à tout ce qui le concernoit en son particulier, s'offrant à lui, comme il avoit accoutumé, avec une entière indifférence à tout ce qu'il lui commandoit.

Mais, tandis qu'il se disposoit à ce voyage[1], il crut être de son devoir de supplier S. M. de considérer

1. Ici commence le mémoire que Richelieu lui-même avait intitulé (voyez ms. A, fol. 321) : « Considérations pour être vues par le Roi devant que je parte pour aller en Italie pour la seconde fois. » Ce paragraphe des *Mémoires* avait été ainsi rédigé primitivement (fol. 318 v°) : « Mais tandis qu'il [le Cardinal] se disposoit à ce voyage, il crut être de son devoir de représenter à S. M. les considérations suivantes, lesquelles il mit par écrit et les lui présenta. » Suivait le texte du mémoire; ce premier texte avait été ainsi corrigé de la main de Sancy : « Mais tandis qu'il se disposoit à ce voyage, il crut être de son devoir de représenter à S. M. et par écrit les choses qu'il estimoit être important qu'elle eût devant les yeux; il la supplia... » Enfin, la leçon que nous donnons a été adoptée. Le texte même

qu'il étoit impossible de posséder la grandeur de la royauté sans être sujet aux charges de ce bénéfice ;

Qu'il étoit difficile qu'un prince eût grande réputation et grand repos, vu que souvent la bonne opinion du monde ne s'acquiert que par les grandes actions et que, d'ordinaire, celles qui engendrent l'estime excitent l'envie et attirent la haine des voisins, qui ensuite lui trament toutes les affaires qu'ils peuvent pour troubler ses prospérités et rabattre sa gloire ;

Que S. M. n'avoit mis son nom au point qu'il étoit dans la chrétienté que par les avantages qu'il avoit remportés sur les factieux et rebelles du royaume, sur l'Angleterre, l'Espagne et la Savoie et ceux qui adhéroient aux injustes passions de ces États contre la France ;

Qu'il étoit impossible que quelques-uns ne se voulussent ressentir des victoires de S. M. et par conséquent n'excitassent de nouvelles brouilleries, auxquelles il falloit, par nécessité, résister pour maintenir sa réputation au point où elle étoit ; que c'étoit ce qui l'obligeoit lors à la guerre d'Italie ; [que] c'étoit ce qui faisoit que cette entreprise étoit un jeu forcé et non volontaire ; qu'on avoit fait tout ce qui se pouvoit imaginer au monde pour en prévenir le cours ; [que] le traité de Don Gonzalez, qui promettoit que le roi son maître n'attaqueroit plus, ni directement ni indirectement, le duc de Mantoue en ses États, et la modération dont le Roi avoit usé en son voyage d'Italie, se contentant de délivrer Casal sans passer outre, le justifioient, mais

du « mémoire » commençait ainsi (fol. 321) : « Le Roi considérera, s'il lui plaît, qu'il est impossible de posséder... » ; il occupe dans le manuscrit A les folios 321 à 327 v°.

qu'il étoit impossible de faire aucun accord assuré avec des gens qui n'en passoient jamais qu'avec intention de manquer à leur parole et la violer, lorsqu'ils en trouvoient l'occasion avantageuse; que c'étoit ce que l'Espagne pratiquoit en cette occasion; elle faisoit attaquer les États de Mantoue et du Montferrat, lorsque, par raison et par leurs promesses, on les devoit tenir plus assurés;

Que, par cette notable infidélité, les affaires étoient en ce point que tout le Mantouan étoit perdu, et [que] Mantoue, le duc, le prince son fils, sa femme et ses enfants étoient assiégés; que le vrai et souverain remède de ce mal eût été que S. M. passât en Italie, comme elle avoit fait il y avoit dix mois; mais, beaucoup de raisons l'en devant empêcher et Monsieur, son frère, n'ayant pas voulu accepter cet emploi, [qu']il falloit, par nécessité, que S. M. l'y envoyât, qu'on laissât croire qu'elle se disposoit d'y aller et que, sans délai, elle fît jeter quelqu'un dans Mantoue, capable d'affermir le duc, relever le courage aux assiégés et porter les uns et les autres à attendre l'effet de son ombre et de ses armes;

Qu'il ne doutoit pas que beaucoup d'autres n'eussent autant d'affection que lui de servir en ces occasions, et peut-être plus de capacité, mais que la considération en laquelle l'avoient mis la bienveillance de S. M. et le succès que ses affaires avoient eu, depuis qu'il le servoit en ses Conseils et en ses armées, faisoit que, en l'absence de S. M. et de Monsieur, nul autre ne pouvoit, à son avis, entreprendre cette affaire, qui requéroit non seulement affection et capacité, mais autorité et volonté de hasarder son bien et celui qu'on pouvoit trouver sur le crédit que donnoit d'ordinaire la faveur des grands; que tous les chefs et officiers de l'armée iroient à leur charge s'ils le voyoient partir; l'argent ne demeureroit pas en arrière, il seroit fourni à temps; enfin que, portant l'ombre du Roi, tout iroit avec la célérité possible, là où, au contraire, si d'autres avoient la charge de cette armée, elle ne seroit pas fournie de ce qui lui seroit nécessaire, quelque diligence qu'on pût faire, le malheur des cours étant tel qu'après le soleil on ne regardoit ni considéroit-on souvent en chaque siècle que le principal astre à qui il départoit sa lumière;

Que, si S. M. marchoit dès cette heure sans voir premièrement ce qui arriveroit de la négociation qu'il faisoit faire avec Monsieur, il laisseroit toutes les provinces de Champagne et de Picardie en proie, donneroit lieu à ceux qui avoient emmené Monsieur hors du royaume de continuer le divorce dont ils étoient cause, jugeant qu'ils pourroient attendre l'événement du voyage du Roi sans aucun péril; mais [que], demeurant à Paris et ès environs, il ne se commettoit point à ce hasard, il n'exposoit pas sa personne aux périls de la peste, il ne se mettoit pas en compromis avec un simple lieutenant du roi d'Espagne, il ne se séparoit point de la Reine sa mère ni de sa femme, dont la présence lui étoit nécessaire pour avoir des enfants, et ainsi, s'exemptant de tout ce que ses serviteurs devoient appréhender pour lui, il pourvoyoit à toutes affaires, en sorte que les précautions qu'il apportoit aux unes ne nuisoient point aux autres; et peut-être que Monsieur, sachant que, s'il s'accommodoit, le Roi vouloit faire le voyage d'Italie, il viendroit plutôt à son devoir, tant pour n'être pas cause de la perte du duc de Mantoue que parce aussi qu'il jugeroit que, S. M. étant embarquée en une guerre, on ne penseroit pas à faire mal aux siens, la seule appréhension desquels l'avoit porté hors du royaume;

Que, cependant, le duc de Mantoue, qui agissoit foiblement, se voyant puissamment secouru, reprendroit cœur, et les Vénitiens se conformeroient à la vigueur et la résolution avec laquelle ils s'opposoient aux tyrannies de la maison d'Autriche;

Que, d'autre part, si S. M. vouloit entreprendre quelque chose en Flandre, comme il y étoit convié par les Hollandois et ses autres alliés, il étoit à propos de faire croire qu'il n'y pensoit pas, mais tournoit toutes ses pensées en Italie : ce que toute la chrétienté croiroit aisément s'ils le voyoient partir pour y aller, y ayant peu de personnes qui se pussent persuader que, étant en l'état auquel il étoit auprès de S. M., il voulût entreprendre ce voyage s'il n'étoit assuré que S. M. y dût venir;

Que, bien que, en diverses occasions passées, il eût tâché de témoigner à S. M. son affection, il ne pensoit point avoir fait aucune action qui lui en rendit preuve plus signalée qu'il en recevroit par ce voyage, puisqu'il ne l'entreprenoit que pour empêcher qu'il n'y allât en personne : ce qu'il ne pourroit faire sans beaucoup d'inconvénients pour lui et pour son État, et que, par ce moyen, il s'exposoit à plusieurs accidents, dont les moindres étoient ceux qu'on considéroit d'ordinaire à la guerre; qu'il savoit que les plus raffinés courtisans avoient pour maxime d'être le moins qu'ils pouvoient absents de leurs maîtres et jugeoient que les grands sont esprits d'habitude auprès desquels la présence fait beaucoup ;

Qu'ils croiroient que, ayant été mal avec la Reine, il pouvoit retomber aisément en pareil malheur, ce qui enfin pourroit attirer la disgrâce de S. M. ;

Qu'ils penseroient, et avec raison, que la saison de l'hiver, la difficulté des passages d'Italie, la famine qui y étoit, la peste qui avoit infecté tous les lieux où il falloit passer, rendoient cette affaire très difficile ; qu'ils estimeroient que la personne du marquis Spinola et les avantages que lui et les Impériaux avoient sur la partie, ayant surpris tout le Mantouan et le Montferrat, excepté Mantoue qui étoit assiégé, et Casal qui n'étoit pas en beaucoup meilleur état, la mettoient en état d'être presque incapable de remède ;

Qu'ils croiroient encore que, ayant les forces du duc de Savoie, celles d'Espagne et de l'Empire à combattre tout ensemble, et ce en leurs propres États, où ils pouvoient avoir toutes commodités et nous priver de celles qui sont nécessaires à la subsistance d'une armée, il étoit du tout impossible que cette entreprise eût bon succès ;

Mais que, puisqu'un serviteur n'est pas tel qu'il doit, s'il ne sacrifie tous ses intérêts pour ceux de son maître, lorsque l'occasion le requiert, toutes ces considérations raisonnables ne l'empêcheroient point de marcher et s'exposer à tous périls pour garantir S. M. des moindres qui lui pourroient arriver ;

Qu'il savoit bien qu'il n'étoit pas sûr si son voyage pouvoit sauver Mantoue, vu l'état où il avoit été mis, lorsque la bonne foi d'un traité le devoit assurer davantage et que les armes du Roi n'y étoient point pour le défendre, mais que c'étoit chose très assurée que, sans ce remède, il étoit perdu et que, partant, la réputation du Roi, qui lui étoit plus chère que sa vie, décherroit, sans qu'on fît aucun effort extraordinaire pour la maintenir, ce qui ne se pouvoit sans blâme;

Qu'il étoit impossible de prévoir et prédire assurément ce que produiroient les forces du Roi par ce voyage; cependant osoit-il espérer que l'événement en seroit bon;

Que le duc de Savoie feroit l'impossible pour se tirer d'un mauvais pas où il seroit si S. M. passoit en Italie, où il faisoit passer une armée considérable; qu'il étoit trop habile pour ne connoitre pas que, si la paix ne se faisoit, les forces du Roi le perdroient assurément s'il ne suivoit ouvertement ses desseins;

Et [que,] partant, ou ses soins, ses diligences et le jugement de Spinola, qui ne voudroit point hasarder sa réputation et les États que son maître avoit en Italie, produiroient la paix, ou M. de Savoie seroit contraint de joindre ses armes à celles du Roi et se déclarer pour la France, auquel cas ayant les passages sans obstacles et les vivres qu'on trouveroit dans ses États, quoique non sans difficulté, les forces de l'Empire et de l'Espagne qui étoient en Italie seroient contraintes de se joindre pour s'opposer aux nôtres, et ainsi le siège de Mantoue se lèveroit et les Vénitiens pourroient avec facilité faire quitter aux Impériaux les mauvaises places dont ils s'étoient emparés au Mantouan sans résistance;

[Que], lors, les ennemis seroient contraints de désirer la paix, vu que, les affaires étant réduites à ce point, ils pouvoient tout perdre par la perte d'une bataille, et ne sauroient rien gagner, quand ils la gagneroient, que la conservation de leurs États, étant clair que la France et la Savoie demeureroient toujours en état d'empêcher leur progrès, encore même qu'un mauvais événement nous ôtât le moyen de diminuer leurs anciennes usurpations et conquêtes;

Que trois choses étoient capables d'empêcher le bon événement de cette entreprise : une qui dépendoit du Roi, l'autre du duc de Mantoue, et la troisième du duc de Savoie : la première étoit le manque d'hommes et d'argent, qui seul pouvoit faire surmonter beaucoup de difficultés qui se trouvoient non seulement en toute guerre, mais particulièrement en celle-ci, où M. de Savoie voudroit survendre ses denrées et se prévaloir de la nécessité qu'il verroit bien que nous aurions de passer par ses mains pour toutes choses; la seconde étoit la foiblesse du duc de Mantoue, qui rendroit ses affaires sans remède s'il se laissoit prendre dans Mantoue, étant certain que, ainsi qu'il étoit impossible de faire reprendre et revivre un membre séparé du corps humain, on ne pourroit réparer les désordres d'un État dont la ville capitale seroit perdue et le souverain pris; la troisième étoit l'humeur du duc de Savoie dont l'infidélité étoit reconnue, qui donnoit perpétuelle jalousie à ceux mêmes à qui il ne vouloit pas faire mal, dont les paroles les plus assurées étoient pleines d'inexécutions et qui, du jour qu'il seroit déclaré pour la France, n'auroit autre but que d'empêcher qu'on pût parvenir à une bonne paix; [que], tous les jours, il feroit nouvelles propositions et voudroit, un jour, entreprendre sur Gênes, demain, sur le Milanois, une autre fois, sur Genève; [qu']il mettroit toute sorte d'échanges sur le tapis pour venir à ses fins, qui étoient d'avoir ou les États du Montferrat ou les États de Milan ou de Gênes ou Genève, ou, pour mieux dire, tous les quatre ensemble; son imagination même n'exempteroit pas les États du Pape d'entrer en contre-échange de ceux qu'il voudroit avoir, croyant que l'augmentation de la puissance d'un prince, zélé au bien de la religion et de l'Église comme lui, seroit un assez grand avantage au Saint-Siège pour qu'il souffrît volontairement quelque mal pour un si grand bien; quelque projet qu'il fît, il disposeroit les affaires en sorte qu'il voudroit tout avoir et ne rien bailler et ne manqueroit pas de raisons à son imagination pour persuader qu'il n'avoit pas tort;

Que la diligence du surintendant pouvoit remédier au mal qui nous arriveroit faute d'argent, avec lequel on auroit tant d'hommes qu'on voudroit;

Quant à ce qu'on devoit craindre du duc de Mantoue, il en falloit attendre le remède de Dieu et de la crainte qu'un prince devoit avoir de tomber entre les mains de son ennemi, où entrant, de souverain il devient esclave, ce qui apparemment l'empêcheroit de faire une lâcheté;

[Que], pour M. de Savoie, bien qu'il fût difficile, son humeur feroit plus de peine que de mal à qui la sauroit manier adroitement, pourvu qu'il eût la force en main, étant certain que, si l'on étoit foible en son pays, il seroit aussi impossible d'en venir à bout faute de puissance, comme il le seroit faute d'argent si l'on en manquoit, au lieu que, si au contraire l'on avoit une puissante armée et la bourse bien garnie, l'on auroit de quoi contenter sa nécessité et rendre ses ruses inutiles, et par ce moyen le faire marcher droit aux justes fins de S. M., où il se devoit porter, et non le Roi aux siennes;

Que, pour conclusion, trente-cinq mille hommes et quatre mille chevaux, fournis de vivres et d'argent, conserveroient M. de Mantoue, s'il n'étoit perdu devant qu'ils pussent venir à son secours; une moindre armée nécessiteuse ne feroit autre effet qu'ajouter à la perte de ce prince celle de la réputation du Roi;

Que l'armée du Roi étoit telle qu'il falloit, en papier, mais qu'elle n'étoit pas en effet; que, pour suppléer à ce défaut et soulager la bourse du Roi pour un temps, il offroit d'avancer toute la dépense qui seroit nécessaire pour la levée et entretien de six mille hommes de pied et quatre cents chevaux pour quatre mois, l'honneur de la confiance qu'il plaisoit au Roi de prendre en lui et la créance qu'on avoit qu'il avoit soin de satisfaire à ce à quoi il étoit obligé lui donnant assez de crédit pour trouver le fonds nécessaire à cette fin; [que], quand même l'armée seroit complète, cette levée étoit nécessaire pour la rafraîchir dans deux mois, et [qu']il étoit certain que, si aux grandes affaires on ne prenoit ses mesures trop grandes en apparence, on les trouvoit courtes en effet.

Le Cardinal[1], après avoir représenté par écrit au Roi les choses susdites et S. M. s'étant confirmée en la résolution de l'envoyer en ce voyage, se remettant entièrement en lui de tout ce qui s'y pouvoit apporter pour le faire réussir heureusement, il se prépara pour

1. Cette phrase a été écrite par Charpentier au bas du fol. 327 v° du manuscrit A; la première leçon, corrigée par Sancy, était : « Et S. M. ayant pris une nouvelle résolution de l'envoyer en ce voyage... »

partir incontinent. Cette résolution jeta une grande terreur dans les esprits des ennemis du Roi.

Bautru, qui étoit envoyé nouvel ambassadeur ordinaire à Bruxelles, écrivit du 3ᵉ décembre que, à son arrivée, il reçut en moins de vingt-quatre heures deux visites du marquis de Mirabel, qui étoit pour lors ministre principal en cette cour, une des princes d'Epinoy[1] et du duc de Bournonville[2], qui étoit nommé pour aller ambassadeur ordinaire en France, de Don Carle Colonna, et des deux premiers maîtres d'hôtel de l'Infante, toutes personnes qualifiées et de particulière confidence : tout cela fondé sur l'arrivée d'un courrier qui leur apportoit la nouvelle que le Roi avoit le pied à l'étrier pour partir et qu'il envoyoit le Cardinal devant.

La seule crainte d'Italie ne les tourmentoit pas ; ils craignoient que, comme ils avoient été ci-devant trompés en leurs mesures, ils le fussent encore cette fois et que le Cardinal ou le Roi tournât tête vers eux, qui étoient en si mauvais état qu'on y pouvoit faire plus de progrès qu'on n'en avoit espéré lors de la mort du feu Roi.

1. Guillaume de Melun, prince d'Épinoy, marquis de Richebourg, vicomte de Gand, etc., connétable et sénéchal de Flandre, grand bailli de Hainaut (1580-1635) ; son frère Henry-Anne, marquis de Richebourg, vicomte de Gand, capitaine d'une compagnie de cuirassiers, mort en 1630.

2. Alexandre de Bournonville, duc de Bournonville (1585-1656), avoit combattu en Allemagne contre Mansfeld en 1622, fut gouverneur de la Flandre wallonne, se révolta en 1632 avec ses deux beaux-frères, le duc d'Épinoy et le duc d'Arschot, pour la cause de l'émancipation politique belge, et se réfugia en France en 1634. Il fut deux fois ambassadeur en France et une fois vers l'Empereur.

Henri de Berg, en récompense des bons services qu'il leur avoit rendus, avoit été contraint de se retirer mal content, non sans avoir eu soupçon qu'ils le vouloient arrêter : tous leurs peuples étoient au désespoir, leurs places mal pourvues et leurs ministres en la même terreur qu'étoit Montbrun, quand il sortit de Privas.

Mirabel, quoique bien avisé, fit paroître néanmoins cette crainte, essayant de découvrir de Bautru si le Roi n'avoit point de dessein de venir à eux : à quoi il répondit qu'il n'en avoit point ouï parler.

Ainsi Annibal étoit aux portes de Bruxelles, au seul bruit du partement du Roi, et c'étoit une chose agréable de voir en une terreur si grande ceux qui prétendoient autrefois la donner à tout l'univers, et que ceux-là mêmes d'entre eux qui, par raison d'État, devoient faire la meilleure mine et assurer les autres, portassent la crainte sur le front.

Ils ne parloient que des armes du Roi et de la bénédiction si grande de Dieu, qui les accompagnoit, qu'elles passoient dans le milieu des places les plus infestées de la peste sans qu'aucun de ses soldats en fût frappé.

A quoi Bautru leur répondoit qu'il y en avoit une autre plus grande, qui étoit manifeste à tout le monde, savoir que Dieu, en récompense de la modération du Roi en sa victoire, avoit tellement fait prospérer ses armes contre la rébellion de l'hérésie qu'il l'avoit terrassée en moins de deux mois, là où il voyoit qu'en même temps en Flandre elle se fortifioit[1].

---

1. Le paragraphe se terminait ainsi (première rédaction du manuscrit A, fol. 331, qui a été rayée) : « Et gagnoit tant d'avantage sur ceux qui vouloient entreprendre de déposséder les véritables seigneurs des biens de leurs ancêtres. »

La vérité est si forte que le cardinal de la Cueva[1] ne se put empêcher de dire à Bautru que le Roi alloit faire le vrai métier de roi, qui étoit de commander en personne, et qu'il falloit avouer que les rois qui faisoient autrement devoient plus passer pour sénéchaux, qui rendent la justice à couvert de la pluie, que pour des princes qui doivent être à la tête de leurs peuples pour les défendre contre leurs ennemis.

Ils pressèrent fort ledit Bautru, outre la coutume ordinaire de tous les autres ambassadeurs, de demander sans délai son audience à l'Infante, qui la lui donneroit dès le lendemain, et Mirabel lui dit qu'elle avoit un grand regret de tous ces mouvements d'Italie et qu'elle verroit volontiers qu'on y apportât quelque bon remède.

A quoi Bautru repartant quel remède on y pourroit apporter, il lui dit qu'elle se porteroit volontiers à envoyer un ambassadeur vers l'Empereur, pour l'inviter à retirer Collalto de l'Italie et donner satisfaction au duc de Mantoue, ce qu'il lui réitéra plusieurs fois.

Mais Bautru lui dit qu'ils avoient poussé l'affaire si avant, et par des voies si violentes, qu'il n'étoit plus en notre pouvoir d'y encourir aucun blâme, ni d'y avoir tort, et, partant, que c'étoit affaire à eux, pour le propre intérêt de leur honneur, d'y chercher les remèdes les plus prompts et les plus convenables, soit que l'Infante écrivit à l'Empereur et lui fît part de l'effroi dans lequel elle se trouvoit, soit qu'il le conçût de lui-même

1. Alphonse de la Cueva et Benavidès, marquis de Bedmar (1573-1655), gouverneur des Pays-Bas espagnols, ambassadeur à Venise en 1618, cardinal en 1622, évêque de Palestrina (1644-1655) et de Malaga (1648-1655).

et craignit un second passage du Roi en Italie, après le premier qui avoit tant fait de bruit et d'effet, et qui étoit d'autant plus à craindre que le Roi, pour cette fois, ne laissoit point d'ennemis derrière soi, qui affoiblissent et détournassent ses forces[1].

Cependant Collalto, dès qu'il eut reçu la nouvelle que le Cardinal s'avançoit devant le Roi avec son armée pour passer en Italie, commença à parler à bon escient de la suspension d'armes et se laissoit entendre qu'il y consentiroit volontiers à conditions raisonnables, voyant bien qu'il lui seroit difficile de subsister plus longtemps en ce siège, le pays étant tout ruiné, une partie de ses troupes dissipées et le reste étonné par le bruit de la venue de S. M.

Il envoya quant et quant en Allemagne pour avoir un renfort de gens de guerre et Spinola envoya demander aux princes d'Italie, qui sont ligués pour la défense de l'État de Milan, le secours ordinaire auquel ils sont obligés.

Le duc de Savoie promit les étapes pour le passage des armes du Roi par la Savoie; mais, croyant qu'il falloit nécessairement passer par ses mains, il les tenoit si chères que cela étoit cause que l'on n'en pouvoit arrêter le marché.

Quant à celui des voitures du blé de Nice, il étoit si excessif qu'il n'y avoit point d'apparence; il ne laissoit pas de promettre néanmoins de fournir dans tous les lieux de ses États du Milanois ou du Montfer-

---

1. Le manuscrit A donnait ici une lettre de l'Empereur au Pape, du 24 décembre (fol. 332 à 335), suivie de commentaires (fol. 336) et de la réponse du pape (fol. 336-337); le tout a été barré et inutilisé.

rat que l'on voudroit, la même quantité qui lui seroit portée à Nice, selon le prix dont on conviendroit avec lui pour le port, lequel il mettoit à trois écus d'or pour charge jusques au Pô.

Il promettoit pour ce qu'il n'osoit refuser, mais mettoit des conditions dans ses promesses pour en rendre l'exécution impossible et essayer de forcer le Roi à la paix, et principalement pour ce que Montfalcon lui mandoit que le Cardinal étoit en impatience de savoir si toutes choses étoient prêtes en Italie pour son arrivée, et que, si cela n'étoit, il n'iroit point.

Cela lui faisoit chercher tous les obstacles et les longueurs imaginables, pour ce qu'il n'y avoit rien qu'il craignît davantage que cette venue, qu'il savoit bien qui l'obligeroit à parler françois.

Le maréchal de Créquy donna avis de toutes ces choses à S. M., comme aussi de la nécessité d'argent où étoit Toiras, à raison de laquelle il avoit été obligé de faire, depuis peu de jours, un voyage à Suse pour le trouver.

Sur ces avis, S. M. manda audit maréchal[1] que, à quelque prix que ce fût, il convînt avec le duc de Savoie pour le passage de ses troupes par la Savoie, et ce par un traité bien éclairci et bien signé ; qu'il se remettoit à lui de traiter avec ledit duc, au meilleur mé-

---

1. Première leçon du manuscrit A, fol. 341 v° : « Sur tous ces avis, S. M. donna les ordres suivants audit maréchal par une dépêche du 24ᵉ décembre » ; suivait le texte même de cette dépêche (fol. 341 v°-343) ; les *Mémoires* s'en sont servi pour la rédaction de ce paragraphe ; le document qui a été utilisé est aux Affaires étrangères (corresp. politique, Piémont 10, fol. 351-352) ; au dos, Sancy a écrit : « Employé. Cahier 22 Italie. »

nage qu'il pourroit, de l'échange des blés qui seroient portés à Nice pour les fournir en l'armée de S. M. en Italie, en telle part qu'elle en auroit besoin. Et S. M. envoya quant et quant audit maréchal l'argent nécessaire à ce sujet. Elle lui donna aussi avis qu'elle ne désiroit pas la suspension d'armes qui avoit été proposée, toutefois qu'elle se remettoit à lui de l'accepter s'il la jugeoit honorable et avantageuse et qu'il estimât nécessaire de l'accepter pour la conservation de la ville de Mantoue.

Incontinent après, le Cardinal partit et avec une telle diligence qu'il ne voulut pas passer le dernier jour de l'an à Paris, mais en sortit le 29e et arriva le dernier à Fontainebleau.

Mais, auparavant que de finir cette année, il est à propos que nous ajoutions ici deux ou trois choses dignes d'être sues.

La première est que, tandis que le Roi étoit en Italie, le Cardinal n'étoit pas si empêché par tant d'affaires que S. M. avoit dedans et dehors le royaume qu'il ne pensât à l'enrichissement d'icelui par l'augmentation du commerce. Il proposa à S. M. d'envoyer quelqu'un de sa part en Moscovie, pour traiter avec ce prince[1] et obtenir liberté aux François d'y trafiquer à conditions raisonnables. Deshayes eut cette commission[2].

1. Michel Romanow (1613-1645).
2. Louis Deshayes, sieur de Cormenin, fils d'Antoine Deshayes, conseiller et maître d'hôtel du Roi, bailli et gouverneur de Montargis, était né vers 1592. Il avait été chargé de diverses missions diplomatiques ou commerciales dans le Levant (1616 et 1621), en Danemark et en Suède (1624), en Orient et en Moscovie (1625), en Perse (1626). Déçu dans son ambition, il

Passant en Danemark[1], il sut de quelques François que, depuis un long temps, ils avoient discontinué de trafiquer dans la mer Baltique, à cause du grand droit que le roi de Danemark prenoit sur leurs marchandises, en passant par le détroit du Sund, et que si, par l'autorité du Roi, ils pouvoient rétablir la traite de Narva, d'où ils rapportoient autrefois tous les agrès et choses nécessaires à la navigation, toute la France en recevroit un grand avantage et le commerce un merveilleux accroissement[2].

Il en parla au roi de Danemark, en juillet, qui le renvoya en son Conseil, avec lequel, après avoir conféré et déduit ses raisons, ledit roi accorda de modérer l'impôt de cinq pour cent qu'il prenoit sur toutes marchandises qui passoient par le détroit du Sund, à un pour cent des marchandises appartenantes aux sujets du Roi, qui passeroient par ledit détroit, allant et revenant de la ville de Narva.

avait embrassé le parti de Gaston d'Orléans et avait suivi ce prince à Bruxelles. Il négocia en 1632, en Allemagne et à Vienne, pour le compte de Gaston d'Orléans et s'efforça de lever en son nom des troupes d'infanterie et de cavalerie destinées à appuyer la révolte du duc de Montmorency. Appréhendé en Allemagne, ramené en France, il fut condamné à mort, pour crime de haute trahison, et exécuté à Béziers le 12 octobre 1632.

1. C'est-à-dire : pendant son voyage de Paris en Danemark. Il avait appris de marchands normands, avant de s'embarquer à Dieppe, ce qui est rapporté dans le présent paragraphe.

2. Ce paragraphe est emprunté à une lettre de Deshayes à Richelieu, du 25 juillet (Aff. étr., corresp. politique, Danemark 1, fol. 185-186) et ce qui suit (jusqu'au paragraphe commençant par : « La seconde est qu'en cette même année naquit un fils au roi d'Espagne... », p. 415) est tiré d'un ensemble de

Mais, pour ne donner occasion aux Anglois et Hollandois de demander la même diminution, il désira limiter le temps de cette concession à huit années, avec promesse de le continuer quand elles seroient expirées.

De là passant en Moscovie, il y fut bien reçu et, en novembre, obtint de ce prince pleine liberté aux François d'aller trafiquer en ses États, avec liberté de faire profession de la foi catholique, apostolique et romaine, et tenir près d'eux des prêtres pour leur administrer les sacrements, pourvu qu'ils ne fissent leurs fonctions en public.

Il permit aussi que les François exerçassent entre eux la justice, sans que ses juges s'en mêlassent, et leur donnoit liberté de faire passer des courriers dans ses États, pour envoyer en Tartarie ou en Perse les marchandises ordinaires de ces pays, lesquelles, néanmoins, il feroit donner à si bon marché par ses sujets qu'on n'auroit point de lieu de les y envoyer quérir.

La seconde est que, en cette même année, naquit un fils au roi d'Espagne, qui fut baptisé le 17ᵉ octobre. L'infant Carlos et la reine de Hongrie le nommèrent Balthazar - Charles - Dominique - Luc - Philippe d'Autriche[1], tant ils estimoient leurs affaires en mauvais état qu'ils croyoient avoir besoin de tous les saints pour les défendre : de sorte que, pour les réduire tous en un mot, ils eussent plutôt fait de le nommer Toussaint.

La troisième est que Bethlen Gabor mourut aussi

documents sur la mission de Deshayes en Danemark et Moscovie (*Ibid.*, fol. 187-189).

1. Il mourut en 1646, après avoir été fiancé à Marie-Anne d'Autriche, que le roi d'Espagne Philippe IV épousa en 1649.

cette année, en novembre, au grand contentement de l'Empereur, qui n'avoit jamais pu avoir raison de lui; lequel, après la ruine du roi de Bohême et de tout le parti, s'étoit toujours maintenu en la possession de la plupart du royaume de Hongrie, qu'il avoit conquise, et l'avoit contraint de la lui accorder, par traité, durant sa vie. Il étoit de naissance Hongrois, d'ancienne famille, fils d'un père qui mourut à la prise de la ville de Goula[1] par les Turcs, laquelle lui appartenoit en propre et qu'il défendit jusques à l'extrémité, ayant en vain attendu le secours de l'Empereur, qui l'abandonna.

Bethlen Gabor, son fils, dénué de la plupart de ses biens, se mit au service de Sigismond[2], prince de Transylvanie, et monta par tous les degrés de guerre, sous le prince Sigismond et ses successeurs, jusques aux plus hautes charges et enfin jusques à celle de général des armées de Gabriel Bathory, lequel, étant prince désordonné, devint amoureux de sa femme et lui voulut faire violence, ce qui l'obligea d'avoir recours au Turc l'an 1614.

Le premier vizir étoit lors Nassouf Bacha[3], homme hardi et entreprenant, qui reçut cette occasion avec espérance de s'en avantager pour le service de son maître et prendre quelque entrée en Transylvanie pour s'en emparer.

Il assista ledit Bethlen de deux armées; l'une entra par la Hongrie au Pont de Trajan, sous le commande-

---

1. Gyula-Fehervar, en Transylvanie.
2. Sigismond Bathory (1602-1606).
3. Nassouf Bacha ou Nesuh Pacha, grand vizir et favori du sultan Achmet.

ment de Squender, bacha de Temeswar[1], l'autre par la Valachie à Brussovia[2], commandée par Bethlen même.

Bathory, ne pouvant résister à cette grande puissance, s'enfuit de Transylvanie en la ville de Waradin[3], que les princes de Transylvanie tiennent dans la Hongrie.

Bethlen prit son temps, assembla les États du pays et s'y fit élire prince au lieu de Bathory, qui envoya vers l'Empereur Mathias pour lui demander assistance.

Mathias la lui promet, mais, partie par mauvaise volonté, partie par impuissance, la lui envoya si foible qu'elle n'étoit pas suffisante pour le rétablir; et, craignant de l'offenser par ce foible secours et qu'il n'en prît occasion de se donner au Turc et lui livrer quelques forteresses qu'il avoit encore en sa puissance, il donna commandement à Abaffi, gouverneur de Tokay[4], qui commandoit la plupart des troupes qu'il lui avoit envoyées, de trouver moyen de se défaire de lui.

Ils firent plusieurs entreprises sur sa personne; une desquelles fut de lui dire, quand il auroit bu, que la lame de son épée étoit excellente, afin de leur donner occasion de la leur montrer et de la mettre en la main

---

1. Iskander Pacha.
2. Brasso (Kronstadt), chef-lieu d'un comitat de Transylvanie.
3. Waradin ou le Grand-Waradin, sur le Sebeskerez, ville de la haute Hongrie sur la frontière de Transylvanie.
4. Georges Abaffi, conseiller de Bethlen Gabor, était gouverneur de la ville de Tokay, située au confluent de la Bodrog et de la Theiss.

de quelqu'un d'eux, qui pourroit lors se rendre maître de lui, étant désarmé comme il étoit.

L'invention leur succéda, en partie, comme ils désiroient ; car, dès qu'ils lui eurent parlé de son épée, il la leur mit en la main, mais aucun d'eux n'eut la hardiesse de l'attaquer, le premier, craignant la force extraordinaire de corps qu'il avoit, laquelle étoit telle que, prenant des deux mains les deux roues d'un carrosse attelé de six chevaux, il empêchoit les deux roues de tourner, comme si elles eussent été enrayées, et, faisant un festin aux ambassadeurs de l'Empereur, il prit avec ses deux mains deux hommes de la compagnie de ses gardes dessous la plante des pieds, et, les soulevant, les soutint jusques à ce qu'ils eussent bu le verre à sa santé.

Enfin, ne l'osant joindre de près, ils firent complot de le tuer à coups de carabine, et, un soir qu'il s'étoit allé promener en son carrosse, le vinrent rencontrer et, l'attaquant de paroles injurieuses, lui tirèrent force coups, de l'un desquels il eut le bras droit rompu. Il sauta hors du carrosse et, essayant de tirer son épée de la main gauche, qui seule lui restoit saine, reçut deux ou trois coups de lance et tomba sur la place en un petit ruisseau d'un demi pied de haut, où il se noya.

Quelques-uns de ces assassins, espérant grande récompense, allèrent en Transylvanie la demander à Bethlen Gabor, qui commanda qu'ils fussent appréhendés et punis comme ils méritoient. Ils s'enfuirent en une église et se sauvèrent dans la tour, où, le feu étant mis en bas, ils furent enfumés, une partie d'eux brûlés, et le reste contraint de se précipiter dans la rue, où ils furent achevés de tuer par quelques-uns qui avoient encore mémoire du défunt.

L'Empereur Mathias essaya de troubler Bethlen Gabor en sa nouvelle principauté et, sous prétexte de religion, assista de troupes et d'argent Homonnay[1], seigneur hongrois, catholique, que Bethlen défit, et, passant outre jusque sur les frontières de son État, obligea ledit Mathias à traiter avec lui.

Alors la guerre cessa plutôt que la paix ne commença entre lui et ledit Mathias; ils étoient plutôt sans guerre ouverte qu'en véritable paix, jusques à tant que les mouvements de Bohême s'élevèrent, où, étant sollicité de se mettre de la partie, il le fit si à propos que, en moins de quinze jours, il se rendit maître de toute la Hongrie, jusques à Presbourg même qu'il prit, distante de dix lieues de Vienne.

Il fut un si préjudiciable ennemi à l'Empereur qu'il lui tua les deux seuls généraux d'armée qu'il avoit, savoir est le comte de Dampierre, françois, qui fut tué en une entreprise qu'il avoit sur la ville de Presbourg, et du courage duquel Bethlen fit tant de compte que, faisant chercher et apporter son corps, il le fit enterrer avec les rois de Hongrie, et le comte de Bucquoy, flamand, qui avoit gagné la bataille de Prague, décisive de la fortune de l'Empereur en Allemagne, lequel, ayant assiégé la ville de Neuhausel[2] avec trente mille hommes de pied et quatre mille chevaux, Bethlen la vint secourir, le tua et mit cette armée tellement en route qu'il n'en retourna point quatre mille hommes à Vienne.

1. Valentin Homonnay, soutenu par les Turcs, avait, en 1606, disputé la dignité princière de Transylvanie à Rakoczy et à Gabriel Bathory, mais la diète de Kolozsvar préféra Rakoczy qui se retira devant Bathory, appuyé par Bethlen.
2. En magyar Ersekujvar, ville située sur la rive droite de la Nyitra, affluent de gauche du Danube, assiégée en 1621.

L'Empereur, bien qu'il n'eût plus d'autre ennemi que celui-là et qu'il se fût rendu maître de la Silésie, de la Bohême et de la Moravie, fut contraint, pour obtenir paix de lui, de lui laisser la plupart de la Hongrie durant sa vie, en qualité de lieutenant irrévocable de l'Empereur[1], mais de laquelle il jouissoit réellement et d'effet comme seigneur absolu, avec de grandes pensions que l'Empereur lui payoit par chacun an.

Depuis cette paix, à mesure que l'Empereur lui vouloit manquer de parole en quelque point, il s'en ressentoit courageusement et vouloit renouveler la guerre, de sorte qu'il le tenoit toujours en échec et en crainte.

Il mourut en novembre de la présente année et, par sa mort, ce qu'il tenoit de la Hongrie revint à l'Empereur.

Mais ce qui arriva de plus mémorable, comme étant plus important à la foi de Jésus-Christ, contre laquelle il sembloit qu'un schisme s'élevoit en France, qui eût bientôt gagné toute la chrétienté, c'est que Maître Edmond Richer, auteur de ce mal, fut induit et persuadé, par le soin et la diligence du Cardinal, à se dédire de l'opinion erronée et du livre pernicieux qu'il avoit publié contre la puissance du Pape, vicaire de Jésus-Christ et chef de son Église.

Il naquit en un village appelé Chaource[2], près Bar-

1. La paix de Nikolsburg (1621) conservait à Bethlen, qui avait été proclamé roi de Hongrie par l'assemblée de Presbourg, en 1620, la Transylvanie augmentée de sept comitats, mais il renonçait à la couronne de Hongrie. En 1623, Bethlen reprenait les armes; en 1624, un nouveau traité confirmait celui de Nikolsburg; mais Bethlen, allié à la France, reprenait la lutte contre l'Empereur en 1626.

2. Village du diocèse de Langres, comté de Champagne, à

sur-Seine, du ressort de Troyes, de pauvres parents qui, n'ayant pas moyen de l'entretenir ès universités, l'envoyèrent à Paris pour servir et, en servant, étudier[1]. Il arriva au collège du cardinal Lemoine[2], et se mit à servir un docteur nommé Bouvart[3], demeurant audit collège, ayant nombre d'écoliers en pension chez lui.

Il fit audit collège ses études d'humanités, où il réussit assez bien; mais, en philosophie, il ne réussit pas si bien, n'ayant jamais pu pénétrer dans le fond de cette science. Ayant achevé son cours et obtenu le degré de maîtrise ès arts[4], il alla régenter à Angers, où, après avoir passé quelques années, il revint à Paris, régenta la philosophie au collège de Bourgogne[5] et

cinq lieues de Troyes; les *Mémoires* écrivent Chausse. — Richer naquit le 30 septembre 1560.

1. Il arriva à Paris en 1578; moins de trois ans après, il put passer en philosophie.

2. Jean Lemoine, évêque d'Arras, puis cardinal en 1294, mort en 1313, avait acheté dans le clos du Chardonnet, rue Saint-Victor, un terrain ou une maison qui avait appartenu aux Ermites de Saint-Augustin, pour y héberger des écoliers pauvres étudiant les arts et la théologie. En 1302, il établit les premiers statuts du nouveau collège, approuvés par le Pape, et fonda des bourses pour soixante « artiens » et quarante théologiens. Les cinq statuts de fondation de ce collège, dressés à différentes époques par le cardinal Lemoine, furent publiés par Richer en 1627.

3. Peut-être l'un des membres de la famille de Charles Bouvard, seigneur de Fourqueux, conseiller du Roi, premier médecin de Louis XIII, anobli en mai 1639, mort en 1658.

4. En 1583.

5. Fondé en février 1332 par le cardinal Bertrand et le frère cordelier Nicolas de Lyre, exécuteurs testamentaires (avec Thomas de Savoie, chanoine de Paris, et frère Guillaume de

entra au cours de théologie dans la Sorbonne[1]. Durant sa demeure audit collège, il fut peu aimé, à cause de son naturel fier et hautain. Les guerres de la Ligue étant lors allumées en ce royaume, il en étoit, et des plus ardents et factieux.

Dès que la ville de Paris fut prise, le 22ᵉ mars 1594, qui fut le commencement de l'avancement des affaires du Roi, il changea d'opinion et ils furent tout étonnés, en Sorbonne, qu'ils l'ouïrent parler tout au contraire de ce qu'il faisoit auparavant, et non seulement blâmer la Ligue, ses partisans et ses maximes, mais se mettre à hanter familièrement les huguenots, et, entre eux, la Popelinière[2], historien fameux et infâme, qui a écrit

Vading, cordelier) de Jeanne de Bourgogne, femme du roi Louis X, qui avait, par testament, ordonné que le prix de vente de son hôtel de Nesle serait employé à la fondation d'un collège pour des écoliers pauvres du comté de Bourgogne étudiant à Paris ; la maison, achetée auprès des Cordeliers, fut appelée « Maison des Escoliers de Madame Jeanne de Bourgogne » et abrita d'abord vingt écoliers séculiers en philosophie ; en 1607, les bourses furent réduites à dix.

1. Ces événements de la vie de Richer se placent entre 1584 et 1589.

2. Lancelot Voisin ou du Voisin, sieur de la Popelinière (1541-1608), combattit valeureusement dans les armées protestantes de 1574 à 1577. Il avait écrit en 1571 « La vraye et entière histoire de ces derniers troubles... », puis « La vraye et entière histoire des troubles... depuis 1562... » en quatorze livres (1572) qui, avec l' « Histoire de France depuis 1550... », parue en 1581, racontent les événements des guerres civiles de 1550 à 1577. Il publia ensuite les « Trois Mondes » (1582), livre de géographie, puis revint à l'histoire avec l' « Amiral de France » (1584), l' « Histoire des histoires, avec l'idée de l'histoire accomplie, plus le dessein de l'histoire nouvelle des François... » (1599) et, en 1601, l' « Histoire de la conquête des pays de Bresse et de Savoie par le roi Très Chrétien ».

l'histoire des troubles avec beaucoup de passion et de mensonge; ce qui mut aucune fois ses confrères de lui dire qu'il se donnât garde qu'il n'entrât dans les opinions erronées contre le chef de l'Église, dans lesquelles plusieurs de ceux qu'il hantoit étoient; mais, sans répondre, il méprisoit ce qu'ils lui disoient.

A quelques années de là, le décès du grand-maître du collège du cardinal Lemoine étant arrivé, il fut pourvu à cette charge[1] par le moyen de quelques conseillers de la cour, sur l'opinion qu'ils avoient qu'il étoit bon serviteur du Roi.

A six ou sept ans de là, sur un bruit qui courut que les jésuites sollicitoient d'être rappelés dans l'Université, estimant que le vrai moyen de les en empêcher étoit d'y procurer quelque réformation, il en obtint un arrêt par lequel un président, des conseillers et quelques-uns de l'Université furent nommés pour y travailler.

Il dressa les constitutions et les réglements de tous les arts et de toutes les facultés, les fit homologuer en la Cour et publier en l'Université[2].

Le Roi, qui avoit des desseins qui regardoient plus loin, et des causes particulières pour lesquelles il vouloit rappeler les jésuites, ne laissa pas de les rétablir dans le collège de Clermont et dans Saint-Louis[3], pourvu, toutefois, que dans leurdit collège ils ne régentassent point par eux-mêmes, mais seulement par les maîtres séculiers qui introduisoient leurs pension-

---

1. En 1595, au décès du grand maître Étienne Lafilé.
2. 18 septembre 1600.
3. Henri IV rappela les jésuites au collège de Clermont et à Saint-Louis, de 1601 à 1603.

naires. Durant tout le règne du feu Roi, les jésuites demeurèrent en cet état. Dès que Dieu l'eut appelé à lui, ces bons Pères, sachant combien les passages et changements des choses sont favorables à ceux qui ont des affaires, présentèrent requête à la Reine mère, régente, afin qu'il leur fût permis de régenter par eux-mêmes, non seulement dans Paris, mais dans toutes les villes où ils seroient appelés.

En ayant obtenu les lettres patentes qu'ils demandoient[1], toute l'Université s'y opposa, et Richer, entre autres, qui en avoit été lors créé censeur, s'y opposa au Parlement, où il empêcha l'entérinement desdites lettres et fit dire qu'ils renverroient leurs pensionnaires aux séculiers qu'ils avoient[2].

Plusieurs questions s'étant émues sur ce sujet et, étant mis en avant que les jésuites avoient plusieurs opinions erronées concernant S. S., il s'emporta si loin au delà des bornes du devoir et de la vérité, qu'il fit un livre, *De ecclesiasticâ et politicâ Potestate*[3], dans lequel il y avoit beaucoup d'erreurs contre la foi, les plus grossières desquelles furent réfutées par maître André Duval[4], docteur en Sorbonne et professeur du Roi en théologie, qui en écrivit exprès et en parla

1. Février 1618.
2. Cf. *Mercure français*, t. V, p. 12-18.
3. Paru en 1611.
4. Né à Pontoise en 1564, il fut reçu docteur en théologie en 1594 et fut le premier pourvu de la chaire de théologie créée par Henri IV (1596); il mourut en 1638, sénieur de Sorbonne et doyen de la Faculté de théologie. Ses principaux ouvrages sont : « Libelli de ecclesiasticâ et politicâ potestate elenchus pro supremâ romani pontificis in ecclesiam authoritate » (1612), « De supremâ romani pontificis in ecclesiam potestate dispu-

avec tant de chaleur à ses confrères qu'ils résolurent de censurer le livre de Richer : ce qu'ayant fait, la cour de Parlement, qui croyoit que ce fût une pure question d'État et non de religion, y intervint, se saisit des exemplaires et les fit apporter au greffe.

Le cardinal du Perron, archevêque de Sens, prenant en main la cause de l'Église, assembla ses suffragants, et, nonobstant toute opposition au contraire, censura ledit livre[1]. Richer présenta requête au Parlement contre la censure; la Reine, par son autorité, arrêta les procédures[2].

Mais, bien que les procédures extérieures en fussent arrêtées, le venin intérieur ne laissoit pas de couler et s'insinuer dans tout le corps de cet État, et d'autant plus dangereusement qu'ils attribuoient la mort du feu Roi à la doctrine laquelle Richer disoit combattre par son livre.

Cela fit que plusieurs docteurs se joignirent à lui, et jusques à un tel nombre qu'il sembloit être le plus grand dans la Faculté; son impunité sembloit obliger à le suivre tous ceux qui ne prenoient pas le loisir et la peine de pénétrer jusques au fond de la difficulté.

---

tatio quadripartita » (1614) et « La vie de sainte Marie de l'Incarnation » (1622).

1. La réunion eut lieu le 16 février 1612 en l'hôtel du cardinal du Perron et la censure fut prononcée par les évêques, le 13 mars suivant.

2. En avril 1612, malgré la Reine, Richer appela comme d'abus, devant le Parlement, contre la censure des évêques et du cardinal du Perron; mais il fut obligé de se désister, sur l'ordre de Marie de Médicis, sous peine d'être poursuivi comme criminel de lèse-majesté.

L'évêque de Paris[1] essaya plusieurs fois de le mettre en son devoir; le cardinal de la Rochefoucauld s'y employa aussi et, par autorité du Roi, le contraignit de comparoir devant lui et d'abjurer les erreurs qu'il avoit mises en avant; mais il les abjuroit de manière qu'il y demeuroit toujours, d'autant qu'il remettoit la faute, non sur ses manquements, mais sur les mauvaises interprétations qu'on donnoit à ses propositions, de sorte que, à l'ouïr interpréter son dire, il n'avoit point failli, bien que, à lire ce qu'il avoit écrit et à l'entendre, comme les paroles pouvoient et devoient être entendues, il ne pouvoit être soutenu.

Enfin ce mal, que, en cette manière, les remèdes aigrissoient au lieu de le guérir, fut heureusement terminé par l'entremise du Cardinal, qui, l'ayant appelé[2], lui parla avec tant de vigueur et d'efficace qu'il le contraignit, par la force de ses raisons, à se dédire sincèrement et volontairement de son erreur[3].

Cette action reçut tant de bénédiction de Dieu que Richer depuis ne parla plus de ses erreurs, non plus

1. Jean-François de Gondi, évêque de Paris en août 1622, puis archevêque de cette ville de février 1623 à mars 1654.
2. Une première entrevue avait eu lieu, mais sans résultat, le 26 février 1623; celle dont il est question ici est du 7 décembre 1629.
3. Première rédaction du manuscrit A, fol. 352 : « ... sincèrement et volontairement de son erreur dans les termes et en l'écrit suivant... »; suivait le texte en latin de cette rétractation (fol. 352-353); elle a été barrée et Sancy a mis en marge : « Sa rétractation sera mise à la fin de ce volume... »; cette phrase a été répétée au crayon en marge du manuscrit B, fol. 316; mais on ne trouve ce document ni à la fin du manuscrit A, ni à la suite du manuscrit B. Une copie de ce document est aux Affaires étrangères, France 795, fol. 210-211.

que s'il n'en eût jamais été infecté, son âme en étant si entièrement lavée qu'il n'en restoit plus aucune apparence de vestige; et la troupe de ceux qui l'avoient accompagné en cette opinion, le suivant comme leur maître, se dissipa et s'évanouit, de sorte que depuis il n'en a plus été parlé.

Enfin, pour le sceau de cette action et afin que l'effet en fût irrévocable et qu'on ne retombât plus à l'avenir en semblable inconvénient, la Faculté de théologie, par l'avis du Cardinal, ordonna que, de là en avant, tous les bacheliers en théologie seroient obligés de faire le serment, qui, depuis quelque temps, avoit été discontinué, de ne jamais rien dire ni enseigner qui fût contre les décrets des saints papes, non plus aussi que contre les décrets de la Faculté, d'autant que, comme par les décrets des papes l'autorité des souverains pontifes est maintenue, celle des rois l'est par les décrets de ladite Faculté[1].

1. Tout d'abord, ce paragraphe se terminait sur le manuscrit A, fol. 353 v°, par ces mots qui ont été barrés : « Elle en fit l'acte suivant », et par le texte en latin du document annoncé sur le manuscrit (fol. 354); il y a été rayé; ce texte se trouve imprimé (p. 10-12) dans une plaquette intitulée « Relatio eorum quæ acta sunt in Sacra Theologiæ Facultate Parisiensi sub finem anni 1629 », publiée en 1630 et dont un exemplaire a été conservé aux Affaires étrangères (France 795, fol. 202-208).

APPENDICE[1]

Extraits de lettres du cardinal de Bérulle

Par lettre de M. le c[ardinal] de B[érulle], du 10ᵉ avril 1628, il dit qu'il croit que Fargis devroit avoir charge expresse d'agir avec le comte d'Olivarès sur le sujet du Montferrat, lui faire entendre que le Roi a beaucoup de sujet d'être offensé de M. de Mantoue pour les troubles passés et pour le sujet récent de Monsieur, comme insinuant en confiance le peu de sujet et de dessein que le Roi a de le soutenir.

Par autre, du 15ᵉ novembre, il dit que la puissance de Dieu qui a mis le Roi dans l'île de Ré le mettra bientôt dans la Rochelle; que Dieu foudroyant est avec lui; qu'il n'ignore pas les blocus et l'estacade, mais que Dieu, à son avis, veut prendre une autre voie pour faire son effet; que le jour lui est inconnu et la voie particulière aussi, mais que l'effet ne lui semble pas bien éloigné.

Par autre, du 16ᵉ, il dit que, au jugement d'une sainte âme, la Rochelle ne se prendra pas par le blocus, mais par intelligence et bientôt, et que, toutefois, il ne faut discontinuer les travaux parce que l'un apportera l'autre.

Par un billet, il dit qu'il ne semble pas que la prise de la Rochelle doive tarder beaucoup et que ce qu'il en a mandé, le 15ᵉ novembre, s'affermit et s'éclaircit davantage.

Par lettre du 3ᵉ décembre, il dit que l'effet semble proche, car la puissance de Dieu est sur cet œuvre aussi bien que sur celui de Ré, que l'on tient évidemment miraculeux; qu'il ne sait pas la voie que Dieu a choisie; que c'est beaucoup de savoir que l'œuvre est conclue de Dieu en son conseil; que le temps n'est pas bien éloigné, qu'il accourcira de beaucoup les

---

1. Voyez p. 85 et suivantes. Le document donné ici est aux Affaires étrangères, France 788, fol. 172-181.

longueurs des voies projetées ; que quelque autre voie plus prompte et subite terminera l'affaire.

Par autre, du 11ᵉ dudit mois, il dit qu'il regarde la Rochelle comme assurée au Roi, même espère que cela ne tardera pas longtemps ; qu'il ne l'attend pas de l'estacade ni du blocus, mais de quelque effort prompt et inopiné ; que, quand il en a écrit au commencement, il ne lui sembloit pas que le temps dût passer six ou sept semaines, ains qu'il pouvoit être bien plus bref.

Sortie du Roi hors le royaume

M. le cardinal de Bérulle, par sa lettre du 24ᵉ février 1629, écrit que le bruit du passage du Roi en personne est fort improuvé, car, outre l'inclination générale à la paix, on blâme cette sortie du Roi hors le royaume.

On dit que toute la maison royale est hors l'État (excepté Monsieur le Prince) et la maison royale sans lignée : le Roi, Monsieur, frère du Roi, et Monsieur le Comte. On dit qu'on oppose la personne propre du Roi aux lieutenants du roi d'Espagne, comme si les lieutenants du Roi ne leur suffiroient pas ; qu'on donne commencement à une guerre immortelle parmi les nécessités de l'État et les misères du peuple, et que, sous le prétexte de Casal, on veut entrer dans le Milanois, et cela est publiquement et hautement blâmé, même des ennemis ouverts du roi d'Espagne ;

Qu'il n'y a rien du sien en ce discours que la fidélité à le rapporter ; seulement y ajoutera-t-il que, s'il arrivoit une maladie médiocre de huit jours au Roi ou à M. le Cardinal, le dessein périroit et les ruines en tomberoient sur ledit sieur Cardinal.

Hébert [Marie de Médicis]

Francigène [Bérulle], par lettre du 30ᵉ avril 1629, écrit qu'il n'estime pas que Calori [Richelieu] doive être en peine du côté d'Hébert [Marie de Médicis] ; que ce sont nuages qui viennent de la part de mauvais esprits qui, à la vérité, se conduisent avec tant d'aigreur et d'imprudence qu'Hébert [Marie de Médicis] mérite d'être un peu excusé, et d'autant plus que sa peine vient d'excès de bienveillance et d'estime de Calori [Richelieu], qu'il ne veut que personne lui ravisse; qu'il sait ce qu'il lui en a dit autrefois; qu'il n'y voit autre chose et croit qu'une demi-heure d'entrevue dissipera tout cela;

Que la mère du Zest [Monsieur le Comte?] a dit que Calori [Richelieu] avoit mandé par voie fort confidente et secrète à Hébertin [Monsieur] qu'il persévérât à faire comme il faisoit; qu'il laissât faire à Calori [Richelieu] et que, dans peu de temps, il agiroit si puissamment sur l'esprit du Chesne [le Roi] et d'Hébert [Marie de Médicis] que le mariage se feroit;

Qu'on ne manque pas de faire voir à Hébert [Marie de Médicis] les malices cachées, ou plutôt évidentes, en semblables discours, et que souvent Hébert [Marie de Médicis] avoue bien reconnaître; mais il y a certaines petites choses qui touchent ses sentiments dont l'éclaircissement en présence sera très facile.

Par autre, du 18ᵉ mai, il écrit que, faisant lecture à Hébert [Marie de Médicis] de la retenue de Calori [Richelieu] à donner son avis à Hébert [Marie de Médicis] sur les discours malicieux de l'expulsion future hors de la cour, faute de confiance comme auparavant, Hébert [Marie de Médicis] lui avoit commandé d'écrire à Calori [Richelieu] qu'il se confioit entièrement en lui et le prioit de lui mander son avis sur ces fausses prophéties.

Par autre, du 4ᵉ juin, il écrit que, comme il avoit lu à Hébert [Marie de Médicis] l'article de la lettre de Calori [Richelieu] du contentement qu'il avoit reçu en l'assurance que Francigène [Bérulle] lui avoit donnée de la part d'Hébert [Marie de Médicis] de la continuation de sa bienveillance et confiance, Hébert [Marie de Médicis] lui répondit qu'il lui avoit écrit trois fois de sa main et lui promettoit de lui écrire de sa main encore à cette fête et de l'assurer lui-même de ce que Francigène [Bérulle] lui avoit mandé.

Par autre, du 16ᵉ juin, il écrit qu'un éclaircissement, à son avis, fera son effet; c'est estime et affection qui ne permet pas de supporter que ses ennemis triomphent d'avoir Calori [Richelieu] contre Hébert [Marie de Médicis]; que tout Paris en juge ainsi, et, depuis peu, on répand qu'il a laissé exprès la princesse M[arie] en France, depuis un an, afin de donner à Hébertin [Monsieur] moyen et facilité de l'épouser; que, à son avis, les dames de la Princesse [Madame la Princesse] plus elles font contenance de s'appuyer de Calori [Richelieu], plus elles essaient de le ruiner; qu'il ne sait pas si elles en ont la volonté, mais qu'il ne croit pas qu'elles en aient la puissance.

Par autre, du 7ᵉ juillet, il écrit que la prudence de Calori [Richelieu] considérera si, en cas de nécessité, au voyage d'Italie, un retour bref de Calori [Richelieu] ne seroit point utile pour remettre ici beaucoup de choses en leur point.

Détention de la princesse Marie

M. le cardinal de Bérulle, par sa lettre du 12ᵉ mars 1629, écrivant du dessein qu'avoit Monsieur d'épouser la princesse Marie, avoue qu'il fut d'avis, à l'heure même, de prévenir et enlever les dames et assurer l'affaire.

Montferrat

M. le cardinal de Bérulle, par sa lettre du 30ᵉ avril 1629, écrit qu'il pense avoir reconnu, de quelques propos de Mirabel, qu'Espagne et l'Empereur ne donneront point l'investiture, tandis que le Montferrat sera occupé des François. Ensuite dit que sa pensée est que l'investiture de Mantoue soit donnée dès à présent et tandis que les armes du Roi sont au Montferrat; que, après cette investiture, le Montferrat soit mis en dépôt de l'un des trois nommés par le Roi, à condition que dans deux mois l'investiture du Montferrat sera donnée et que, jusques à ce qu'elle soit donnée, l'armée du Roi conserve Suse et les passages qu'elle tient.

Par lettre du 12ᵉ mai, il dit qu'il craint que l'Espagne s'affermisse à ne donner point l'investiture si on ne prend quelque autre voie ou avec elle ou avec l'Empereur, même craint qu'elle ne tente quelque dessein d'émouvoir l'Empereur à entreprendre quelque chose contre la France, à quoi l'Espagne se puisse joindre, sous prétexte d'assister ses alliés, comme, sous ce prétexte, la France a porté ses armes dans l'Italie.

Par autre, du 6ᵉ juin, il avoue qu'il ne voit pas clair au dessein des Espagnols; que le jugement de Dieu est sur eux; qu'ils ont voulu prendre Casal injustement et sont en danger de perdre Bois-le-Duc; qu'ils ont délaissé l'Angleterre pour l'Italie et ont reçu un très grand affront en Italie.

Par autre, du 16ᵉ dudit mois, il dit qu'ils sont avantageux et, ce semble, peu assurés.

M. le cardinal de Bérulle, par sa lettre du 30ᵉ avril, témoigne désirer que le Roi et M. le Cardinal reviennent promptement et ne fassent que passer par le Languedoc, et que S. M. choisisse ou fasse un maréchal de France assuré, entre les mains de qui elle commette le reste.

Par autre, du 6ᵉ juin, il propose de faire des blocus à quelques places principales du Languedoc et en commettre le soin à MM. de Fossé, de Marillac, de Valençay ou autres semblables, sans engager le Roi, M. le Cardinal et la noblesse aux périls de l'été du pays et du siège.

Plaintes de Monsieur contre M. le Cardinal.

M. le cardinal de Bérulle, par sa lettre du 4ᵉ mai 1629, écrit que le prétexte qu'on persuade Monsieur de prendre contre M. le Cardinal est la puissance trop grande dudit sʳ Cardinal en la cour, qui empêche Monsieur d'être en assurance.

Par sa lettre du 12ᵉ mai, il écrit avoir découvert, depuis peu, un secret et nouveau mécontentement de Monsieur sur les bruits qui courent du mariage de Saint-Ursin [Monsieur le Comte] avec la nièce d'Amadeau [Richelieu]; qu'il prend cela comme une affaire d'État contre lui;

Qu'on lui a fait, depuis peu, un faux et malicieux rapport de Calori [Richelieu]; qu'il avoit cinq millions en réserve dans le Havre; qu'il laissoit les vaisseaux sur le ventre et mettoit tout en coffre.

Par autre, du 16ᵉ juin : que de nouveau des gens retournés de l'armée ont dit à Monsieur avoir fait serment à M. le Cardinal comme lieutenant général des armées du Roi, et des maréchaux comme ses lieutenants; que cela l'a fort piqué comme inusité, en la présence du Roi, faire des serments à d'autres qu'au Roi, et que cette qualité lui appartient.

Francigène [Bérulle][1]

Par lettre du 6ᵉ juin 1629, il écrit qu'il a plu à Calori [Richelieu] le mettre en un si haut point de dignité qu'une personne beaucoup plus ambitieuse que lui auroit assez de quoi se contenter sans passer plus outre, et que ses devoirs envers Calori [Richelieu] sont si grands et si publics qu'il faudroit être bien méconnaissant et coupable pour employer ses faveurs autrement que dans la dépendance et révérence que mérite l'honneur extraordinaire qu'il lui fait.

Par autre, du 27ᵉ juin, il écrit que M. de Châteauneuf lui a dit avoir reçu plusieurs grandes plaintes des catholiques anglois sur l'envoi de l'évêque, qu'ils tiennent du tout en la possession des jésuites : qu'il est docte et vertueux, mais est en la réputation publique d'être tout dans les sentiments du cardinal de la Rochefoucauld et en la main des jésuites ; que, de tout temps, Calori [Richelieu] sait l'opposition publique du clergé d'Angleterre à eux, et maintenant cette opposition est à telle extrémité qu'elle approche du schisme ; que, si cela dispose à un nouveau choix, l'évêque de Langres peut être considéré, ou peut-être seroit-il mieux de faire un nouvel évêque, sans distraire les autres de leur résidence, comme Grillet, Saint-Cyran et autres.

Par autre, du 30ᵉ août, il mande qu'il apprend qu'on a indisposé le Roi à l'encontre de l'Oratoire en quelque chose qui concerne les jésuites, mais n'en peut deviner le sujet. A la vérité, ils sont extraordinairement violents et ils se rendront insupportables.

M. le cardinal de Bérulle, par sa lettre du 10ᵉ mai 1629, représentant qu'il est très malaisé d'empêcher le mariage de Monsieur et sa sortie hors de France que par quelque gouvernement, propose celui de Champagne qu'il dit n'avoir ni citadelle ni rivière qui le couvre et est proche et limitrophe de Lorraine, qui est faible, et est borné de Verdun et de Metz, ajoutant qu'il croit que l'humeur nonchalante de Monsieur l'occuperoit dans son gouvernement et le rendroit moins appliqué à ses passions et colères.

---

1. Au dos du document (Aff. étrangères, France 788, fol. 179) Richelieu a écrit de sa main : « Journal de Bérulle ».

Par autre, du 18ᵉ dudit mois, écrit que, prévoyant qu'on demandera, de la part de Monsieur, la délivrance de Modène, Déagent et M. de Vendôme, il sembleroit à propos de prévenir sa demande, renvoyant les deux premiers en leur pays et le troisième en l'une de ses maisons pour prison : ce qu'il dit exposer de lui-même sans qu'aucun des confidents de Monsieur en sache rien ;

Que la proposition qu'il a mandée du gouvernement n'est que par prévoyance et non chose traitée, l'exposant comme moyen pour obliger Monsieur.

Par autre, du 16ᵉ juin, il écrit qu'il n'estime pas que MM. de Bellegarde, Le Coigneux et Puylaurens aient aucune coulpe du voyage que Monsieur a fait à Toury, mais la rejette sur les dames ;

Qu'il lui semble qu'il y a en ces Messieurs beaucoup plus de peur et de mauvaise conduite que de mauvaise volonté contre l'État et M. le Cardinal ;

Que leur génie n'est pas à desseins hauts et à grandes brouilleries et qu'on leur fera grand plaisir de les en retirer et leur donner prétexte d'en sortir ;

Qu'il a proposé l'Anjou pour donner à Monsieur et qu'il prie M. le Cardinal de considérer la Bourgogne ; qu'il sait qu'elle est frontière, mais sans place si on rase Châlons, et est frontière à la Comté, qui est toujours en neutralité, et aux Suisses ; que déjà elle est à demi à Monsieur, étant à M. de Bellegarde, et que Monsieur ni les siens n'ont dessein de brouiller, mais seulement de s'assurer, y ayant en Monsieur une grande nonchalance et aux autres un grand désir de repos, et au plus, s'il y a en quelqu'un d'eux quelque application, c'est, à son avis, plus dans les intrigues de cabinet que dans les desseins de la guerre.

Par lettre du 7ᵉ juillet, il écrit que la crainte que l'on donne à Monsieur et aux siens le pouvant porter à sortir de France, fait qu'il semble nécessaire que le Roi envoie un commandement par écrit à M. de Bellegarde de le suivre partout, même hors le royaume.

Par autre, du 14ᵉ dudit mois, il dit que, si le Roi agrée le commandement par écrit, il faut l'envoyer à la Reine sa mère qui ne le donnera qu'à l'extrémité ;

Que le Roi a très grande raison de ne vouloir point ouïr parler de gouvernement pour Monsieur et qu'il n'en avoit jamais traité avec les siens, ains leur avoit dit que, pour les grands gouvernements, c'étoit chose impossible, que, pour les moindres, il ne devoit pas les demander, et qu'il falloit que ce fût la bonté du Roi seule qui prévînt les désirs secrets de Monsieur.

Ensuite il prie de considérer que la Bourgogne est à demi à Monsieur, étant à un des siens; que la Reine mère pourroit prier M. de Bellegarde de le lui remettre pour, par après, supplier le Roi de le donner à Monsieur et faire ledit s^r de Bellegarde son lieutenant. Ce ne seroit que changer de nom et de qualité pour Monsieur; qu'il n'y a que la citadelle de Châlons dont le pays demande le rasement.

Liste des principaux documents manuscrits utilisés pour la rédaction du tome X des Mémoires.

Archives des Affaires étrangères.

France 793.

Pages

Fol. 139-141. 9 mai (?). Brouillon de lettre de Richelieu
au cardinal de Bérulle 37-43
Fol. 245-247. 2 juin. Lettre du cardinal de la Valette à
Richelieu. 57, 58
Fol. 253-255. 4 juin. Lettre de Châteauneuf à Richelieu. 60-64
Fol. 270. Minute de lettre de Richelieu au cardinal de
la Valette. 59

France 794.

Fol. 5-7. 1er juillet. Lettre du cardinal de la Valette à
Richelieu. 45-47
Fol. 62. Copie de lettre de Louis XIII à Gaston d'Orléans 73, 74
Fol. 82. 9 août. Lettre de Michel de Marillac à Richelieu . 67
Fol. 158-169. « Histoire à commencer du 14e septembre 1629, au retour du voyage de Languedoc ». 77-84,
103-113, 114

[1629] DE RICHELIEU. 437

Fol. 178-206. « Relation de l'affaire de Monsieur touchant le dessein de son mariage avec la princesse Marie » 1-37, 43-45, 47-52, 74-76
Fol. 257. Mémoire du maréchal de Marillac . . . 115, 116
Fol. 274-275. 4 décembre. Lettre du maréchal de Marillac à Richelieu 119, 120
Fol. 278-279. 11 décembre. Instruction au duc de Bellegarde et à Bouthillier. 121
Fol. 297-301. 20 décembre. Lettre de Bouthillier à Richelieu 121-124, 129-132

France 795.

Fol. 239-240. Fragment de récit. 125-128
Fol. 259-260. « Mémoire dressé par M. de Schönberg et Marillac... » 68-72

Correspondance politique

Allemagne 6.

Fol. 300-301. Relation de Marcheville 387-390

Angleterre 43.

Fol. 197-201. 23 juillet. Dépêche de Châteauneuf . 244-245
Fol. 207. 6 août. Dépêche de Châteauneuf 244
Fol. 218-219. 27 août. Dépêche de Châteauneuf . . 241-243
Fol. 250. 10 septembre. Dépêche de Châteauneuf. . . 241
Fol. 256-260. « Mémoire sur la forme d'écrire entre les rois de France et d'Angleterre » . . . 221-223, 228-230
Fol. 258. 10 septembre. Dépêche de Châteauneuf . 230, 231
Fol. 270. 24 septembre. Dépêche de Châteauneuf. . . 225
Fol. 283-287. 7 octobre. Dépêche de Châteauneuf. 226, 231, 232, 234, 235, 270
Fol. 299-302. 18 octobre. Dépêche de Châteauneuf. 240, 241, 259, 260
Fol. 305. 20 octobre. Dépêche de Châteauneuf. . . . 260
Fol. 314. 18 novembre. Dépêche de Châteauneuf . 236, 237
Fol. 319. 20 novembre. Dépêche de Châteauneuf . 238, 239
Fol. 334 v°-335. 21 novembre. Dépêche de Châteauneuf 258, 259

Danemark 1.

Fol. 185-186. 25 juillet. Lettre de Louis Deshayes à Richelieu 414

Espagne 15.

Fol. 433-434. Avis du duc de Sessa 276, 277
Fol. 441-443. 6, 7, 11 et 24 avril. Extraits de lettres de Lingendes. 274-282
Fol. 467. 26 mai. Extrait de dépêche de Lingendes . . 283
Fol. 554. Septembre. Mémoire du cardinal de Richelieu à Barrault 375-377
Fol. 560-564. 24 octobre. Barrault à Richelieu . . 378, 379
Fol. 568. 6 novembre. Lettre de Lingendes à Richelieu . 380

Hollande 12.

Fol. 150-151. 8 septembre. Réponse de Richelieu à l'ambassadeur de Hollande. 210, 211
Fol. 203-204. Septembre et octobre. Copie de lettre de l'ambassadeur de Hollande à son gouvernement . 215-218
Fol. 233. Mémoire pour M. de Baugy, ambassadeur de France en Hollande 218-219

Piémont 9.

Fol. 343. 8 juin. Lettre du prince de Piémont à Richelieu 293
Fol. 345. 8 juin. Lettre du maréchal de Créquy à Richelieu. 293, 294
Fol. 359. 16 juin. Lettre du maréchal de Créquy à Richelieu 291
Fol. 367. 26 juin. Minute de lettre de Richelieu à Créquy 298

Piémont 10.

Fol. 15. 4 juillet. Dépêche du maréchal de Créquy . . 299
Fol. 18-22. 5 juillet. Mémoire du maréchal de Créquy. 295-299
Fol. 31. 14 juillet. Dépêche du maréchal de Créquy . . 311

Fol. 50-52. 28 juillet. Dépêche de Marini à Bouthillier. 312-313
Fol. 61-62. 31 juillet. Dépêche d'Abel Servien . . 314-316
Fol. 108. 31 août. Dépêche du maréchal de Créquy . . 327
Fol. 112, 113. 3 septembre. Dépêche du maréchal de Créquy. 325, 326
Fol. 114, 115. 3 septembre. Copie de lettre de Richelieu à Marini 333-337
Fol. 162-163. 25 septembre. Lettre du maréchal de Créquy à Marini 337-340
Fol. 182-184. 8 octobre. Conditions auxquelles la paix peut être conclue en Italie 361
Fol. 220. 24 octobre. Lettre de Richelieu au maréchal de Créquy 373
Fol. 226. 28 octobre. Lettre de Richelieu au maréchal de Créquy 372
Fol. 234-235. 29 octobre. Dépêche du maréchal de Créquy 362-369
Fol. 242-243. 8 novembre. Dépêche de Richelieu au maréchal de Créquy 370
Fol. 279-280. 13 novembre. Lettre de Créquy à Richelieu 384
Fol. 291-292. 27 novembre. Lettres du maréchal de Créquy à Richelieu 381, 382
Fol. 304. 20 novembre. Lettre d'Hémery à Richelieu. . 382
Fol. 306-307. Novembre. Minute de mémoire envoyé au maréchal de Créquy. 391, 392
Fol. 311-314. 3 décembre. Dépêche du maréchal de Créquy 395-398
Fol. 351-352. 24 décembre. Dépêche du Roi au maréchal de Créquy 412, 413
Fol. 462-465. « Mémoire pour les affaires de Suse », du maréchal de Créquy 291, 292, 314

Suisse 26

Fol. 405-408. 12 décembre. Instructions au maréchal de Bassompierre. 349, 350

SOMMAIRE DU TOME DIXIÈME

Année 1629 (suite).

Négociations relatives au dessein du duc d'Orléans de se porter au secours du duc de Mantoue (1628 et janvier 1629), p. 1-10. — Gaston d'Orléans recherche en mariage la princesse Marie de Gonzague-Clèves, p. 11-20. — Récit détaillé des projets formés pour le mariage du duc d'Orléans, depuis la mort de sa première femme, Mlle de Montpensier; affaire de son mariage avec la princesse Marie et intrigues de cour à ce sujet, p. 21-66. — Monsieur passe en Champagne (août), p. 66, puis en Lorraine (septembre), sous prétexte que la sûreté de sa personne était menacée par la présence, dans le Mâconnais et la Bresse, d'une armée destinée à la garde des frontières, p. 67, 68; dénombrement et emplacement de ces troupes, p. 69-71. — Échange de lettres entre le Roi et son frère, p. 72-74. — Le cardinal de Bérulle se plaint de l'attitude du cardinal de Richelieu dans l'affaire du mariage de la princesse Marie avec le duc d'Orléans; réponse de Richelieu, p. 74-76. — Retour du Cardinal du Languedoc à Fontainebleau (14 septembre); il est froidement accueilli par Marie de Médicis, à laquelle il écrit une lettre de justification et de protestation de dévouement, et demande au Roi l'autorisation de quitter le pouvoir, p. 77-80. — Réflexions du Cardinal sur cette apparente disgrâce, p. 81, dont le cardinal de Bérulle aurait été désigné comme l'auteur, p. 82. — Raisons qui militent contre cette opinion; portrait du cardinal de Bérulle; son « curriculum vitæ », p. 82-103. — Mort de Bérulle (2 octobre), p. 85. — Négociations relatives à l'« éloignement » de Monsieur et aux conditions de son retour; mission du duc de Bellegarde auprès de Gaston d'Orléans à Nancy, p. 103-112; le maréchal de Marillac lui succède (novembre), p. 113; ses négociations avec Monsieur, p. 114-120. — Mission du duc de Bellegarde et de Bouthillier auprès du duc d'Orléans (décembre), p. 120-123. — Augmentation d'apanage réclamée par ce prince, p. 123-124. — Exemples d'augmentations d'apanages accordées, dans le passé, aux frères des rois de France, p. 124-129. — Discussions sur l'augmentation d'apanage demandée par Monsieur, dans lesquelles intervient le duc de Lorraine réclamant pour lui-même divers avantages, p. 129-135. — Accord conclu avec Gaston d'Orléans (2 janvier), p. 135. — Réticences de Monsieur, p. 135-139. — Affaires d'Allemagne : paix de Lubeck (22 mai), p. 140; négociations antérieures à ce traité, p. 141, 142; ambassades de Charnacé auprès du duc de Bavière, p. 143-149, du roi de Danemark, p. 150-153, des rois de Suède et de Pologne, p. 154. — Tableau succinct des spoliations ordonnées par l'Empereur au détriment du landgrave de Hesse, du duc de Brunswick, de l'électeur de Cologne, de l'administrateur de Magdebourg, du duc de Mecklembourg, du marquis de Brandebourg et du duc de Poméranie, p. 155-159. — Entretiens de Charnacé avec le marquis de Brandebourg, p. 159-161. — Ambassade de Charnacé auprès du roi de Pologne et du roi de Suède, p. 161-196, auxquels il fait conclure le traité d'Altmarck, p. 178. — Nouvelles négociations de Charnacé avec le roi de Danemark, p. 196, 197. — Siège de Bois-le-Duc, p. 198-214. — Négociations avec la Hollande, p. 215-219. — Ambassade de Châteauneuf en Angleterre, p. 220-272. — Affaires d'Italie : défaveur d'Olivarès et désarroi de l'Espagne à la suite des succès de la France en Piémont, p. 276-282; ratification par l'Espagne du traité de Suse, p. 283. — Entrée des troupes impériales dans les Grisons, p. 284-286. — Déclaration de l'Empereur sur le règlement de la succession de Mantoue (5 juin), p. 286, 287. — Opinion du Pape sur la Savoie, p. 288. — Attitude de la Savoie et négociations de la France à Turin, p. 289-299. — La paix d'Alais décourage les ennemis de la France, p. 299-300. — Ambassade de Sabran à Vienne, p. 301-303. — Communication du Pape à Béthune, ambassadeur de France à Rome, au sujet des intentions de l'Empereur, p. 304-306. — Précautions militaires de la France, p. 307, 308. — Attitude intransigeante de l'Empereur, p. 311. — Politique tortueuse de la Savoie, p. 311-313. — La république de Gênes secoue le joug de l'Espagne, p. 313-317. — Spinola débarque à Gênes comme gouverneur et capitaine général du Milanais, et avec pouvoir de faire la paix ou la guerre, p. 317-318. — Conflit entre la papauté et Venise au sujet de la nomination du cardinal Cornaro à l'évêché de Padoue, p. 318-322. — Propositions de Spinola pour la paix d'Italie; ses intrigues et ses préparatifs de guerre, p. 323-324. — Procédés déloyaux du duc de Savoie; arrestation de Pomeuse, p. 325-327. — Mouvement populaire à Milan, au départ de Don Gonzalez de Cordova, p. 327. — Opicio Spinola et Collalto rejoignent Spinola à Milan, p. 328. — Prise de Roccavignale par Toiras (septembre), p. 329. — Le Conseil de la république de Gênes repousse une proposition de l'Espagne, p. 329. — Casal est abondamment pourvu de vivres, p. 330. — Entrée des troupes impériales dans le Milanais, p. 330. — Négociations pour la paix avec la Savoie, auxquelles participent Marini et le nonce, p. 331-333. — Spinola essaie de détacher de la France le duc de Mantoue, p. 333. — La réponse du Cardinal aux propositions de la Savoie est communiquée au duc de Savoie, qui, après discussion, promet de joindre ses armes à celles du Roi si l'Empereur refusait « les justes moyens de paix qu'il proposerait » (septembre), p. 337-340. — Avis de Richelieu au Roi sur les affaires d'Italie (15 septembre), p. 340-343. — Le maréchal de la Force est envoyé à la tête d'une armée à la frontière italienne, p. 344. — Assemblées de Bade (1er-17 juillet), de Lucerne et de Soleure (août), à la suite desquelles les Suisses se décident à s'unir pour la défense des Grisons, p. 345-348; à la conférence de Weggis (8 septembre), ils reviennent partiellement sur leurs décisions, p. 348-349. — Ambassade du maréchal de Bassompierre en Suisse, p. 349-352. — Nouvelles instances de Créquy auprès du duc de Savoie pour l'amener à se déclarer en faveur de la France, p. 353, 354. — Les troupes impériales et espagnoles entrent dans le Crémonais et le Mantouan, p. 354. — Décret impérial relatif à la sucession de Mantoue, p. 355, 356. — Démarche de Striggi en faveur du Mantouan, p. 356. — Collalto s'empare de places dans le Mantouan et le Montferrat, p. 357. — Un agent espagnol, La Roque, dévoile à Créquy les intentions de l'Espagne et des protestants de France, p. 357-359. — Coups de main de Toiras autour de Casal, p. 359. — Nouvelles négociations avec la Savoie, par l'entremise du président Montfalcon, ambassadeur de Savoie en France, et de Mazarin, représentant du Saint-Siège,

p. 360-363, qui aboutissent à une suspension d'armes, p. 363. — Réticences du duc de Savoie, p. 363-366. — Lettre de Créquy et de Marini sur ce sujet, p. 366-368. — Suite des affaires de Savoie, p. 369, 370. — Mort de Marini (2 novembre), p. 370. — Collalto se refuse à signer le traité de suspension d'armes, mais Spinola y consent, p. 371. — Coup d'œil rétrospectif sur les négociations de paix du mois d'octobre en Italie, p. 371-375. — Ambassade de Barrault en Espagne (octobre), p. 376-380. — Créquy masse des troupes à Pontestura (décembre), p. 380, 381. — Sédition en Dauphiné, résistances du parlement de la province, au sujet des fournitures de blé, p. 381. — Le Cardinal en fait acheter en Camargue et en Bourgogne, p. 382. — Avis de Richelieu au Roi sur l'envoi d'une armée à la frontière italienne, p. 383-384, dont il propose de confier le commandement à Monsieur, qui refuse, p. 384. — Avance des Impériaux dans le Mantouan; prise de Gazzuolo, p. 385. — Les Vénitiens se défendent mal et montrent du mécontentement, p. 386. — Levées de troupes pour le compte de la France à Liège, en Allemagne, en Écosse, en Suisse; négociations de la France avec les ennemis de l'Espagne, particulièrement avec les Électeurs, p. 386-390. — Ambassade du sieur de Meaux auprès du duc de Mantoue, p. 391. — Il est chargé de remettre au maréchal de Créquy, pour avoir son avis, un questionnaire sur la situation en Italie; contenu de ce questionnaire (novembre), p. 391-393. — Démarches auprès de la république de Venise, p. 393-395. — Réponse de Créquy au questionnaire qui lui avait été envoyé (3 décembre), p. 395-398. — Louis XIII se décide à envoyer Richelieu en Italie avant d'y aller lui-même, p. 398. — Avis du Cardinal au Roi, p. 399-407. — Émotion provoquée en Flandre, en Espagne et en Italie par la nouvelle du départ de Richelieu pour l'Italie, p. 408-412. — Richelieu quitte Paris, le 29 décembre, pour l'Italie, p. 413. — Mission de Louis Deshayes en Danemark et en Moscovie, p. 413-415. — Naissance de l'Infant d'Espagne Don Philippe d'Autriche, baptisé le 17 octobre, p. 415. — Mort de Bethlen Gabor (novembre); sa biographie, p. 416-420. — Rétractation d'Edmond Richer (décembre); son « curriculum vitæ », p. 420-427.

TABLE ALPHABÉTIQUE

A

Abaffi (Georges), gouverneur de Tokay, 417.
Aersens (François van), 210, 211, 215.
Aigueberre ou Aiguebère (le capitaine), 200.
Aiguebonne (Rostaing-Antoine d'Urre, marquis d'), 72.
Alais (la paix d'), 298, 300, 301.
Alais (la ville d'), 97.
Albe (la ville d') [Alba], 377.
Alcala (le duc d'), 315.
Alençon (François, duc d'), dit Monsieur, 123-128.
Alençon (la ville ou le château d'), 124.
Alexandrie (la ville d') [Alessandria], 396.
Allemagne (l'), 44, 48, 93, 140, 143, 145, 146, 155, 159, 163, 164, 170, 181-186, 188, 189, 192, 194, 197, 203, 220, 240, 261, 268, 278, 284, 288, 289, 299, 304, 309, 331, 350, 359, 386, 387, 411, 419.
Allemagne (les princes et États d'), 150, 184, 186, 307, 390, 394.
Allemands (les), 143, 186, 198, 214, 310, 313, 324, 325, 328, 333, 380, 392.
Alpes (les), 35, 325, 341.
Alsace (l'), 113, 308.
Amboise (la ville et le château d'), 118, 119, 121, 132, 133, 136.
Amersfoot (la ville d'), 205, 206.
Ancre (Concino Concini, marquis et maréchal d'), 86.

Angers (la ville ou le château d'), 118, 119, 123, 124, 421.
Anglais (les), 83, 141, 165, 200, 202, 220-222, 237, 242, 243, 246, 247, 252-254, 256, 261, 378, 415.
Angleterre (l'ambassadeur d') en Pologne, 175, 176.
Angleterre (l'ambassadeur d') en Savoie. Voy. Wake (Isaac).
Angleterre (le roi d'). Voy. Charles Ier; Jacques Ier.
Angleterre (la reine d'). Voy. Henriette de France; Élisabeth.
Angleterre (l'), 60, 61, 88-90, 100-102, 149, 151, 175, 177, 179, 180, 193, 203, 211, 219, 221, 223, 229, 230, 235, 239, 243, 245, 247, 248, 251, 252, 255, 261, 266-268, 270-272, 291, 320, 392, 399.
Angoulême (la ville d'), 86, 87.
Angoulême (le traité d'), 87.
Anjou (le duc d'). Voy. Henri III.
Anjou (l'), 111, 123.
Anne d'Autriche, reine de France, 5, 401.
Annibal, 409.
Anvers (la ville d'), 177, 198.
Aquilée (le patriarcat d'), 322.
Arbouze (Gilbert de Veini, seigneur d'), *70.
Arles (la ville d'), 382, 393.
Arnauld (Isaac), sieur de Corbeville, mestre de camp général des carabins, 71.
Arnhem (la ville d'), 205, 208, 212.

TABLE ALPHABÉTIQUE.

Arnim ou Arnheim (Jean-Georges d'), *174, 183, 184.
Arundel (Thomas Howard, comte d'), *249.
Ast (la ville d'). Voy. Asti.
Asti (la ville d'), 369.
Aston (le comte Walter), *236.
Aubais (Louis de Baschi, baron d'), *358, 359.
Autriche (la maison d'), 109, 142, 144-147, 149-152, 159, 185, 195, 197, 208, 261, 265, 267, 269, 289, 294, 301, 319, 341, 346, 348, 350, 387-389, 394, 402.
Auvergne (l'), 335, 344.
Avaux (Claude de Mesmes, comte d'), 319-322.
Avigliana. Voy. Veillane.
Avignon (la ville d'), 87.

B

Baduero (Albert), *321.
Bagni (Jean-François, cardinal), nonce en France, 149, 371, 376, 380, 392, 397.
Balançon (le baron de), 208.
Baltique (la), 150, 182, 186, 193, 195, 196, 414.
Baner (Charles ou Jean), *191, 192.
Baracèze (le sieur), 271.
Barbançon (Albert de Ligne, prince de), *146.
Barbarie (la côte de), 250.
Barcelone (la ville de), 310.
Barrault (Antoine de Jaubert, comte de), *376, 378, 379.
Bar-sur-Seine (la ville de), 68, 420, 421.
Basse-Saxe (la), 140, 152, 158.
Bassompierre (François, maréchal de), 220, 349, 351, 352.
Bastille (la), 136.
Bathory (Gabriel), 416-418.
Bathory (Sigismond), prince de Transylvanie, 416.
Baugy (Nicolas de Bar, seigneur de), 195, 214, 215, 218, 291.
Bautru (Guillaume), 214, 278, 408-410.
Bavière (Maximilien Ier, duc de), 145-150, 159, 203, 222, 266, 267, 387.
Bavière (la maison de), 387.
Bazas (l'évêque de). Voy. Jaubert.
Bellarmin (le cardinal Robert), 223, 236.
Bellegarde (Roger de Saint-Lary, duc de), 12-16, 18, 24, 25, 28-30, 32-35, 37-39, 41, 47, 48, 50-52, 56, 57, 59, 67, 72, 91, 92, 104-113, 120-123, 129, 130, 139.
Belley (la ville de), 72.
Bénédictins (les), 244.
Berg (le comte Henri de), 203-205, 207, 208, 212, 214, 215, 409.
Bergame (l'évêché de), 319.
Berne (la ville de), 351.
Berry (Charles de France, duc de), 124, 128.
Berry (le), 123, 124.
Bérulle (Pierre, cardinal de), 13, 18, 28, 36, 37, 40, 44, 45, 48-52, 59, 74, 75, 82-103, 138, 300, 341.
Besme (Louis de), gouverneur de Saint-Dizier, 105.
Bethlen (Gabor), 415-420.
Béthune (Philippe, comte de), 88, 288, 304.
Betuwe (l'île de), 208.
Bien-Public (la guerre du), 124.
Bjelke (Sten), chancelier de Suède, *189, 193.
Bjelke (Sten), dit le Vieux, *183.
Blacons (Alexandre de Forest de Mirabel-), *71.
Blacons (le régiment de), 71.
Blainville (Jean de Varigniez, seigneur de), ambassadeur en Angleterre, 263.
Blaisois (le), 111.
Blois (la ville de), 36, 130.
Boetslaer (Gédéon de), baron de Langerak, 215-218.

TABLE ALPHABÉTIQUE. 447

Bohême (le roi de). Voy. Ferdinand II.
Bohême (la), 222, 419, 420.
Bois-de-Vincennes (le château du), 16, 20, 30, 31, 37, 40, 60, 91, 126, 128.
Bois-le-Duc (la ville de), 84, 140, 198, 200, 202, 203, 206, 208, 209, 213, 214, 219, 269, 343.
Boissise (Jean de Thumery, sieur de), 370.
Bonneuil (René de Thou, sieur de), *237, 256.
Bontemps (le capitaine Jacob), *250.
Boullaye (le sieur de la), *69.
Bourbon (Charles, cardinal de), *127.
Bourg-en-Bresse (la ville de), 69.
Bourgogne (la), 44, 48, 49, 67, 72, 83, 93, 107, 108, 290, 335, 344, 382.
Bourgogne (le collège de), 421, 422.
Bourguignons (les), 198.
Bournouville (Alexandre de Bournonville, duc de), *408.
Bouteville (Élisabeth-Angélique de Vienne, dame de), 137.
Bouthillier (Claude), secrétaire d'État, 120-123, 129-139, 209, 229, 237.
Bouvart (le sieur), docteur en Sorbonne, 421.
Bozzolo (Scipion de Gonzague, prince de), *355.
Brandebourg (Christian-Guillaume de), évêque de Magdebourg, *147, 157, 158.
Brandebourg (Georges-Guillaume, électeur de), *159-161, 170, 175, 194.
Brandebourg (Léopold-Guillaume de), archiduc d'Autriche, évêque de Strasbourg, administrateur de Magdebourg, *147.
Brandebourg (la maison de), 157.
Brandebourg (les marches de), 158.
Brasso (la ville de), 417.
Bréauté (Pierre de), *199.
Bréda (la ville de), 198, 208, 216.
Brederode (Reinoud van), *204.
Brême (la ville de), 192.
Bresse (la), 290, 339, 344, 364, 397.
Bretagne (la), 69.
Briançon (la ville de), 339, 352, 382, 393.
Bristol (John Digby, comte de), *236.
Brunswick (Frédéric-Ulric, duc de), *156, 157.
Bruxelles (la ville de), 198, 214, 408, 409.
Buckingham (Georges Villiers, duc de), 236.
Bucquoy (Charles-Bonaventure de Longueval, comte de), 419.
Bussoleno (le traité de), 297.
Bussy (Charles de Lameth, comte de), *69.

C

Cahusac (Jean de Baradat, seigneur de), 15, 20, 32, 253-256.
Cairo (Lucas), gouverneur de Lingen, 205.
Calais (la ville de), 97.
Camargue (la), 382.
Cambrai (la paix de), 332.
Canada (le), 251, 252, 256.
Candale (le régiment de), 200.
Canillac (Jacques-Timoléon de Beaufort-Montboissier, marquis de), *70.
Canneto (le village de), 357.
Cantons catholiques (les), en Suisse, 345.
Capucins (l'ordre des), 245.
Cardinal Lemoine (le collège du), 421, 423.
Carlisle (James Hay, vicomte de Duncaster et comte de), 224, 234, 238, 239, 249, 255.

TABLE ALPHABÉTIQUE.

Carlos d'Autriche (Don), infant d'Espagne, 415.
Carlton (Dudley, lord), 235, 236, 249, 260, 271.
Carron (Jean), secrétaire d'État de Savoie, *296.
Casal (la ville de), 4, 5, 7, 9, 12, 194, 273, 275, 276, 291, 295, 305, 311, 312, 317, 324, 326, 329, 330, 333, 337, 342, 353, 354, 356, 359, 368, 370-372, 380, 392, 393, 397, 400, 403.
Casati (Charles-Emmanuel), *345, 348.
Caspienne (la mer), 167.
Castres (la ville de), 96, 97, 99.
Catherine de Médicis, reine de France, 125, 127.
Caussade (la ville de), 72.
Cérisy (la vallée de). Voy. Chézery.
Cévennes (les), 97.
Chaillot (le village de), 4, 7.
Châlons (la ville et la citadelle de), 13.
Chambéry (la ville de), 325.
Champagne (la), 9, 44, 46, 48, 49, 66, 67, 72, 73, 83, 93, 104, 107, 108, 113, 116, 139, 290, 307, 308, 401.
Champagne (le régiment de), 72.
Chaource (le village de), 420.
Charlemagne (l'empereur), 143.
Charles VI, roi de France, 176.
Charles VII, roi de France, 128.
Charles VIII, roi de France, 230.
Charles IX, roi de France, 125-127.
Charles Ier, roi d'Angleterre, 141, 161, 162, 169, 176, 178-180, 219, 220, 222, 224-227, 230-247, 249-251, 255-266, 270, 327, 387.
Charles IX, roi de Suède, *188.
Charles-Quint (l'empereur), 143, 144.
Charnacé (Hercule, baron de), 142-146, 150-152, 154, 159-181, 262.

Charolais (Charles le Téméraire, comte de), 124.
Chartres (la ville de), 130.
Châteauneuf (Charles de l'Aubespine, marquis de), abbé de Préaux, 60, 61, 64-66, 220, 223, 225-245, 247-251, 256-261, 263-269, 272.
Châtillon (Gaspard de Coligny, maréchal de), 200, 201.
Chaumont (le village de), en Piémont, 11.
Chevau-légers de Monsieur (la compagnie de), 69.
Chevau-légers du Roi (la compagnie de), 69.
Chevreuse (Marie de Rohan, duchesse de Luynes, puis de), 230-233.
Chézery (la vallée de), 366, 395.
Chiese (la rivière la), 357.
Chiomonte. Voy. Chaumont.
Chrétienté (la), 302, 319.
Christian IV, roi de Danemark, 140-142, 144, 146, 148, 150-154, 158, 159, 178, 180, 182, 184, 192, 194, 196, 197, 207, 414.
Clausel (Michel du), 292, 293.
Clermont (le collège de), 423.
Coconas (Annibal de), 126.
Coire (la ville de), 286.
Collalto - Perreti (Rambaldo XIII, comte de), *288, 328, 331, 337, 357, 363, 371, 390, 392, 397, 410, 411.
Cologne (Ferdinand de Bavière, électeur de), 146, 157, 214.
Cologne (la ville de), 214.
Coloma (Don Carlos)*, 268.
Colonna (Don Carle), 408.
Combalet (Marie-Madeleine de Vignerot du Pont-de-Courlay, dame de), 16.
Côme (la ville de), 330.
Compiègne (la ville de), 137.
Condé (Henri II, prince de), dit Monsieur le Prince, 64.
Condren (Charles de), supérieur de l'Oratoire, 67.
Conseil de la couronne d'An-

gleterre (le), 220, 237, 242, 247, 258, 260, 266, 271.
Conseil de l'Empire (le), 303, 304.
Conseil d'Espagne (le), 276, 277, 303, 304.
Conseil d'Etat (le), 5, 6, 52, 65, 76, 87, 91, 97, 101, 269, 336.
Conseils du Roi (les), 62, 400.
Constantinople (la ville de), 56.
Contarini (Alvise), ambassadeur de Venise à Londres, 263.
Contarini (Angelo), ambassadeur de Venise à Rome, 321.
Contenant (Henri de Bauves de), *69.
Conti (Louise-Marguerite de Lorraine-Guise, princesse de), 64.
Cordova (Don Gonzalez de), 275-277, 285, 286, 292, 299, 310, 327, 328, 345, 348, 399,
Cormery (l'abbaye de), 121, 122.
Cornaro (Frédéric), cardinal, *318, 319.
Cornaro (Jean), doge de Venise, 318, 319.
Cottington (Francis, baron), *269, 270.
Coulommiers (la ville de), 15.
Courtomer (Jean-Antoine de Saint-Simon, marquis de), *201.
Courtomer (le régiment de), 201.
Crémonais (le), 354, 371.
Créquy (Charles, duc et maréchal de), 290-299, 325, 327, 337-340, 353, 357, 358, 360-362, 366, 367, 369, 370, 372-375, 380-382, 390, 391, 393, 395-398, 412, 413.
Cueva (le cardinal Alphonse de la) et Benavidès, *410.
Cumiane (François Canalis, comte de)*, 297.
Cuzieu (le village de), 71.

D

Dampierre (Henri Duval, comte de), 419.

Danemark (le duc Ulrik de), *197.
Danemark (le roi de). Voy. Christian IV.
Danemark (le), 155, 165, 193, 196, 209, 261, 300, 304, 414.
Dantzick (la ville de), 165, 192.
Darmstadt (Georges II, landgrave de), *156, 157.
Darmstadt (Guillaume V, landgrave de), *156, 157.
Darmstadt (le landgraviat de), 156.
Dauphiné (le), 326, 335, 339, 359, 381, 383, 397.
De ecclesiasticâ et politicâ Potestate (le livre), de Richer, 424, 425.
Delphinus (Baptiste), 322.
Delphinus (Jean), cardinal, 322.
Deshayes (Louis), sieur de Courmenin, 167, 175, *413.
Dieppe (la ville de), 250.
Dieze (la rivière de), 198.
Dithmarsch (le duché de), 152.
Doënhoff (le colonel Ernest), *180, 181.
Don Carlos, infant d'Espagne, 126.
Douchant ou d'Ouchant (le sieur), 201.
Dreux (la ville de), 128.
Dulcken (le sieur), 205.
Duval (André), docteur en Sorbonne, 101, 424.

E

Écossais (les), 165, 254, 261.
Écosse (l'), 386.
Edmunds (Thomas), ambassadeur d'Angleterre, 221, 223, 228, 230, 231, 235-239.
Effiat (Antoine Coiffier, marquis d'), 37, 49, 112, 405.
Effiat (le village d'), 333.
Eggenberg (Jean-Ulrich, prince d'), *288, 301.
Église (l') catholique romaine, 288, 319.
Église d'Espagne (l'), 280.
Égypte (l'), 282.

TABLE ALPHABÉTIQUE.

Elbe (l'), 154, 155.
Elbing (la ville d'), 179.
Electeurs du Saint-Empire (les), 142-145, 148, 149, 182, 214, 222, 288, 387-389.
Élerche (le village d') [Oleggio-Castello (?)], 396.
Élisabeth, reine d'Angleterre, 126, 220, 221, 257.
Embrun (la ville d'), 339.
Emery (Michel Particelli, sieur d'). Voy. Hémery.
Emmerich (la ville d'), 205, 212.
Empereur (l'). Voy. Ferdinand II.
Empire (l'), 140, 142-145, 149, 152, 154, 182, 183, 186, 197, 221, 302, 305, 307, 332, 342, 355, 367, 388-390, 403, 404.
Épernon (Jean-Louis de Nogaret de la Valette, duc d'), 352.
Épinoy (Guillaume de Melun, prince d'), *408.
Espagne (le roi d'). Voy. Philippe IV; Philippe II.
Espagne (l') ou (la maison d'), 7, 26, 53, 83, 91, 93, 140, 144, 146, 151, 154, 165, 205, 207, 211, 215, 217, 221, 222, 224, 229, 234, 248-250, 264-266, 269-276, 278-280, 285, 287-292, 294, 295, 299-301, 304, 306, 309, 310, 314, 315, 317, 318, 323-327, 329, 331-333, 335, 343, 345, 354, 358, 359, 367, 374-378, 380, 387, 393, 395, 399, 400, 403, 404.
Espagnols (les), 83, 84, 114, 148, 149, 155, 193, 197, 203, 212, 214, 216, 217, 219, 220, 229, 265, 267-270, 272-276, 280, 288, 289, 296, 299-301, 304, 307, 309, 312-314, 316, 317, 323-326, 328-330, 339, 340, 343, 344, 353, 354, 358-360, 365, 368, 370, 372-374, 383, 386, 392.
Étienne II, pape, 145.
Europe (l'), 165, 237, 279, 318.
Évangélistes » (« les Quatre). Voy. Gaetani, Monthoux, Gandolfo, Scaglia.

Éverly (Gabriel de la Vallée-Fossez, marquis d'), 97.

F

Faculté de théologie (la), 425, 427.
Fargis (Charles d'Angennes, seigneur du), 88.
Fargis (Madeleine de Silly, dame du), 88.
Ferdinand II (l'Empereur), 48, 68, 93, 107, 113, 140-145, 147-159, 161, 168, 175, 177, 181-188, 190, 192-194, 196, 202-205, 208, 221, 222, 229, 261, 266, 273, 275, 280, 283-286, 288, 290, 293-295, 299-306, 308, 309, 312, 324, 326, 329, 331-335, 337-342, 345, 347, 351, 352, 354-356, 361, 365, 367, 372, 375-377, 385, 387-391, 394, 397, 410, 416, 419, 420.
Ferdinand III (l'Empereur), 149, 383.
Féria (Gomez Suarez de Figueroa, duc de), 277, 281.
Fiesque (Hugues de), *314.
Flamands (les), 214.
Flandre (la), 48, 140, 197, 203, 268, 317, 370, 378, 402, 409.
Florence (la ville de), 24, 25, 28, 57.
Fontainebleau (la ville de), 15, 33, 77, 85, 239, 340, 413.
Force (Jacques Nompar de Caumont, duc et maréchal de la), 343, 344, 381, 386, 393, 397.
Fossez (le marquis de). Voy. Éverly.
Français (les), 89, 143, 200, 201, 246, 248, 251-254, 280, 292, 310, 313, 316, 318, 323-326, 328, 329, 345, 349, 367, 413-415.
France (la), 3, 7, 11, 39, 40, 48, 49, 52, 53, 62, 77, 93, 98, 100, 114, 115, 117, 124, 129, 137, 149, 151, 154, 162-165, 168, 171, 172, 176-180, 189, 190,

193-195, 203, 216, 217, 219, 221-227, 231, 232, 239, 245, 248, 253, 255, 260, 261, 263-265, 267, 271, 272, 278, 283, 284, 289, 291, 292, 294, 304, 312, 315, 316, 322, 323, 325-329, 335, 341, 343, 349, 353, 354, 368, 369, 376, 378, 380, 383-385, 392, 393, 397, 399, 404, 405, 408, 414, 420.
France (la maison de), 172.
Franche-Comté (la), 44, 48, 287.
François Ier, roi de France, 389, 390.
Friedland (le duc de). Voy. Wallenstein.

G

Gaetani (le P.), 273-275, 290.
Galli (Louis). évêque d'Ancone, nonce en Savoie, *331, 332.
Gandolfo (Jean-François), évêque de Vintimille, 273-275, 290.
Gardie (Jacques de la), *187, 188.
Gazzuolo (la ville de), 384.
Gênes (le duc ou doge de). Voy. Spinola (André).
Gênes (la république et la ville de), 310, 313-317, 327, 328, 330, 396, 405, 406.
Genève (la ville de), 258, 405, 406.
Génois (les), 280, 317.
Gent (Otto van), gouverneur d'Emmerich, *212.
Germanie (la), 143, 144, 154.
Giaveno (la ville de), 290.
Gondi (Jean-François de), évêque, puis archevêque de Paris, 426.
Gonzague-Clèves (Marie, princesse de), dite la princesse Marie, 11, 13, 20, 21, 30-34, 37-40, 43, 56, 57, 60-62, 80, 91, 92, 111, 130.
Gonzalez (Don). Voy. Cordova.
Götheborg ou Gothenbourg (la ville de), 196.
Goths (les), 180.

Goulas (Léonard), *63.
Grana (le marquis de), 291.
Grænlo (la ville de), 200, 209.
Grèce (la), 143.
Grégoire V, pape, 143.
Grenoble (la ville de), 10, 11, 382.
Grenoble (le parlement de), 381, 382.
Gresin (le pont de), 366, 395.
Grisons (les), 284-286, 288, 290, 293, 295, 297-299, 303, 304, 310, 313, 342, 344-347, 350-352, 365, 375, 377.
Groix (le capitaine), 311.
Grol (la ville de). Voy. Grœnlo.
Grubenhagen (le duché de), 156.
Gueldre (la), 215.
Guise (Charles de Lorraine, duc de), 106.
Guise (Henri Ier de Lorraine, duc de), 49.
Gustave-Adolphe, roi de Suède, 153, 154, 159-163, 166, 169-175, 181-197, 207, 261.
Guyenne (la), 68, 93, 124, 344.
Gyula-Fehervar (la ville de), 416.

H

Haer (François van der), *177.
Hall (la ville de), 157.
Hambourg (la ville de), 192, 256.
Hanséatiques (les villes), 151, 193.
Hattem (la ville de), 206.
Hauterive (François de l'Aubespine, marquis d'), *201.
Hauterive (le régiment de), 201.
Havre-de-Grâce (le), 253.
Haye (la ville de la), 194, 195, 206, 218.
Hémery (Michel Particelli, sieur d'), *335, 381.
Hennequin (Pierre), président au parlement de Paris, *127.
Henri III, roi de France, 125, 128, 129, 172.
Henri IV, roi de France, 83,

125-128, 177, 217, 222, 229, 257, 370, 408, 424, 425.
Henriette de France, reine d'Angleterre, 102, 225, 226, 230, 231, 240-247.
Hercule, 308.
Herenthals (la ville d'), 209.
Hesse-Cassel (Maurice, landgrave de), *155.
Hesse-Cassel (le landgraviat de), 156.
Hildesheim (la ville d'), 157.
Hocquincourt (Georges de Monchy, marquis d')*, 71.
Hoerens. Voy. Haer (François van der).
Holland (Henri Rich, lord Kensington, comte de), 236, 238, 239, 271.
Hollandais (les), 83, 84, 140, 150, 159, 160, 165, 177, 194, 197, 203, 204, 206-219, 261, 266, 268-270, 318, 387, 388, 402, 415.
Hollande (la), 84, 101, 191, 193, 202, 204, 209, 217, 219, 263, 270, 281, 291, 332, 370, 392.
Holstein (le duché de), 152, 196.
Homonnay (Valentin), 419.
Honfleur (la ville de), 255.
Hongrie (le roi de). Voy. Ferdinand III (l'empereur).
Hongrie (les rois de), 419.
Hongrie (Marie-Anne d'Espagne, reine de), 283, 415.
Hongrie (la), 165, 416, 417, 419, 420.
Huntly (Georges Gordon, marquis de), *386.
Huxelles (Jacques du Blé, marquis d'), 13.

I

Impératrice (l'). Voy. Mantoue (Éléonore de).
Impérialistes (les). Voy. Impériaux (les).
Impériaux (les), 114, 150, 152, 174, 298, 299, 344, 350, 356, 367, 368, 371, 383, 384, 385, 392, 394, 403, 404.

Incarnation (le couvent de l'), à Madrid, 281, 282.
Indes (les), 266.
Indes occidentales (la compagnie des), 207.
Indes orientales (la compagnie des), 207.
Infante (l'). Voy. Isabelle-Claire-Eugénie.
Irlande (l'), 229.
Isabeau de Bavière, reine de France, 176.
Isabelle-Claire-Eugénie (l'Infante), gouvernante des Pays-Bas, 48, 140, 141, 146, 198, 202, 203, 215, 266, 408, 410.
Iskander Pacha, 417.
Italie (l'), 5, 7, 9, 37, 53, 61, 68, 81, 82, 91, 96, 113, 114, 116, 123, 131, 139, 145, 149, 154, 165, 175, 185, 187, 192, 196, 197, 199, 208, 222, 269, 271-274, 276, 277, 281-284, 286, 288-291, 293, 295, 299, 300, 301, 305, 306, 310, 312, 318, 319, 323-326, 328, 329, 331-333, 336, 340-345, 350, 351, 354-356, 359, 361, 367, 368, 374, 375, 378, 379, 381-383, 387, 390, 397-404, 408, 410-413.
Italiens (les), 324, 328.
Ivrée (la ville d'), 326, 327.

J

Jacques Ier, roi d'Angleterre, 220, 225, 238, 255, 269.
Jaubert (Jean), évêque de Bazas, 102.
Javenne (la ville de). Voy. Giaveno.
Jeannin (le président Pierre), 177, 370.
Jean sans Terre, roi d'Angleterre, 223.
Jésuites (les), 95, 101, 102, 272, 322, 424.
Jutland (le), 152.

K

Königsberg (la ville de), 159, 160.

L

Lafilé (Étienne), grand-maître du collège du cardinal Lemoine, 423.
Laleu (la ville de), 56.
La Mole (Boniface de), 125, 126.
Langousque (le marquis de), 359. Voy. les *Errata*.
Languedoc (le), 61, 68, 72, 77, 84, 96, 99, 139, 296, 298, 300, 301, 324-326, 333, 335, 340, 344, 358, 359, 383.
La Roque (le sieur), 358.
Laurière (Jean de Pompadour, baron de), *69.
Le Bret (le sieur), 132.
Le Coigneux (Jacques), 6, 9, 12-16, 24-26, 28-30, 32, 33, 35, 37-39, 45-52, 56, 62, 65, 66, 92, 93, 116, 117, 121-124, 129-132, 134-137.
Léon (Charles Brulart de Genlis, prieur de), 346-349, 351.
Léopold (l'archiduc), 288, 350.
Lerme (François de Sandoval et Roxas, duc et cardinal de), 236, 310.
Leuville (Louis Olivier, marquis de), *201.
Levant (le), 165.
Liége (le pays de), 386.
Ligny-en-Barrois (le village de), 72, 77.
Ligue (la), 49, 422.
Ligue catholique (la), 142-144, 146, 148, 150-152, 203, 387.
Ligue grise (la), 347, 351.
Lindau (la ville de), 284.
Lingen (la ville de), 209, 216.
Lingendes (Nicolas de), 276.
Linières (François des Essarts, marquis de), *69.
Lithuanie (la), 150.
Livonie (la), 150.
Lombardie (la), 194.
Loncq van Roozendaal (Hendrik)*, 207.
Londres (la ville de), 56, 220, 254, 256.
Longueville (Henri II d'Orléans, duc de), 58.
Longueville (Catherine de Gonzague-Nevers, duchesse douairière de), *13, 15, 16, 20, 28, 30, 31, 39, 40, 92.
Lorraine (Charles IV, duc de), 77, 93, 106, 131, 231, 232.
Lorraine (Nicolas-François, duc de)*, 131.
Lorraine (Marguerite de Gonzague, duchesse douairière de), 287, 341.
Lorraine (la), 44, 48, 67, 72, 93, 104, 107, 194, 232, 287.
Losada (Don Alvaro de), 311.
Louis VIII, roi de France, 223.
Louis XI, roi de France, 124, 128.
Louis XIII, roi de France, 2-14, 16-21, 24, 25, 27-31, 36-39, 41, 43-47, 49-57, 60-62, 64-69, 72-78, 80-84, 86, 88-94, 96-101, 103-123, 129-142, 144-146, 149-154, 162-173, 177-180, 187, 189-191, 193-197, 203, 206-219, 221, 222, 225-235, 239, 244-246, 249-251, 253, 256-259, 261-269, 272-274, 276, 278, 279, 281-283, 286, 287, 289-305, 307-309, 311-313, 315-317, 319, 320, 322, 323, 325-327, 329, 330, 332-344, 346-350, 352, 353-384, 386-391, 393, 395-405, 407-414, 422, 424, 426.
Louvre (le palais du), 15, 16, 60, 128.
Louvre (le pont du), 5.
Lubeck (la paix de), 197.
Lubeck (la ville de), 142, 152, 177, 182, 183, 192.
Lucca (Lucca Fabroni degli Asini, seigneur de), *25, 26.
Lucerne (la ville de), 345.
Luçon (l'évêque de). Voy. Richelieu (le cardinal de).
Lunebourg (Christian, duc de), *156.
Lutter-am-Barenberg (la bataille de), 154.
Luxembourg (le grand duché de), 287.

TABLE ALPHABÉTIQUE.

Luynes (Charles d'Albert, duc et connétable de), 87.
Luziensteig (la ville et le pont de), 284, 342.
Lyon (la ville de), 105, 325, 335, 339.
Lyonnais (le), 388.

M

Mâcon (la ville de), 69.
Madame. Voy. Savoie (Christine de France, princesse de Piémont, puis duchesse de).
Madrid (la ville de), 56, 199, 207, 274, 280, 281, 310.
Magdebourg (l'administrateur de). Voy. Brandebourg (Christian-Guillaume); Brandebourg (Léopold-Guillaume).
Magdebourg (la ville de). 147, 157, 192, 307.
Maine (Ferdinand de Gonzague, duc du), *310, 311, 334, 341.
Maine (le duc du). Voy. Mayenne.
Maine (le), 119, 120, 123, 129.
Maisonneuve (le sieur de la), 201.
Malte (l'île de). 315.
Mans (la ville du), 130.
Mansfeld (Ernest, comte de). 154, 158.
Mantouan (le). Voy. Mantoue (le duché de).
Mantouans (les), 356, 371, 390.
Mantoue (les ducs de). Voy. Nevers (Charles de Gonzague, duc de); Mantoue (Vincent II, duc de).
Mantoue (Vincent II, duc de), 90, 355.
Mantoue (Éléonore de), impératrice, 341.
Mantoue (Marie de Gonzague, princesse de), 341, 400.
Mantoue (l'évêque de). Voy. Soardi.
Mantoue (la ville de), 39, 194, 296, 342, 356, 357, 371, 380, 385, 390, 392, 397, 400, 403-405, 413.
Mantoue (le duché de), 279, 281, 286, 287, 289, 294, 301, 305, 306, 309, 311, 312, 324, 338, 339, 341, 342-344, 354-357, 366, 367, 371, 374, 375, 377, 384, 385, 392, 394, 399, 400, 403, 404.
Marcheville (Henri de Gournay, comte de), 147, 388-390.
Marconnay (François Levesque ou l'Evesque, sieur de), *70.
Marcueil (le capitaine), 181.
Marguerite de Valois, reine de Navarre, puis de France, 127, 136.
Marie de Médicis, reine de France, 9, 12-18, 20, 21, 24-34, 36-38, 40-44, 46, 50-62, 64-66, 77-82, 84, 86, 87, 89, 91-94, 99, 100, 103, 110-114, 124, 134, 137, 230, 231, 233, 244, 247, 260, 263, 287, 327, 401, 403, 424, 425.
Marie Tudor, reine d'Angleterre, 229, 230.
Marienbourg (la ville de), 162, 170.
Marillac (Louis de), maréchal de France, 15, 32, 33, 36, 97, 113, 114, 116-120, 121, 123, 129, 130, 139, 307, 384.
Marillac (Michel de), garde des sceaux, 28, 49, 91, 96-101, 138.
Marini (Claude), ambassadeur de France en Savoie, 311-313, 331-340, 361, 366, 367, 369, 370, 374, 382.
Mark (le comté de la), 214.
Marseille (la ville de), 253.
Marsillac (François VI de la Rochefoucauld, prince de), *70.
Mathias (l'Empereur), 417-419.
Maximilien Ier (l'Empereur), 143.
Mayence (Georges-Frédéric de Greifenklaw, archevêque électeur de), 147, 149.
Mayenfeld (la seigneurie et la ville de), 284.

Mayenne (Charles de Lorraine, duc de), 49.
Mayerne (Théodore Turquet de), médecin, *246.
Mazarin (le cardinal Jules), 360, 371, 392, 397.
Mazarini (le sieur). Voy. Mazarin (le cardinal Jules).
Meaux (Louis de), 391.
Mecklembourg (le duché de), 158, 193, 196, 197.
Mende (l'évêque de). Voy. Motte-Houdancourt (Daniel de la).
Mérode (Jean, comte de), *284.
Mesmin (Jacques), *286, 303.
Mésocco (la vallée de), 347, 351.
Meternach (le sieur), 145.
Metternich (le sieur). Voy. Meternach.
Metz (la ville de), 113.
Meuse (la), 198, 202.
Milan (la ville de), 276, 277, 293, 311, 327, 328, 337, 358, 381, 396.
Milanais (le), 292, 310, 311, 314, 317, 330, 342, 350, 359, 386, 390, 396, 397, 405, 406, 411.
Milhaud (la ville de), 97, 99.
Mirabel (Antoine de Tolède et d'Avila, marquis de), 48, 207, 300, 341, 375, 377, 380, 408-410.
Mocenigo (Alvise), *323.
Mollondin (Jacques de Stavay-), *351.
Moncalieri (le village de), 377.
Monceaux (le château de), 121.
Monçon (le traité de), 88, 286.
Monod (Pierre), jésuite, 327.
Monsieur. Voy. Orléans (Gaston de France, duc d'); Alençon (François, duc d').
Monsigot (Louis de), *62, 63.
Montagu (Walter), 232.
Montaigu. Voy. Montagu (Walter).
Montargis (la ville de), 12, 43, 60, 66.
Montauban (la ville de), 72, 96, 97, 99, 329.

Montbazon (Hercule de Rohan, duc de), 6.
Montbrun (Jean Allemand du Puy, marquis de), 409.
Montecuculli (Ernest, comte de), *203, 205.
Monterey (Manuel de Fonseca Azevedo Zuñiga et Ulloa, comte de), *53, 309, 310.
Montfalcon (le président de), 297, 298, 372, 373, 375, 412.
Montferrat (le duché de), 276, 287, 291, 301, 305, 309, 312, 317, 324, 326, 331, 334, 338, 339, 341, 342-344, 353-357, 360, 366, 367, 371, 373-377, 380, 391, 392, 394, 399, 400, 403, 406, 411, 412.
Montferrins (les), 291, 343.
Montgon (Pierre de Beauverger, baron de), *69.
Monthoux (Claude-Louis Gillet, sieur de), 273-275, 290.
Montluel (le village de), 69.
Montmirail (la ville de), 15, 16.
Moravie (la), 155, 420.
Moscou (la ville de), 167.
Moscova (la), 167.
Moscovie (la), 167, 175, 413, 415.
Moscovites (les), 163, 167, 175.
Motte-Houdancourt (Daniel de la), évêque de Mende, 241.

N

Nancy (la ville ou l'évêché de), 77, 120, 131.
Nantes (la ville de), 111.
Narva (la ville de), 167, 414.
Nassau (Ernest-Casimir, comte de), 202, 208.
Nassau (Guillaume-Frédéric, comte de), 202.
Nassouf Bacha, grand vizir, 416.
Navarre (le roi de). Voy. Henri IV.
Navarre (la), 168, 229, 358.
Nemours (la ville de), 77.
Neuhausel (la ville de), 419.
Nevers (Charles de Gonzague

Clèves, duc de) et de Mantoue, 2, 11, 12-16, 21, 37, 38, 80, 83, 130, 131, 133, 194, 273, 279, 281, 283, 289, 291, 294, 296, 299-301, 305, 306, 310, 318, 322-325, 329, 332-334, 337, 338, 341, 342-344, 356, 361, 363-367, 371, 372, 374-376, 385, 386, 388, 390-392, 394, 397, 399, 400, 402, 405-407, 410.
Nice (la ville de), 382, 411-413.
Nice-de-la-Paille (le village de). Voy. Nizza-Monferrato.
Nîmes (la ville de), 96, 97.
Nithsdale (Robert Maxwell, comte de), 238, 257-261.
Nizza-Monferrato (le village de), 114, 330, 357, 360, 361.
Nogent (Nicolas Bautru, comte de), 17, 19, 21, 35, 36.
Normandie (la), 69, 124, 176.
Normandie (le régiment de), 72.
Norvège (la), 165.
Notre-Dame (la cathédrale de), à Paris, 226, 227, 261.
Novare (la ville de), 291, 396.

O

Occident (l'empire d'), 143.
Oder (l'), 155.
Oglio (la rivière l'), 354.
Olivarès (Gaspard de Guzman, comte d'), 199, 274-281, 376, 378-380.
Orléans (Gaston de France, duc d'), dit Monsieur, 1-21, 24-53, 56-69, 72-75, 77, 78, 80, 84, 91-93, 103-124, 128, 130, 132-139, 194, 307, 383, 384, 398, 400-401.
Orléans (Marie de Bourbon-Montpensier, duchesse d'), dite Madame, 23, 24, 46.
Orléans (la ville d'), 36, 43, 61, 66, 111, 121, 130, 132, 136.
Ormoy (Antoine de Garges, seigneur d'), *19, 20.
Ophove (Michaël), évêque de Bois-le-Duc, *214.
Orange (Frédéric-Henri de Nassau, prince d'), 198-200, 204, 208, 213, 214, 216, 217.
Orange (la ville ou la principauté d'), 216, 217.
Oratoire (la congrégation de l'), 67, 86, 94, 95, 244.
Ostiano (le village d'), 354.
Oulx (le village d'), 11.
Oxenstiern (Axel), *179-181, 188.

P

Padoue (l'évêché de), 318.
Palatin (Frédéric V, électeur), 148, 155, 194, 220, 222, 261, 266, 267, 387.
Palatinat (le), 141, 220, 266-268, 270, 272, 387.
Pallavicino (Augustin), 330.
Pallotta (le sieur Alphonse), 202.
Pamfili (Jean-Baptiste), nonce en Espagne, 275.
Panzirole (le nonce). Voy. Panzirolo.
Panzirolo (Jean-Jacques), nonce à Milan, 371, 380.
Papauté (la), 223.
Pape (le). Voy. Urbain VIII.
Papes (les), 420, 427.
Paris (la ville de), 7, 9, 16, 17, 28, 36, 37, 41, 56, 60, 65, 66, 84, 85, 91, 98, 99, 117, 120, 125, 128, 136, 137, 176, 207, 220, 226, 300, 375, 404, 413, 421, 422, 424.
Parlement d'Angleterre (le), 141, 220, 243, 244, 262-264.
Parlement de Paris (le), 29, 128, 423-425.
Parme (Édouard Farnèse, duc de), 25, 26.
Parme (Marguerite de Médicis, duchesse de). Voy. Toscane.
Passau (la ville de), 154.
Pavie (la ville de), 396.
Pays-Bas (les États des). Voy. Hollandais (les).
Pembroke (William Herbert, comte de), 274.

Perosa Argentina (la vallée de). Voy. Pérouse (la).
Pérouse (la vallée de la), 290.
Perron (Jean Davy, cardinal du), 425.
Perse (la), 167, 415.
Pharaon, roi d'Égypte, 282.
Philippe II, roi d'Espagne, 126, 229.
Philippe IV, roi d'Espagne, 48, 84, 106, 107, 168, 219, 266, 268, 274-278, 280-282, 287, 304-306, 309, 310, 315, 317, 331, 332, 337, 340, 345, 348, 358, 359, 367, 368, 372, 376, 379, 380, 391, 396, 399, 401, 415.
Philippe (Don) d'Autriche, infant d'Espagne, 415.
Philippe-Auguste, roi de France, 223.
Philippe le Bel, roi de France, 176.
Picardie (la), 401.
Piémont (Victor-Amédée, prince de). Voy. Savoie (Victor-Amédée Ier, duc de).
Piémont (le), 194.
Piémont (le régiment de), 72.
Pô (le fleuve le), 412.
Poitou (le), 69.
Pologne (le roi de). Voy. Sigismond III.
Pologne (la), 140, 159, 161-165, 168, 171, 172, 179, 181, 184, 187, 188, 192, 193.
Polonais (les), 159, 160, 169, 172, 174, 175, 178, 179, 181.
Poméranie (Bogislas XIII, duc de), *158, 192, 194.
Poméranie (la), 150, 159, 192, 196.
Pomeuse ou Pommeuse (Maximilien Puget, sieur de), 326, 327.
Pondesture (la ville de) [Pontestura], 114, 380.
Pont de Trajan (le), 416.
Pont-de-Vaux (le village de), 69.
Pont-de-Veyle (le village de), 70.

Pontestura (la ville de). Voy. Pondesture.
Ponzone (la ville de). Voy. Pousonne.
Popelinière (Lancelot Voisin, sieur de la), *422.
Portes (la forteresse de), 397.
Pousonne (la ville de) [Ponzone], 114, 330, 357, 360, 361.
Pouzzone (la ville de). Voy. Ponsonne.
Pragelas (la vallée de) [Pragelato], 290.
Prague (la bataille de), 419.
Presbourg (la ville de), 419.
Princesse Marie (la). Voy. Gonzague-Clèves (Marie, princesse de).
Privas (la ville de), 96, 97, 293, 409.
Protestants (les), 96, 300, 358, 359, 422.
Provence (la), 335, 339.
Prusse (la), 150, 159, 174, 182-185, 189.
Puylaurens (Antoine de l'Age, sieur de), 6, 9, 12-15, 26, 29, 37-39, 43, 45, 47-52, 56, 60-62, 65, 66, 116, 117, 121-124, 129-132, 134-136.

Q

Québec (la ville de), 251.
Quitry (Jean de Chaumont, sieur de), 125.

R

Raffa (la ville de). Voy. Ragatz.
Ragatz (la ville de), 284.
Ré (l'île de), 89, 226, 378.
Reis (la ville de), 205.
Rheinberg (la ville de), 209.
Rhin (le), 205, 208, 284, 307, 342.
Richelieu (le cardinal de), 3-8, 11-13, 18, 24, 25, 29, 34, 35, 37-42, 44-47, 49-61, 64-66, 72, 74, 75, 77-90, 93-96, 98-101, 103, 104, 107-112, 116, 119,

120, 132, 133, 138, 140, 209, 214, 215-217, 223, 227, 230-239, 242, 253, 256, 258, 272, 278, 279, 289, 292, 298, 300, 308, 317, 324, 329, 330, 333-337, 339-341, 356, 373, 376-378, 382, 383, 398-400, 402-404, 407, 408, 411-413, 420, 426, 427.

Richer (Edmond), censeur de l'Université de Paris, 420-427.

Roccavignale (le village de), 329.

Rochefoucauld (François, cardinal de la), 101, 426.

Rochelle (la ville de la), 1, 2, 28, 65, 81-83, 89-91, 106, 123, 141, 226, 282, 329, 378.

Roches-Baritaut (Philippe de Chateaubriant, comte des), 69.

Rocque-Vignale (le village de). Voy. Roccavignale.

Rodolphe II (l'Empereur), 416.

Rohan (Henri, duc de), 97, 130, 149, 293, 315, 316, 322.

Roissey de Chardouville (Urbain de), *253.

Roland (le sieur) ou Rolland, 168.

Romagnano-Sesia (la ville de), 396.

Romains (le roi des), 143, 145, 148, 149, 388, 389.

Romanow (Michel), tsar de Russie, 413, 415.

Rome (la ville de), 56, 88, 101, 126, 131, 229, 230, 309, 332, 340.

Rostock (la ville de), 193, 194.

Rouergue (le), 335.

Rubens (Pierre-Paul), *199, 265-268, 281.

Ruccellaï (Louis), 87.

S

Sabran (Melchior de), 301-304, 308, 341.

Saint-Christophe (l'île), 252-256.

Saint-Dizier (la ville de), 67, 105, 132.

Saint-Dominique (l'île), 255.

Saint-Germain (la ville ou la forêt de), 8, 125, 126.

Saint-Jean-de-Losne (la ville de), 68.

Saint-Louis (le collège de), 423.

« Saint-Michel » (le), vaisseau, 250.

Saint-Nectaire (Henri de) ou Senneterre, marquis de la Ferté-Nabert, 58.

Saint-Paul (François d'Orléans-Longueville, comte de), 111, 134, 135.

Saint-Pierre (la vallée de), 290.

Saint-Rémy (le sieur), 232.

Saint-Sabine (le village de), 360.

Saint-Siège (le), 143, 405.

Saint-Simon (Claude de Rouvroy, plus tard duc de), dit Monsieur le Premier, 137.

Saint-Trivier (Charles-Emmanuel de Grillet, comte de), *70.

Sainte-Catherine-du-Val (le prieuré de), 95.

Sainte-Croix (le marquis de), 310, 328.

Saivre (le sieur de), 359.

San Pietro (la vallée de). Voy. Saint-Pierre.

Saumur (la ville de), 118, 119.

Savignac (le sieur de), 358.

Savoie (Charles-Emmanuel Ier, duc de), 5, 106, 110, 202, 234, 271, 274-276, 280, 288-299, 301, 311-313, 324-328, 331-334, 337-340, 343, 344, 353-357, 360, 361, 363-370, 372, 375, 377, 380, 382, 383, 385-387, 391-393, 395-397, 403-407, 411, 412.

Savoie (Victor-Amédée Ier, duc de), 293, 296-299, 313, 326, 327, 337, 395.

Savoie (Christine de France, princesse de Piémont, puis duchesse de), dite Madame, 326, 327.

TABLE ALPHABÉTIQUE. 459

Savoie (la), 44, 68, 105, 145, 270, 271, 273, 301, 304, 326, 327, 339, 343, 344, 352, 365, 391, 392, 393, 395, 397, 399, 405, 411, 412.
Savoie-Carignan (Thomas-François, prince de), dit le prince Thomas, 326.
Saxe (Jean-Georges Ier, électeur de), 147, 152, 158, 222, 390.
Scaglia (l'abbé Alexandre), 234, 270, 273-275, 290, 310, 333, 335-337, 371.
Schets (Antoine), gouverneur de Bois-le-Duc, *198, 199, 213.
Schleswick (le duché de), 152.
Schönberg (Henri, comte de), maréchal de France, 5, 6, 49, 94, 101, 308.
Schwerin (l'évêché de), 197.
Scot (le sieur), prêtre, 259, 260.
Sénat de Gênes (le), 330.
Sénat de Venise (le), 322, 323.
Senlis (le comté de), 136.
Senneterre. Voy. Saint-Nectaire.
Sens (la ville de), 425.
Servien (Abel), 334.
Sesia (la rivière la), 396.
Sessa (le duc de), 276, 277.
Seyssel (le village de), 72.
Sicile (la), 396.
Sigismond III, roi de Pologne, 154, 160-166, 168-175, 178-180, 183, 184, 192, 262.
Silésie (la), 155, 158, 420.
Silva (Thérèse de), prieure de l'Incarnation à Madrid, *281.
Soardi (Vincent Agnello), évêque de Mantoue, 287, 300.
Soissons (Anne de Montafié, comtesse de), dite Madame la Comtesse, 58, 64.
Soleure (la ville ou la diète de), 346, 352.
Sorbonne (la), 101, 422, 424.
Spa (la ville de), 45.
Spence (Sir James), 261.
Spenser (Richard), *177.
Spinola (Ambroise), 269-271, 279, 281, 300, 310, 311, 313, 317, 318, 323-329, 331, 333, 335, 337, 354, 355, 357-361, 363, 369-371, 374, 381, 383, 385, 390, 392, 396, 397, 403, 404, 411.
Spinola (André), duc ou doge de Gênes, 314.
Spinola (Opicio), 328.
Spire (la chambre de), 156.
Steig (le). Voy. Luziensteig.
Stockholm (la ville de), 185, 189.
Stralsund (la ville de), 182, 192, 194.
Striggi (Alexandre), 356.
Suède (le roi de). Voy. Gustave-Adolphe; Charles IX.
Suède (Marie-Éléonore de Brandebourg, reine de), *160.
Suède (la), 140, 161, 165, 171, 182-184, 186-188, 196.
Suédois (les), 161, 169, 171, 174, 178-181.
Sufferte (François Joumart, sieur de), *14, 16, 30-32, 72.
Suisse (la), 68, 350, 386.
Suisses (les), 44, 68, 72, 93, 284, 344, 346-352, 359, 371, 385.
Sund (le détroit du), 150, 152, 167, 414.
Suse (la ville de), 37, 91, 139, 272, 274, 276, 278, 283, 290, 292, 294-298, 305, 311-313, 326, 327, 329, 330, 332, 334, 337, 339, 340, 342, 343, 352, 353, 354, 356, 359, 373, 375, 377, 380, 381, 395, 412.
Suse (le traité de), 272, 280, 283, 291, 297, 298, 311-313, 323, 334, 338, 344, 364-366, 377.

T

Tallard (Étienne de Bonne, vicomte de), *71.
Tanaro (la rivière le), 360.
Tartarie (la), 415.
Temeswar (le comitat de), 417.
Tholen (l'île de), 209.
Thorn (la ville de), 161.
Thou (Christophe de), premier

président au parlement de Paris, *127.
Toiras (Jean de Saint-Bonnet, maréchal de), 227, 240, 259, 260, 329, 330, 359, 371, 375, 376, 412.
Tokay (la ville de), 417.
Tolède (Don Frédéric de), marquis de Villanueva, 378.
Tolède (la ville de), 280.
Torre (l'abbé), 293, 299.
Tortone (la ville de), 396.
Toscane (Ferdinand II, grand-duc de), 25, 26.
Toscane (Christine de Lorraine, grande-duchesse de), 26.
Toscane (Marguerite de Médicis, princesse de), duchesse de Parme, 24, 57.
Toscane (Marie-Madeleine d'Autriche, grande-duchesse de), 26.
Tour (la prison de la), à Londres, 260.
Touraine (la), 119, 120, 123, 129, 133-135.
Tournus (le village de), 69.
Tours (la ville de), 118, 119, 121, 123, 130.
Transylvanie (la), 416-418.
Treize-Cantons (les). Voy. Suisses (les).
Tremblay (François Le Clerc du), dit le P. Joseph, 86, 87.
Trèves (Philippe-Christophe de Sœttern, archevêque-électeur de), 146, 147, 388.
Trévoux (la ville de), 10.
Trino (la ville de), 324.
Trois-Évêchés (les), 290, 307, 308.
Troyes (la ville de), 421.
Turcs (les), 147, 416, 417.
Turin (la ville de), 293, 299, 333, 337, 358, 370.

U

Université (l'), 423, 424.
Upsal (la ville d'), 188.
Urbain VIII, pape, 131, 223, 236-238, 272, 288, 289, 300, 304-306, 309, 318-323, 325, 331, 360, 369, 374, 376, 382, 406, 424.
Utrecht (la ville d'), 206, 208.
Uzès (la ville d'), 97.

V

Valachie (la), 417.
Valençay (Jacques d'Estampes, marquis de), 97.
Valence (la ville de), 10, 96, 396.
Valette (Jean-Louis de Nogaret, dit le chevalier de la), 72, 352.
Valette (Louis de Nogaret, cardinal de la), 13, 19, 29, 32, 41, 45, 47, 55, 57-59.
Valois (le duché de), 130, 132, 134, 136, 137.
Valteline (la), 87, 346, 375, 377.
Valtelins (les), 297.
Varambon (le village de), 71.
Varsovie (la ville de), 178, 179.
Veillane (la ville de), 290, 311.
Veluwe (la), 84, 204-207, 212.
Vendôme (Alexandre, grand prieur de), 82.
Venise (l'ambassadeur de), en Savoie, 331, 375.
Venise (la ville et la république de), 207, 263, 284, 301, 303, 318-323, 340, 349, 362, 363, 384, 385, 394.
Vénitiens (les), 289, 297, 299, 303, 316, 318-323, 325, 352, 356, 382, 385, 386, 390, 395, 396, 402, 404.
Verbuisson (le sieur), 358.
Verceil (la ville de) [Vercelli], 292, 369.
Verdun (la ville de), 139.
Verdun-sur-Saône (le village de), 70.
Vere (Robert de), comte d'Oxford, *270.
Verrue (Auguste Mainfroy Scaglia, comte de), 290.
Versailles (le château de), 7.
Vervins (la paix de), 332.
Viadana (le village de), 357.
Vicence (l'évêché de), 319.

Vienne (la ville de), en Autriche, 287, 301, 419.
Villefranche (la ville de), 393.
Vintimille (l'évêque de). Voy. Gandolfo.
Voghera (la ville de), 311.
Volga (la), 167.
Vosberghen (Gaspard de), sieur d'Yselaer, 215.
Vught (le fort de), 200.

W

Waardenburg (le colonel), *207.
Wake (Isaac), ambassadeur d'Angleterre, 270, 271, 293, 327.
Wallenstein (Albert de), duc de Friedland, 113, 145, 150, 158, 183, 184, 189, 192, 193, 209, 288, 307.
Wallons (les), 198.
Waradin (la ville de), 417.
Warner (Thomas), *253, 254.
Weggis (la ville de), 348.
Weimar (Bernard, duc de Saxe-), 154.

Wesel (la ville de), 204, 205, 212, 343.
Weston (Richard), grand trésorier d'Angleterre, 225, 260, 263-267.
Wismar (la ville de), 193, 194.
Wyk-by-Duurstede (le village de), 208.

X

Xanten (la ville de), 205.

Y

Yssel (l'), 205, 208.

Z

Zadzik (Jacques), chancelier de Pologne, *172, 173.
Zapata (Antoine), *236.
Zélande (la), 209.
Zurich (la ville de), 351.
Zuydersée (le), 206.

ADDITIONS ET CORRECTIONS

Page 25, note 1. A la dernière ligne, lire : « avant l'habituel sommaire de Charpentier ».

Page 67. Lire : P. de *Condren* et non *Gondren*.

Page 71. Lire : *Arnauld* et non *Arnault*.

Page 127. « Le président de Thou ». — Christophe de Thou (1508-1582), fils d'Augustin de Thou et de Claude de Marle, premier président au Parlement de Paris.

Page 137, note 1. Lire à l'avant-dernière ligne : *Claude* de Saint-Simon, au lieu de *Louis* de Saint-Simon.

Page 144, note 2. Lire : *Pontestura*, au lieu de *Ponte-di Stura*.

Page 146. L'archevêque-électeur de Trèves était Philippe-Christophe de Sœttern (1568-1652), évêque de Spire en 1611, archevêque de Trèves en 1623.

Page 147. George-Frédéric de Greifenklaw (1573-1629), évêque de Worms en 1616, fut archevêque-électeur de Mayence en 1626.

Page 149. Le fils aîné de l'Empereur, Ferdinand, est le futur Ferdinand III (1608-1657), empereur en 1637.

Page 238. Lire : le comte de *Nithsdale*, au lieu de *Nithsdal*.

Page 251. Lire, au début du troisième paragraphe : le *roi* et non le *Roi;* il s'agit ici du roi d'Angleterre.

Page 359. Le marquis de Langousque. — Peut-être s'agit-il du marquis de Langosco, quoique Baudier, dans son *Histoire du maréchal de Toiras*, p. 226, parle de la prise du village de Langouste (lisez : Langosco), localité située à environ quinze kilomètres de Casal.

Ouvrages publiés par la Société de l'Histoire de France
depuis sa fondation en 1834.

Volumes in-8°. — Prix : 12 fr. pour les volumes parus jusqu'en 1919 ; — de 1920 à 1924 : 15 fr. ; — de 1925 à 1930 : 20 fr. ; — depuis 1931 : 40 fr. Pour les sociétaires : 10 fr., 12 fr., 16 fr. et 32 fr.

Ouvrages épuisés.

L'Ystoire de li Normant. 1 vol.
Lettres de Mazarin. 1 vol.
Villehardouin. 1 vol.
Histoire des Ducs de Normandie. 1 vol.
Grégoire de Tours. Histoire ecclésiast. des Francs. 4 v.
Beaumanoir. Coutumes de Beauvoisis. 2 vol.
Mém. de Coligny-Saligny. 1 v.
Mémoires et Lettres de Marguerite de Valois. 1 vol.
Comptes de l'Argenterie. 1 v.
Richer. Hist. des Francs. 2 v.
Mémoires de Cosnac. 2 vol.
Journal d'un Bourgeois de Paris sous François I⁰⁰. 1 v.
Chron. des Comtes d'Anjou. 1 v.
Lettres de Marguerite d'Angoulême. 2 vol.
Joinville. Hist. de Saint Louis. 1 vol.
Journal de J. de Roye. 2 vol.
Chronique des quatre premiers Valois. 1 vol.
Guillaume de Nangis. 2 vol.
Mém. de P. de Fenin. 1 vol.
Œuvres de Suger. 1 vol.
Histoire de Bayart. 1 vol.
Procès de Jeanne d'Arc. 5 v.
Mém. de Commynes. 3 vol.
Histoire de la Ligue. T. I.
Chronique de Morée. 1 vol.
Mém. du Mar. d'Estrées. 1 vol.

Ouvrages épuisés en partie.

Mém. du Cardinal de Richelieu. T. I à IX.
Œuvres d'Eginhard. 2 vol.
Barbier. Journal du règne de Louis XV. 4 vol.
Choix de Mazarinades. 2 vol.
Bibliographie des Mazarinades. 3 vol.
Hist. de Charles VII et de Louis XI, par Th. Basin. 4 v.
Mém. de Floranges. 2 vol.
Grégoire de Tours. Œuvres diverses. 4 vol.
Ordéric Vital. 5 vol.
Corresp. de Maximilien et de Marguerite. 2 vol.
Le Nain de Tillemont. Vie de saint Louis. 6 vol.
Mém. de Mathieu Molé. 4 v.
Chron. de Monstrelet. 6 vol.
Chron. de J. de Wavrin. 3 vol.
Mémoires d'Argenson. 9 vol.
Œuvres de Brantôme. 11 vol.
Dépêches des Ambassadeurs milanais. 4 vol.

Mém. et Lettres de Monluc. 5 vol.
Mém. de Bassompierre. 4 vol.
Chanson de la croisade contre les Albigeois. 2 vol.
Hist. univ. d'Agrippa d'Aubigné. 10 vol.
Chron. de J. Froissart.
L'Histoire de Guillaume le Maréchal. 3 vol.
Mémoires de Gourville. 2 vol.
Mémoires de Souvigny. 3 vol.
Mém. de M. et G. du Bellay. 4 v.
Établissements de S¹ Louis. 4 v.
Mém. du mar. de Turenne. 2 v.
Hystoria Albigensis.

Ouvrages non épuisés.

Registres de l'Hôtel de Ville pendant la Fronde. 3 vol.
Miracles de S. Benoît. 1 vol.
Mém. de Beauvais-Nangis. 1 v.
Chronique de Mathieu d'Escouchy. 3 vol.
Pièces inédites du règne de Charles VI. 2 vol.
Comptes de l'Hôtel. 1 vol.
Rouleaux des morts. 1 vol.
Mém. et Corresp. de Mᵐᵉ du Plessis-Mornay. 2 vol.
Chon. des Églises d'Anjou. 1 v.
Chroniques d'Ernoul et de Bernard le Trésorier. 1 v.
Annales de S.-Bertin et de S.-Vaast d'Arras. 1 vol.
Histoire de Béarn et de Navarre. 1 vol.
Chroniques de Saint-Martial de Limoges. 1 vol.
Nouveau recueil de Comptes de l'Argenterie. 1 vol.
Chronique du Duc Louis II de Bourbon. 1 vol.
Chronique de J. Le Fèvre de Saint-Remy. 2 vol.
Récits d'un ménestrel de Reims au XIIIᵉ siècle. 1 v.
Lettres d'Ant. de Bourbon et de Jeanne d'Albret. 1 vol.
Mém. de La Huguerye. 3 vol.
Anecdotes et Apologues d'Etienne de Bourbon. 1 vol.
Extraits des Auteurs grecs concern. les Gaules. 9 vol.
Mémoires de N. Goulas. 3 v.
Gestes des Évêques de Cambrai. 1 vol.
Chron. normande du XIVᵉ s. 1 v.
Relation de Spanheim. 1 vol.
Œuvres de Rigord et de Guillaume le Breton. 2 v.
Mém. d'Ol. de La Marche. 4 vol.
Lettres de Louis XI. 11 vol.

Mémoires de Villars. 6 vol.
Notices et Doc., 1884. 1 v.
Journal de Nic. de Baye. 2 v.
La Règle du Temple. 1 vol.
Le Jouvencel. 2 vol.
Chron. de Jean d'Auton. 4 vol.
Chron. d'A. de Richemont. 1 v.
Chronographia Regum Francorum. 3 vol.
Mémoires de Du Plessis-Besançon. 1 vol.
Éphém. de La Huguerye. 1 vol.
Hist. de Gaston IV, comte de Foix. 2 vol.
Chron. de Richard Lescot. 1 v.
Brantôme, vie et écrits. 1 vol.
Journal de J. Barrillon. 2 v.
Lettres de Charles VIII. 5 v.
Mém. du chev. de Quincy. 3 v.
Chron. de Morosini. 4 vol.
Doc. sur l'Inquisition. 2 vol.
Mém. du vic. de Turenne. 1 vol.
Chron. de Perceval de Cagny. 1 vol.
Journal de J. Vallier. T. I-IV.
Mém. de Saint-Hilaire. 6 vol.
Journal de Fauquembergue. 3 v.
Chron. de Jean le Bel. 2 v.
Mémoriaux du Conseil. 3 vol.
Chron. de G. Le Muisit. 1 vol.
Rapports et Notices sur les Mém. de Richelieu. T. I à III.
Grandes Chroniques de France. T. I à VI.
Chronique de Jean II et Charles V. 4 vol.
Corresp. de Vivonne relative a Candie. 1 vol.
Correspondance du chevalier de Sévigné. 1 vol.
Lettres du Duc de Bourgogne. 2 vol.
Mém. de Beaulieu-Persac. 1 v.
Corr. de Vivonne relative à Messine. 2 vol.
Campagnes de Mercoyrol de Beaulieu. 1 vol.
Mém. de Brienne. 3 vol.
Mém. du mar. de Richelieu.
Corresp. du Comte d'Estrades. T. I.
Correspondance de l'amiral de La Roncière. 2 vol.

SOUS PRESSE :

Grandes Chroniques de France. T. VII.
Commentaires de Fr. de Rabutin.
Voyages en France de Fr. de La Rochefoucauld.
Journal d'émigration de l'Abbé de Fabry.

ANNUAIRES, BULLETINS ET ANNUAIRES-BULLETINS (1834-1930).
In-18 et in-8°, à 2, 6, 8, 15 et 30 francs.

Nogent-le-Rotrou, imprimerie Daupeley-Gouverneur. — 1931.

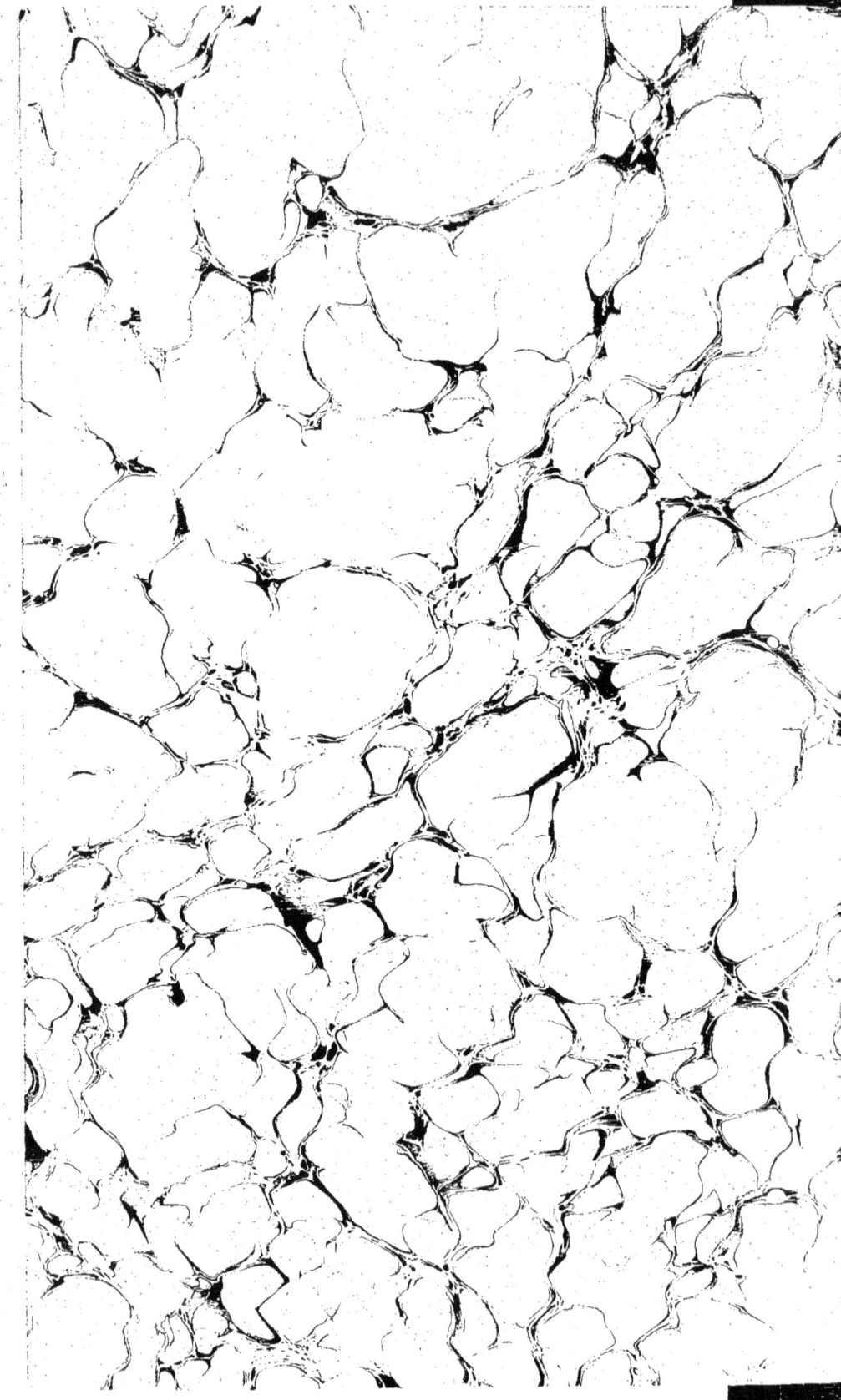

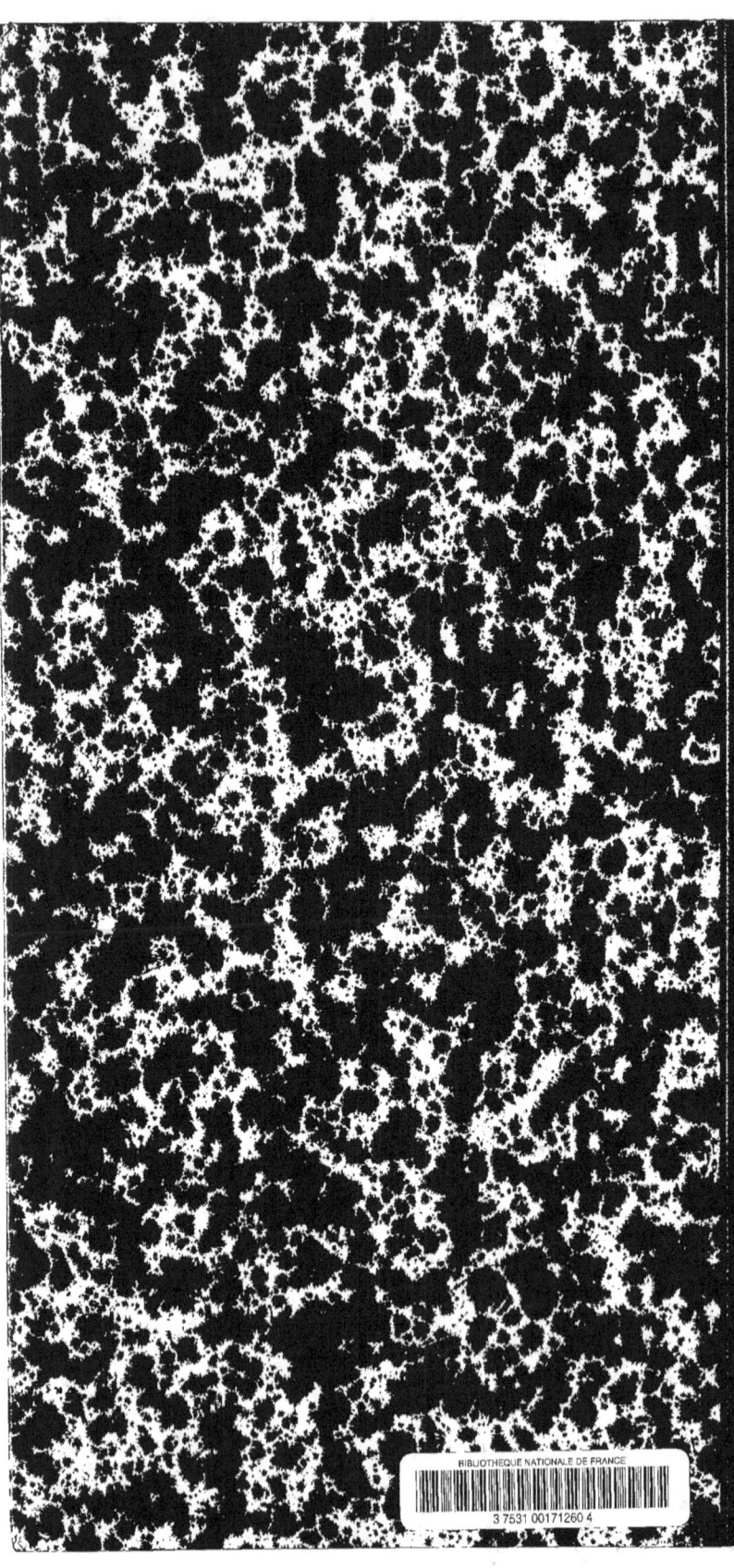

www.ingramcontent.com/pod-product-compliance
Lightning Source LLC
Chambersburg PA
CBHW060225230426
43664CB00011B/1555